Vom Beginn der Neuzeit bis zum Ende des 19. Jahrhunderts

Expedition Geschichte 2

Herausgegeben von Florian Osburg, Dagmar Klose

Von Petra Beetz, Dieter Hallek, Wieland Herold, Gabriele Intemann, Günter Kosche, Sieglinde Kühne, Florian Osburg, Armin Reese, Stefan Semel, Ulrich Steppat, Elke Vagts

Verlag Moritz Diesterweg
Frankfurt am Main

Expedition Geschichte
Band 2

Vom Beginn der Neuzeit bis zum Ende des 19. Jahrhunderts

Genehmigt für den Gebrauch an Schulen, Genehmigungsdaten teilt der Verlag auf Anfrage mit.

Umschlaggestaltung und Gesamtkonzeption: Lichtenberg Mediengestaltung, Darmstadt; *Satz und Reproduktion:* Lettern Partners, Düsseldorf; *Druck:* Appl, Wemding; *Bindearbeiten:* Münchner Industriebuchbinderei, Aschheim-Dornach.

ISBN 3-425-03382-4
Printed in Germany

Herausgegeben von:
Prof. Dr. Florian Osburg, Berlin
Prof. Dr. Dagmar Klose, Potsdam

Band 2 wurde erarbeitet von:
Dr. Petra Beetz, Potsdam
Dr. Dieter Hallek, Magdeburg
Wieland Herold, Göttingen
Gabriele Intemann, Bremen
Dr. Günter Kosche, Rostock
Dr. Sieglinde Kühne, Leipzig
Prof. Dr. Florian Osburg, Berlin
Prof. Dr. Armin Reese, Heidelberg
Stefan Semel, Heidelberg
Ulrich Steppat, Frankfurt a. M.
Dr. Elke Vagts, Hamburg/Berlin

INHALT

VORWORT

Liebe Schülerinnen und Schüler, hier beginnt der zweite Teil unserer „Expedition Geschichte“! Er führt euch vom Zeitalter der Entdeckungen bis ins ausgehende 19. Jahrhundert. Damit ihr euch auch auf diesem Abschnitt unserer Reise in vergangene Zeiten nach wie vor gut zurechtfindet, zeigen wir zu Beginn noch einmal, wie wir die „Expedition Geschichte“ ausgestattet haben.

Weiterhin viel Spaß und Erfolg mit „Expedition Geschichte“!

Die ersten drei Seiten eines Kapitels, die ***Auftaktseiten***, beschäftigen sich mit Vorgängen, die euch bestimmt neugierig machen. Oft geht es auch um etwas, das besonders typisch ist für einen bestimmten Zeitabschnitt, so dass ihr schon einen guten Einblick in das neue Thema bekommt.

Die Texte in dieser Schrift wurden von den Autorinnen und Autoren dieses Buches geschrieben. Sie geben euch Informationen über geschichtliche Vorgänge und Probleme. Obwohl diese ***Verfassertexte*** sich um möglichst sachliche Aussagen bemühen, spiegeln sie doch immer auch die persönliche Meinung und den Stil der einzelnen Autorinnen und Autoren wider.

Hier handelt es sich um ***Quellentexte.*** Es gibt Quellentexte, die aus der Zeit stammen, um die es gerade geht (Wissenschaftler sagen: Primärquelle). Andere Quellen enthalten Aussagen von Autoren, die sich deutlich später über einen geschichtlichen Vorgang äußern (Wissenschaftler sagen: Sekundärquelle). Auch Geschichtserzählungen von Schriftstellern kann man ähnlich wie einen Quellentext nutzen. In den Einleitungen zur Quelle erfahrt ihr, um welche Art von Quellentext es sich handelt. Quellentexte sind nach Unterkapiteln nummeriert und haben einen Quellennachweis.

Abbildungen sind bildhafte Quellen, wenn sie aus der Zeit stammen, von der sie berichten. Sind sie deutlich später entstanden, sprechen wir von Rekonstruktionen. Dieses Buch enthält viele Abbildungen, denn oft „erzählt“ ein Bild viel mehr als ein langer Text. Bilder haben eine Bildunterschrift, die euch bei der Erschließung des Bildes hilft.

Karten und andere ***grafische Darstellungen*** sind von Zeichnern gestaltet, um geschichtliche Entwicklungen anschaulicher zu machen. Was man sonst noch mit Karten anfangen kann, erfahrt ihr im Buch.

Hier erhaltet ihr ***Arbeitsanregungen***, Fragen und Tips, die euch Hinweise geben, wie ihr euch mit Texten, Karten und Bildern befassen könnt. Oft gibt es auch Anregungen zum Diskutieren, Spielen, Zeichnen usw. Die Arbeitsanregungen sind seitenweise nummeriert.

„Gewusst wie!“ Immer wieder begegnet euch auf unserer „Expedition“ in die Vergangenheit etwas Neues. „Gewusst wie!“ gibt Hilfestellungen, um das Neue zu entschlüsseln. In diesen ***Methodenschulungen*** lernt ihr, wie ihr z. B. Bilder, Karten und verschiedene Textarten zum „Sprechen“ bringen könnt.

„Expedition Geschichte.“ Wer sagt, dass Geschichtsunterricht immer im Klassenraum oder im Sitzen stattfinden muss? Hier findet ihr Ideen für kleine und größere ***Projekte***, Spielanleitungen und Experimente.

„Geschichte im Überblick“ Die letzte Doppelseite eines Kapitels enthält eine kurze ***Zusammenfassung*** und einen ***Zeitstrahl***, der euch die zeitliche Einordnung wichtiger Vorgänge erleichtert.

Zu besonders wichtigen oder schwierigen Begriffen findet ihr am Ende des Buches ein kleines ***Lexikon mit Worterklärungen***.

1 Eine neue Zeit

Weit übers Meer

A1 *Beschreibe die Rekonstruktion. Was erfährst du über das Leben an Bord?*

Im Jahre 1492 segelte Christoph Kolumbus im Auftrag des spanischen Königspaares mit drei Schiffen über den Atlantik. Am 37. Tag der Überfahrt landete er auf einer Insel, die er „San Salvador“ nannte. Er glaubte, einen neuen Weg nach Indien gefunden zu haben, kürzer als der um Afrika herum. Die Leute, auf die er traf, heißen wegen dieses Irrtums bei uns bis heute „Indianer“.

Schiffe nahmen damals für längere Reisen folgende Lebensmittel an Bord:

A2 *Welche heute üblichen Lebensmittel fehlen?*

A3 *Stell dir vor, du bist der Schiffskoch. Häng den Speiseplan für eine Woche aus.*

Rekonstruktion der „Pinta“ (21 m lang, 7 m breit, 25 Mann Besatzung), eines der drei Schiffe des Kolumbus. Vom Ausguck der „Pinta“ aus erspähte der Seemann Rodrigo da Triana am Morgen des 12. Oktober 1492 die Insel „San Salvador“.

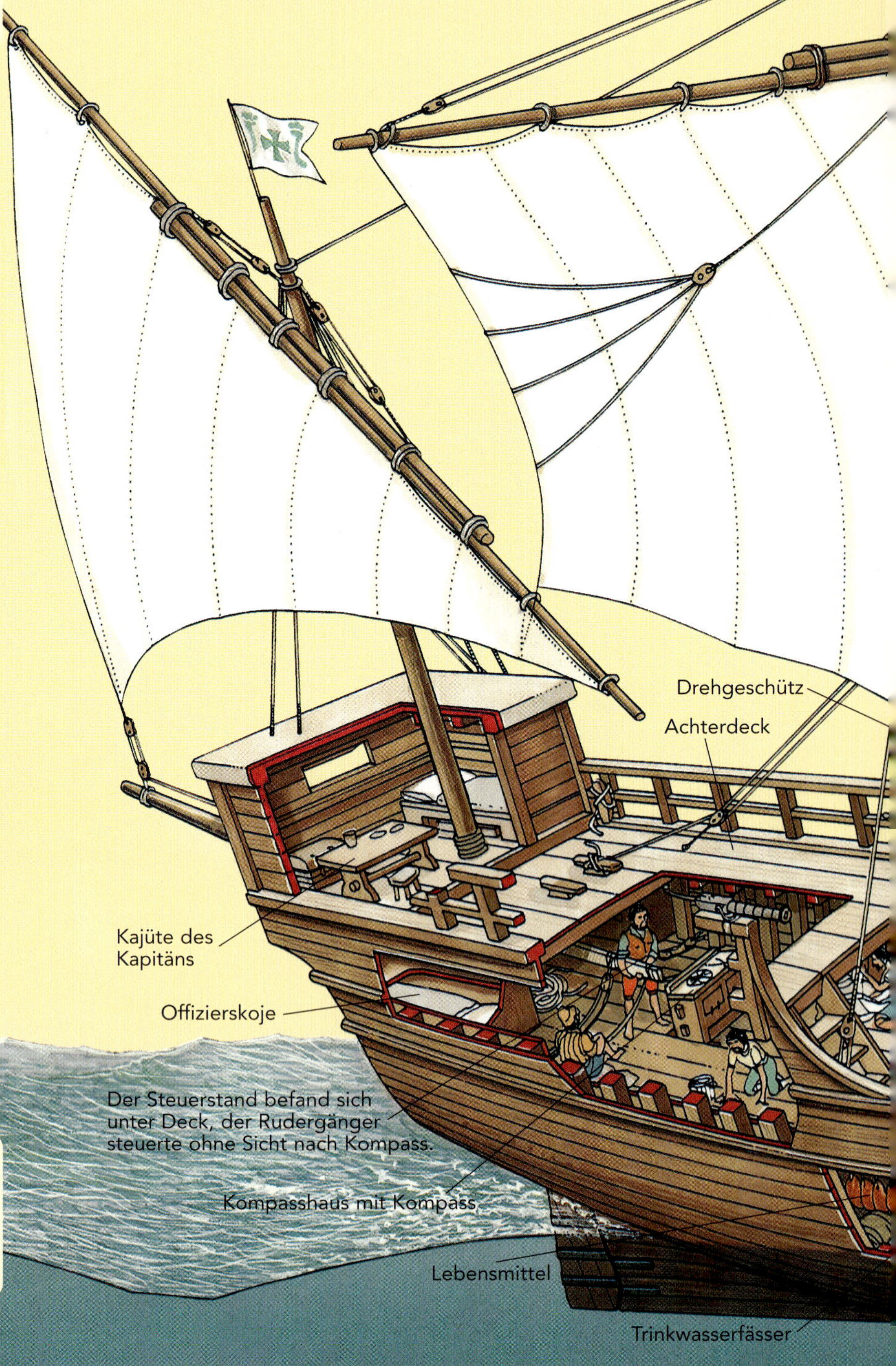

Christoph Kolumbus. Eine zeitgenössische Darstellung ist nicht bekannt. Dieses Bild von 1519 gilt als verlässlichste Darstellung.

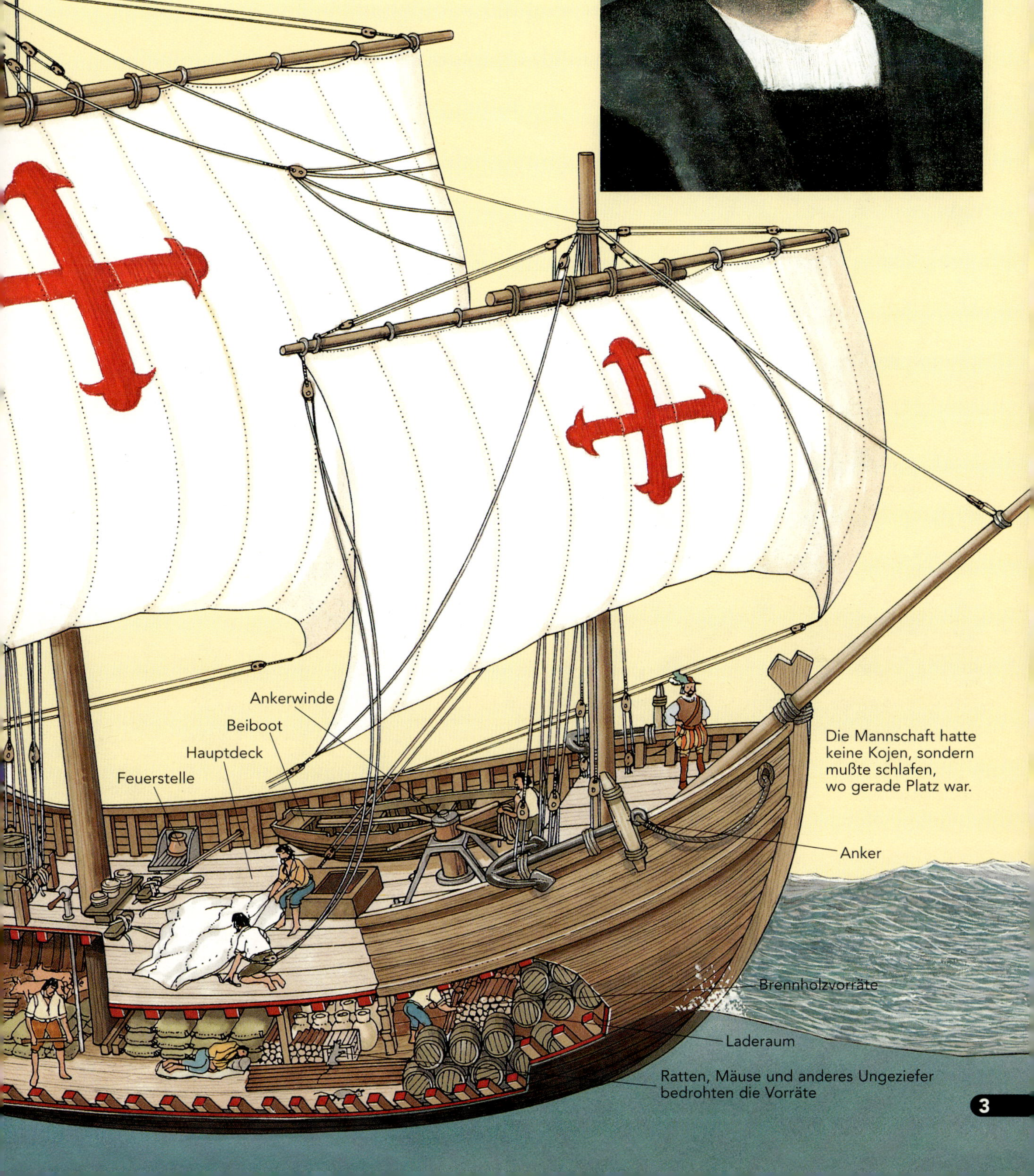

Es gab Leute, die Kolumbus Geld für sein Unternehmen liehen, aber Matrosen bekam er nur sehr schwer, trotz der Aussicht auf großen Reichtum. Eine Seefahrt in unbekannte Meere war gefährlich: Stürme und Strömungen konnten Schiffe beschädigen oder gar versenken, Krankheiten (besonders durch Vitaminmangel) die Mannschaft heimsuchen.

Viele fürchteten Gefahren, wie sie von Sindbad dem Seefahrer berichtet wurden: riesige Kraken, die die Schiffe in die Tiefe ziehen; Inseln, die in Wirklichkeit Fische sind und ein ganzes Schiff verschlingen können; Magnetberge, die das Schiff an sich ziehen und festhalten; das Dunkelmeer, wo nie die Sonne scheint, wo kein Wind mehr das Schiff antreibt und alle verhungern müssen.

A1 *Lies den Text und vergleiche ihn mit den Abbildungen. Welche Gefahren bestanden wirklich, welche waren eingebildet?*

A2 *Spielt ein Interview mit Matrosen, die unter Kolumbus fuhren. Welche Sorgen hatten sie unterwegs, wie fühlten sie sich nach der Rückkehr?*

Ein Riesenkrake verschlingt ein Schiff. Zeitgenössische Darstellung.

Viele Seefahrer glaubten an die Existenz von Meerjungfrauen. Spätmittelalterliche Darstellung.

Zeitgenössische Darstellung von Schiffbrüchigen (unten).

Diese drei Fabelwesen stammen von einer frühen Weltkarte von 1493.

1 „Ein Mann, der sich Kolumbus nannt'"

Wie kam Kolumbus darauf, in Indien zu sein? Viele Gelehrte zweifelten nicht daran, dass die Erde eine Kugel war, aber sie täuschten sich über die Größe. In Wirklichkeit hätte Kolumbus 19 610 km weit segeln müssen, viel zu weit für ein Segelschiff. Auf einer Karte, die er gekannt hat, sind nur 5 635 km angegeben. Der berühmte Geograf Toscanelli hatte ihm geschrieben:

Q1 *„Von deinem mutigen und großartigen Plan, auf dem Westwege (...) zu den Ostländern zu segeln, nahm ich Kenntnis (...) Der geschilderte Weg ist nicht nur möglich, sondern wahr und sicher (...) Eine derartige Reise führt zu mächtigen Königreichen (...), die alles im Überfluss besitzen, was wir benötigen, auch alle Arten von Gewürzen in reicher Fülle sowie Edelsteine in großer Menge aufweisen."*
(Schmitt, E.: Die großen Entdeckungen, S. 99)

Die Landung des Kolumbus. Dieses Bild wurde fast 100 Jahre nach der Landung gedruckt.

A1 *Schließe aus der Quelle, warum Kolumbus die gefährliche Überfahrt gewagt hat.*

Trotzdem hatte Kolumbus Schwierigkeiten, seinen Plan zu verwirklichen. Erst nach jahrelangem Warten stimmte das spanische Königspaar zu. Nur dreieinhalb Monate nach Abschluss des Vertrages konnte Kolumbus mit drei Schiffen absegeln: der Santa Maria, der Niña und der Pinta.

Genau dort, wo Kolumbus die ersten „indischen" Inseln zu finden hoffte, lag San Salvador. Das schien seine Theorie zu bestätigen und auch die Mannschaft war begeistert. Kolumbus berichtet:

Q2 *„Ich wurde umarmt, geküsst, und alle taten so, als wäre ich bereits ein Mann, der alle Reichtümer und Ehren der Welt zu vergeben hat."*
(Grün, R.: Christoph Columbus, S. 99)

Q3 Die erste Begegnung mit den Bewohnern der Insel schildert er so:
„Sofort sammelten sich an jener Stelle (der Landung) zahlreiche Eingeborene der Insel an (...) Sie (...) brachten uns Papageien, Knäuel von Baumwollfäden, lange Wurfspieße und noch viele andere Dinge, die sie gegen das eintauschten, was wir ihnen gaben, wie Glasperlen und Glöckchen. Sie gaben und nahmen alles von Herzen gern, allein mir schien es, als litten sie Mangel an allen Dingen. Sie gehen nackt umher, so wie Gott sie erschaffen (...) Sie führen keine Waffen mit sich, sie sind ihnen nicht einmal bekannt. Ich zeigte ihnen Schwerter, und da sie sie aus Unkenntnis bei der Schneide anfassten, schnitten sie sich."
(Krieger, H.: Handbuch des Geschichtsunterrichts, Bd. 4, S. 20)

A2 *Auf dem Bild oben kannst du verschiedene Gruppen von Personen sehen. Beschreibe, was sie tun.*

A3 *Vergleiche das Bild mit dem, was Toscanelli und was Kolumbus geschrieben haben.*

A4 *Denkt euch aus, worüber Kolumbus und der Indianer mit den Geschenken miteinander reden. Ihr könnt es auch nachspielen.*

Alles war gut gegangen, aber ganz einfach war es nicht gewesen. Kolumbus hat während der Reise über den Atlantik ein Tagebuch („Bordbuch") geführt:

Q4 *„Die Bedenken und Befürchtungen der Mannschaft: Die Vorräte würden bald zu Ende gehen, die Schiffe seien zu schwach für diese weite Fahrt. Und ich solle daran denken, dass wir den schon zurückgelegten Weg ein zweites Mal - auf der Heimfahrt - zurücklegen müssten, das Land, das wir suchten, gebe es gar nicht. Auch die Gelehrten hätten diese Meinung geäußert. Niño (ein Matrose) lächelte spöttisch, als ich ihm klarlegte, dass es meine feste Absicht sei, weiter nach Westen zu fahren. Er meinte, niemand werde widerlegen können, dass ich auf dem Deck ausgeglitten und über Bord gefallen sei."*
(Grün, R.: Christoph Columbus, S. 86)

A1 *Beschreibe die Sorgen der Mannschaft. Wovor musste sich Kolumbus fürchten?*

Die Rückreise klappte nur, weil die Flotte wegen eines Rechenfehlers die günstige Westwindzone erwischte. Nach rund einem halben Jahr war Kolumbus wieder in Palos, seinem Ausgangshafen. Sechs Indianer mit Papageien, Goldmasken und anderen Schaustücken begleiteten ihn. Er durfte neben dem Königspaar sitzen und war auf der Höhe seines Ruhmes. Aber er wusste immer noch nicht, dass er nicht Indien erreicht, sondern einen neuen Kontinent entdeckt hatte. Er hat es auch nie erfahren, obwohl er noch drei Reisen dorthin unternahm.

A2 *In dem folgenden Lied (man kann es mit verteilten Rollen singen) sind absichtlich viele Fehler eingebaut, damit man etwas zu lachen hat. Versuche, möglichst viele Fehler zu finden.*

GEWUSST WIE!

Arbeit mit historischen Karten

Wenn du die Skizze mit einer Karte des amerikanischen Kontinents vergleichst, siehst du, wie wenig Kolumbus wusste. Aber schon 1493 wurde er als „Finder einer neuen Welt" bezeichnet. Erst später konnte Amerigo Vespucci beweisen, dass ein neuer Kontinent gefunden war. Nach ihm, nicht nach Kolumbus, ist Amerika benannt.

Historische Karten unterscheiden sich meist erheblich von modernen Karten. Sie weisen den damaligen Kenntnisstand auf, sind häufig aus einer anderen Perspektive gezeichnet (nicht immer ist der Norden „oben"). Entfernungsangaben sind oft fehlerhaft, meist fehlt eine „Legende", die die Karte erklärt usw. Folgende Schritte können bei der Erschließung helfen:

1. Aus welcher Zeit, aus welchem Land, von welchem Autor stammt die Karte?
2. Was wird auf der Karte dargestellt?
3. Welche Erschließungshilfen bietet die Karte (Beschriftung, Legende, Illustrationen, Farbgebung usw.)?
4. Entscheidend ist der Vergleich mit einer entsprechenden modernen Karte. Welche gravierenden Unterschiede sind festzustellen? Welche Schlüsse auf den damaligen Kenntnisstand lassen sich daraus ziehen?

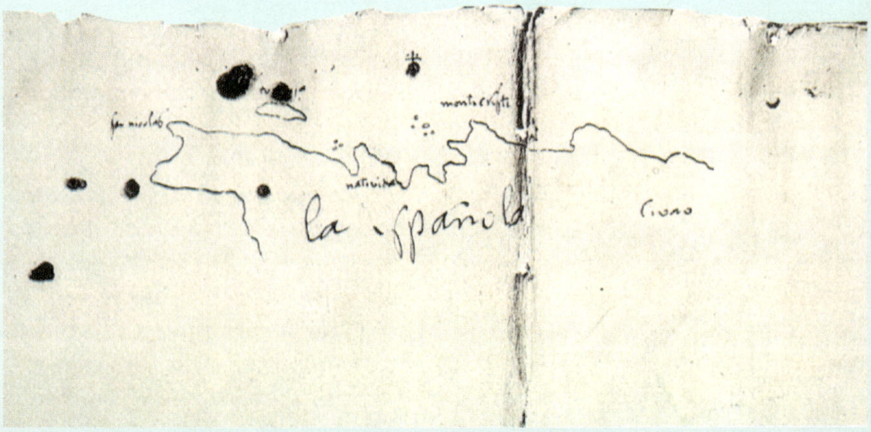

Die handgezeichnete Skizze zeigt die Nordküste von Hispaniola, einer der Inseln, die Kolumbus auf seiner ersten Reise besucht hat. Sie ist vermutlich von Kolumbus selbst gezeichnet und damit die älteste erhaltene Karte von Amerika.

Ein Mann, der sich Kolumbus nannt',
war in der Schifffahrt wohl bekannt.
Es drückten ihn die Sorgen schwer,
er suchte neues Land im Meer.
Als er den Morgenkaffee trank,
da rief er fröhlich: „Gott sei Dank."
Denn da kam mit der ersten Tram
der span'sche König zu ihm an.
„Kolumbus", sprach er, „guter Mann,
du hast schon manche Tat getan.
Eins fehlt noch unsrer Gloria:
Entdecke mir Amerika."
Gesagt, getan, ein Mann, ein Wort,
am selben Tag fuhr er noch fort.
Und eines Morgens schrie er: „Land.
Wie deucht mir alles so bekannt."
Das Volk am Land stand stumm und zag,
Da sagt' Kolumbus: „Guten Tag.
Ist hier vielleicht Amerika?"
Da schrien alle Wilden: „Ja."
Die Wilden waren sehr erschreckt
und schrien all: „Wir sind entdeckt."
Der Häuptling rief ihm: „Lieber Mann,
alsdann bist du Kolumbus dann."

Ein Tempel auf Bali

2 Armer Westen – reicher Osten

Europa war keine reiche Gegend. In den Jahren 1383–1435 war der König von Portugal so arm, dass er nicht einmal Gold und Silber hatte, um Münzen zu prägen. Der „Islamische Gürtel", Kleinasien und Nordafrika, galt bei den Europäern als wohlhabend. Doch die islamische Welt war militärisch so stark, dass man ihnen nichts gewaltsam abnehmen konnte. Aber die Araber holten Gold und Sklaven aus Gegenden südlich der Sahara. Das wusste man von den Juden auf Mallorca. Diese galten damals als beste Geografen, weil sie Beziehungen zu Christen und Arabern hatten. Das klang viel versprechend. Und vielleicht konnte man noch weiter segeln, um Afrika herum, in den Indischen Ozean, wo die Gewürze herkamen. Was man dort sonst noch erwartete, sagen die folgenden Quellen:

Q1 In Afrika oder Indien sollte der christliche Erzpriester Johannes regieren. Über ihn hieß es:
„Er wird als der Reichste an Gold und Silber angesehen, weil er von den einzelnen Familienvätern (...) an jährlichem Zins eine Unze puren Silbers empfängt."

Q2 Aus einer Beschreibung Japans:
„Das Dach (des Königspalastes) ist mit Goldplatten bedeckt, so wie bei uns Häuser oder Kirchen mit Blei; auch die Decken der Säle und viele Gemächer sind aus dicken Platten von reinem Gold, und die Fenster haben goldene Umrahmungen."
(Reisebericht des Marco Polo um 1300)

Q3 *„Aus Indien schließlich werden uns alle Kostbarkeiten überbracht."*
(Schmitt, E.: Die mittelalterlichen Ursprünge der europäischen Expansion, S. 129, 108, 131)

Als Kolumbus nach Amerika segelte, hatten schon seit mehr als 50 Jahren viele Leute versucht, von Europa aus über das Meer ins südliche Afrika oder sogar nach Indien zu kommen.

A1 *Vergleiche diesen Tempel von Bali mit der oben stehenden Beschreibung des Königspalastes.*

A2 *Schreibe einige Gewürze aus deiner Küche zu Hause auf und versuche festzustellen, woher sie kommen.*

A3 *Welche Weltgegenden gelten heute als reich? Warum hat sich das geändert?*

2.1 Heinrich der Seefahrer

Vor allem ein portugiesischer Prinz schickte so viele Schiffe aus, dass er bis heute „Heinrich der Seefahrer“ heißt. Dabei war er selbst nur einmal ein kleines Stück über das Mittelmeer gefahren. Er wollte Afrika umsegeln lassen, denn er wollte möglichst viel wissen, sein Wissen für neue Entdeckungen ausnutzen und mit Entdeckungen Geld verdienen.

Er fand genügend Helfer, Kapitäne und Geldgeber. Denn Wissen zu sammeln und damit auch Geld zu verdienen, war damals sehr modern. Trotzdem dauerte es rund 60 Jahre, bis das erste portugiesische Schiff das Kap der Guten Hoffnung umrundete.

In diesen 60 Jahren lernten Schiffbauer, Geografen, Seeleute und Geldgeber manches: wie viel Geld eine solche Reise kostete und was sie einbringen konnte; wie die Schiffe für lange Fahrten auszurüsten waren, wie regelmäßige Winde und Strömungen die Fahrt erleichterten oder erschwerten; was man beim Segeln in unbekannten Gewässern beachten musste, wie man ohne Sicht auf die Küste Position und Kurs bestimmte und vieles mehr. Auch Kolumbus hatte seine Erfahrung als Seemann auf dem Atlantik vor Afrika gesammelt.

A1 *Welche Länder sind auf der Karte (oben) schon ziemlich genau, welche ungenau dargestellt? Wie erklärst du dir das?*

A2 *Auf der Karte sieht es so aus, als wäre an der Südspitze Afrikas die halbe Strecke nach Indien zurückgelegt. Überprüfe das.*

A3 *Wie konnten die Portugiesen den Weg durch den Indischen Ozean finden?*

Henricus Martellus Germanus, Weltkarte, Florenz um 1489

2.2 Endlich in Indien!

Im Mai 1498 erreichte die erste portugiesische Flotte unter Vasco da Gama Indien. Am Gewürzhandelsplatz Kalikut waren die einheimischen Händler und der örtliche König offenbar nicht darüber begeistert. Im Folgenden sind zwei Berichte dazu abgedruckt: einer aus dem Bordbuch der Portugiesen, der andere von einem Araber:

Q1 *„Eine Rasse von Teufeln unter den Stämmen der Menschheit, schmutzig in ihren Manieren, Feinde Gottes und seines Propheten trat nun in Malabar auf. (...) Sie verehrten Götzenbilder aus Holz und verneigten sich vor Bildern aus Stein (...). Ihre Augen waren blau wie bei Wüstengespenstern (...). Sie brachten mit Gewalt reine Menschen von ihrer Religion ab. Sie waren erfahren in Aufruhr, Schifffahrt und Betrug. (...) Sie wollten Pfeffer und Ingwer für sich selbst und anderen nur die Kokosnüsse lassen.“*

(Reinhard, W.: Geschichte der europäischen Expansion, Bd. 1, S. 51 f.)

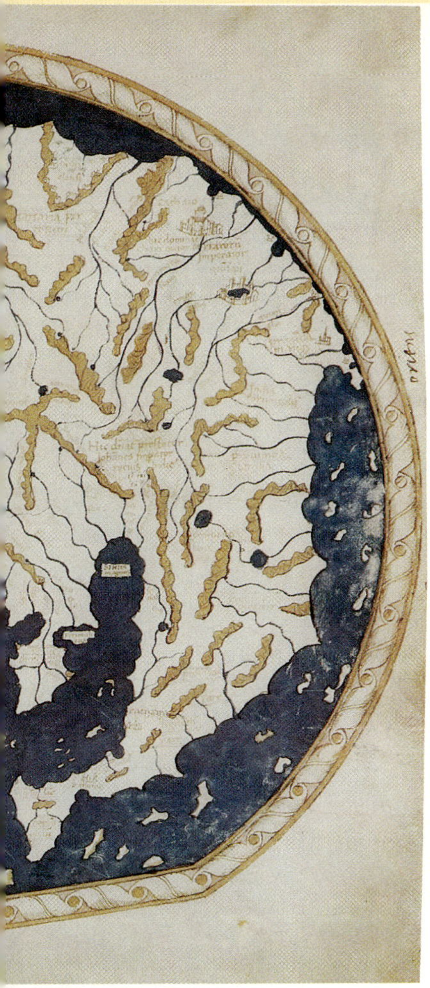

Q2 *„Sie waren nämlich Kaufleute von Mekka und vielen anderen Gegenden und kannten uns. Sie hatten dem König gesagt, wir seien Seeräuber und sobald wir beginnen würden nach jenem Lande zu fahren, würde kein Schiff mehr von Mekka (...) her nach seinem Lande kommen können, sodass er keinen Gewinn mehr daraus ziehen könnte. Wir würden ihm auch nichts geben, sondern ihm eher noch etwas nehmen, und dadurch könne sein Land zugrunde gerichtet werden. Abgesehen von diesen Verleumdungen gaben sie ihm noch viel Geld dafür, dass er uns gefangen nehmen und töten lassen sollte (...)"*

(Schmitt, E.: Die großen Entdeckungen, S. 141)

A1 *Ordne die Berichte den Arabern und den Portugiesen zu. Begründe deine Entscheidung.*

A2 *Diskutiert über die Ursachen der unterschiedlichen Sichtweisen.*

Die Portugiesen mussten an eine andere Stelle der indischen Küste flüchten. Dort setzten sie ihre Schiffe instand, bunkerten Trinkwasser und starteten zur Rückfahrt. Statt der 23 Tage, die sie von Afrika nach Indien gebraucht hatten, waren sie rund ein Vierteljahr unterwegs.

Q3 *Der Vitaminmangel bewirkte, „dass uns die ganze Mannschaft krank wurde, indem das Zahnfleisch ihnen so über die Zähne wucherte, dass sie nicht essen konnten, und desgleichen schwollen ihnen die Beine an, und es kamen auch sonst am Körper große Geschwüre, derart, dass sie einen Mann so weit herunterbrachten, bis er starb, ohne irgendeine andere Krankheit zu haben."*

(Schmitt, E.: Die Anfänge der europäischen Expansion, S. 118 f.)

A3 *Versuche herauszufinden, was die Seeleute gegen den Vitaminmangel hätten tun können.*

Vasco da Gama wurde Admiral des Indischen Ozeans. Er durfte 1502–1504 eine weitere Reise nach Indien mit 20 Schiffen unternehmen. 1524 wurde er Vizekönig von Indien. Zur Erinnerung an die Entdeckungsfahrten ließ der portugiesische König den nebenstehenden prächtigen Turm errichten.

A4 *Hat Vasco da Gama diese Ehrungen zu Recht erhalten? Bedenke dabei die Ergebnisse seiner Reise:*

Von drei Schiffen hat er zwei zurückgebracht.
Von 170 Leuten kehrten 55 zurück.
Er hat den Hauptgewürzmarkt Indiens entdeckt.
Er hat bewiesen, dass die Reise möglich war.
Seine Ladung deckte die Kosten der Reise.
Er konnte berichten, dass Gewürze in Lissabon zehnmal so viel kosteten wie in Kalikut.

Der Turm von Belém

Dank ihrer besseren Schiffe und Geschütze konnten die Portugiesen die Inder schließlich zum Handel zwingen.

A1 *Erläutere dieses indische Sprichwort: „Ein Glück, dass Gott nicht mehr Portugiesen geschaffen hat als Löwen und Tiger, denn sonst würden sie die ganze Menschheit vernichten."*

2.3 Kolonialismus und „Dritte Welt"

Im 16. und 17. Jahrhundert folgten zahlreiche weitere Entdeckungsfahrten vieler europäischer Nationen. 1519 startete der Portugiese Magellan in spanischen Diensten zur ersten Weltumsegelung. Portugiesen und Spanier, später Holländer, Franzosen und vor allem Engländer entdeckten oder unterwarfen überseeische Gebiete. Viele der von diesem Kolonialismus betroffenen Völker und Staaten konnten sich erst nach Jahrhunderten wieder von ihren „Kolonialherren" befreien, manche erst vor wenigen Jahrzehnten. Wenn wir heute von der „Dritten Welt" und ihren Problemen sprechen, meinen wir diese vom Kolonialismus betroffenen Regionen und die Spätfolgen der Ausplünderung, der sie jahrhundertelang ausgesetzt waren.

A2 *Beschreibe die einzelnen Fahrtrouten und benenne die Herkunftsländer der Entdecker.*

A3 *Vergleiche die Größe der entdeckten Gebiete mit der Größe der Herkunftsländer der Entdecker.*

2.4 Die Eroberung des Aztekenund des Inkareiches

Kolumbus hatte den Weg nach Amerika entdeckt, von dem gewaltigen Kontinent aber keine Kenntnis. Der Spanier Hernán Cortés drang 1519 als Erster ins Landesinnere vor und eroberte das große Reich der Azteken. 663 Weiße und ungefähr 200 Indianer, 14 Geschütze und 16 Pferde, so trat er die Reise an. Und damit konnte er ein gut organisiertes Reich erobern? Bei aller Überlegenheit durch Kanonen und Pferde, das hätte er wohl kaum schaffen können. Wahrscheinlicher ist, dass er das Reich nicht einmal gefunden hätte.

A4 *Ist es – nach den Bildern rechts zu urteilen – leicht oder schwer, die Stadt zu erobern? Begründe deine Meinung.*

Wichtige Entdeckungsfahrten im 15. und 16. Jh.

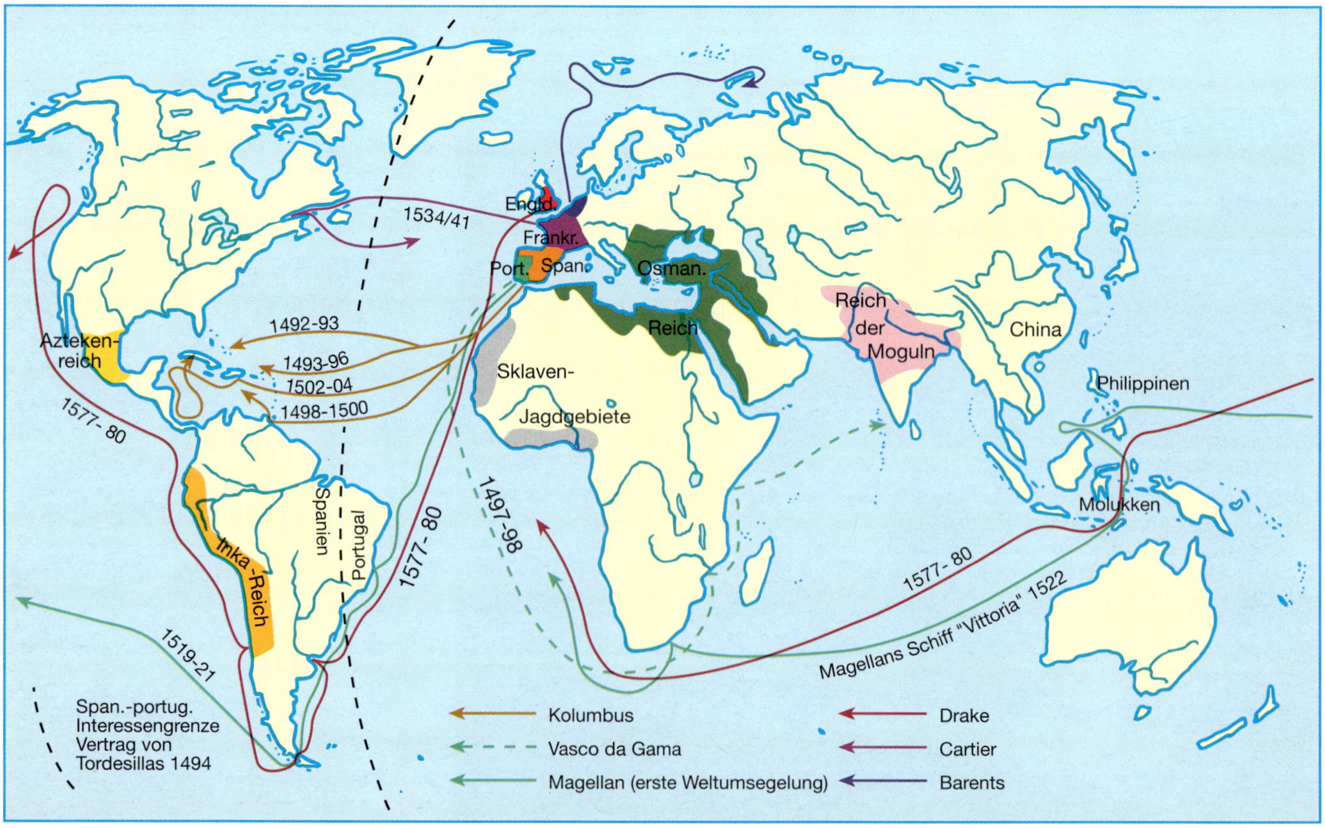

Tenochtitlan, die Hauptstadt des Aztekenreiches, gezeichnet von einem Europäer nach Beschreibungen von Augenzeugen, 1528

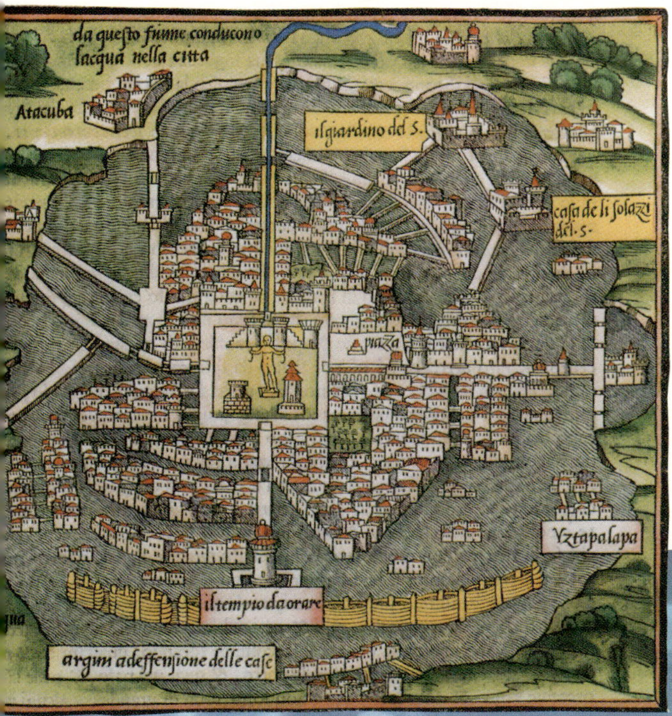

A1 *Vergleiche die Bilder oben mit der modernen Rekonstruktionszeichnung.*

Dieses Bild zeigt den Versuch des Cortés, Tenochtitlan zu erobern. Es ist eine indianische Darstellung des Kampfes um den Damm, der in die Stadt führte. Unten sind indianische Boote, oben eine spanische Brigantine mit zwei Kanonen, in der Mitte der Damm mit Fußsoldaten zu sehen.

Vorübergehend mussten die Spanier sich aus Tenochtitlan zurückziehen. Moderne Rekonstruktion dieser Kämpfe.

Cortés hatte Glück. Er gewann eine Aztekenprinzessin, die Aztekisch und Maya sprach. So konnte Cortés sich überall verständigen. Die Prinzessin Malitzin, die bald ehrfurchtsvoll Doña Marina genannt wurde, lernte schnell Spanisch. Sie informierte Cortés über die Gegebenheiten des Aztekenreiches. Dazu gehörte, dass das Reich Feinde hatte. So konnte er Verbündete gewinnen, die Hilfstruppen stellten. Bei der Eroberung Tenochtitlans waren vermutlich etwa 50 000 Indianerkrieger aufseiten der Spanier.

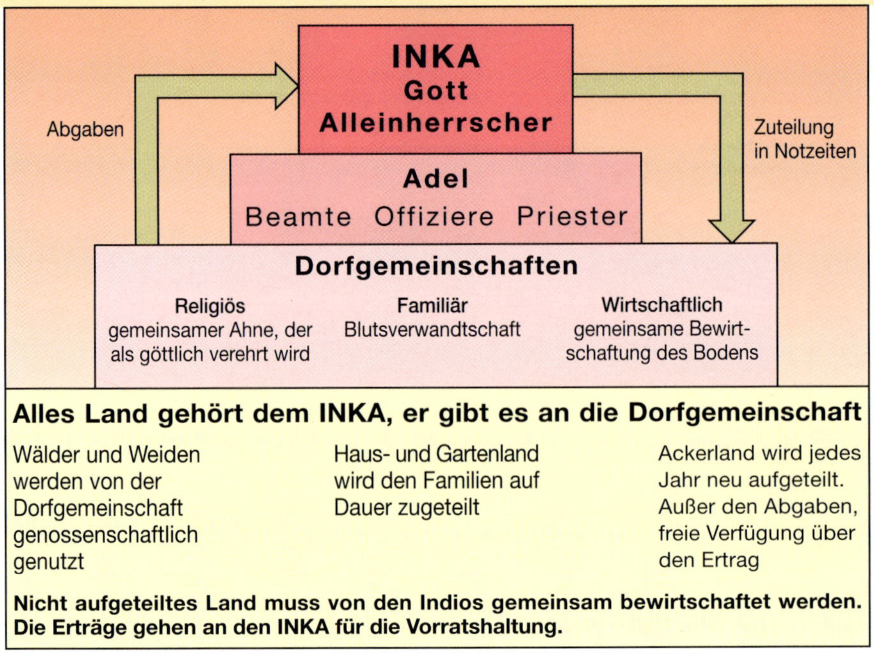

Staat und Gesellschaft des Inkareiches

Gerüchten über sagenhafte Goldschätze folgend, eroberte der spanische Abenteurer Pizarro wenige Jahre später das gewaltige Inkareich in Südamerika. Auch hier ermöglichten Zwistigkeiten zwischen den Indianern es einer winzigen Schar entschlossener Eroberer, ein riesiges, gut organisiertes Reich zu besiegen.

Das Inkareich bis zu seiner Eroberung durch die Spanier

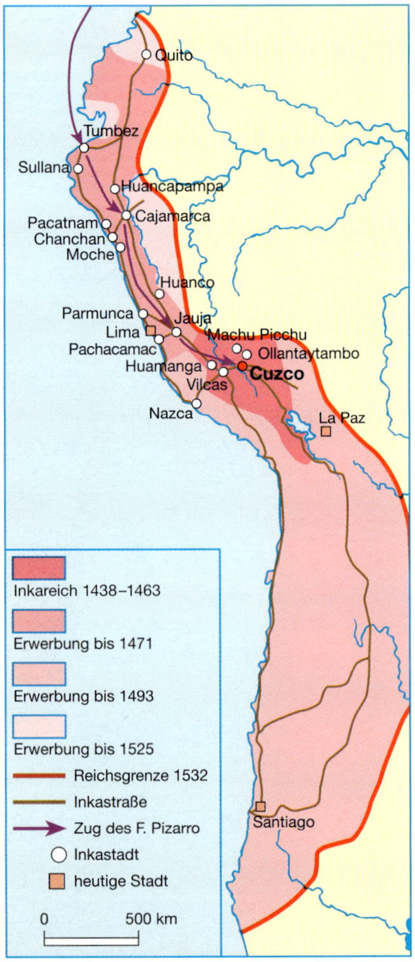

A1 *Erläutere anhand der Karte die Entwicklung des Inkareiches.*

A2 *Beschreibe den Gesellschaftsaufbau des Inkareiches. Achte vor allem auf Eigentumsregelungen und die Aufgaben von Indios und Inkaherrscher.*

A3 *Weshalb war es für die Spanier entscheidend, den Inkaherrscher in ihre Gewalt zu bekommen?*

Wie lebten die Indios unter spanischer Herrschaft? Den Spaniern ging es vor allem um die reichen Gold- und Silbervorkommen. Hunderttausende versklavter Indios mussten daher unter unmenschlichen Bedingungen in den Bergwerken der Spanier arbeiten. Andere wurden in der Landwirtschaft, oft auf riesigen Zuckerrohr- und Baumwollplantagen, eingesetzt.

Der Bischof Las Casas, selbst Spanier, berichtete:

Q1 *„Die spanischen Aufseher behandelten die versklavten Indianer mit solcher Strenge und Härte, dass man sie nur für Teufelsknechte halten konnte. Sie ließen ihnen bei Tag und Nacht nicht einen Augenblick Ruhe. Sie gaben ihnen Stock- und Rutenhiebe, Ohrfeigen, Peitschenschläge, Fußtritte und nannten sie nie anders als Hunde. Bei der (...) pausenlosen unerträglichen Arbeit, bei der man sie (die Indios) niemals ausruhen ließ, und da sie genau wussten, dass nur der Tod sie davon befreien werde, wie ihre Leidensgenossen, die sie neben sich sterben sahen, ergriff sie eine Verzweiflung (...) und einzelne flohen in die Berge (...)"*

(Las Casas: Bericht über die Verwüstung Indiens)

A4 *Sprecht anhand der Quelle, des Bildes rechts und des Diagramms über das Verhalten der Spanier.*

A5 *Für welche Seite ergreift Las Casas Partei? Was könnten die Gründe dafür sein?*

*Die Misshandlung von Indios.
Zeitgenössische indianische Darstellung.*

Schließlich waren durch unmenschliche Behandlung und Seuchen so viele Indios gestorben, dass Arbeitskräfte knapp wurden. Die Eroberer begannen daher, in großem Umfang schwarze Sklaven aus Westafrika nach Amerika zu bringen, die man für kräftiger und widerstandsfähiger hielt. Es entwickelte sich ein reger Handelsaustausch zwischen Amerika, Europa und Afrika, der heute als „Dreieckshandel“ bezeichnet wird.

A1 *Was berichtet die Zeichnung (links) über die Leiden der indianischen Bevölkerung?*
A2 *Erläutere den „Dreieckshandel“ anhand des Schemas.*
A3 *Versklavte Menschen als Handelsgut: Wie denkst du darüber?*

Die Bevölkerungsentwicklung in Mittelamerika (nach Schätzungen)

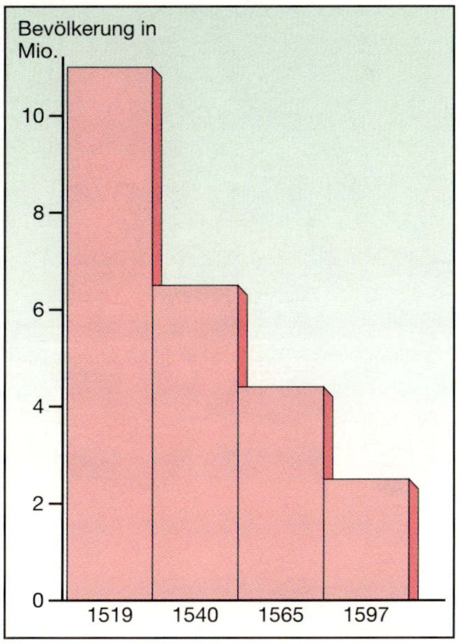

Schematische Darstellung des Dreieckshandels

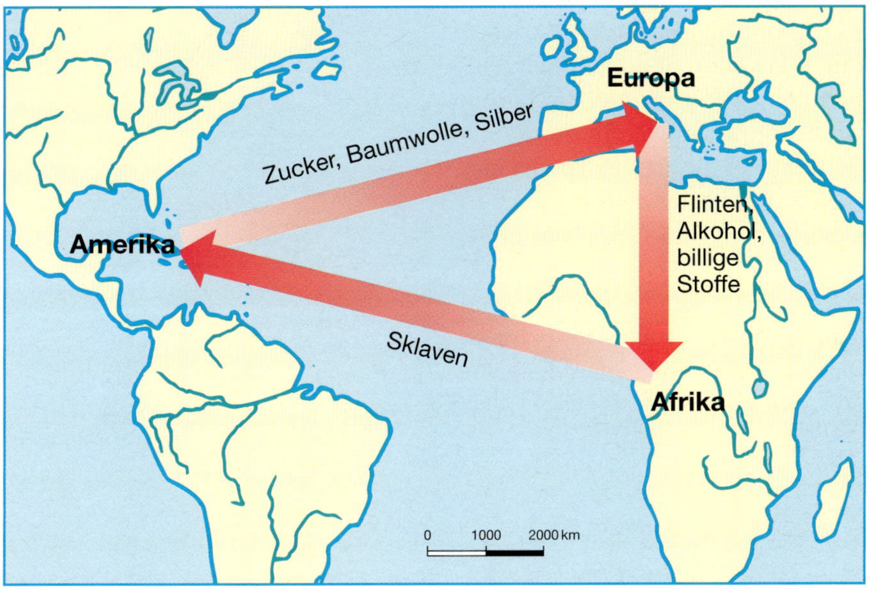

Wie lebten die Ureinwohner Amerikas?

Viele Europäer hielten die Ureinwohner Amerikas für Wilde. Man glaubte, dass sie nur über eine primitive Kultur verfügten. Aber stimmt das wirklich?

Besonders zwei Völkern, den Inkas und den Azteken, war es gelungen, gut organisierte, große und blühende Reiche aufzubauen. Das Reich der Azteken lag im heutigen Mexiko, das Reich der Inkas im heutigen Peru.

Über diese zwei Völker wissen wir inzwischen sehr viel genauer Bescheid als die Menschen früher. Wir wissen zum Beispiel
- wie die Indios wohnten
- wie sie sich ernährten
- wie sie ihre Kinder erzogen
- welche Spiele sie kannten
- wie sie ihr Zusammenleben organisierten
- welche Religion sie hatten.

Einige Informationen über Azteken und Inkas könnt ihr dieser Seite entnehmen. Wenn ihr mehr erfahren wollt, könnt ihr euch in der Bibliothek Bücher zu diesem Thema ausleihen. Am besten teilt ihr euch in Gruppen auf, um verschiedene Bereiche aus dem Leben der Indianer zu erarbeiten. Die Aufzählung oben hilft euch, das große Thema innerhalb der Klasse in kleinere Bereiche aufzuteilen.

A1 *Wenn ihr genügend Informationen gesammelt habt, könnt ihr z. B. zu jedem Bereich ein Plakat anfertigen. Stellt euer Plakat dann euren Mitschülern vor und erklärt ihnen euer spezielles Thema. Vielleicht habt ihr sogar Lust, eine kleine Ausstellung zu organisieren.*

A2 *Sprecht dann gemeinsam darüber, ob die Ureinwohner Amerikas wirklich „Wilde“ waren.*

Buchtips:
Sehen, Staunen, Wissen: Azteken, Inkas, Maya. Gerstenberg Verlag 1994.
Blick in die Geschichte: Die Azteken. Karl Müller Verlag 1992.
Sicher findet ihr noch viele andere Bücher.

Rekonstruktion des Großen Tempels von Tenochtitlan. Die Plattform oben lag 30 m hoch. Darauf stand links der Schrein des Regengottes, rechts der des Sonnen- und Kriegsgottes. Ihm wurden regelmäßig Kriegsgefangene als Menschenopfer dargebracht. Denn die Azteken glaubten, die Sonne würde nur dann immer wieder aufgehen, wenn man ihr Menschen opferte.

1 Schrein des Kriegsgottes
2 Schrein des Regengottes
3 Reste des zweiten Großen Tempels
4 Kohlebecken für Weihrauchopfer
5 Geröllaufschüttungen zwischen den Tempeln
6 Steinerne Schlangenköpfe
7 Opferaltar
8 Ältere Reste

Azteken beim Ballspiel (moderne Rekonstruktion)

A1 *Versucht herauszufinden, wie dieses Ballspiel gespielt wurde. Vergleicht mit unseren modernen Ballspielen.*

A2 *Aus der Rekonstruktionszeichnung des Tempels gewinnt ihr erste Informationen über die Baukunst und die Religion der Azteken. Forscht weiter.*

3 Begegnung mit dem Fernen Osten

3.1 China – das Reich der Mitte

Schon die Römer hatten Handelsverbindungen nach China, dem sagenhaften Reich im Osten. Dort war über Jahrtausende eine Kultur entstanden, die der europäischen in vielen Bereichen überlegen war. Lange vor den Europäern konnten die Chinesen z. B. Porzellan herstellen, mit dem Magnetkompass den Kurs von Schiffen bestimmen und Bücher drucken. Die Seide war seit etwa 2000 v. Chr. das begehrteste Handelsgut aus China. Durch ganz Asien, über die Seidenstraße, gelangte sie nach Europa. Dort wurde sie zeitweilig mit Gold aufgewogen. Erst im frühen Mittelalter lüfteten Europäer das Geheimnis der Seidenherstellung. Mönche hatten Eier der Seidenraupe aus China herausgeschmuggelt.

A1 *Erkläre die Bedeutung der einzelnen Erfindungen.*

A2 *Welche Schlüsse über die Kultur Chinas kannst du aus der Tabelle ziehen?*

in China		in Europa
um 450 v. Chr.	Armbrust	12. Jahrhundert
um 200 v. Chr.	Blutkreislauf	1618
um 1041	Buchdruck mit beweglichen Lettern	um 1450
seit 600	Eisenkettenhängebrücke	1741
2. Jahrhundert	Erdgas als Brennstoff	20. Jahrhundert
vor 500 v. Chr.	Gusseisen	um 1400
1. Jahrhundert	Heckruder	um 1050
1. Jahrhundert	Papier	um 1100
um 1000	Schießpulver	um 1200
1. Jahrhundert	Schubkarre	um 1100
vor 2000 v. Chr.	Seide	um 600

Erfindungen und Entdeckungen in China und Europa

Feuerwaffen sind ebenfalls eine chinesische Erfindung.

A3 *Beschreibe die Funktionsweise dieser Waffe.*

Die Zeichnung aus dem 10. Jh. zeigt, wo am Arm Akupunkturnadeln gesetzt werden können. Auch in der Medizin waren die Chinesen lange Zeit führend. Die Akupunktur, die Behandlung durch Einstiche feiner Nadeln an bestimmten Körperstellen, kennen die Chinesen seit etwa 2000 Jahren.

Näher bekannt mit dem geheimnisvollen Land im Osten wurden die Europäer durch die Reiseberichte des Marco Polo. Der junge Kaufmann aus Venedig hatte das Vertrauen des mongolischen Herrschers Kublai-Chan erworben, zu dessen Weltreich damals auch China gehörte. 1271 reiste er auf dem Landweg quer durch Asien nach China und kehrte erst 24 Jahre später über Sumatra, Ceylon und Persien zurück. Als Gast des Groß-Chans (= oberster Herrscher) hatte er jahrelang fast alle Provinzen Chinas be-

Die Reisewege des Marco Polo

reisen können. Die weite Verbreitung seiner Berichte und die Schätze, die er aus China mitbrachte, steigerten den Wunsch der Europäer, die sagenumwobenen Länder im Osten kennen zu lernen.

Die hohe Kultur der Chinesen hatte mit der Organisation ihres Reiches zu tun. Typisch für die Geschichte Chinas seit früher Zeit war die Zentralisierung, d. h. der von Beamten straff verwaltete Einheitsstaat mit dem Kaiser an der Spitze. So konnten ausgeklügelte Bewässerungssysteme, Straßen und planvoll angelegte Städte entstehen. Maße, Gewichte, die Währung, sogar die Spurbreite der Wagen wurden vereinheitlicht. Vor allem für Großbauten mussten die Untertanen jedoch oft Zwangsarbeit leisten und große Entbehrungen erleiden. Der Tod tausender Arbeitskräfte war nicht selten die Folge. Die mehr als 2200 km lange Chinesische Mauer, das größte Bauwerk der Welt, ist ebenfalls Ausdruck dieses staatlichen Systems. Aber sie ist auch ein Zeichen für die äußere Bedrohung Chinas. Denn immer wieder drangen kriegerische Nomadenvölker aus dem Norden ein, so auch die Mongolen, die China von 1264 bis 1368 beherrschten.

A1 *Beschreibe anhand der Karte den Reiseweg Marco Polos. Bestimme mithilfe des Maßstabs und eines Fadens die ungefähre Länge der Reiseroute.*

A2 *Diskutiert Vor- und Nachteile eines solchen „zentralistischen“ Systems.*

3.2 Eine Gesellschaft mit strengen Regeln

In der chinesischen Gesellschaft gab es eine strikte Rangordnung und genaue Regelungen des Umgangs miteinander. Der Lehre des Philosophen Konfuzius folgend war Gehorsam gegenüber dem Ranghöheren selbstverständlich. An der Spitze der Gesellschaft stand der Kaiser. „Himmelssohn“ wurde er genannt, denn seinen Herrschaftsanspruch leitete er aus der Verbindung zu göttlichen Mächten ab. Naturkatastrophen wurden vom Volk als Störung der Harmonie zwischen dem Kaiser und diesen Mächten gedeutet. Dann drohte Aufruhr und die Stellung des Kaisers war gefährdet. Nach dem Adel kam die Schicht der Gelehrten und der Beamten. Aus der Gruppe der Schriftkundigen wurden durch staatliche Prüfungen die Mandarine ausgewählt, die als Beamte für die Verwaltung des Reiches verantwortlich waren. Die breite Schicht der Händler, Handwerker und vor allem der Bauern bildete die Basis dieser Gesellschaft.

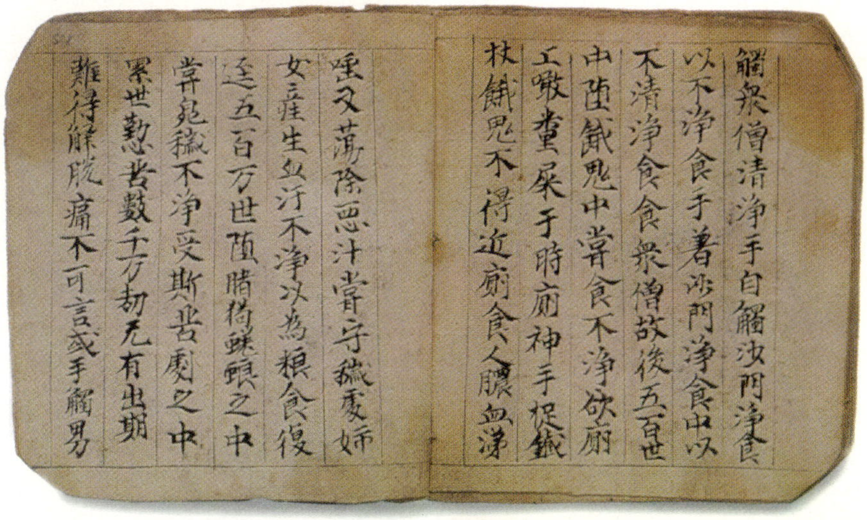

Etwa 40 000 dieser Schriftzeichen mussten chinesische Schreiber beherrschen.

A3 *Vergleiche mit dir bekannten Schriften.*

A4 *Welche Vorteile hat eine Buchstabenschrift?*

Der Palast des chinesischen Kaisers in Peking. Darstellung aus dem 18. Jh.

A1 *Beschreibe die Abbildung oben.*
A2 *Was könnte sie mit dem „zentralistischen“ System Chinas zu tun haben?*

Chinesisches Familienleben. Darstellung aus dem 12. Jh.

Auch die Familie, nach Konfuzius der Mittelpunkt des täglichen Lebens, unterlag genauen Verhaltensregeln. Besondere Einschränkungen brachte das für die Frauen. Sie wurden mit der Heirat Eigentum des Mannes. Sie mussten nicht nur ihm, sondern auch den Schwiegereltern dienen. Nur durch die Geburt von Söhnen konnten sie an Ansehen gewinnen.

A3 *Beschreibe die Rolle der Kinder auf dem Bild rechts und vergleiche mit unserer heutigen Situation.*

Q1 Diese „Vorschriften für Frauen“ aus dem 2. Jahrhundert wurden für mehr als tausend Jahre maßgeblich für die Erziehung der Mädchen:

„Eine Frau soll sich bescheiden vor anderen beugen, (...) ihre Wünsche zurücknehmen. Demütigungen soll sie hinnehmen und auch ertragen, wenn andere übel zu ihr reden. Stets soll sie aussehen, als ob sie sich fürchtet. Sie soll spät zu Bett gehen und früh ihren Pflichten nachkommen, weder am Tag noch bei Nacht sich vor häuslicher Arbeit scheuen (...). (Gegenüber den Schwiegereltern) gleicht nichts an Bedeutung der zwingenden Pflicht zum Gehorsam.(...) Denk nicht an Widerstand oder Diskussion (...).“

(Kuhn, A.: Chronik der Frauen, S. 136)

A1 *Beschreibe die Rolle der Frau. Vergleiche mit unseren heutigen Vorstellungen.*

A2 *Du kannst bestimmt erklären, warum die Männer und nicht Mutter und Tochter am Hausaltar opfern.*

Auch die Mode zeigte den begrenzten Freiraum der Frauen. Ausgehend von der Oberschicht, verbreitete sich seit dem 10. Jahrhundert das Schönheitsideal der „Lotusfüße“. In einer jahrelangen, schmerzhaften Prozedur wurden jungen Mädchen durch Einschnürung erst die Zehen, dann Ferse und Fußspitze so zusammengepresst, dass der Fuß möglichst nicht länger als 7 bis 8 cm wurde. Nur in Trippelschritten bewegten sich diese Frauen. Sie konnten das Haus nicht allein verlassen und galten gerade deswegen als besonders tugendhaft und angesehen. Daher erzielten sie einen hohen Brautpreis, was die weitere Verbreitung dieser grausamen Sitte noch förderte. Erst im 20. Jahrhundert wurde dieser Brauch endgültig abgeschafft.

A3 *Welchen Zusammenhang siehst du zwischen der Stellung der Frau in der Gesellschaft und der Verkrüppelung ihrer Füße?*

Opfer vor dem Hausaltar (17. Jh.)

3.3 Fernöstliches Denken

Wie die gesamte Kultur, so unterscheiden sich auch Philosophie und Religionen des Fernen Ostens grundlegend von denen Europas. Für viele Europäer besitzen sie heute Anziehungskraft. Die Lehre des Philosophen Konfuzius (551–479 v. Chr.) und seiner Schüler wurde wegweisend für Kultur und Gesellschaft Chinas. Verhaltensregeln für alle Bereiche zwischenmenschlicher Beziehungen stehen im Vordergrund seiner Lehre. Menschenliebe, Rechtschaffenheit, Ehrerbietung und Schicklichkeit gelten als wesentliche Tugenden.

Q1 Die drei Eigenschaften. Aus der Lehre des Konfuzius:

„Weisheit, Menschlichkeit, Mut. Diese drei sind die immer wirksamen Geisteskräfte auf Erden. Zu ihrer Ausübung ist eines notwendig, die Entschlossenheit, ans Ziel zu kommen. (...) Liebe zum Lernen führt hin zur Weisheit, kräftiges Handeln führt hin zur Menschlichkeit, sich schämen können führt hin zum Mut. Wer diese drei Dinge weiß, der weiß, wodurch er seine Person zu bilden hat. Wer weiß, wodurch er seine Person zu bilden hat, der weiß, wodurch er die Menschen ordnen kann. Wer weiß, wodurch er die Menschen ordnen kann, der weiß, wodurch er die Welt, den Staat, das Haus ordnen kann.“

(Liji: Das Buch der Sitte, S. 35)

A4 *Beschreibe den Inhalt in deinen Worten.*

A5 *Welche Bedeutung haben „Ordnung“ und „Lernen“?*

A6 *Vergleiche mit unseren Wertvorstellungen.*

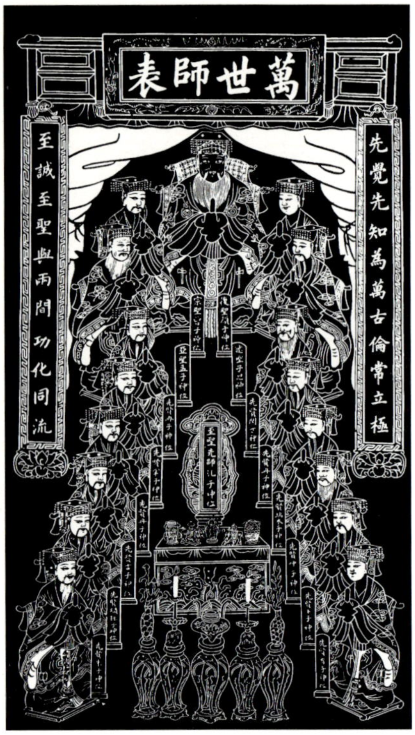

Konfuzius mit seinen Schülern, Holzschnitt um 500 v. Chr.

A1 *Vergleiche die Darstellung des Konfuzius mit den Ordnungsvorstellungen seiner Lehre.*

Wahrscheinlich ein Zeitgenosse des Konfuzius war Laotse. Der Legende nach machte er sich, enttäuscht von den Menschen, auf den Weg in die Einsamkeit, um zu sterben. Ein Grenzwächter hielt ihn auf und bat ihn, seine Gedanken niederzuschreiben. So soll das Buch „Taoteking“ entstanden sein, das Buch vom „Weg“. Seinen Weg zu gehen, einfach da zu sein, ohne die Dinge ändern zu wollen, sanftmütig im Einklang mit der Natur zu leben, sind Forderungen des Taoismus, der Lehre Laotses.

A2 *Laotse wird immer als alter Mann dargestellt. Was soll damit wohl ausgedrückt werden?*

Q2 Das Taoteking endet so:
„Die Weisen horten nichts. Je mehr man für andere tut, desto mehr hat man.(...) Die Art des Himmels ist zu nutzen, nicht zu schaden. Die Art der Weisen ist zu handeln, ohne zu streiten.“
(Bubolz, G.: Religionslexikon, S. 305)

A3 *Fasse die für dich wichtigsten Gedanken zusammen.*

A4 *Wo liegen Unterschiede zu den Aussagen des Konfuzius?*

A5 *Du hast bereits von der Lehre Jesu Christi gehört. Siehst du im Taoteking Ähnlichkeiten?*

Aus Indien stammt der Buddhismus, der sich in Asien, gerade auch in China, weit verbreitete. Er fasziniert heute auch manchen Europäer. Sein Gründer, Siddharta Gautama, wurde um 560 v. Chr. als indischer Prinz geboren. Er wuchs, der Überlieferung nach, abgeschirmt vom Alltag der Bevölkerung in einer isolierten Welt des Luxus auf. Doch eines Tages sei er außerhalb des Palastes dem Elend der Welt, Krankheit und Tod begegnet. Daraufhin habe er seine Familie verlassen, um als Einsiedler die Frage zu lösen, wie das Leiden in die Welt kommt und wie man es überwinden könnte. Nach Jahren der Meditation sei ihm unter einem Feigenbaum eine Eingebung gekommen, die er in langen Wanderjahren verbreitete und die ihm den Titel „Buddha“ (der Erleuchtete) brachte.

Chinesische Darstellung des Laotse

Neueres Buddha-Bildnis für die häusliche Anbetung

A6 *Der Heiligenschein, Zeichen der göttlichen Ausstrahlung, müsste dir bekannt vorkommen.*

Nach buddhistischem Glauben ist die Gier nach Leben und Lust der Grund des Leidens in der Welt, das in einem Kreislauf von Tod und Wiedergeburt ewig fortdauert. Nur durch Überwindung der Lebensgier und Verzicht auf alle weltlichen Genüsse könne der Mensch das Leiden beenden und sich aus dem Kreislauf der Wiedergeburten lösen. Dieser Heilszustand der Befreiung wird „Nirwana“ (Verlöschen) genannt. Durch den „Pfad des rechten Wollens, Redens, Lebens und Sichversenkens (Meditieren)“ soll das Nirwana erreicht werden.

A7 *Siehst du Gründe, weshalb der Buddhismus in Westeuropa, einer relativ reichen Region, zunehmend Interesse findet?*

3.4 Japan – Samurai und Shogunat

Japan ist heute eine der führenden Industrienationen. Als erstes Land in Asien schuf es eine moderne Industriegesellschaft nach westlichem Muster und bewahrte doch gleichzeitig seine eigene Kultur. Damit wurde es Vorbild für viele asiatische Staaten.

Bis ins 19. Jahrhundert war Japan ein Feudalstaat. Kriegerische Traditionen spielten eine große Rolle. Im Mittelalter herrschten Heerführer, die Shogune, die sich gegenseitig bekämpften. Ihre Gefolgsleute, die Samurai, bildeten den ersten Stand, der sich Bauern, Handwerkern und Händlern weit überlegen fühlte. In manchem ähnelten die Samurai den europäischen Rittern. Wenn sie nicht im Kriegseinsatz waren, dienten sie ihren Herren als Beamte und Verwalter. Samurai handelten nach einem strengen Ehrenkodex, dem Bushido. Gehorsam und Treue bis in den Tod gegenüber ihrem Herrn, dem Shogun oder einem Adligen, waren wichtige Tugenden. Drohte Gefangennahme oder Ehrverlust, sollte der Samurai Selbstmord begehen. Die traditionelle Methode, das qualvolle Harakiri durch Bauchaufschlitzen, war den Samurai vorbehalten, niedrigeren Ständen war es sogar verboten.

Adel und Samurai lebten von der Arbeit der Bauern, die etwa 90 Prozent der Bevölkerung ausmachten. Sie bauten vor allem Hirse und Weizen an. Als sich Japan im 19. Jahrhundert unter europäischem Einfluss modernisierte, verloren die Samurai ihre ursprünglichen Aufgaben. Dennoch konnten sie sich in der neuen Gesellschaft behaupten und stiegen vielfach in leitende Positionen von Wirtschaft und Staat auf. Ihre Verhaltensregeln und strenge Moral behielten bis heute großen Einfluss auf die japanische Gesellschaft.

A1 *Beschreibe die Bilder. Wie interpretierst du Körperhaltung und Gesichtsausdruck?*

Samurai mit lackiertem Eisenpanzer. Die zwei Schwerter, die jeder Samurai trägt, sind sein wichtigstes Kennzeichen.

Samurai im Kampf, zeitgenössische Darstellung

A1 *Woran kann man erkennen, dass diese Frau eine besondere Zeremonie durchführt?*

Die Teezeremonie, von buddhistischen Mönchen eingeführt, gilt als Ausdruck der hohen Kultur Japans. Sie verkörpert Harmonie und ist weit mehr als nur ein geselliges Beisammensein.

3.5 Japan und der Westen

Für viele Reiche und Kulturen in Übersee bedeutete der Kontakt mit den Europäern den Untergang. Nicht so für Japan. Seit 1543 knüpften portugiesische Händler Kontakte. Bald hatten auch christliche Missionare, vor allem Jesuiten, Erfolge im buddhistischen Japan. Die Adelshäuser in Europa waren ganz versessen auf japanische Güter. Und auch die Herrscher Japans interessierten sich für Europa. Doch 1637 unterbrach der Shogun den Kontakt zu Portugal und ließ keine Europäer mehr ins Land. Ein Aufstand christlicher Japaner war der Auslöser.

Q1 Ein japanischer Bericht 1639 über die Jesuiten:
„Sie (die Jesuiten) gingen auf die Straßen und sammelten Bettler und die Aussätzigen der Gesellschaft. Bettler erhielten eine Mahlzeit, wenn sie den Wunsch äußerten, Mitglieder dieser Religion zu werden (...). Jenen, die sie für große Fürsten hielten, machten sie Geschenke (...) und verleiteten sie schließlich zum Beitritt zum Christentum. Sie nahmen jeden auf und wiesen keinen ab. Und auf diese Weise sammelten sie eine Reihe von Tunichtguten um sich.“
(George, E.: Deus destroyed, Übers. T. Sohn, S. 332)

A2 *Beschreibe das Vorgehen der Missionare. Vergleiche mit der Missionierung z. B. in Lateinamerika.*
A3 *So sahen Japaner Europäer. (Bild rechts) Was fällt auf?*

Japanische Darstellung eines Portugiesen

Für 200 Jahre blieb Japan nun in selbstgewählter Isolation. Nur die protestantischen Niederländer durften einen streng kontrollierten Handelsposten unterhalten. Einmal im Jahr kam eine Abordnung der Holländer an den Hof des Shogun. So erfuhren die Japaner über Veränderungen in der Welt und übernahmen Neuerungen, die ihnen geeignet erschienen.

Erst ab 1853 erzwangen Amerikaner eine allmähliche Öffnung des bis dahin „mittelalterlichen“ Japan. Es folgte eine rasante Modernisierung, die Japan schließlich auf einigen Gebieten an die Spitze der wirtschaftlichen und technologischen Entwicklung brachte. In der ersten Hälfte des 20. Jahrhunderts war Japans Aufstieg jedoch auch mit einer Politik der kriegerischen Unterdrückung und Ausbeutung seiner Nachbarn verbunden.

A4 *Überlege, welche Vor- und Nachteile die selbstgewählte Isolierung Japan brachte.*

4 Renaissance und Humanismus

4.1 Ein neues Bild der Welt

Im Mittelalter glaubten die meisten Europäer, alles stünde schon in der Bibel und in den Büchern der „Kirchenväter". Die göttliche Ordnung war nicht von Natur aus in dieser Welt zu sehen. Man konnte sie sichtbar machen, indem man z. B. dem König oder Papst eine besondere Kleidung gab. Maler hatten noch eine andere Methode: Sie malten die wichtigen Leute größer.

Schon zur Zeit Heinrichs des Seefahrers meinten immer mehr Menschen, man müsste selbst genau hinschauen, wenn man etwas dazulernen wollte. Sie glaubten, die göttliche Ordnung sei in der Natur sichtbar, wenn diese nur genau betrachtet würde. Für Maler hieß das: Wenn wir die Natur genau nachbilden, dann erkennt der Betrachter ihre Ordnung, die zugleich die göttliche Ordnung ist. Das bedeutete auch: den Vordergrund groß, den Hintergrund kleiner zu zeichnen. Das erreicht man dadurch, dass man alle wichtigen in die Tiefe führenden Linien in einem zentralen Punkt zusammenlaufen lässt (Zentralperspektive).

Die Anbetung der Könige (um 1000)

Die Geburt Christi

A1 *Das eine Bild auf dieser Seite stammt von Albrecht Dürer (1471–1528), das andere wurde um 1000 gemalt. Ordne jeweils der Zeit zu und begründe deine Meinung.*

A2 *Vergleiche die Bilder auf dieser Seite: Welches Thema stellen sie dar? Beschreibe die Unterschiede.*

A3 *Welches Bild hat eine Zentralperspektive? Lege ein Transparentpapier auf das Bild und zeichne die wichtigsten Linien ein. Wo liegt der Punkt, in dem sie sich treffen?*

4.2 Experimente und Erfindungen

Wenn die Natur die Ordnung Gottes ist, darf man sie auch erforschen, um Gottes Wirken zu erkennen und Nützliches für das Diesseits zu leisten. Im Mittelalter kam es auf das ewige Leben an. Selbst etwas erkennen zu wollen, war eher eine Sünde. Jetzt glaubten immer mehr Leute, Gottes Willen zu erfüllen, indem sie beobachteten, experimentierten und Erfindungen machten.

Der berühmte Maler Leonardo da Vinci ist ein Musterbeispiel dafür. Er malte Menschen so, wie sie aussahen, z.B. die berühmte Mona Lisa. Im einzelnen Bild sollte aber auch die Ordnung, das Allgemeine am Menschen zu sehen sein. Deshalb studierte er die Größenverhältnisse. Er schuf die nebenstehende Zeichnung eines Menschen in einem Kreis und einem Quadrat und schrieb dazu:

Q1 *„Wenn du deine Beine so weit auseinander stellst, dass du um ein Vierzehntel kleiner wirst, und wenn du deine Arme so hochhebst, dass du mit den Mittelfingern die vom Scheitel ausgehende Linie berührst, wisse, dass der Mittelpunkt deiner ausgestreckten Gliedmaßen dein Nabel ist (...) Der Mensch kann seine Arme so weit ausbreiten, wie er groß ist."*
(Chastel, A.: Leonardo da Vinci, S. 291)

A1 *Nimm einen Zollstock und überprüfe, ob da Vinci Recht hatte.*

Wie viele andere Künstler wollte er auch nützliche Dinge erfinden. Wir wissen aus Zeichnungen und seinem Tagebuch, dass er einen Flugapparat entwickelt hat. Ob er funktioniert hat, wissen wir nicht. Aber die von ihm erfundene Fahrradkette ist noch heute unentbehrlich.

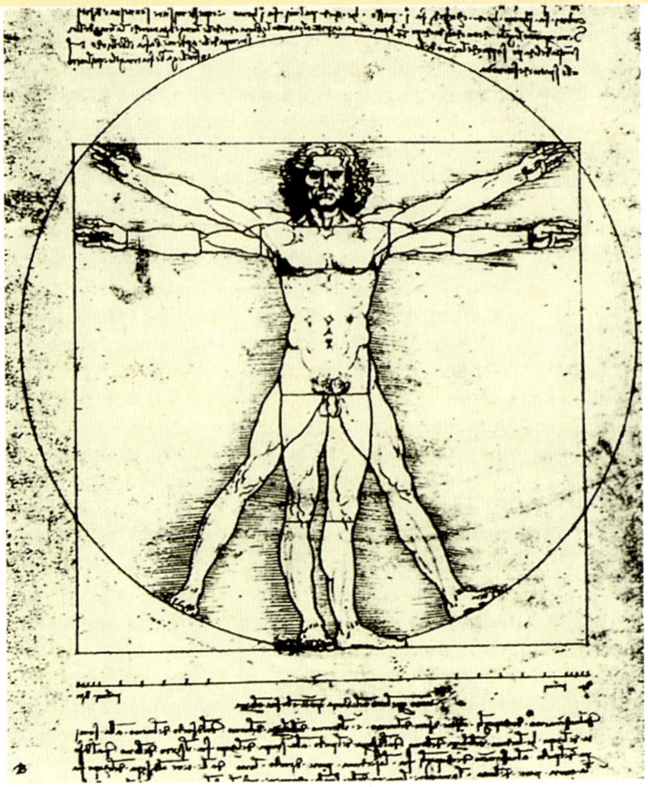

Die Proportionen (= Größenverhältnisse) des menschlichen Körpers. Zeichnung von Leonardo da Vinci.

A2 *Vergleiche Leonardos Text mit seiner Zeichnung.*

Das erste gedruckte Bild eines Fallschirmes. Aus dem Buch Machinae Novae (Neue Maschinen) des Fausto Veranzio von 1616.

A3 *Vergleiche die Zeichnung mit dem dazugehörigen Text (Q2) auf der folgenden Seite.*

A1 *Lies die folgende Erklärung zu dem Bild in alter deutscher Sprache. Dabei musst du beachten, dass man ein wenig anders schrieb als heute, z. B. vv statt w, u statt v.*

A2 *Schreibe die Erklärung mit eigenen Worten.*

Q2 *„Ein fliegender Man*
In einem viereckigen segeltuech, vvelches mit uier gleichen staenglin auffgespant, und an den uier eggen mit stricklin vvol angebunden, kan sich ein man ohne alle gfar uon einem thurn oder anderen hochen orth sicherlich herab lassen. Dan ob gleich damals kein vvind vvaere, vvirdt doch der gevvalt des fallenden mans einen vvind machen, vvelcher das tuech auffhalten vvirdt, damit es nicht gaheling [jählings] hinab platze, sondern allgemach sich niderlasse. Doch solle die mas des mans mit der groesse des tuechs eben zuetreffen.“

(Klemm, T./Wissner, A. [Hg.]: Fausto Veranzio, Machinae Novae, S. 15)

Ärzte lernten nicht nur, was schon aufgeschrieben war. Sie zerlegten (sezierten) die Körper von Toten, um mehr zu verstehen und besser helfen zu können. Im Mittelalter war das verboten gewesen. Viele versuchten, die Ursachen der Pest, die immer wieder ausbrach, zu erforschen. Schon damals erkannten einige, dass Kriege und Hungersnöte viele Menschen krank machen.

Die Bauten der Zeit kann man schon von außen erkennen: Sie haben einfache rechteckige Grundrisse. Ihre Außenwände (Fassaden) sind streng gegliedert (Rechtecke, Halbkreise, flache Giebel). Auch im Inneren gab es wichtige Veränderungen: Es sollte ein großer Raum entstehen („Einräumigkeit“).

4.3 Städte und Gelehrte

Viele Erkenntnisse und technische Fortschritte wurden in Florenz ausgeknobelt. Jahrhundertelang herrschten dort die Medici, eine besonders reiche Familie von Bankiers. Sie gaben viel Geld aus, um Künstler und Gelehrte in ihre Stadt zu holen. In ihren „Künstlerwerkstätten“ arbeiteten Männer, die in Kunst, Technik, Mathematik, Physik, Geschichte, Sprachen und überhaupt in den Wissenschaften ausgebildet waren.

A3 *War Florenz eine reiche oder eine arme Stadt? Woran kann man das auf dem Bild erkennen?*

Auch in anderen Städten gab es solche Gelehrte. Ohne den Reichtum der norditalienischen Städte hätten die meisten kaum leben können. Oft hatten sie gut bezahlte Ämter, andere lebten von kirchlichen „Pfründen“, von Einkünften ohne Arbeit. So hatten sie Zeit. Sie entwickelten für die Forschung ein bis heute wichtiges Verfahren, mathematische Gesetzmäßigkeiten zu erkennen: Sie schoben z. B. Gewichte auf einer Wippe hin und her, bis sie das Verhältnis von Kraft und Hebellänge (Drehmoment) in einer Formel ausdrücken konnten. So etwas heißt Erkenntnisexperiment. Darauf beruht unsere heutige Prüftechnik (z. B. Bremsenprüfstand für Autos).

A4 *Überlege, welche Vorteile es hat, wenn man eine Frage – z. B. „Wie baue ich ein Haus ohne Gerüst?“ – in mathematischen Formeln ausdrücken kann.*

Florenz um 1561/62

Schmiede mit Wasserantrieb für Schwanzhammer und Doppelblasebalg (Kupferstich um 1580)

A4 *Erkläre, wie die rechts abgebildete Anlage funktionierte.*

Ein „Großverbraucher" von Energie war der Bergbau. Hauptproblem war, Abraum, Erz und das sich sammelnde Wasser aus dem Bergwerk nach oben zu schaffen. Dafür brauchte man viele Menschen als „Antrieb". In der Renaissance gelang es erstmals, das Wasser auch mechanisch zu heben, in großen Ledersäcken (Bulgen), aber mehr und mehr auch durch leistungsfähige Pumpen.

A5 *Diskutiere die Vor- und Nachteile der abgebildeten Förderanlagen.*

A6 *Die unten rechts abgebildete Anlage ersetzte rund 600 „Wasserknechte". Überlege die Folgen für die Arbeitssituation dieser Menschen.*

Die Namen von Leuten, die im Mittelalter etwas erfunden haben, kennen wir meist nicht. Erfinder waren wenig geachtet. 1474 wurde in Venedig ein Gesetz beschlossen. Das sollte die Interessen derjenigen „scharfsinnigen Köpfe" schützen, „die es verstehen, mancherlei nützliche und kunstreiche Gegenstände auszudenken und zu erfinden." Die Erfindungen sollten der Gesellschaft nützen, neu sein und ihren erklärten Zweck erfüllen. Dann sollte die Ehre und der Gewinn dem Erfinder zustehen (Patentrecht).

A1 *Überprüfe, ob das Patentgesetz auf die oben abgebildete Schmiede passt.*

A2 *Was geschah, wenn der Erfinder sein Patent bekannt machte? Hatte er Vorteile davon?*

A3 *Überlege, ob dies Gesetz die Erfinder ermunterte oder abschreckte.*

4.4 Woher kam die Energie?

Eine Hauptschwierigkeit im Alltag um 1500 war die Bereitstellung von Antriebsenergie. Außer der Muskelkraft von Mensch und Tier hatte man nur Wind, Wasser und Schwerkraft. Es gab ja noch keine Motoren, um z. B. eine Pumpe oder einen Blasebalg anzutreiben. Wind konnte man nicht speichern. Er konnte daher z.B. für eine Bergwerkspumpe gar nicht eingesetzt werden. Bei einer Uhr konnte man ein Gewicht als Energiespeicher nutzen (Schwerkraft). Wasser musste man aufstauen, um bei Trockenheit eine Reserve zu haben oder überhaupt genügend Fließgeschwindigkeit zu erreichen. In der Ebene, wo die Flüsse schlecht gestaut werden konnten, musste man mit einem Trick arbeiten (Bild nächste Seite oben).

Bergleute mit vollem Förderkorb (Fenster im Münster zu Freiburg i. Br. zwischen 1340 und 1350)

Schiffsmühlen vor Köln

Für Heben bzw. Senken umsteuerbares Kehrrad mit Förderkette und Bulge (1556)

4.5 Der Humanismus – die Antike wird neu entdeckt

Papst Leo X. beim Lesen einer Handschrift. Gemälde von Raffael um 1518.

Wie der Papst auf dem Bild, so lasen auch andere Gelehrte antike Bücher und Handschriften. Dazu musste man gut Griechisch und Latein können. Es gab Gelehrte, die sich hauptsächlich damit beschäftigten: die Humanisten. Der Berühmteste von ihnen war Erasmus von Rotterdam.

Viele Gelehrte glaubten, dass in ihrer Zeit die Antike wieder geboren würde. Deshalb heißt diese Zeit Renaissance (Wiedergeburt). Die Gelehrten wollten das Wissen und Können vermehren und die Gesetzmäßigkeiten in der Natur finden.

Nicht immer wurde das begrüßt. Mit Nikolaus Kopernikus begann 1543 die Überwindung des bisherigen Weltbildes, wonach die Erde als der Mittelpunkt des Weltalls (geozentrisches Weltbild) galt. Er behauptete, dass die Planeten um die Sonne kreisen (heliozentrisches Weltbild). Galileo Galilei wollte die Bewegung der Sterne berechnen und erklären. Dazu schaute er nicht nur in Bücher, sondern auch durch Fernrohre, die er selbst gebaut hatte. Als er zu dem gleichen Schluss kam wie Kopernikus, dass die Erde sich um die Sonne dreht und nicht umgekehrt, bekam er Schwierigkeiten: Weil es der Lehre der Kirche widersprach, wurde er zu lebenslanger Haft verurteilt. Das Urteil wurde später in Hausarrest umgewandelt, aber erst 1992 vom Papst aufgehoben.

A1 *Warum bekam Galilei Schwierigkeiten?*

A2 *Was schließt du daraus, dass das Urteil gegen ihn erst 1992 aufgehoben wurde?*

Die Humanisten bemühten sich ernsthaft, Bildung zu verbreiten. Ickelsamer z. B. erfand eine leichtere Methode zum Lesenlernen und Adam Riese verfasste neue Lehrbücher zum Rechnen. Trotzdem lernten die meisten Leute wenig, konnten ihre Vernunft nicht trainieren und waren oft auch noch abergläubisch. Die meisten konnten sich gar keine Bildung leisten.

A3 *Der Humanist Thomas Morus schrieb: „Wer nichts oder wenig gelernt hat, wird leicht arm." Erkläre den Satz und diskutiere, ob er heute noch gilt.*

Humanistische Bildung konnte man an den Universitäten erwerben. Die meisten gab es in Norditalien. Karl IV. gründete 1348 in Prag eine neue Universität:

Q1 *„Er wollte, dass die Prager Universität in jeglicher Hinsicht nach der Sitte und Gewohnheit der Pariser Hochschule geordnet und geleitet werde, auf der einst der König selbst in seinen Jünglingsjahren studiert hatte. Die Magister, die Vorlesungen hielten, sollten immer, Jahr für Jahr, ein bestimmtes Gehalt empfangen. So wurde in der Stadt Prag eine Universität gegründet, die in allen Ländern Deutschlands nicht ihresgleichen fand, und es kamen aus fremden Ländern, wie England, Frankreich, der Lombardei, Ungarn und Polen sowie aus den einzelnen benachbarten Ländern, Studenten hierher, auch Söhne von Edlen und Fürsten. Die Stadt Prag erlangte durch die Universität großen Ruhm und wurde in fremden Ländern so bekannt, dass wegen der Menge der Studierenden das Leben beträchtlich teuer ward."*

(Benesch Krabice von Weitmühl, Chronik)

A4 *Nach welchem Vorbild wurde die Universität Prag gegründet und warum?*

A5 *Suche auf einer Karte die Länder, aus denen Studenten kamen.*

A6 *Warum sind die Studentinnen nicht erwähnt?*

4.6 „Die schwarze Kunst"

Der Fortschritt hätte nicht so groß sein können, wenn nicht der Goldschmied Johannes Gutenberg ein neues technisches Verfahren zur billigeren Herstellung von Büchern erfunden hätte, das durch seine Gesellen schnell verbreitet wurde. Der Abt Trithemius von Sponheim (1492–1516) schrieb darüber:

Q1 *„Sie erfanden die Kunst, die Formen aller Buchstaben (...) zu gießen. Diese Formen nannten sie Matrizen, und aus ihnen gossen sie hinwiederum eherne oder zinnerne, zu jeglichem Drucke geeignete Buchstaben. Solche hatte man früher mit den Händen geschnitzt."*

(Historisch-politisches Quellenbuch, Bd. 1, S. 267 f.)

Schreibstube um 1040

A1 *Vergleiche die beiden Abbildungen. Beschreibe die Vorgänge beim Drucken.*

Auch viele Privatleute konnten sich jetzt Bücher leisten. Nun konnten Bücher gedruckt werden, die vorher niemand hätte kaufen wollen, weil sie zu teuer waren. Noch im ersten halben Jahrhundert nach Gutenbergs Erfindung erschienen etwa 30 000 Bücher und etwa 13 Millionen Flugschriften. Auf jeden fünften Europäer kam ein Buch oder eine Flugschrift. Das war ein großer Fortschritt.

Rekonstruktion einer Druckereiwerkstatt im 16. Jh.

A2 *Vergleiche den europäischen Bücherbestand von 1500 mit deinem persönlichen Bücherschatz.*

5 Neuer Reichtum

5.1 Der Fernhandel

Der Reichtum der Städte, der Renaissance und Humanismus überhaupt erst ermöglichte, kam in erster Linie aus dem Fernhandel. Schon lange wurde am Handel mit Gewürzen aus Südostasien gut verdient. Eine neue Verdienstquelle verknüpfte Fernhandel und Produktion: Englische Wolle wurde in Florenz und anderen Städten weiterverarbeitet.

Daneben betrieben die großen Handelsunternehmen Bankgeschäfte. Die bargeldlose Abwicklung von Geschäften konnte nur durch Kaufleute vorgenommen werden, die Mitarbeiter in anderen Städten hatten. Florentiner Kaufmannshäuser zahlten dem Papst seine Einkünfte aus England in Italien aus, trieben diese Einkünfte in England selbst ein und kauften dafür an Ort und Stelle die Wolle, die sie brauchten.

Bei den weltweiten Geschäften mit Antwerpen, Venedig, Lissabon, London usw. konnte der Kaufmann nicht mehr selbst mit seiner Ware umherziehen wie der auf dem Bild links unten. Er hatte in verschiedenen Städten ortskundige Vertreter. Kaufleute mussten schreiben und rechnen können und gute Buchführung machen, um die Übersicht zu behalten. Auf der übernächsten Seite siehst du die jetzt typische Tätigkeit eines Kaufmanns.

Links: Nürnberger Kaufmann um 1440

A1 *Woran kannst du erkennen, dass hier ein Kaufmann abgebildet wurde?*

5.2 Transport und Verkehr

Nötig war auch ein sicheres Verkehrsnetz. Am billigsten und schnellsten war der Transport auf dem Wasser. Die Straßen waren meist sehr schlecht, beladene Wagen konnten nur im langsamen Fußgängertempo fahren und hatten trotzdem oft Pannen.

Q1 *„Wenn ein Fuhrmann mit seinen Gerätschaften, er sei gleich von Basel oder Straßburg und so fremd und unbekannt er wolle, vor die Tore bei nächtlicher Zeit kommt (...), so*

wird er mit seinen Fuhrwerken einigen Wirten zu Gefallen eingelassen. Bürger aber, die sich verspäten, müssen draußen vor den Pforten bleiben (...)"

(Hanauer Artikel, Abschnitt 19, zitiert nach: Franz, G.: Quellen zur Geschichte des Bauernkrieges)

A1 *Überlege, warum Fuhrleute so gut behandelt wurden.*

A2 *Beschreibe anhand der beiden Bilder die Vorteile des Wasserweges.*

Transportwagen für Stabeisen

Rekonstruktion einer Hafenszene zu Beginn der frühen Neuzeit

5.3 Kaufleute – reicher als der Kaiser

Deutsche Kaufleute lernten von den Italienern. Wie viele andere war auch Jakob Fugger, genannt „der Reiche“, selbst drei Jahre in Venedig. Die Fugger fingen an, in Venedig Baumwolle einzukaufen und in Deutschland weiterverarbeiten zu lassen. Das war der erste Schritt, die reichste Kaufmannsfamilie in Deutschland zu werden. Nach italienischem Vorbild betrieben sie auch Bankgeschäfte. Auf dem Umweg über Kreditgeschäfte kamen sie auch zum Bergbau:

A1 *Die Schilder im Hintergrund bedeuten Orte, an denen die Fugger Geschäfte hatten. Versuche, einige Schilder zu lesen und ordne sie den Niederlassungen auf der Karte zu (Antorff ist Antwerpen).*

Q1 *„Die Fugger kauften alles Silber, das erschmolzen wurde, zum Festpreis von 8 Gulden (statt 10 Gulden Marktpreis) pro „Mark“ (240 Gramm); davon zahlten sie 5 Gulden, 3 Gulden behielten sie als Abzahlungsrate. In späteren Verträgen wurde auch das Kupfer einbezogen.“*

(Zusammengefasst nach: Jansen, M.: Die Anfänge der Fugger, S. 124–126 u. 131–133)

A2 *Wenn eine Bank Geld verleiht, will sie Zinsen einnehmen, aber das war Christen verboten. Überlege, wo die Zinsen versteckt sind.*

Die großen Kaufmannsgesellschaften waren nicht bei allen Leuten beliebt. 1526 forderte ein Bauernführer für Tirol:

Q2 *„Alle Schmelzhütten, Bergwerke, Erz, Silber, Kupfer (...), sofern es dem Adel und ausländischen Kaufleuten und Gesellschaften wie der Fuggerischen (...) gehört, sollen (...) eingezogen werden. Denn sie (Adel und Gesellschaften) haben ihre Berechtigung nach Billigkeit verwirkt, weil sie sie mit unrechtem Wucher erlangt haben: Geld zum Vergießen menschlichen Blutes; desgleichen haben sie dem gemeinen Mann und Arbeiter seinen Lohn mit Betrug und schlechter überteuerter Ware gezahlt und ihn damit zweimal mehr belastet, (...) alle Kauf-*

Jakob Fugger mit seinem Hauptbuchhalter, zeitgenössische Zeichnung

Niederlassungen der Fugger

mannsware in ihre Hand gebracht und die Preise erhöht und so die ganze Welt mit ihrem unchristlichen Wucher beschwert und sich dadurch ihre fürstlichen Vermögen verschafft, was nun billig bestraft und abgestellt werden sollte."

(Franz, G.: Quellen zur Geschichte des Bauernkrieges, S. 289 f.)

A1 *Was wird den Gesellschaften vorgeworfen und was soll aus ihnen werden?*

A2 *Vergleiche die Fuggerei mit dem nebenstehenden Text.*

A3 *Welche Gründe könnten die Fugger gehabt haben, eine solche Stiftung zu gründen?*

Die „Fuggerei" in Augsburg, eine soziale Stiftung der Fugger. Hier konnten Not leidende Familien fast umsonst wohnen. Aufnahme bedeutete Wohnrecht auf Lebenszeit. Das Foto zeigt den heutigen Zustand der „Fuggerei", die nach wie vor als soziale Einrichtung dient.

5.4 Karl V. – Herrscher über ein Weltreich auf Kredit?

Die Fugger erlebten häufiger Angriffe auf ihre Monopole. Sie konnten sich aber immer wieder retten, vor allem, weil sie als Geldgeber für den Kaiser nicht zu ersetzen waren. Schon für die Wahl von Kaiser Karl V. waren sie unentbehrlich gewesen: Von den 850 000 Gulden, die die Wahl gekostet hatte, waren ungefähr 550 000 von den Fuggern geliehen. Der Kaiser selbst hatte nur 270 Gulden aufgebracht. Es war aber nicht nur Dankbarkeit, die Karl V. an der Seite der Fugger hielt. Er brauchte immer neue Kredite, besonders für seine Kriege. Und die Fugger mussten sie ihm geben, weil sie sonst ihr ausgeliehenes Geld gar nicht zurückbekommen hätten.

A4 *Warum musste der Kaiser die Fugger unterstützen?*

A5 *Überlege, welche Vorteile und Gefahren es mit sich bringt, wenn eine Regierung auf ein großes Wirtschaftsunternehmen angewiesen ist.*

6 Das Zeitalter der Reformation

6.1 Wer war Martin Luther?

Sehr bekannt zu sein gilt heute vielen als erstrebenswert. Wer aber ist vielleicht der berühmteste Deutsche? Wir werden wohl nicht zuerst auf Martin Luther kommen, der von 1483 bis 1546 lebte. Tatsächlich sind aber mehr als 65 000 Bücher über ihn geschrieben worden. Er zählt damit zu den meistbeschriebenen Menschen in der Geschichte. Selbst war er ein hervorragender Schriftsteller. Er verfasste pro Jahr ca. 70 Predigten, 100 Briefe und 30 Artikel.

Wie kaum ein anderer Europäer war und ist Martin Luther umstritten. Während er für die einen der Zerstörer des christlichen Abendlandes ist, haben andere durch ihn zu ihrem Christentum gefunden. Obwohl er immer wieder auf menschliche Güte und die Gnade Gottes hinwies, forderte er die harte Bestrafung der Bauern. Später rechtfertigte er die Verfolgung der Juden. Überhaupt war seine Haltung zur Gewalt zwiespältig: Einerseits sollte im Glaubensstreit auf Gewalt verzichtet werden - andererseits forderte er zur Gewaltanwendung auf.

Obwohl streng und in Gottesfurcht erzogen, wurde Martin Luther einer der erfolgreichsten Rebellen in der Geschichte. In einer Zeit, in der Rebellion in der Luft lag, war er es, der - im übertragenen Sinne - die Brandfackel warf und einen Flächenbrand auslöste, der Europa veränderte. So dramatisch, wie es diese Worte vermuten lassen, begann es jedoch in Wirklichkeit nicht. Sein Mitstreiter Philipp Melanchthon berichtete später, dass der Wittenberger Professor Martin Luther am 31. Oktober 1517 mit Schriftrollen unterm Arm durch

Postwertzeichen aus aller Welt

A1 *Ermittle den Anlass für die Herausgabe der Sondermarken.*

A2 *Welche Schlüsse ziehst du aus der Tatsache, dass viele Staaten Briefmarken mit einem solchen Motiv herausgegeben haben?*

A3 *Beschreibe die Tätigkeit Martin Luthers.*

A4 *Wie reagierten wohl die Bürger Wittenbergs?*

Der Anschlag der 95 Thesen zum Ablass (Rekonstruktion aus dem 19. Jh.)

Wittenberg schritt und mit dem Zwölfuhrläuten die Tür der Schlosskirche erreichte. Was er an dieser Tür tat, zeigt das Bild auf der linken Seite unten.

Im Folgenden werden wir untersuchen,
- wogegen Martin Luther rebellierte,
- warum er dies in so merkwürdiger Form tat,
- weshalb die Hammerschläge an die Tür der Schlosskirche in Europa wie Donnerschläge wirkten und
- welche Veränderungen damit in Deutschland und Europa ausgelöst wurden.

6.2 Missstände in der mittelalterlichen Kirche

Am Ende des Mittelalters war das ganze Leben der Menschen vom Glauben geprägt. Von Geburt an wurden sie in Gottesfurcht erzogen,

„Der Sterbende" von Lucas Cranach d. Ä., 1518

A2 *Erkläre die Personen auf dem Gemälde.*

A3 *Versuche mithilfe der Darstellung zu erklären, welche Aufgabe dem Priester auf dem Bild zugedacht ist.*

So stellte man sich zu Beginn der Neuzeit den Teufel vor. Holzmalerei um 1483.

A1 *Beschreibe die Figur. Was läßt sie „teuflisch" erscheinen?*

fürchteten den Teufel und taten bei Verfehlungen Buße, um sich von Sünden zu befreien. Man hoffte, nach dem Tod in den Himmel und nicht in das Reich des Teufels, die Hölle, zu kommen. Gefürchtet war das Fegefeuer, das die Christen vor dem Eintritt in den Himmel von Sünden „reinigen" sollte.

Priester besaßen einen besonderen Rang. Sie konnten den Gläubigen für vermeintliche oder tatsächliche Sünden Strafen auferlegen. In den Kirchen knieten die Menschen vor ihnen. Aber nicht allein die Frömmigkeit der Menschen gab der vom Papst geleiteten Kirche große Macht. Etwa ein Drittel des Grundbesitzes in Deutschland gehörte der Kirche. Kirchensteuern und Schenkungen sicherten ihr große Einnahmen. Nur die Kirche vermittelte Zugang zu höherer Bildung. Selbst in kleineren Städten gab es zahlreiche Klöster und Kirchen. Die Kirche prägte das mittelalterliche Leben und besaß großen politischen Einfluss.

Am Ende des Mittelalters erhielt das Denken der Menschen neue Anstöße. Die menschliche Gesellschaft befand sich im Umbruch.

Zugleich wuchs die Unzufriedenheit mit der Kirche. Die Päpste in Rom kümmerten sich wenig um das Seelenheil der Christenheit. Sie führten Kriege und lebten verschwenderisch.

A1 *Bringe dein Wissen über diesen Umbruch ein.*

Riesige Mittel wurden von den „Dienern Gottes“ verprasst. Sie führten nicht selten ein unwürdiges Leben – verlangten aber von den Gläubigen, ein christliches Leben zu führen. Das machte die Kirche unglaubwürdig. Wer über ausreichend Geld verfügte, konnte sich z. B. das Amt eines Bischofs kaufen, unabhängig, ob er dafür geeignet war.

Viele Menschen waren empört. Aus Predigten war ihnen bekannt, dass Christus ein Leben in Armut und Bescheidenheit geführt hatte.

Q1 Der italienische Prediger Savonarola kritisierte:

„Tut Buße, ihr Priester, ihr Geistlichen, lasst ab von den Pfründen (= Einkünften), lasst euren Prunk, eure Gastmähler und Gelage. Lasst eure Geliebten. Ihr Mönche, lasst eure fetten Abteien und euren Überfluss an Kleidung und Silber. Ihr Nonnen, wenn ihr Novizinnen aufnehmt, lasst euch nicht mit Geld bezahlen; lasst ab von Tand und Prunk und mehrstimmigen Gesängen. Meine Brüder, lasst alles Überflüssige, eure Bilder und Possen (= Späße). Macht eure Kutten enger und aus grobem Stoff.“

(Rüdiger, W.: Die Welt der Renaissance, S. 35, leicht gekürzt)

A2 *Übersetze Savonarolas Kritik in die moderne Sprache.*

A3 *Was bedeutet die Aufforderung „Macht eure Kutten enger“?*

A4 *Beschreibe diesen Heimweg von einem Trinkgelage.*

A5 *Was sagt uns der Zeichner über den Zustand der Kirche?*

Nonnen und ein Abt auf dem Heimweg von einem Trinkgelage. Holzschnitt um 1450.

6.3 Sekten und Ketzer

Bereits im 14. Jahrhundert wurde infolge der Missstände eine „arme“ Kirche gefordert. Die sollte auf äußeren Glanz verzichten und sich dem Seelenheil der Christen widmen. Verlangt wurde die Besinnung auf das Wort Gottes, wie es in der Bibel überliefert wird. Man wollte auch die Predigt verstehen können, die traditionell in Latein gehalten wurde, das nur wenige Menschen beherrschten. Frühzeitig trat deshalb die Forderung auf, volkstümlich, also in der Muttersprache, zu predigen. Viele Christen wollten nicht mehr in der althergebrachten Weise ihren Gottesdienst in der katholischen Kirche verrichten. Sie gründeten eigene Glaubensgemeinschaften – Sekten genannt –, in denen sie entsprechend ihren Vorstellungen lebten. Für die Papstkirche waren diese Menschen Ketzer. Das sind Abtrünnige im Glauben. Nichts ließ die Papstkirche unversucht, sie als Werkzeuge des Teufels darzustellen.

Der tschechische Universitätslehrer Jan Hus predigte in tschechischer Sprache, damit das Volk ihn verstehen konnte:

Q1 *„Wehe den Räubern und mitleidlosen Herren, vor allem aber, wehe den Priestern, die die Armen quälen und würgen, wenn sie ihnen nicht den Zehnt geben.“*

(Geschichte 6, V u W, S. 149)

Im Herbst 1414 war in Konstanz ein Konzil, die höchste Versammlung der Kirche, einberufen worden. Hier sollte über die Lehren der Ketzer gerichtet werden. Da Jan Hus vom deutschen Kaiser freies Geleit zugesichert worden war, kam er nach Konstanz, um seine Auffassung zu verteidigen. Als er nicht bereit war zu widerrufen, wurde er wortbrüchig

Jan Hus wird zum Scheiterhaufen geführt. Zeitgenössische Darstellung

A1 *Versuche einzelne Personen zu bestimmen.*

A2 *Diskutiert die Frage, ob Jan Hus vertrauensselig oder mutig war.*

verbrannt. Da erhob sich die Mehrheit des tschechischen Volkes gegen die Papstkirche und die Vorherrschaft der Deutschen. Die Anhänger des Jan Hus, Hussiten genannt, kämpften seit 1428 gegen die übermächtigen Feinde. Erst 1434 wurde die Hussitenbewegung geschlagen.

Die Verbrennung von Jan Hus hatte nicht die erhoffte abschreckende Wirkung. „Ketzerisches“ Denken und Handeln regten sich verstärkt – und wurden mit dem Feuertod bestraft. Um 1500 waren bereits mehr als 8 000 „Ketzer“ verbrannt worden. Darunter war auch der Prediger Savonarola.

A3 *Erkläre die große Macht der Papstkirche am Ende des Mittelalters.*

A4 *Nenne Missstände in der mittelalterlichen Papstkirche.*

A5 *Wofür traten die Ketzer ein?*

A6 *Welche Schlüsse hätte die Papstkirche aus der Hussitenbewegung ziehen können?*

6.4 Martin Luther protestiert gegen den Ablasshandel

GEWUSST WIE!

Was ist eine Karikatur?

Die allgemeine Unzufriedenheit mit der Papstkirche brachte 1508 ein Künstler mit diesem Holzschnitt zum Ausdruck:

Das Schiff der Kirche geht unter

Eine solche Darstellung heißt Karikatur. Dahinter steht das italienische Wort curicure (= übertrieben). Als Spottbild möchte sie Personen und Erscheinungen lächerlich machen, indem sie deren Schwächen übertrieben darstellt. Der Künstler nimmt mit ihr Partei. Nach der Erfindung des Buchdrucks fanden solche Karikaturen eine schnelle Verbreitung. Sie hatten zum Ziel, den Leseunkundigen politische Absichten zu vermitteln.

Die folgenden Arbeitsschritte sollen dich beim Verstehen einer Karikatur unterstützen:

1. Was ist auf der Karikatur zu erkennen (= Inhalt der Karikatur)?
2. Was will der Künstler zum Ausdruck bringen?
Worin besteht die Übertreibung? Wer wird verspottet? Für wen wird Partei ergriffen (= Ziel der Karikatur)?
3. Wird eine berechtigte Kritik angesprochen (= Bewertung mithilfe deines Wissens)?

Bei dieser Karikatur achte besonders darauf:

A7 *Welche Gründe können den Künstler bewegt haben, die Papstkirche mit einem sinkenden Schiff zu vergleichen?*

A8 *Warum schauen Bewaffnete und andere Menschen teilnahmslos zu, wie hohe geistliche Würdenträger und eine Nonne ertrinken?*

A9 *Für wen ergreift der Künstler Partei?*

Eine schnelle Verschärfung der Lage der Papstkirche trat nach 1513 ein. Der 23-jährige Hohenzollernprinz Albrecht von Brandenburg hatte mehrere Ämter an sich gebracht. Um sie beim Papst bezahlen zu können, musste Albrecht 1514 bei dem reichen Kaufmann Jakob Fugger in Augsburg einen Kredit aufnehmen. Für die Begleichung seiner Schulden fand er folgende Lösung:

Er ließ sich von Papst Leo X. den Sankt-Peter-Ablass übertragen, der den Neubau des Petersdoms unterstützen sollte. Ablass bedeutete, dass sich Christen mit Geld vom Fegefeuer freikaufen konnten. Man vereinbarte, die Hälfte der Einnahmen nach Rom zu schicken. Mit dem Rest sollte der Kredit an Jakob Fugger zurückgezahlt werden. Um das Geschäft zu beschleunigen, wurde der Dominikanermönch Johann Tetzel für die Kirchenprovinz Magdeburg als Ablasshändler eingesetzt. Von ihm stammen die Worte: „Wenn das Geld im Kasten klingt, die Seele aus dem Feuer in den Himmel springt."

A1 *Beschreibe anhand von Text und Bild den Ablauf des Handels mit Ablassbriefen.*

An dem Ablasshandel Tetzels entzündete sich die Empörung Martin Luthers. Der lehrte damals an der erst 1502 gegründeten Universität in Wittenberg Bibelkunde. Er fasste seine Kritik in 95 Thesen (Diskussionssätze) in lateinischer Sprache und schlug sie am 31. Oktober 1517 an die Tür der Schlosskirche zu Wittenberg (s. Abb. S. 34). Am gleichen Tag schickte er ein Schreiben an den Erzbischof Albrecht. Durch den Buchdruck wurde der Inhalt der Thesen schnell bekannt.

Q1 Auszug aus den 95 Thesen Luthers:

„21. Daher irren die Ablassprediger, die da sagen, der Mensch werde durch den Ablass des Papstes von aller Strafe los und selig (...)
27. Menschenlehre predigen die, welche sagen, dass, sobald der Groschen im Kasten klingt, die Seele aus dem Fegefeuer springt.
35. Die predigen unchristlich, die lehren, dass diejenigen, so da Seelen aus dem Fegefeuer loskaufen oder Beichtbriefe lösen wollen, keiner Reue bedürfen.
36. Jeder Christ hat, wenn er aufrichtig bereut, völligen Erlass von Strafe und Schuld, der ihm auch ohne Ablassbriefe gebührt (...)."

(Guggenbühl, G./Huber, C.: Quellen zur Geschichte der neuesten Zeit, S. 27 f.)

Flugblatt gegen den Ablasshandel. Rechts der Erzbischof Albrecht von Brandenburg, in der Mitte ein Münzmeister. Links ist die Einnahme von Ablassgeldern dargestellt.

Q2 Auszug aus dem Schreiben an den Erzbischof Albrecht:
„Endlich sind die Werke der Gottseligkeit und Liebe unendlich viel besser als der Ablass, und doch predigt man sie weder mit solcher Pracht, noch mit so großem Fleiß. Ja, der Ablasspredigt zuliebe wird von ihnen geschwiegen, und doch ist es aller Bischöfe vornehmliches und alleiniges Amt, zu sorgen, dass das Volk das Evangelium und die Liebe Christi lerne. Nirgends hat Christus befohlen, den Ablass zu predigen: Aber das Evangelium zu predigen hat er ausdrücklich befohlen."
(Luther: Ausgewählte Schriften, S. 31)

A1 *Erläutere Martin Luthers Auffassung vom Ablasshandel.*
A2 *Wie begründet er seinen Standpunkt?*
A3 *Erkläre, warum der 31. Oktober (Reformationstag) 1517 noch heute ein wichtiges Datum ist.*

GEWUSST WIE!

Anekdoten als Geschichtsquellen

Von Johann Tetzel ist eine Anekdote überliefert. Anekdoten sind kurze, meist witzige Geschichten, die vor allem historische Personen charakterisieren sollen. Man muss dabei beachten, dass die erzählte Geschichte vielleicht so gar nicht stattgefunden hat. Allerdings hätte sie so stattfinden können. Also muss eine Anekdote die historische Situation zutreffend widerspiegeln.

Der so genannte „Tetzel-Kasten" befindet sich noch heute in der Ernstkapelle unter den Türmen des Magdeburger Domes.

Wir sollten daher beim Lesen einer Anekdote immer überprüfen:
1. Ob wir sie mit eigenen Worten richtig wiedergeben können.
2. Gegen wen sich die witzige Darstellung richtet.
3. Was damit über die allgemeine Situation ausgesagt wird.

„In Berlin verkaufte Tetzel vor der Nikolaikirche viele Ablasszettel. Dann gedachte er weiterzureisen. Am letzten Tag trat ein reich gekleideter Mann vor seinen Ablassstand. Tetzel erwartete ein hohes Entgelt, staunte aber nicht schlecht, als der Mann Vergeltung für eine Sünde forderte, die er erst am nächsten Tag begehen wollte. Der habgierige Tetzel ging auf den Wunsch ein und händigte die Ablassurkunde aus. Am nächsten Tag verließ er am Vormittag Berlin. Die gut gefüllte Ablasskiste trug er stets bei sich. (...) Kurz vor Trebbin wurde er plötzlich von einer aus dem Wald hervorbrechenden maskierten Reiterschar umringt. Sie fiel über Tetzel und seine Begleiter her und raubte die Ablasskiste. Wutentbrannt wünschte Tetzel den Räubern die Strafe Gottes auf den Hals. Da ritt einer der Räuber auf Tetzel zu, beugte sich zu ihm herab und zog sich die Maske vom Gesicht. Entsetzt erkannte Tetzel jenen wohlhabenden Herrn aus Berlin, der für seinen Raub bereits Ablass getan hatte. Er hielt Tetzel den Ablassbrief vor die Nase. Dieser musste zusehen, wie sich die Reiter mit dem geraubten Geld entfernten."
(Neue Berliner Illustrierte, Heft 22/1987)

A4 *Versuche, die Anekdote mit eigenen Worten zu erzählen.*
A5 *Wie wird der Ablasshändler Tetzel charakterisiert?*
A6 *Versuche zu erklären, warum diese Anekdote im Gedächtnis der Menschen geblieben ist.*

Auf den Spuren Martin Luthers

Projektvorschlag: Auf den Spuren des berühmtesten Deutschen.

Vorschläge für Arbeitsaufträge:

1. Stellt fest, wo es Luther-Städte und Luther-Gedenkstätten gibt. Begründet die Verbindung dieser Orte mit dem Namen Martin Luthers.

2. Bereitet eine Motivausstellung von Luther-Postwertzeichen vor. Ordnet die Sammlung nach den Lebensstationen Martin Luthers.

3. Sucht an eurem Wohnort, ob es eine Straße, Schule oder Kirche gibt, die nach Martin Luther benannt ist.

6.5 Kampf um die Erneuerung der Kirche

Zunächst unterschätzte die Papstkirche das „Mönchsgezänk" zwischen Luther und Tetzel. Die sehr schnelle Verbreitung der Thesen hätte sie jedoch alarmieren müssen. Die Bevölkerung verband mit dem Thesenanschlag Luthers die Hoffnung auf die seit langem erwartete Erneuerung der Kirche. Durch seine Gegner gedrängt, äußerte sich Luther bald auch grundsätzlich über das, was die Kirche tun dürfe und was nicht und wer in ihr zu bestimmen habe. In weiteren Schriften forderte er dann auch offen eine Reformation (Erneuerung) der Kirche und wurde so zum Wortführer einer antipäpstlichen Bewegung.

Die neue Lehre zeichnete sich dadurch aus, dass das Evangelium im Mittelpunkt des Gottesdienstes stand. Das Evangelium ist die von der Bibel vermittelte Botschaft vom Leben Jesu. Gepredigt wurde in deutscher Sprache. Die Heiligenfiguren wurden aus den Kirchen entfernt. Auf die Beichte wurde verzichtet.

A1 *Martin Luther gilt als Reformator. Was soll damit zum Ausdruck gebracht werden?*

A2 *Äußere dich über mögliche Gründe für die Auffassung Luthers, dass die Aussagen der Bibel für den christlichen Glauben maßgebend sind.*

A3 *Die Entfernung von Heiligenbildern erfolgte nicht immer friedlich. Erläutere das Bild.*

A4 *Sicher kannst du nun den Begriff „Bilderstürmer" erklären.*

„Bilderstürmer", Holzschnitt um 1530

Der Papst in Rom wollte Luther zum Schweigen bringen und drohte mit seiner Verurteilung als Ketzer. Aber der sächsische Kurfürst Friedrich der Weise, der Schutzherr der Wittenberger Universität, verweigerte die Auslieferung Luthers. So blieb die Androhung des Kirchenbanns zunächst unwirksam.

Luther setzte sich über diese Bannandrohungsbulle hinweg. Daraufhin sprach der Papst am 3. Januar 1521 über Luther den Bann aus. Üblicherweise hätte die Reichsacht folgen müssen. Aber der Reichstag wollte vor einer solchen Verurteilung erst Luther anhören.

Kaiser Karl V., der unbedingt eine Spaltung der Kirche in seinem Reich verhindern wollte, sicherte Martin Luther freies Geleit zu. Am 17. April 1521 stand Luther auf dem Reichstag in Worms vor dem Kaiser. Er wurde aufgefordert, sofort und ohne Diskussion seine Lehren zu widerrufen. Als er sich Bedenkzeit ausbat, wurde ihm diese bis zum nächsten Tag gewährt.

Luther und die Bannandrohungsbulle. Holzschnitt von 1557.

A1 *Dem Bild kannst du entnehmen, was Luther mit der Bulle machte.*

Luther vor dem Kaiser in Worms. Zeitgenössische Darstellung.

A2 *Welche Personen kannst du erkennen?*

A3 *Welche Gründe könnten Martin Luther veranlasst haben, um Bedenkzeit zu bitten?*

Q1 Aus der Antwort Luthers am 18. April 1521:
„Weil denn Eure allergnädigste Majestät und fürstliche Gnaden eine einfache Antwort verlangen, will ich sie ohne Spitzfindigkeiten und unverfänglich erteilen, nämlich so: Wenn ich nicht mit Zeugnissen der Schrift oder mit offenbaren Vernunftgründen besiegt werde, so bleibe ich von den Schriftstellen besiegt, die ich angeführt habe, und mein Gewissen bleibt gefangen in Gottes Wort, denn ich glaube weder dem Papst noch den Konzilien allein, weil es offenkundig ist, dass sie öfters geirrt und sich selbst widersprochen haben. Widerrufen kann und will ich nichts, weil es weder sicher noch geraten ist, etwas gegen sein Gewissen zu tun. Gott helfe mir, Amen."
(Luther: Ausgewählte Schriften, S. 101)

Q2 Die Antwort Kaiser Karls V.:
„Sie (die Vorfahren) haben die heilige katholische Religion hinterlassen, damit ich in ihr lebe und sterbe (...). Deshalb bin ich entschlossen, alles zu halten, was meine Vorgänger und ich bis zum gegenwärtigen Augenblick gehalten haben (...). Denn es ist sicher, dass ein einzelner Bruder in seiner Meinung irrt, wenn diese gegen die der ganzen Christenheit steht (...).
Nachdem ich die hartnäckige Antwort Luthers vernommen habe, erkläre ich: Es reut mich, dass ich es so lange aufgeschoben habe, gegen diesen Luther und seine falsche Lehre vorzugehen. Ich bin entschlossen, ihn nicht weiter anzuhören, sondern ich will, dass er unverzüglich nach Hause geschickt werde. (Damit war Luther geächtet.)"
(Geschichte kennen und verstehen 8, S. 222)

A1 *Wie entschieden sich Martin Luther und Kaiser Karl V.?*
A2 *Vergleiche dazu ihre Begründung.*
A3 *Überlege, welche Antworten auch möglich und welche Folgen damit verbunden gewesen wären.*

6.6 Die Bibelübersetzung auf der Wartburg

Q1 *„Als Luther mit seinen zwei Begleitern den dunklen, einsamen Weg (nach Gotha) weiterfährt, versperrt plötzlich ein Trupp bewaffneter Reiter den Weg (...). Dem Fuhrmann wird befohlen anzuhalten (...). Darauf wird Luther herausgerissen (...). Sie nehmen Luther zwischen zwei Pferde. Der Fuhrmann sieht noch, wie Luther seinen Hut verliert, da er zwischen den Pferden schnell laufen muss, dann sind sie verschwunden.*
Sobald das Fuhrwerk außer Sicht ist, wird Luther auf ein Pferd gehoben und so behandelt, wie es einem derart berühmten Schützling des Kurfürsten von Sachsen zukommt. Man reitet noch einige Male kreuz und quer im Wald umher, um die Spuren zu verwischen. Gegen 11 Uhr nachts fällt die Zugbrücke von der Wartburg und die Reiter verschwinden im Schloss."
(Looß, S.: Luther in Worms 1521. Ill. hist. Heft Nr. 31, S. 38)

Martin Luther als Junker Jörg auf der Wartburg (Lucas Cranach d. Ä.)

A4 *Welche Lösung fand der sächsische Kurfürst Friedrich der Weise für den geächteten Martin Luther?*

Von Mai 1521 bis März 1522 lebte Martin Luther als „Junker Jörg" in diesem Raum (Bild rechte Seite) der Wartburg, der sich fast unverändert erhalten hat. Dort begann er mit der Übersetzung des „Neuen Testaments" aus dem griechischen Urtext in ein volkstümliches Deutsch. Er leistete damit einen bedeutsamen Beitrag zur Entwicklung einer einheitlichen deutschen Nationalsprache. Da die Heilige Schrift im Mittelpunkt der Lehre Luthers steht, war die Bibelübersetzung von größter Bedeutung für ihre Ausbreitung. Zwischen 1522 und 1546, dem Todesjahr Luthers, erschienen in ca. 430 deutschen Ausgaben fast eine Million Exemplare der Bibel. In der Frühzeit des Buchdrucks wurden derartige Zahlen von keinem anderen Buch erreicht. Der Preis eines Exemplars lag zwischen einem halben und anderthalb Gulden. Zum Vergleich: Für anderthalb Gulden bekam man zwei geschlachtete Kälber; eine Dienstmagd erhielt anderthalb Gulden Jahreslohn.

Q2 Luther über seine Übersetzung:
„Man muss nicht den Buchstaben in der lateinischen Sprache fragen, wie man soll deutsch reden, sondern muss die Mutter im Haus, die Kinder auf den Gassen, den Mann auf dem Markt darum fragen und denselben auf das Maul sehen, wie sie reden und danach dolmetschen; so verstehen sie es denn und merken, dass man deutsch mit ihnen redet."
(Geschichte kennen und verstehen 8, S. 226)

A5 *Worin liegt das „Geheimnis" des großen Erfolges der Bibelübersetzung Luthers?*

Lutherstube auf der Wartburg

6.7 Reformation – für wen?

Schon bald zeigte sich, dass die Menschen mit der Reformation sehr unterschiedliche Ziele verbanden. Die meisten Anhänger Luthers, später „Protestanten“ genannt, erhofften sich eine Verbesserung ihrer Lage. Die Stadtarmut hoffte auf eine Mitbestimmung in der Verwaltung der Städte, die Bauern wollten eine Erleichterung ihrer feudalen Lasten, die Reichsritter die Verringerung der Fürstenmacht. Kaufleute und Handwerker erhofften sich einen Wirtschaftsaufschwung. Die Landesherren strebten nach Einheit von wirtschaftlicher und politischer Macht. Eine entscheidende Frage für die Reformation war, ob sie mit Gewalt oder mit friedlichen Mitteln durchgesetzt werden sollte.

Auf Luthers Lehre aufbauend, orientierte sich Thomas Müntzer (etwa 1489 bis 1525) immer stärker auf das einfache Volk. Er strebte die gewaltsame Umwälzung der bestehenden gesellschaftlichen Verhältnisse an und glaubte an ein „Reich Gottes auf Erden“. Er drohte den Fürsten, dass diejenigen, die sich dieser Reformation entgegenstellten, von ihrem eigenen Volk vertrieben würden.

Thomas Müntzer

Luther verfolgte mit Sorge diese Entwicklung. Im Dezember 1521 kam es auch in Wittenberg, dem Zentrum der Reformation, zu Tumulten. Da hielt es ihn nicht mehr auf der Wartburg und er stellte sich gegen eine – wie er meinte – überspitzte Auslegung seiner Lehre. Nach seiner Ansicht sollte „allein mit dem Worte“ gekämpft werden.

A1 *Erkläre, warum Luther schon nach wenigen Monaten wieder die Wartburg verließ.*

6.7.1 Ein Mönch heiratet

Die Reformation brach mit einem noch heute umstrittenen Grundsatz der römisch-katholischen Kirche: dem Zölibat (Ehelosigkeit) der Priester. Nach Wittenberg zurückgekehrt, heiratete Luther 1525 Katharina von Bora, eine ehemalige Nonne.

A2 *Woran kannst du erkennen, dass diese Frau keine Nonne mehr ist?*

Katharina Luther

6.8 Der deutsche Bauernkrieg

6.8.1 Die Lage der Bauern

Bis heute hat sich ein Vers erhalten, der seit dem 14. Jahrhundert bei den Bauern bekannt war: „Als Adam pflügte und Eva spann, wo war denn da der Edelmann?“ Er weist darauf hin, dass bereits vor dem deutschen Bauernkrieg die Idee menschlicher Gleichheit wach war. Eine Verstärkung erfuhr sie mit der Reformation. Beim einfachen Volk verband sich damit die Vorstellung, dass Jesus mit seinem Tod am Kreuz alle Menschen befreit habe und dass darum alle Menschen grundsätzlich gleichberechtigt seien. Martin Luther schränkte dies dann auf Kirchenangelegenheiten ein. Dennoch erwies sich diese Vorstellung als sozialer Sprengsatz.

A1 *Das Bild gibt einen Überblick über wichtige Tätigkeiten der Bauern. Zähle sie auf.*

Bauernleben Ende des 15. Jh.s

In verschiedenen Gegenden Deutschlands hatte die feudale Belastung der Bauern eine nahezu unerträgliche Höhe erreicht:

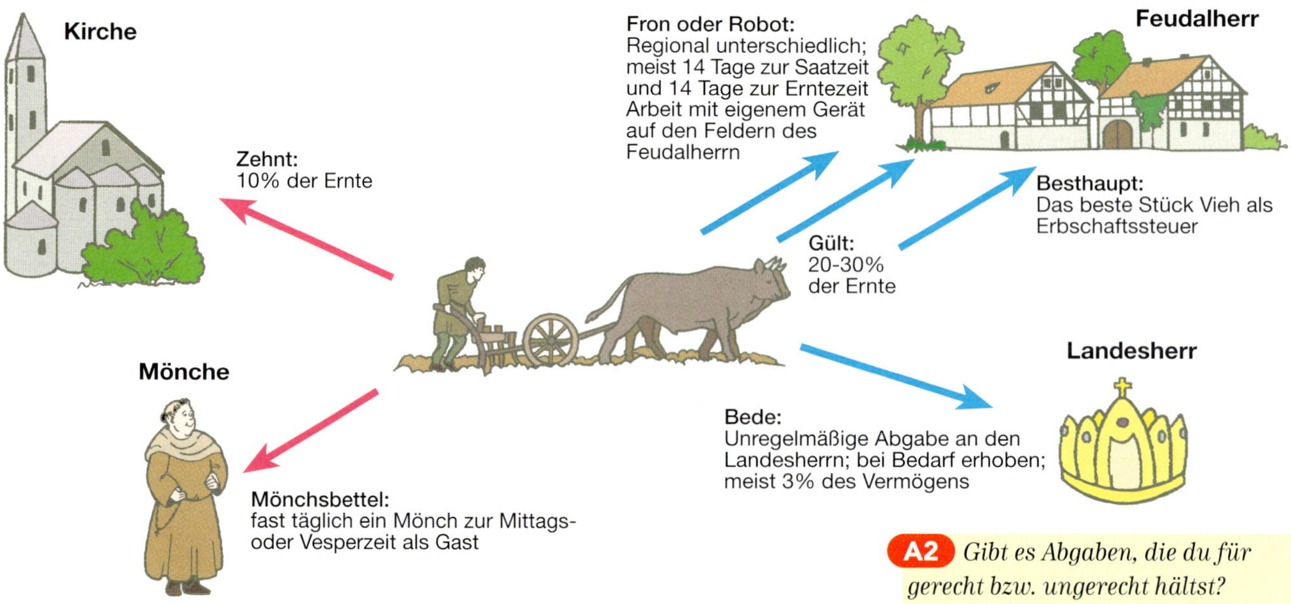

A2 *Gibt es Abgaben, die du für gerecht bzw. ungerecht hältst? Begründe deine Meinung.*

Die Wandlungen im Übergang vom Mittelalter zur Neuzeit brachten auch vielen Grundherren Schwierigkeiten. Mit dem Übergang zur Geldwirtschaft mussten die begehrten städtischen Produkte mit Geld bezahlt werden. Wucherzinsen der Geldverleiher, versuchten die Grundherren mit neuen Forderungen an die Bauern auszugleichen. Es häuften sich daher die Versuche der Grundherren, von den Bauern willkürlich neue Leistungen zu verlangen. So verlangte beispielsweise die Frau des Landgrafen von Stühlingen 1524 im südlichen Schwarzwald mitten in der Erntezeit, dass die Bauern Schneckenhäuser sammeln sollten. Diese Schneckenhäuser wurden für das Aufwickeln von Garn benötigt. Als sich die Bauern weigerten, wurde ihnen Bestrafung angedroht. Der Konflikt weitete sich aus und wurde zum Signal für den Aufstand der Bauern in Südwestdeutschland.

A1 *In welcher Situation befanden sich die Bauern zu Beginn des 16. Jahrhunderts?*

A2 *Welche Erwartungen verbanden sie mit der Reformation?*

Q1 Aus den Memminger 12 Artikeln:
„(...) Die Bauern wollen keinen Aufruhr und keine Gewalt, sondern nur die Lehren des Evangeliums: Frieden, Geduld und Einigkeit sollen Wirklichkeit werden.
1. Jeder Gemeinde steht das Recht zu, ihren Pfarrer selbst zu wählen und abzusetzen (...).
2. Die Bauern sind gewillt, den Kornzehnten weiterzuzahlen, aber er soll für den Unterhalt des Pfarrers und für die Armen verwendet werden.
3. Die Leibeigenschaft soll aufgehoben werden. Die Bauern werden der von Gott eingesetzten Obrigkeit allezeit gehorsam sein.
4. Die Bauern fordern, dass sie frei jagen und fischen dürfen.
5. Die Bauern wollen ihr Holz frei aus dem Gemeindewald nehmen (...).
6. Die Dienstleistungen, die Hand- und Spanndienste, sind auf ein erträgliches Maß herabzusetzen.
7. Die Bauern fordern, dass sie weitere Dienste darüber hinaus bezahlt bekommen.
8. Zinsen, Steuern und andere Abgaben sollen nach der Ertragslage eines Hofes neu festgesetzt werden.
9. Die Bauern verlangen, dass Recht nach dem alten geschriebenen Gesetz gesprochen wird und nicht ‚nach Gunst'.
10. Gemeindeland, das einige zu Unrecht sich angeeignet haben, soll wieder zurückgegeben werden.
11. Im Fall, dass der Bauer stirbt, sollen Witwen und Waisen nicht mehr mit dem ‚Todfall' (Abgabe zum Zeichen der Leibeigenschaft) belastet werden.
12. Jeden Artikel, der nicht mit der Heiligen Schrift übereinstimmt, wollen die Bauern sofort fallen lassen. Der Friede Gottes sei mit euch allen."
(Rüdiger, W.: Die Welt der Renaissance, S. 95 f.)

A3 *Erkläre die einzelnen Artikel.*

A4 *Diskutiert, ob die Bauern ihre Verhältnisse revolutionär verändern wollten.*

A5 *Erläutere den Zusammenhang zwischen Bauernkrieg und Reformation.*

6.8.2 Der Bauernaufstand scheitert

Ausgehend vom südlichen Schwarzwald, bildeten die Bauern bewaffnete Haufen mit bis zu 12 000 Mann. Das waren organisierte Bauernheere mit einem Feldhauptmann, einem Prediger, einem Schreiber, einem Geschützmeister u. a. Es kam zu ersten Gefechten. In Memmingen fassten aufständische Bauern im Frühjahr 1525 ihre Ziele in den „Zwölf Artikeln der Bauern" zusammen.

Ein Fahnenträger der Bauern, Holzschnitt von 1522

A6 *Welche Forderung der Bauern lässt sich aus dem Bild ablesen?*

A1 *Suche das Ausgangsgebiet des Bauernkrieges und Schlachtorte.*

A2 *In welchen Gebieten Deutschlands beteiligten sich Bauern am Aufstand?*

A3 *Wer verbündete sich mit den Bauern?*

A4 *Vergleiche die Bewaffnung der Landsknechte mit der der Bauern.*

Noch 1520 hatte Luther die bestehenden Verhältnisse kritisiert und Veränderungen angemahnt. Jetzt äußerte er sich 1525 in seiner Schrift „Wider die räuberischen und mörderischen Rotten der Bauern“ wie folgt:

Q2 *„Sie richten Aufruhr an, rauben und plündern mit Frevel Klöster und Schlösser, die nicht ihnen gehören, womit sie, wie die öffentlichen Straßenräuber und Mörder, (...) den Tod an Leib und Seele verschulden. (...) Drum soll hie zuschmeißen, würgen und stechen, heimlich oder öffentlich, wer da kann, und bedenken, dass nichts Giftigeres, Schädlicheres, Teuflischeres sein kann, als ein aufrührerischer Mensch, gleich als ob man einen tollen Hund totschlagen muss. Es hilft auch den Bauern nit, dass sie vorgeben, alle Dinge seien frei und gemein erschaffen und dass wir alle gleich getauft sind (...). Denn die Taufe macht nit Leib und Gut frei, sondern die Seelen (...).“*

(Fink, H.: Martin Luther, S. 197)

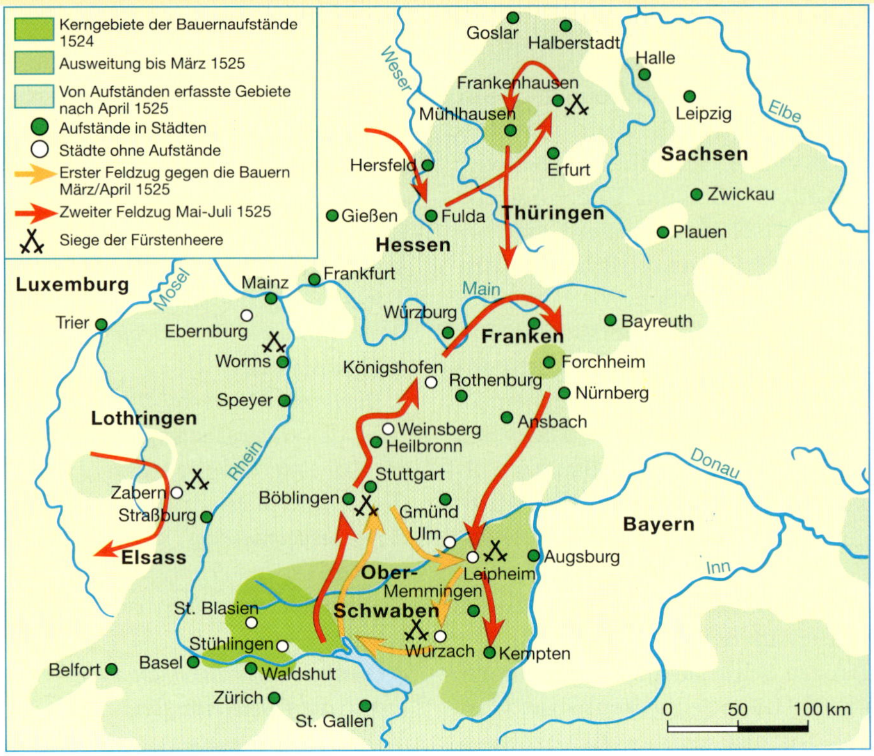

Der deutsche Bauernkrieg 1524/25

A5 *Wie steht Martin Luther zu den Wünschen der Bauern?*

A6 *Welchen Rat gibt er den Gegnern der Bauern?*

A7 *Versuche zu erklären, warum diese Schrift eine niederschmetternde Wirkung auf viele Deutsche hatte.*

Bewaffnete Bauern auf dem Marsch. Auf der Fahne der Bundschuh, das Zeichen der Aufständischen.

Landsknechte stellten die Fußtruppen der fürstlichen Heere im Bauernkrieg. Zeitgenössische Darstellung.

Plünderung des Klosters Weißenau

A1 *Beschreibe, wie die Bauern dargestellt werden. Bedenke dabei, dass die Abbildung von dem vertriebenen Abt des Klosters stammt.*

Als die Bauern 1524 in Südwestdeutschland losschlugen, stießen sie zunächst auf nur geringe Gegenwehr. Die meisten Landsknechte waren auf einem Feldzug und erst ab Februar 1525 verfügbar. Setzten die Grundherren zunächst auf Verhandlungen, konnten sie nun zum Angriff übergehen. Die Bauern wurden in getrennten Schlachten geschlagen. Die Bauern waren außer Stande zu einem einheitlichen Vorgehen. Oft kam es zum regelrechten Abschlachten der Bauern. Von den unter der Führung Thomas Müntzers auf dem Schlachtberg von Frankenhausen am 14. und 15. Mai 1525 versammelten 8000 Bauern wurden 5000 bis 6000 erschlagen. Mehrere Hundert Bauern gerieten in Gefangenschaft, unter ihnen auch Thomas Müntzer. Die Fürsten ließen ihn in der Wasserburg Heldrungen foltern und zwölf Tage später hinrichten. Ein gnadenloses Strafgericht brach über die besiegten Bauern herein. Etwa 100000 verloren ihr Leben. Vielen wurden zur Abschreckung die Augen ausgestochen. Aber bei der Festlegung von Lasten wurde doch immer häufiger überlegt, ob die Bauern sich das gefallen lassen würden.

Mittelalterliche Strafen in einer zeitgenössischen Darstellung

A2 *Beschreibe die Strafen.*
A3 *Nenne Gründe für die Niederlage der Bauern.*

6.9 Von der Volks- zur Fürstenreformation

Personalfragebögen sind in unserer Zeit etwas Alltägliches. Eine wiederkehrende Frage ist die nach der Konfession. Gemeint ist damit, welches Glaubensbekenntnis der Bewerber hat. Erstmals wurde der Begriff „Konfession“ 1530 in der „Augsburgischen Konfession“ für die Glaubensanhänger Martin Luthers verwandt. Sie stellt ein wichtiges Ergebnis der Reformation in Deutschland dar, macht sie doch deutlich, dass sich eine neue Glaubensauffassung ausgebildet hatte.

Mit der Niederlage der Volksreformation im Bauernkrieg hatte die Reformation ihren Schwung verloren. Jetzt traten die Kräfte auf den Plan, die in ihren Ländern weltliche und geistliche Macht vereinen wollten. Sie wollten in ihrem Machtbereich gewissermaßen Kaiser und Papst sein. Sie strebten eine absolute Machtposition an. Mit der Fürstenreformation wurden die Landesherren zu den eigentlichen Gewinnern der Reformation:

- Der Landesherr erhielt die oberste Kirchengewalt.
- Mit der Einrichtung von Landeskirchen übernahm der Landesherr den bisherigen Besitz der Kirche. Diese Verstaatlichung des Kirchenbesitzes - Säkularisation genannt - stärkte die Macht des Landesherrn entscheidend.
- Als oberster Bischof sicherte der Landesherr die schulische Ausbildung seiner Untertanen. In Meißen, Schulpforta und Grimma wurden Fürstenschulen gegründet. Ihren Schwerpunkt hatten sie in der Ausbildung des Pfarrer- und Beamtennachwuchses.

Kaiser Karl V., Gemälde von Tizian (1548)

Kaiser Karl V. war für das Weiterbestehen einer einheitlichen Glaubensauffassung. Er galt als mächtigster Fürst der Christenheit, als ein Herrscher, in dessen Reich „die Sonne nicht unterging“. Doch dieser mächtige Kaiser war nicht im Stande, das Voranschreiten der Reformation zu verhindern.

Der Kaiser konnte zwar im Schmalkaldischen Krieg über die protestantischen Fürsten siegen. Aber letztlich unterlag er doch dem Widerstand der Landesherren. Aufgrund der Machtverhältnisse in Deutschland brachte der Reichstag von Augsburg 1555 unter König Ferdinand, dem Nachfolger Kaiser Karls V., einen vorläufigen Religionsfrieden:

A1 *Vergleiche die Größe dieses Reiches mit dir schon bekannten Großreichen (Karl d. Gr., Römisches Reich). Was stellst du fest?*

A2 *Was hinderte Kaiser Karl V., trotz seiner Macht die Protestanten zu bezwingen?*

A3 *Untersuche, wie sich im Ergebnis der Reformation die Machtverhältnisse in Deutschland veränderten.*

A4 *Welche Konfession wurde vom Religionsfrieden ausgeschlossen?*

Das Reich Karls V.

Der Augsburger Religionsfrieden

- Katholiken und Lutheraner sind gleichberechtigt. Ausgenommen bleibt das reformierte Bekenntnis.
- Die Anhänger beider Konfessionen geloben Religionsfrieden.
- Die Untertanen haben sich der Entscheidung des jeweiligen Landesherrn zu fügen. „Wessen das Land, dessen die Religion."
- Die säkularisierten (= verstaatlichten) Kirchengüter bleiben im Besitz der Landesherren.

6.10 Calvinisten und Anglikaner

Taufgottesdienst in einer calvinistischen Kirche in Lyon, um 1564

A2 *Versuche, die Personen zuzuordnen. Was erzählt dieses Bild?*

A3 *Ordne die Länder West- und Mitteleuropas mithilfe einer Tabelle den vier Konfessionen zu.*

In der Schweiz entstand als besondere Form der Calvinismus – auch das reformierte Bekenntnis genannt. Calvinisten fanden vor allem dort Anhänger, wo das Bürgertum bestimmend war. Ihr Kerngedanke war, dass jeder Mensch schon von Geburt an entweder zur ewigen Seligkeit oder zur Verdammnis vorherbestimmt sei.

A1 *Warum war eine solche Auffassung für einen reichen Kaufmann günstig?*

Im Unterschied zur Schweiz und zu Deutschland entschied in England König Heinrich VIII. darüber, was der rechte Glaube für die Bürger Englands sei. Die anglikanische Kirche war gewissermaßen eine Kirche des Königs. Die englische Staatskirche entstand im Streit des Königs mit der Papstkirche, die in den häufigen Heiraten des Königs einen Verstoß gegen eine von der Kirche geschlossene Ehe sah.

Die Reformation in Deutschland und Europa

6.11 Die katholische Kirche erneuert sich

Die Reformation erschütterte die Papstkirche. Große Teile Europas wurden ihrem Einfluss entzogen. Wollte sie diese Krisensituation überwinden, musste sie die Kraft finden, sich selbst zu erneuern. Zu Hilfe kam ihr, dass sich die neuen Konfessionen gegenseitig bekämpften.

Q1 Sinngedicht von Friedrich von Logau:
„Lutherisch, Päpstlich und Calvinisch, diese Glauben alle drei sind vorhanden; nur ist Zweifel, wo das Christentum dann sei.“
(Hühns: Bauer, Bürger, Edelmann, S. 244)

A1 *Fasse diese Kritik in eigene Worte.*

Das Konzil von Trient bewies nach langwierigen Beratungen (1545 bis 1563), dass die römisch-katholische Kirche die Kraft besaß für eine innere Reform. Mit diesem Konzil wurde die gegenwärtig gültige katholische Glaubenslehre begründet.

Das Konzil von Trient. Die Teilnehmer (Bischöfe, Kardinäle, Äbte) bilden einen Halbkreis. Über dem Kreuz die Vertreter des Papstes, darüber Gottvater, Jesus und die Taube als Zeichen des Heiligen Geistes.

A2 *Was wird durch diese Art der Darstellung des Konzils symbolisiert?*

Die Antworten des Konzils von Trient auf zwei entscheidende Fragen:

Wodurch kann sich die katholische Kirche erneuern?
1. Nur die katholische Kirche ist berechtigt, die Bibel auszulegen. Alle protestantischen Lehren sind daher Irrlehren. Vor solchen Irrlehren müssen die Gläubigen geschützt werden.
2. Vergebung der Sünden ist sowohl durch den Glauben, als auch durch gute Werke zu erlangen.
3. Der Verkauf kirchlicher Ämter ist verboten.
4. Die Geistlichen müssen besser auf ihren Beruf vorbereitet werden.
5. Der Missbrauch des Ablasses ist untersagt.

Wodurch unterscheidet sich die katholische Kirche von anderen Kirchen?
1. Glaubensquellen sind die Bibel und die kirchliche Überlieferung.
2. Der Priester ist Vermittler zwischen Gott und den Menschen.
3. Die wesentliche gottesdienstliche Handlung ist die Heilige Messe, die der Priester mit der Gemeinde feiert.
4. Es gibt sieben Sakramente.
5. Das Abendmahl wird den Gläubigen in Gestalt des Brotes gespendet.
6. Die Priesterehe ist verboten.
7. An der Spitze der Kirche steht der Papst.

A3 *Vergleiche die Entscheidungen des Konzils mit den dir bekannten Missständen in der Papstkirche am Ende des 15. Jahrhunderts.*

A4 *Erläutere die Unterschiede zur evangelisch-lutherischen Glaubenslehre.*

A5 *In der Gegenwart bewegt die Christen ökumenisches (die Christenheit insgesamt betreffend) Denken. Welche Voraussetzungen sind dafür erforderlich?*

6.12 Die Gegenreformation

Der Spanier Ignatius von Loyola (1491 - 1556) leitete die Wende ein im Kampf gegen die neuen Konfessionen. Seine Überlegung war: Wenn die Feinde der Papstkirche eine Reformation der Kirche fordern, antworten wir ihnen mit einer Gegenreformation der katholischen Kirche. Er erfasste auch, dass diese nicht allein gewaltsam erfolgen durfte. Von den Mitgliedern des von ihm 1539 gegründeten Jesuitenordens forderte er daher, dass sie die Feinde der katholischen Kirche auch durch Leistungen in Wissenschaft und Bildung bekämpfen müssen. Der Papst bestätigte 1540 den neuen Kirchenorden. Schwerpunkte seines Einsatzes wurden die Grenzgebiete zu den protestantischen Bekenntnissen.

Wegen seines kompromisslosen Vorgehens und der straffen inneren Gliederung verglich man den Jesuitenorden frühzeitig mit einer militärischen Organisation.

Q1 Brief Loyolas an die portugiesischen Ordensgenossen vom 26.3.1553:

„Deshalb sollen wir niemals auf die Person sehen, der wir gehorchen, sondern in ihr auf Christus unsern Herrn, dem zuliebe der Gehorsam zu leisten ist. Denn nicht etwa, weil der Obere sehr klug oder sehr tugendhaft oder in irgendwelchen anderen Gaben Gottes unseres Herrn besonders ausgezeichnet ist, sondern weil er Gottes Stelle vertritt und von ihm Vollmacht hat: deshalb muss man ihm gehorchen. Daher möchte ich, dass Sie alle sich darum bemühen, in jedem beliebigen Obern Christus unsern Herrn zu sehen und ihm mit allem Eifer Gottes Majestät, Ehrfurcht und Gehorsam erweisen."

(Die Neuzeit, S. 68 f.)

A1 *Schließe aus dem Bild auf das Verhältnis zwischen Papst und Ordensgründer.*

A2 *Warum wurden die Jesuiten von Loyola auch als „Soldaten des Papstes" bezeichnet? Äußere deine Auffassung zu einem solchen Gehorsam.*

Ignatius von Loyola erhält von Papst Paul III. die Bestätigung des Jesuitenordens (Gemälde um 1540).

Die Inquisition (= Untersuchung), 1215 gegründet, bediente sich der Gewalt, um das „Ketzertum" zu unterdrücken. Da sie im Geheimen arbeitete, verbreitete sie lähmende Furcht. Die Gegenreformation setzte verstärkt dieses Mittel ein. Inquisitoren wurden vom Papst eingesetzt und waren nur ihm allein verantwortlich. Auch in späteren Jahren hat dieses Tribunal durch Aufsehen erregende Prozesse auf sich aufmerksam gemacht: Der berühmte Galileo Galilei musste im Jahre 1633 der kopernikanischen Lehre abschwören, die durch das Tribunal 1616 verdammt worden war. Besonders hart war die spanische Inquisition. Der spanische König benutzte sie, um seine Macht zu festigen und seinen Reichtum zu vergrößern. Wer in die Fänge der Inquisition geriet (Anklage, Untersuchung: Verhör, Folter, Urteil), hatte Schlimmstes zu befürchten. Nicht selten drohte jahrelange Kerkerhaft ohne Gerichtsverhandlung. Dem Scheiterhaufen ging das „Autodafé" voraus. Auf einem ausgeschmückten zentralen Platz fand ein feierlicher Gottesdienst statt, an dessen Ende die Urteile über die „Ketzer" verkündet wurden. Wenn ein Verurteilter vor der Hinrichtung starb, so wurde sein Leichnam verbrannt. Vor der Verbrennung wurde der „Ketzer" aus der Kirche ausgestoßen.

Autodafé. Gemälde von Pedro Berruguete (gest. 1504)

A1 *Beschreibe die am „Autodafé“ beteiligten Personengruppen.*

A2 *Warum wurden die Verurteilten so in der Öffentlichkeit gezeigt?*

Aus Glaubensgründen verloren im 16. Jahrhundert viele Menschen ihr Leben. Besonders blutig verliefen die Glaubenskriege gegen die Calvinisten in den spanischen Niederlanden (heute Belgien) und in Frankreich. Allein in Frankreich wurden in zwei Wochen über 30 000 Hugenotten (frz. Calvinisten) ermordet.

A3 *Welchen Eindruck vermittelt dir dieses Bild?*

A4 *Äußere deine Meinung zur Rolle der Gewalt in der Gegenreformation.*

Bartholomäusnacht. Mehrere aufeinander folgende Vorgänge wurden in diesem zeitgenössischen Gemälde zusammengefasst.

6.13 Der Hexenwahn

Schwerpunkte der Hexenverfolgung in Europa

Im 16. und 17. Jahrhundert nahm der Hexenwahn seine gefährlichsten Formen an. Alle Religionsparteien suchten sich in der Verfolgung und Vernichtung von „Hexen" und „Zauberern" zu überbieten.

Im größeren Umfang setzten die Hexenverfolgungen etwa um 1400 ein und dauerten drei Jahrhunderte. Die letzte Hinrichtung in Mitteleuropa fand 1793 in Posen statt. Sie richteten sich vor allen Dingen gegen Frauen und Mädchen, die den haarsträubendsten Unterstellungen schutzlos ausgeliefert waren: Sie hätten mit dem Teufel Liebesbeziehungen, würden Tiere „verhexen", Krankheiten in die Familie bringen. Sie könnten durch die Lüfte reisen und würden sich mit anderen Hexen auf einem Tanzplatz versammeln. Für die unzähligen Opfer mag das Schicksal der siebenundsechzigjährigen Witwe Klara Geißlerin stehen, die 1597 in Gelnhausen verhaftet wurde. Sie war von einer anderen Frau, die wegen Hexerei hingerichtet worden war, unter der Folter des Zusammenlebens mit drei Teufeln und ähnlichen Verbrechen bezichtigt worden. Beim Verhör leugnete Klara Geißlerin ihre Schuld. Man begann sie zu foltern.

A1 *Bestimme anhand der Karte, wo Schwerpunkte der Hexenverfolgungen lagen.*

A2 *Worin drückt sich in dieser zeitgenössischen Darstellung der Aberglaube der damaligen Zeit aus?*

Hexenverbrennung 1555 in Dernburg bei Rheinstein am Harz. Über den Hexen hat der Zeichner den Teufel in Gestalt eines Drachens abgebildet.

Q1 *Das Protokoll des Verhörs berichtet, dass „der Teufel über sie eine große Hartnäckigkeit (brachte), und sie bestand fest auf ihrer Sache". Als man „begann, ihre Beine zu pressen und stärker zudrückte (...) schrie sie erbärmlich: wäre alles wahr, was man gefragt; sie trinke Blut von Kindern, so sie bei nächtlicher Weile, wenn sie ausfahre, stehle; habe wohl bis 60 gemordet, nannte 20 andere Unholdinnen, die bei den Tänzen gewesen; (...) auch habe sie den Teufel ständig in Gestalt einer Katze bei sich, mit der sie, ebenfalls als Katze verwandelt, nachts über die Dächer fahre und sich erlustige."*

(Hexenprozesse in Kurhessen, S. 149)

Von der Folter befreit, widerrief sie diese Aussagen – und wurde wiederum gefoltert. Dies wiederholte sich nochmals. Sie starb während der letzten Folter. Ihre Leiche wurde verbrannt.

A1 *Sage deine Meinung über das Verhalten von Klara Geißlerin.*

A2 *Äußere dich über Gerichte, die sich der Folter bedienen.*

A3 *Was weißt du über den Einsatz der Folter in der heutigen Welt?*

Für uns ist es kaum vorstellbar, in welchem Maße der Glaube an Zauberei über Jahrhunderte verbreitet war. Überirdische Kräfte, sowohl im Guten wie im Bösen, billigte man insbesondere Frauen zu. Wahrscheinlich entstand das Bild der gefürchteten bösen Hexe erst im Mittelalter, als die katholische Kirche dem Teufel in ihren Predigten immer mehr Raum gab. Menschliche Schwächen, auch die der Priester selbst, konnten so verständlich gemacht werden. In der Forschung gibt es auch die Auffassung, dass Frauen als Hexen verfolgt wurden, weil sie als „weise" Heilerinnen (z. B. als Hebammen) nach heidnischem Brauch arbeiteten und damit dem damals aufkommenden männlichen Arztberuf Konkurrenz machten. 1484 legte eine päpstliche Bulle fest, welche als die Hauptübeltaten der Zauberer und der Hexen in Deutschland galten. 1487 veröffentlichten zwei deutsche Dominikanermönche den furchtbaren „Hexenhammer", der als Lehrbuch der Hexenverfolgung galt. Damit begann der Höhepunkt der Hexenverfolgung in Europa.

Folter. Holzschnitt des Petrarca-Meisters, Anfang 16. Jh.

Für die beteiligten Richter war die Hexenverfolgung ein einträgliches Geschäft. Für jede verbrannte „Hexe" erhielten sie vier bis fünf Taler und deren Eigentum. Bei reichen Opfern war also viel zu gewinnen, Arme hingegen schaffte man sich auf diese Weise billig vom Halse.

A4 *Versuche zu erklären, warum die Hexenverfolgung in der Zeit der Reformation und Gegenreformation ihren Höhepunkt erreichte.*

A5 *Bei welchen Tätigkeiten stellt der Künstler die „Hexen" dar?*

Hexensabbat. Holzschnitt von Hans Baldung Grien, 1510

7 Der Dreißigjährige Krieg (1618–1648)

7.1 In Deutschland entstehen zwei feindliche Lager

Das Heilige Römische Reich Deutscher Nation galt noch im 16. Jahrhundert als das führende Land Europas. Fast unmerklich veränderten sich jedoch die Gewichte. Neue Handelsverbindungen und aufstrebende Staaten wie Frankreich und England ließen Deutschlands Bedeutung sinken. Der Tiefpunkt dieser Entwicklung wurde im Dreißigjährigen Krieg erreicht. Europäische Konflikte wurden auf deutschem Boden ausgekämpft, Landsknechte fast aller europäischen Nationen hinterließen ein einst blühendes Land in einem schrecklichen Zustand.
Die Erfahrung dieses Krieges hat der zeitgenössische deutsche Dichter Friedrich von Logau in diese Verse gefasst:

Q1 *„Kummer, der das Mark verzehret,*
Raub, der Hab und Gut verheeret,
Jammer, der den Sinn verkehret,
Elend, das den Leib beschweret,
Grausamkeit, die Unrecht kehret,
sind die Frucht, die Krieg gewähret."
(Hühns: Bauer, Bürger, Edelmann, S. 234)

A1 *Gib mit deinen Worten den Inhalt des Gedichts wieder.*
A2 *Gelten diese Worte auch für Kriege in der Gegenwart?*
A3 *Vergleiche Bild und Gedicht.*

Der Augsburger Religionsfrieden von 1555 war nur ein Waffenstillstand. Die Religionsparteien versuchten nach wie vor, das bestehende Kräfteverhältnis zu ihren Gunsten zu verändern. Deshalb gab es auch in der zweiten Hälfte des 16. Jahrhunderts fortwährend Konflikte. Ihre eigentliche Wurzel hatten sie in dem Bestreben der Landesherren, ihre Macht weiter auszubauen. Viele Tausende Menschen wurden zur Auswanderung getrieben. Auf diese Weise konnte die Gegenreformation unter Führung des Jesuitenordens besonders in Süddeutschland wieder große Gebiete unter ihren Einfluss bringen.

Szene aus dem Dreißigjährigen Krieg, zeitgenössische Darstellung

Mehrere protestantische Fürsten und einige Städte schlossen sich 1608 zu einem Bündnis – Union genannt – zusammen. Die katholischen Fürsten antworteten 1609 mit der Gründung der Liga. Beide Bündnisse fanden europaweit Unterstützung. Der Riss, der die Staaten Europas trennte, ging quer durch Deutschland.

A4 *Suche auf der Karte S. 58 die Länder, die entweder die Union oder die Liga unterstützten.*
A5 *Warum unterstützte das katholische Frankreich das Bündnis der protestantischen Fürsten und Städte? Die Karte hilft dir bei der Erklärung. Welche Schlüsse ziehst du aus diesem Bündnis?*

Die feindlichen Lager zu Beginn des Dreißigjährigen Krieges

1608	1609
Union	**Liga**
Kurfürst Friedrich von der Pfalz. Protestantische Fürsten und Städte.	Herzog Maximilian von Bayern. Katholische Fürsten, Bischöfe und Äbte.
Unterstützt von: - den Vereinigten Niederlanden - Frankreich - Dänemark - England - Schweden	Unterstützt von: - den spanisch-habsburgischen Ländern (Kaiser) und - dem Papst

7.2 Fenstersturz und Winterkönig

Liga und Union rüsteten zum Krieg. Noch fehlte der Funke, der den Kriegsbrand auslöste:

In Böhmen war die Lage angespannt. Der überwiegend protestantische Adel fürchtete um seine Freiheiten. Kaiser Rudolf II. hatte ihm 1609 im „Majestätsbrief“ Religionsfreiheit zugesichert, aber Ferdinand II., böhmischer König und bald auch Kaiser, unterstützte den Erzbischof von Prag, der im Mai 1618 zwei protestantische Kirchen schließen ließ. Das sah der Adel als Gelegenheit, die protestantische Union für sich einzuspannen: Seine Vertreter ritten zur Burg, um die kaiserlichen Räte, die den Kaiser aufgehetzt hätten, demonstrativ zu strafen. Die beiden Räte und ihr Sekretär wurden aus dem Burgfenster geworfen. Sie überlebten den Sturz aus 17 Meter Höhe, weil sie auf einen Misthaufen fielen, flohen nach Wien und berichteten dem Kaiser.

Aus diesem lokalen Vorfall entwickelte sich ein Krieg, der dreißig Jahre lang Deutschland heimsuchte.

A1 *Beschreibe den Anlass des Krieges.*

A2 *Vielleicht wirkt der Fenstersturz auf dich komisch – ist er es wirklich?*

Der Prager Fenstersturz. Gemälde aus dem 19. Jh.

GEWUSST WIE!

Anlass und Ursachen eines Krieges unterscheiden

Wir unterscheiden den *Anlass* und die *Ursachen* eines Krieges.

- Der *Anlass* ist der Krieg auslösende „Funke“, ein manchmal eher banal wirkendes Ereignis, das zum Ausbruch der Gewalttätigkeiten führt.
- Die *Ursachen* wirken bereits längere Zeit, manchmal Jahrzehnte oder Jahrhunderte. Es sind Widersprüche und Konflikte zwischen den später Krieg führenden Parteien.

A3 *Nenne den Anlass und die Ursachen für den Dreißigjährigen Krieg.*

Der böhmische Adel verbot den Jesuitenorden und vertrieb katholische Adlige und Kirchenfürsten. Ferdinand II. wollten sie nicht mehr untertan sein. So wählten sie im Herbst 1619 Kurfürst Friedrich von der Pfalz zu ihrem König. Da dieser nur einen Winter in der Prager Burg regierte, wurde er später der „Winterkönig“ genannt. Graf Tilly, der Feldherr der Liga, siegte 1620 in der Schlacht am Weißen Berg in der Nähe Prags über die Böhmen. Friedrich von der Pfalz floh. Die meisten protestantischen böhmischen Adligen wurden hingerichtet. Ihren Besitz erhielten kaisertreue Katholiken. Um ihr Leben zu retten, verließen viele Protestanten das Land. Der Sieg der Liga und des Kaisers schien eindeutig.

A1 *Stellt Vermutungen an, warum es dennoch nicht zum Frieden kam.*

7.3 Die Mächte Europas kämpfen in Deutschland

1625 trat der dänische König Christian IV. an der Seite der Protestanten in den Krieg ein. Der Kaiser verdankte es vor allem dem böhmischen Adligen Albrecht von Wallenstein, dass er in diesem Kampf siegreich blieb. Auch Norddeutschland, mit Ausnahme von Stralsund, geriet nun unter katholische Herrschaft.

1630 griff König Gustav Adolf von Schweden an der Seite der Protestanten in den Krieg ein, um seine Machtposition im Norden zu stärken. Das kaiserlich-katholische Lager erlitt schwere Rückschläge. Doch Wallenstein gelang es, für den Kaiser ein neues schlagkräftiges Heer aufzustellen. 1632 siegten bei Lützen zwar die Schweden, doch der Tod ihres Königs schwächte sie. Als sie 1634 geschlagen wurden, hätte der ersehnte Frieden kommen können.

Die Stabilisierung der kaiserlich-katholischen Partei war aber nicht im Sinne Frankreichs. Ab 1635 beteiligte es sich an der Seite Schwedens am Kampf um die Vorherrschaft in Europa. Schwedische und französische Heere durchzogen Deutschland, ehe nach langen Verhandlungen 1648 der Westfälische Frieden unterzeichnet werden konnte.

A2 *Gib einen Überblick über den Verlauf des Dreißigjährigen Krieges.*

Mit welchen Absichten führten die ausländischen Mächte Krieg auf deutschem Boden? Diese lassen sich z. B. für Schweden aus den Anweisungen ableiten, die den schwedischen Gesandten für die Friedensverhandlungen gegeben wurden:

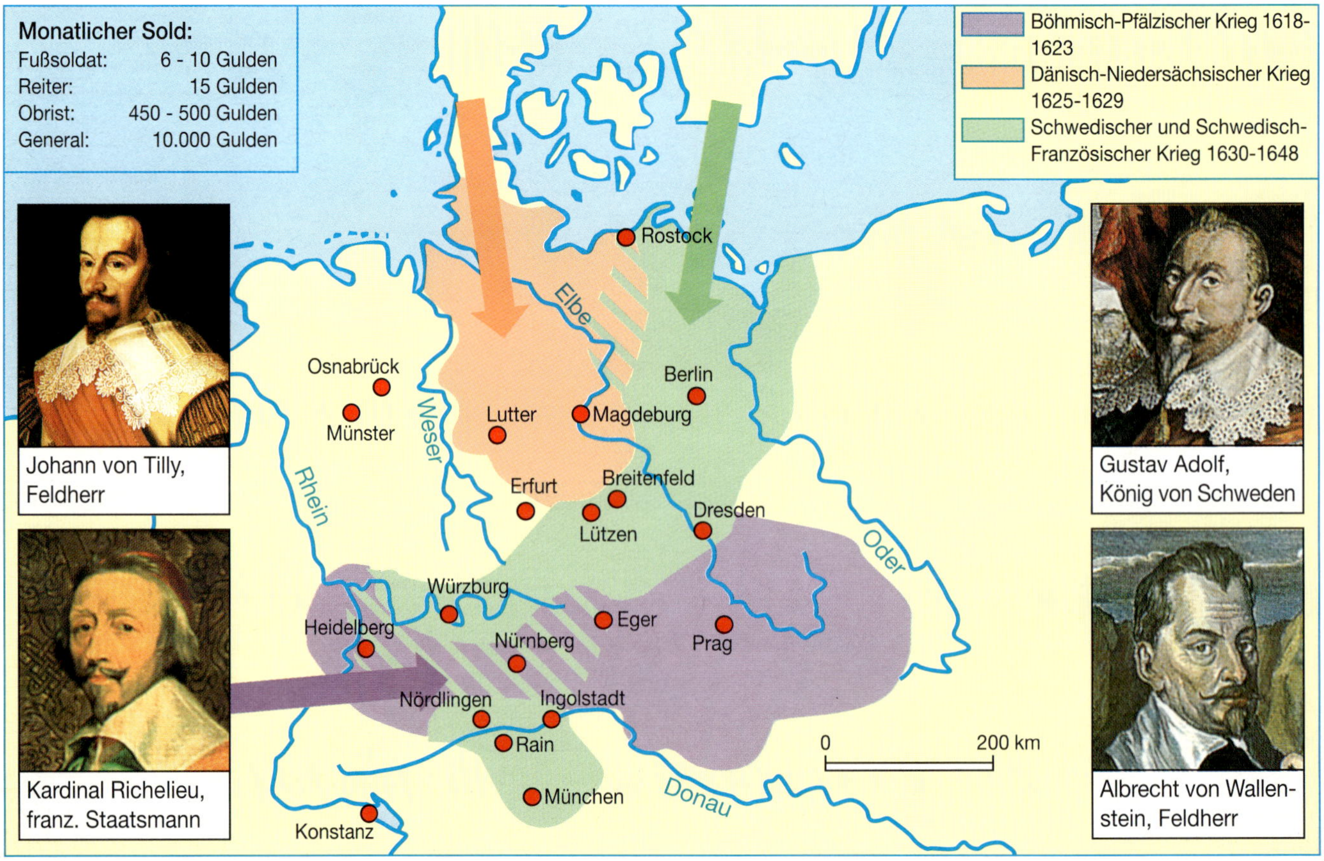

Q1 *Der schwedische Kronrat trug seinem Unterhändler auf, dafür zu sorgen, dass „(...) der schwedischen Krone Wiedergutmachung gewährt wird (...) Wenn die (...) Wiedergutmachung zugestanden ist, dann sollen die Kommissare (...) die Rede auf ein ansehnliches Fürstentum in Deutschland bringen, das der schwedischen Krone (...) übertragen und abgetreten würde. Kommt man darauf zu sprechen, welches Land es sein sollte, dann ist Pommern zu nennen. (...) Wenn man darüber einig ist, müssten die Kommissare durchsetzen, dass als Sicherheit die schwedische Krone die Städte Wismar, Fort Walfisch bei Wismar und Warnemünde mit den Zöllen in Händen hält.“*

(Geschichte für die Hauptschule, S. 54 f.)

A1 *Erläutere die Ziele Schwedens in den Friedensverhandlungen.*

Söldner im Dreißigjährigen Krieg

7.4 Wallenstein und die neue Art Krieg zu führen

Wallenstein war eine widersprüchliche Persönlichkeit. So arbeitete er in Böhmen eng mit den Jesuiten zusammen, in Mecklenburg setzte er sich dagegen für die Protestanten ein. Für nicht wenige war er mit dem Teufel im Bunde. Andere glaubten an eine große politische Begabung. Mit Sicherheit war er ein überragender Organisator, ungewöhnlich ehrgeizig und machtbesessen.

Jesuiten vermittelten Wallenstein die Heirat mit einer reichen Witwe. Mit deren Geld kaufte er die Güter hingerichteter protestantischer Adliger in Böhmen. Dort gründete er Werkstätten und regte Handelsbeziehungen an. So konnte er 1625 als General des Kaisers und Befehlshaber von etwa 50 000 Söldnern die Erstausstattung dieser Truppen besorgen.

Mit der Entwicklung der Feuerwaffen entschieden nicht mehr schwer bewaffnete Ritter die Schlacht, sondern Fußsoldaten. Sie waren mit Musketen, Hieb- und Stichwaffen ausgerüstet und traten in geschlossenen Formationen auf. Wichtigste Angriffstruppen wurden die mit Pistolen und Säbeln ausgerüsteten Dragonerregimenter.

A2 *Erläutere an den Abbildungen, wie sich die Kriegstechnik weiterentwickelt hatte.*

Die Landesherren beauftragten Generale und Oberste mit der Werbung und Ausrüstung von Söldnern. Die Werber mussten meist das Geld vorschießen, um Monatssold und Verpflegung ihrer Truppen begleichen zu können, ehe sie von

Reitergefecht zwischen Schweden und Kaiserlichen

ihrem Kriegsherrn eine Auszahlung erhielten. Es versteht sich, dass sie sich dabei tüchtig Zinsen berechneten und ihre eigenen Bezüge nicht zu knapp bemaßen. Ein Söldnerführer war nach unseren Begriffen ein Unternehmer, der mit dem Krieg Gewinn machen wollte. Wallenstein war zweifellos der bedeutendste. Während der Feldzüge wurde geraubt und geplündert, den besetzten Gebieten und Städten wurden „Kontributionen" (Zwangssteuern) auferlegt. Kurzum: Der Krieg ernährte sich selbst, wie es einmal Wallenstein gesagt haben soll. Er selbst vergaß sich dabei nicht. An seine Küche mussten an einem einzigen Tag geliefert werden:

Q1 *„Zwei gute Ochsen, zwanzig Hammel, zehn Heuer (Wildschweine), ein gutes Schwein, fünfundfünfzig Hühner, vier italienische Hähne, zwölf Gänse, sechs Schock (360) Eier, siebzig Maß Milch, sechshundert Laiblein Weiß- und vierhundert Roggenbrot, acht Tonnen Bier, zwei Tonnen Rheinwein, vier Eimer Frankenwein, zwanzig Arten Gewürze, zweiundzwanzig Arten Früchte usw."*
(Hühns: Bauer, Bürger, Edelmann, S. 241)

Zur Zeit der Schlacht bei Lützen kommandierte Wallenstein schon mehr als 100 000 Söldner. Als er eigenmächtig Friedensverhandlungen mit den Schweden einleitete, wurde er 1634 in Eger im Auftrag des Kaisers ermordet.

A1 *Erzähle zu jeder Abbildung eine Geschichte. Was geschieht?*

A2 *Wie konnte Wallenstein zum zweitmächtigsten Mann in Deutschland werden?*

A3 *Versuche zu erklären, warum Albrecht von Wallenstein seinen Zeitgenossen unheimlich erschien.*

Die Ermordung Wallensteins. Stich von Merian.

7.5 Die deutsche Bevölkerung leidet

Dreißig Jahre lang verwüsteten Söldner das deutsche Land. Auch Städte mussten unter dem Krieg leiden. Keine traf es aber so verheerend wie die Stadt Magdeburg.

Die blühende Stadt wurde in wenigen Stunden in Schutt und Asche gelegt, ihre Bewohner entweder getötet oder in die umliegenden Ortschaften vertrieben. Die protestantische Stadt hatte sich mit dem Schwedenkönig verbunden. Sie wurde daraufhin ab März 1631 von mehr als 30 000 kaiserlichen Söldnern unter der Führung des Grafen Tilly belagert. Dem konnte Magdeburg nur etwa 2 000 Söldner und 5 000 Bürger entgegenstellen. Die Belagerten waren chancenlos.

Anhand der Rekonstruktion aus Zinnfiguren (unten) „Einbruch in die Hohe Pforte" gewinnen wir eine Vorstellung von der Erstürmung der Stadt am 10. Mai 1631:

A1 *Bringe das Bild unten zum Sprechen. Was passiert gerade?*

Kinderreime bilden in ganz eigener Weise die Zeit ab. Auch sie sind Quellen unseres Geschichtswissens:

A2 *Was hat die Kinder in der Zeit des Dreißigjährigen Krieges beeindruckt?*

Q1 Im Norden sangen die Kinder:

„Maikäfer flieg,
der Vater ist im Krieg,
die Mutter ist im Pommerland,
Pommerland ist abgebrannt.
Maikäfer flieg."

(Praxis Geschichte, Nr. 1/1996, S. 54)

Q2 Im Süden ist das Kinderlied überliefert:

„Der Schwed is komme,
Hat alles mitgnomme,
Hat d'Fenster eingeschlage –
Und's Blei davontrage,
Hat Kugle draus gosse
und d'Bauer tot geschosse.
Bet, Kindle, bet
Jetzund kommt der Schwed."

(Reise in die Vergangenheit 3, S. 73)

Erstürmung Magdeburgs. Rekonstruktion.

Plünderung eines Bauernhauses

A1 *Beschreibe anhand des Bildes, wie die Landbevölkerung von den Landsknechten behandelt wurde.*

Der Dichter Grimmelshausen beschreibt in seinem Buch „Der abenteuerliche Simplicissimus" den Überfall auf den Bauernhof seines Vaters, den er als Kind erlebte:

Q3 *„Den Knecht legten die Soldaten gebunden auf die Erde, steckten ihm ein Querholz in den Mund und schütteten ihm einen Melkkübel voll garstiger Mistjauche in den Leib – das nannten sie einen schwedischen Trunk. Dadurch zwangen sie ihn, eine Abteilung dahin zu führen, wo die übrigen Bewohner des Hofes sich versteckt hatten. Nicht lange währte es, und sie brachten auch meinen Knan (Vater), meine Meuder (Mutter) und unser Ursule in den Hof zurück. Nun fingen sie an, die Feuersteine von den Pistolen loszuschrauben und dafür meiner Mutter und Schwester die Daumen festzuschrauben und die armen Schelme so zu foltern, als wenn man Hexen brennen wollte. Mein Knan war meiner damaligen Ansicht nach der Glücklichste, weil er mit lachendem Munde bekannte, was andere unter Schmerzen und Wehklagen sagen mussten. (...) Sie setzten ihn nämlich an ein Feuer, banden ihn, dass er weder Hände noch Füße regen konnte, und rieben seine Fußsohlen mit angefeuchtetem Salz ein, das ihm unsere alte Geiß wieder ablecken musste. Das kitzelte ihn so, dass er vor Lachen hätte bersten mögen. Mir kam das so spaßig vor, dass ich zur Gesellschaft, oder weil ich's nicht besser verstand, von Herzen mitlachen musste."*

(Grimmelshausen, H. J. Ch. v.: Der abenteuerliche Simplicissimus, S. 16 ff., leicht vereinfacht)

A2 *Welche Foltern werden hier in kindlicher Naivität beschrieben?*

A3 *Seit dem Dreißigjährigen Krieg kennt die deutsche Sprache den Ausdruck „sich totlachen". Sage dazu deine Meinung.*

Grimmelshausen wurde nach der Zerstörung seines Elternhauses selbst Landsknecht. Er berichtet darüber, dass hinter jedem Söldnerheer ein riesiger Tross herzog, in dem fahrende Händler, Knechte, Soldatenfrauen und -kinder, Huren, Diebes- und Räubergesindel Unterschlupf fanden. Nach den Worten von Grimmelshausen war das im Vergleich zu den Landsknechten vielleicht noch die schlimmere Landplage. Diese Menschen existierten vom Stehlen, Betrügen, Plündern und Morden.

7.6 Der Westfälische Frieden

Etwa 40 Prozent der Dorfbewohner verloren durch Krieg, Hunger und Seuchen ihr Leben. Zugvieh und Menschen fehlten bei der Bestellung der Äcker. Einst fruchtbare Felder wurden von Gestrüpp und Wald überwuchert. „Der Krieg konnte den Krieg (nicht mehr) ernähren“, „er starb an Erschöpfung.“ Eine militärische Entscheidung war nicht mehr möglich. Nach langen Verhandlungen wurden in Münster und Osnabrück im Oktober 1648 Friedensverträge unterzeichnet. Dieser Westfälische Frieden regelte für längere Zeit die Machtverhältnisse in Europa und in Deutschland.

Bestimmungen des Westfälischen Friedens:

Außenpolitisch:
- Frankreich und Schweden wurden Garantiemächte für Deutschland. Frankreich gewann die Vorherrschaft in Europa, Schweden wurde Großmacht.
- Die Vormachtstellung des Hauses Habsburg in Europa war gebrochen. Spanien verlor seine Stellung als Großmacht.
- Die Vereinigten Niederlande und die Schweiz schieden aus dem deutschen Reichsverband aus und wurden selbstständige Staaten.

Innenpolitisch:
- Das deutsche Kaiserreich existierte nur noch dem Namen nach. Der Kaisertitel blieb bis 1806 bei Österreich.
- Die Landesherren waren fast völlig selbstständig (souverän) und konnten auch mit ausländischen Mächten Bündnisse schließen.
- Alle großen Konfessionen – die reformierte einbegriffen – waren gleichberechtigt.
- Die säkularisierten Kirchengüter blieben im Besitz der Landesherren.

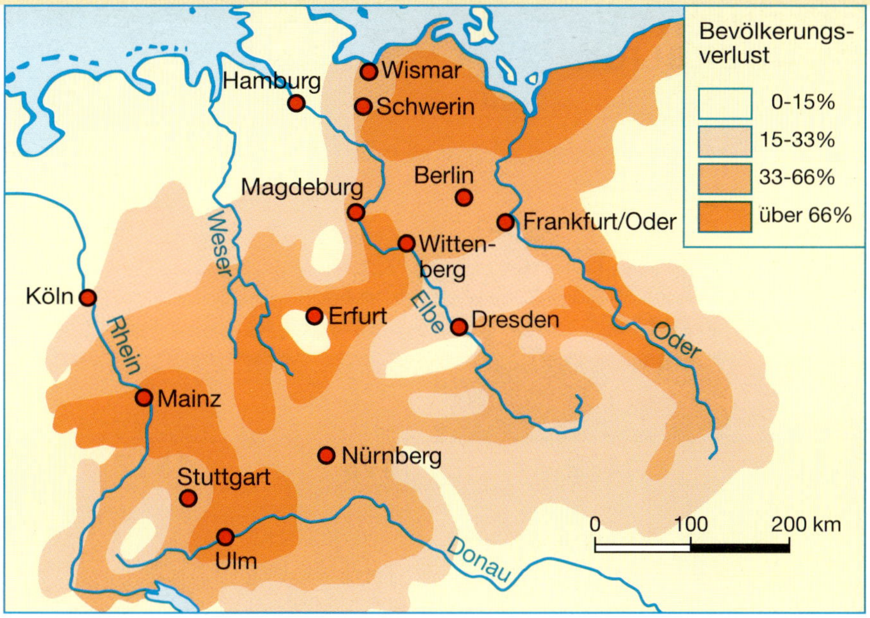

Bevölkerungsverluste im Dreißigjährigen Krieg

A1 *Überprüfe an der Karte die Aussage vom „Kriegsende durch Erschöpfung“.*

A2 *Der Dreißigjährige Krieg gilt als die bis dahin größte Katastrophe in der deutschen Geschichte. Stelle dafür Argumente zusammen.*

A3 *Von 1517 bis 1648 wurde um den „rechten Glauben“ gerungen. Mit welchem Ergebnis?*

A4 *Stelle Landgewinne und -verluste der am Krieg beteiligten Mächte fest.*

Ergebnisse des Westfälischen Friedens

GESCHICHTE IM ÜBERBLICK

1455	1492	1498	1517	1519	1522
Portugiesen suchen Seeweg nach Indien.	Kolumbus segelt nach Amerika.	Vasco da Gama erreicht Indien.		Cortés beginnt Eroberung des Aztekenreiches.	

Erste Gutenberg-Bibel gedruckt.

Luthers Thesenanschlag in Wittenberg: Beginn der Reformation.

Bibelübersetzung Luthers auf der Wartburg.

Zusammenfassung:
Die Entdeckungen:

- Mit der Suche der **Portugiesen** nach einem **Seeweg nach Indien** (Heinrich der Seefahrer, Vasco da Gama) beginnt das Zeitalter der Entdeckungen.
- 1492 erreicht **Kolumbus** einen neuen Kontinent: **Amerika**.
- Die Spanier vernichten die Staaten der **Azteken** und **Inkas**. Die indianische Bevölkerung wird grausam ausgebeutet. Später werden schwarze **Sklaven** zur Arbeit eingesetzt (Dreieckshandel).
- Die hoch entwickelten Kulturen in **China** und **Japan** haben Kontakte zu den Europäern, bleiben jedoch unabhängig.

Renaissance und Humanismus:

- Das Denken löst sich von religiösen Zwängen des Mittelalters. Die **Erforschung der Natur** beginnt (**Leonardo da Vinci**), der Mensch rückt in den Mittelpunkt. Die Wiederentdeckung der Antike (Renaissance) beeinflusst Kunst und Kultur.
- Die Entwicklung von **Erfindungen** (**Buchdruck**), Technik, Wirtschaft und Finanzwesen (Fugger) beschleunigt sich.

Eine neue Zeit

1524/25

Deutscher Bauernkrieg: die Aufständischen scheitern. Thomas Müntzer hingerichtet.

1533

Eroberung des Inkareiches durch Pizarro.

1534

Gründung des Jesuitenordens, Hauptträger der Gegenreformation.

1555

Augsburger Religionsfriede zwischen den Konfessionen.

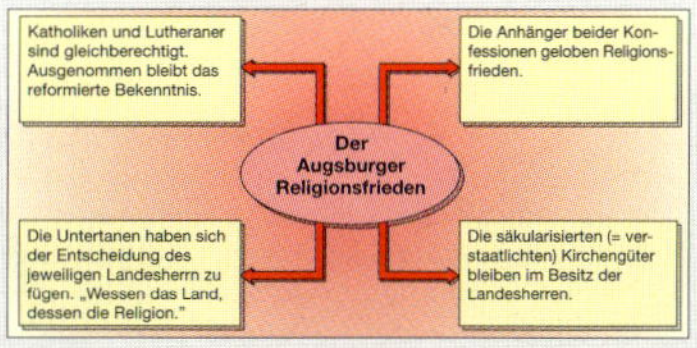

1618

Aus regionalem Streit entwickelt sich ein europäischer Machtkampf.

Beginn des 30-jährigen Krieges.

1648

Ende des 30-jährigen Krieges: Verwüstung und politische Zersplitterung Deutschlands.

Reformation und Glaubenskriege:

- Neues Denken und Missstände in der katholischen Kirche führen ab 1517 zur **Reformation** der Kirche durch **Luther** und weitere Reformatoren (**Calvin, Zwingli; Müntzer**): Die protestantischen Kirchen entstehen.
- Der deutsche **Bauernkrieg 1524/25** ist mit den Zielen der Reformation eng verknüpft („12 Artikel" der Bauern). Er endet mit der Niederwerfung der aufständischen Bauern durch ein Fürstenheer des Schwäbischen Bundes.
- In der **Gegenreformation** kann die katholische Kirche, teils gewaltsam (**Inquisition**), teils durch Reformen (**Jesuitenorden**), den Protestantismus vor allem in Süddeutschland wieder zurückdrängen. Im **Augsburger Religionsfrieden** 1555 kommt es zu einem vorläufigen Kompromiss.
- Der **Dreißigjährige Krieg** (1618–48) beginnt als regionaler Konflikt, in den die katholisch-kaiserliche Liga und die protestantische Union eingreifen. Er wird bald zum Kampf europäischer Mächte um die politische Vorherrschaft. Er endet mit der **Verwüstung** und **politischen Zersplitterung Deutschlands**, von der vor allem die aufstrebenden Territorialstaaten der Fürsten profitieren.

2 Absolutismus und Aufklärung

Die Residenz des Sonnenkönigs. Schloss und Gärten von Versailles. Gemälde von P. Patel, 1668.

Ludwig XIV., König „von Gottes Gnaden“ (1643–1715). Gemälde von H. Rigaud, Paris 1701.

Glanz und Elend einer neuen Herrschaft

Nach dem Ende der Religionskriege begann in Europa das Zeitalter des Absolutismus. Frankreich war tonangebend. Die meisten europäischen Fürsten wollten nun nach dem Vorbild des französischen Königs regieren. So wie Ludwig XIV. am Hof von Versailles lebte, wollten auch sie leben. Die Adligen hielten alles Französische für vornehm und übertrugen selbst die Erziehung ihrer Kinder Tanz- und Sprachlehrern aus Frankreich.

Die Nachahmung hatte auch ihre guten Seiten, wenn sie über die Mode und die höfische Kultur mit ihren Bällen, Opern und Paraden hinausging. Frankreich war auf verschiedenen Gebieten weit entwickelt und übte in Bildung, Literatur und Kunst, in Staatsverwaltung und Wirtschaft eine Vorbildwirkung in Europa aus.

A1 *Wie wirken diese Bilder auf dich? Beschreibe deine Eindrücke.*

Madame de Pompadour (1721–1764). Die einflussreichste Geliebte Ludwigs XV. war nicht nur stolz auf ihre Schönheit, sondern auch auf ihre Bildung. Sie ließ sich mit dem Hauptwerk der französischen Aufklärung, der Enzyklopädie (33 Bände), im Hintergrund malen.

Louis Le Nain, Bauernmahlzeit (1642)

Der König stand im Mittelpunkt des höfischen Lebens. Fortwährend musste er seine Person zur Schau stellen. Sogar sein Privatleben war öffentlich und wurde durch genaue Vorschriften geregelt.

Q1 Der französische Historiker Hippolyte Taine schrieb:
„Des Morgens weckt ihn der erste Kammerdiener (...), und der Reihe nach treten fünf Gruppen von Leuten ein, um ihre Aufwartung zu machen. Zuweilen sind die geräumigen Wartesäle nicht genügend, die Menge der Höflinge zu fassen (...)
Der König wäscht sich die Hände und entkleidet sich allmählich. Zwei Pagen ziehen ihm die Pantoffeln aus: Das Hemd wird beim rechten Ärmel vom Großmeister der Garderobe, beim linken vom ersten Diener der Garderobe entfernt und einem anderen Garderobebeamten übergeben, während noch ein anderer Garderobediener das frische Hemd in weißer Tafthülle herbeibringt (...) Die Ehre, es darreichen zu dürfen, gebührt den Söhnen und Enkeln des Königs (...). Der erste Kammerdiener greift den rechten, der erste Diener der Garderobe den linken Ärmel, während zwei andere Diener den Schlafrock als Vorhang halten, bis das Hemd fest sitzt. Hierauf hält ein Kammerdiener dem König einen Spiegel vor. Andere bringen die Kleider herbei; der Großmeister der Garderobe reicht dem König (...) den Rock, zieht ihm das blaue Band an und schnallt ihm den Degen um (...).“
(Krieger, H.: Handbuch des Geschichtsunterrichts, Band 4, S. 129 f.)

A1 *Die Zeremonie dauerte zwei Stunden und wurde täglich wiederholt. Spielt sie mit der ganzen Klasse nach.*

Als Ludwig XIV. im Jahre 1715 starb, geschah etwas Ungeheuerliches. Bei der Überführung der Leiche wurden vor den Toren von Paris aus der Menge Steine auf den Sarg des Königs geschleudert. Nie zuvor war der Sarg eines französischen Königs mit Steinen beworfen worden.

A2 *Wer waren diese erzürnten Menschen? Suche nach Gründen für ihr Verhalten.*

A3 *Betrachte dazu genau das Bild oben und untersuche die Aussagen des Schriftstellers d'Argenson.*

Q2 Marc René d'Argenson (1709):
„In Paris wimmelt es von Bettlern; an jedem Tor wird man von einem Dutzend belästigt (...). In Rouen sind mehr als 12 000 Arbeiter zu Bettlern geworden, ebenso viele in Tours.“
(Taine, H.: Die Entstehung des modernen Frankreichs, Bd. 1, S. 237/238)

Der Dichter Charles Perrault behauptete 1687, dass die bisherige Geschichte der Menschheit in der Herrschaft Ludwigs XIV. ihren Höhepunkt erreicht habe, und nannte ihn „Ludwig den Großen.“

A4 *Was müsst ihr in Erfahrung bringen, um über Ludwig XIV. und seine Zeit ein eigenes Urteil fällen zu können?*

1 Der Absolutismus in Frankreich

1.1 Ein „Sonnenkönig" regiert Frankreich

Frankreich war in der Mitte des 17. Jahrhunderts in Europa das Land mit der dichtesten Besiedlung. Geistlichkeit, Adel, Städtebürger und Bauern bestimmten das Gesicht der Gesellschaft. Sie wurden von einem König regiert. Über die Generalstände nahmen sie Einfluss auf den Staat. Dazu gehörten der Erlass von Gesetzen, die Steuern, die Entscheidung über Krieg und Frieden und die Aufstellung eines Söldnerheeres. Doch schon unter dem leitenden Minister Richelieu (1585–1642) war der Einfluss der Generalstände und des Adels stark beschnitten worden.

Im Jahre 1643 kam Ludwig XIV. im Alter von vier Jahren auf den Königsthron. Die Regierungsgeschäfte führte Kardinal Mazarin. Ihm gelang es, die Herrschaft des Königs vor seinen Gegnern zu retten und von der Kontrolle durch die Stände zu befreien. Dennoch verließ Ludwig XIV. am 9. März 1661 in gelöster Stimmung das Sterbezimmer seines Erziehers. Endlich konnte er das sein, was er schon seit 18 Jahren war – König von Frankreich.

Zuerst schaffte Ludwig XIV. das Amt des leitenden Ministers ab und übernahm selbst die Regierung. Minister, die er mit Absicht aus dem Bürgertum wählte, verwalteten nun nach seinen Vorstellungen das Land. Er betrachtete sie als Vollstrecker seines Willens und achtete streng darauf, dass sie keine Entscheidungen ohne sein Wissen trafen. Ratskollegien und viele Beamte standen ihm zur Seite.

A1 *Beschreibe mithilfe des Bildes den Verlauf einer Sitzung des Gerichtsrates. Welchen Eindruck hast du von der Rechtsprechung unter Ludwig XIV.?*

Q1 Ludwig XIV. in seinen Memoiren über seine Arbeitsweise:
„Ich verhandle unmittelbar mit ausländischen Ministern, lese die eingegangenen Depeschen. Ich verfasse selbst einen Teil der Antworten und teile Meinen Sekretären den übrigen Inhalt mit. Ich regle Einnahmen und Ausgaben Meines Staates. Ich lasse Mir direkt von denen, die Ich auf wichtige Posten stellte, Rechenschaft geben."
(Geschichte in Quellen, Bd. 3, S. 427)

A2 *Welche Absichten und Eigenschaften erkennst du in der Arbeitsweise Ludwigs XIV.? Erarbeite ein Schaubild, das den Wandel in der Herrschaft deutlich werden lässt.*

Ludwig XIV. duldete keine Beschränkung oder Kontrolle der Königsmacht. Er hielt sich für den Stellvertreter Gottes auf Erden. Nur ihm fühlte er sich verantwortlich und jeder hatte ihm zu gehorchen. Immer und überall spielte er seine

Ludwig XIV. im Gerichtsrat. Zeitgenössisches Gemälde eines unbekannten Künstlers.

Regimentsfahne mit Sonnensymbol Ludwigs XIV. Die Inschrift lautet in freier Übersetzung: „Keiner kommt ihm gleich."

Herrscherrolle mit solcher Leidenschaft, sodass er tatsächlich die Worte ausgesprochen haben könnte, die ihm nachgesagt werden: „L'état c'est moi – Ich bin der Staat."

Q2 Jean Bodin, Jurist und Philosoph, 1576 über die Macht des Königs:

„Darin zeigt sich gerade die Größe und Majestät eines wirklich souveränen Herrschers, dass die Stände des ganzen Volkes (als Vertreter), wenn sie versammelt sind und in aller Untertänigkeit dem Herrscher ihre Anträge und Bitten vortragen, keinerlei Befugnis zum Anordnen und Beschließen, ja nicht einmal eine beratende Stimme haben, sondern was der König nach seinem Gutdünken annimmt oder verwirft, befiehlt oder verbietet, gilt als Gesetz, Edikt, Befehl."

(Geschichte in Quellen. Renaissance, Glaubenskämpfe, Absolutismus, S. 260)

A1 *Suche nach einer treffenden Bezeichnung für die Art, wie Ludwig XIV. regierte.*

Der König von Frankreich. Satirischer Druck 1691. Bibliothèque nationale Paris.

Als Zeichen seiner Herrschaft wählte Ludwig XIV. eine Sonne. Er ließ dieses Symbol an öffentlichen Plätzen anbringen und auf Münzen und Medaillen prägen. Viele seiner Untertanen mussten aber in dem langen Schatten leben, den die absolute Herrschaft des „Sonnenkönigs" warf. Einige von ihnen benutzten sein Sinnbild auf andere Weise.

A2 *Betrachte die Regimentsfahne oben und stelle Vermutungen darüber an, weshalb Ludwig XIV. die Sonne zum Symbol seiner Herrschaft wählte.*

A3 *Vergleiche die Zeichnung mit dem Sonnensymbol auf der Fahne. Was wollte der Zeichner damit ausdrücken?*

1.2 Versailles – ein goldener Käfig für den Adel

Prachtentfaltung war für Ludwig XIV. ein wichtiges Herrschaftsmittel. Er ließ etwa 15 km außerhalb der Stadt, in Versailles, ein neues Schloss bauen. Es war von einem märchenhaften Park umgeben. In einem riesigen Sumpfgebiet arbeiteten über 28 Jahre 35000 Menschen daran. Ganze Dörfer wurden abgerissen, um Platz zu machen für Gebäude, Gärten, Teiche, Wege, Wasserspiele und lange Kanäle, auf denen bei Festen Vergnügungsschiffe fuhren. Das Schloss übertraf alle anderen an Größe und Prunk.

Der Spiegelsaal in Versailles

Das Schloss enthielt rund 2000 Räume. Der gesamte Hofstaat zählte etwa 20000 Personen. Der größte Raum war der Spiegelsaal (80 m lang und 10 m breit) an der Rückfront des Mittelbaus.

A1 *Beschreibe das Bild unten. Bestimme im Grundriss des Schlosses von Versailles (S. 72) die Lage des Spiegelsaales.*

Das Leben am Hofe glich einem gewaltigen Schauspiel, in dem Ludwig XIV. den hohen Adligen die wichtigsten Rollen übertrug. Er machte es ihnen zur Pflicht, im Schloss zu wohnen. Wie die Planeten um die

GEWUSST WIE!

Herrscherporträts – und was sie uns erzählen

Ludwig XIV., König von Frankreich. Gemälde (277 x 194 cm) von H. Rigaud, Paris 1701

A2 *Suche im Lehrbuch das vollständige Porträt, benenne die fehlenden Teile und erläutere deren Bedeutung.*

A3 *Schau dir das Porträt als Ganzes an und bring es zum Sprechen.*

Manche Bilder in deinem Geschichtsbuch sind Porträts. Darunter versteht man die bildliche Darstellung eines ganz bestimmten Menschen. Besonders im Absolutismus ließen sich Kaiser, Könige und Fürsten gern auf diese Weise malen. Sie wollten damit Eindruck auf andere machen. Deshalb zeigen die Porträts oft nicht so sehr, wie der Abgebildete tatsächlich aussah, obwohl sie meistens zu seinen Lebzeiten entstanden, sondern wie er erscheinen wollte. Sie erzählen viel über den Herrscher und seine Zeit.
Aber das Porträt an sich ist stumm. Wer von ihm etwas erfahren möchte, muss auf verschiedene Einzelheiten achten und sich bestimmte Fragen stellen. Unterstützung erhaltet ihr dabei vor allem durch die Bildunterschrift, den darstellenden Text und die schriftlichen Quellen.

Diese Fragen können bei der Erschließung eines Porträts helfen:

1. Wer ist abgebildet?
2. Wann wurde das Porträt gemalt? Entstand es noch zu Lebzeiten des Abgebildeten oder später?
3. Wissen wir etwas über den Auftraggeber?
4. Woran erkennt man den Rang, die Stellung der Person (Kleidung, Herrschaftszeichen und andere Gegenstände, Größe, Raum)?
5. In welcher Haltung zeigt sich die Person? Achte besonders auf Arme und Beine, Gesichtsausdruck und Gesten.
6. Welche Absicht wurde mit der Darstellung verbunden? Fasse deinen Eindruck und deine Meinung zusammen.

Sonne kreisen, so sollten sich auch die Großen des Landes um den König bewegen. Die vornehmsten Herren Frankreichs waren zugleich seine ersten Diener.

Q1 Der brandenburgisch-preußische Diplomat E. Spanheim über die Herrschaft Ludwigs XIV.:
„Wer um jeden Preis herrschen will, kommt dahin, alle Menschen nur als Werkzeuge seiner Macht zu betrachten; er darf keine Freiheit äußerer oder seelischer Art dulden: Wer ihm dient (...) ist ein Ding, und wehe diesem, wenn es eine Seele oder einen Willen zeigt, dessen Ziel der Entfaltung der Gewalt widerstrebt."
(Weigang, W.: Der Hof Ludwigs XIV., S. 48)

A1 *Suche Erklärungen für die riesige Prachtentfaltung Ludwigs XIV. am Hofe von Versailles. Beziehe dazu die Aussage von Spanheim mit ein.*
A2 *Beschreibe Schloss und Park von Versailles. Benutze dazu den Grundriss und das Bild (S. 66/67).*
A3 *Wieso kann man an der Anlage erkennen, wer im Mittelpunkt des Staates stand?*

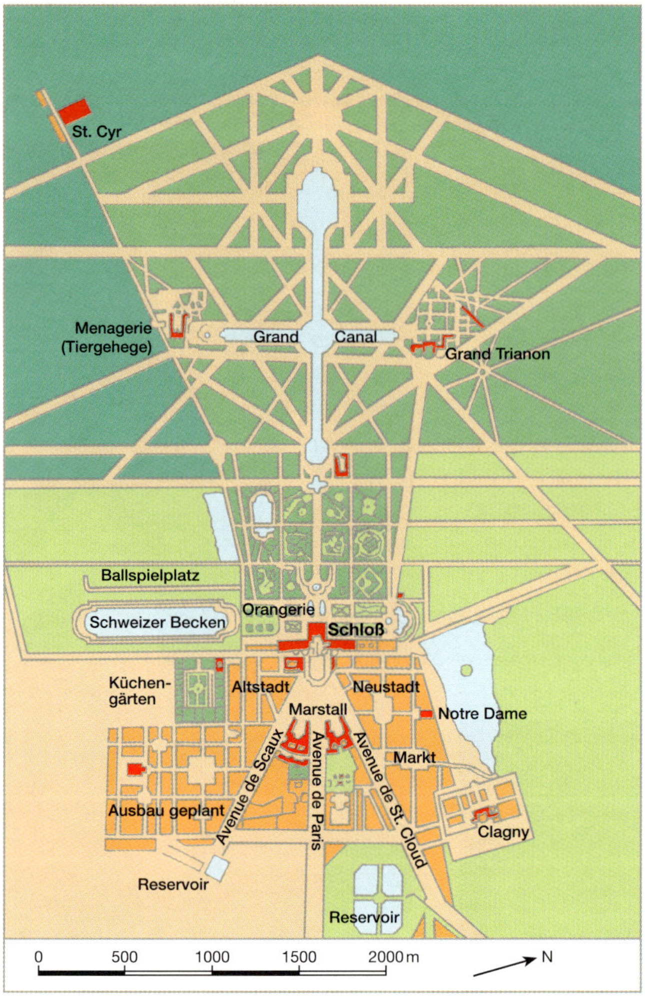

Versailles zur Zeit Ludwigs XIV. Nach einem Plan von J. B. Naudin um 1693.

In der Nähe des Königs zu sein bedeutete dem Adel alles. Selbst bescheidenere Hofstellen, wie zum Beispiel das Amt eines königlichen Nachtstuhlaufsehers, waren äußerst gesucht. Da man diese Ämter kaufen konnte, wurden sie mit bis zu hunderttausend Livres bezahlt. Das größte Unglück, das einen Höfling treffen konnte, war eine Verbannung auf seine Güter in der Provinz. Diese Strafe war für manchen schwerer zu ertragen als die Haft in einem Gefängnis.

Q2 Liselotte von der Pfalz, Schwägerin Ludwigs XIV., über einen gewöhnlichen Abend im Schloss:
„Um 6 Uhr versammelten sich alle Höflinge in des Königs Vorzimmer und alle Damen im Raume der Königin. Hernach gehen alle miteinander in den Salon, wo die Geigen sind für die, die tanzen wollen. Von da geht man in einen Saal, wo des Königs Thron ist. Dort findet man allerhand Musik. Von da geht man in die Schlafzimmer, wo 3 Tafeln stehen, um Karten zu spielen, für den König, die Königin und den Bruder des Königs. Von da kommt man in einen Saal, worin mehr als 20 Tische stehen (...), um allerhand Spiele zu spielen. In einem anderen stehen 4 lange Tische. Darauf der Imbiss, Obstkuchen und Süßigkeiten. In einem weiteren Zimmer stehen 4 andere Tische, worauf viele Flaschen und Gläser stehen, allerhand Liköre und Weine. (...) Die nicht spielen, wie ich und viele andere mehr, die schlendern herum, von einem Saal zum anderen, bald zu der Musik, bald zu den Spielen."
(Krieger, H.: Handbuch des Geschichtsunterrichts, Bd. 4, S. 132)

A4 *Was könnte ein Kritiker dem Hof vorhalten?*
A5 *An allen Fürstenhöfen Europas richtete man sich nach den Umgangsformen am Hof von Versailles. Welche Verhaltensregeln kannst du hier erkennen?*

A1 *Diese Begriffe stammen aus Frankreich. Was schließt du daraus?*

Ein vornehmes Paar

Dame
kokett
adrett
apart
Brosche
Schärpe
Konvention
Amüsement

Kavalier
charmant
galant
brillant
Manschette
Perücke
Kompliment
Rendezvous

Das Leben am Hofe von Versailles bot den Adligen endlose Vergnügungen, ein sicheres Auskommen und vieles andere mehr. Dafür mussten sie aber auf ihre Selbstständigkeit und die wichtigsten politischen Ämter verzichten. Ludwig XIV. wollte unumschränkt regieren und mit niemandem seine Macht teilen.

Q3 Ein Zeitzeuge, der Herzog von Saint-Simon, berichtete:
„Die Herzogin von Bourbon-Condé, deren beträchtliche Schulden bei den Kaufleuten der König vor nicht langer Zeit bezahlt hatte, hatte nicht gewagt, die durch das Spiel entstandenen Verbindlichkeiten zu erwähnen, die sich auf bedeutende Summen beliefen. Diese Schulden vermehrten sich noch (...) Frau von Maintenon (Geliebte des Königs und spätere Ehefrau) hatte Mitleid mit ihrer Lage und brachte es dahin, dass der König diese Schulden übernahm."
(Die Memoiren des Herzogs von Saint-Simon, Bd. 2, S. 30)

A2 *Welche Gründe konnte der König haben, die Schulden seiner Höflinge zu begleichen?*

A3 *Bildet zwei Gruppen und führt ein Streitgespräch über die Vorzüge und die Nachteile, die das Leben in Versailles dem Adel brachte.*

L. Silvestre d. J.: Besuch am französischen Königshof: Der Sonnenkönig empfängt Friedrich August, Kurfürst von Sachsen.

1.3 Der Alleinherrscher und seine Machtstützen

Zur absoluten Herrschaft Ludwigs XIV. gehörte, dass seine Befehle und Gesetze auch in den entferntesten Winkeln des Landes befolgt wurden. In den Provinzen lag die Macht in den Händen adliger Gouverneure. Sie regierten selbst wie Könige und wirtschafteten dabei häufig in die eigene Tasche. Ludwig übertrug die Macht der Gouverneure auf königliche Beamte, die Intendanten. Sie sorgten für die Einziehung der Steuern, die Rechtsprechung, die öffentliche Ordnung und die Aushebung der Truppen. Ihnen unterstanden Handwerk und Handel, Landwirtschaft und Märkte sowie die Polizei. Der König setzte die Intendanten ein. Sie waren von ihm abhängig und erfüllten gehorsam seine Befehle. Von den Bewohnern der Provinzen wurden sie nicht selten „Bluthunde des Königs“ genannt.

Ablieferung der Kopfsteuer unter Ludwig XIV. Kupferstich um 1710.

A1 *Betrachte die Kleidung der Menschen und ordne sie den Ständen in Frankreich zu. Welchen Eindruck erweckt der Zeichner des Bildes?*

Eine wichtige Rolle für die Sicherung der absoluten Macht spielte die Armee. Dem „Sonnenkönig“ unterstand die Verwaltung des Heeres. Seine Besichtigungen und Kontrollen waren gefürchtet. Im Unterschied zu früheren Zeiten wurden nun die Soldaten nicht mehr angeworben, wenn ein Krieg zu führen war. Sie standen ständig unter Waffen, auch in Friedenszeiten. Das „stehende Heer“ nutzte der absolute Monarch zur Festigung und Erweiterung seiner Macht nach innen und außen.

A2 *Weshalb wurde das „stehende Heer“ auch als der „Muskel der absoluten Königsherrschaft“ bezeichnet?*

Stärke des französischen Heeres		
1661	72 000	Soldaten
1670	138 000	Soldaten
1688	290 000	Soldaten
1703	396 000	Soldaten

A3 *Interpretiere diese Zahlen.*

Eine dritte Stütze der Macht des Königs von Gottes Gnaden war die katholische Kirche. Ludwig XIV. war streng gläubig. Es diente seiner Alleinherrschaft, wenn die Bischöfe und Pfarrer den Menschen erklärten, dass der Monarch sich mit seinem ganzen Handeln nur vor Gott zu rechtfertigen habe. Er beendete deshalb Streitigkeiten mit dem Papst und entschloss sich, in Frankreich nur noch den katholischen Glauben zuzulassen.

Q1 Aus dem Edikt von Fontainebleau, 1685:

„1. Und infolgedessen (der Aufhebung des Ediktes von Nantes) wollen wir, dass alle Kirchen der reformierten Religion zerstört werden.
2. Wir verbieten unseren Untertanen der reformierten Religion sich zu versammeln, um den Gottesdienst an irgendeinem Orte oder in einem Privathause zu halten.
3. Wir befehlen allen Predigern der reformierten Religion, die sich nicht bekehren und die katholische Religion annehmen wollen, unser Land zu verlassen.
6. Wir verbieten die Schulen der reformierten Religion (...)“ (Gekürzter Auszug)

(Geschichte in Quellen, Bd. 3, S. 454 f.)

Q2 J. Bossuet (1627-1704), Bischof von Meaux:
„Der königliche Thron ist nicht der Thron eines Menschen, sondern der Thron Gottes selbst. Der Fürst hat über keinen seiner Befehle Rechenschaft abzulegen."
(Weigang, W.: Der Hof Ludwigs XIV., S. 51)

A1 *König und katholische Kirche unterstützten sich gegenseitig. Entnehmt aus beiden Quellen, wie das konkret geschah.*

Etwa 850 000 Hugenotten lebten in Frankreich. Zu Tausenden flohen sie nach 1685 vor der „Bekehrung" ins Ausland. Der brandenburgische Kurfürst Friedrich Wilhelm forderte sie regelrecht zum Kommen auf. Rund 15 000 folgten seinem Werben; etwa 65 000 gingen nach England und ungefähr 70 000 in die Niederlande.

A2 *Beschreibt die „ehrenwerten Mittel" (Abb. oben) und diskutiert über ihre Wirksamkeit.*

Die Hugenotten wurden als Ketzer verteufelt. Sie sollten zum „rechten" Glauben zurückfinden. Um sie zu bekehren, wurden „ehrenwerte Mittel" angewandt. Der Schöpfer des Bildes hat einige von ihnen aufgezeichnet.

1.4 Der Sonnenkönig und die leere Staatskasse

A3 *Beschreibe die einzelnen Arbeitsgänge.*
A4 *Ermittle die Anzahl der Frauen, die in dieser Manufaktur arbeiteten.*

Herstellung von Spielkarten in einer Manufaktur

In Frankreich lebten um die Mitte des 17. Jahrhunderts fast 20 Millionen Menschen. Etwa 90% von ihnen führten ein armseliges Leben voll harter Arbeit.

Versailles mit seinem verschwenderischen Luxus lag wie eine riesige Spinne über dem ganzen Land. Hofleben, Verwaltung, Heer und nicht zuletzt die Kriege verschlangen ungeheure Summen. Sie überstiegen bald die jährlichen Einnahmen des Staates. Für die Beschaffung des Geldes war der Finanzminister J. B. Colbert zuständig. Bereits bei seinem Amtsantritt 1661 waren die Staatseinnahmen des laufenden Jahres und der beiden folgenden verpfändet. Dennoch gelang es ihm, die Einnahmen des Königs zu verdoppeln und damit die Löcher in der Staatskasse zu stopfen.

A1 *Versetzt euch zunächst in die Lage Colberts und unterbreitet Vorschläge, um die Geldsorgen des Königs zu beheben.*

Jean Baptiste Colbert (1619–1683). Er diente Ludwig XIV. 22 Jahre mit Leib und Seele. Die Höflinge begegneten ihm mit Respekt, obwohl er aus dem Bürgertum kam. Von seinem Erfolg hing auch ihr „süßes Leben" ab.

Q1 Aus einer Denkschrift Colberts zur Wirtschaftspolitik (1664):

„Die Manufakturen waren und sind fast völlig ruiniert. Die Holländer haben ihnen allen das Wasser abgegraben und führen dieselben Industrieerzeugnisse bei uns ein (...). Würden stattdessen diese Manufakturen bei uns wieder eingerichtet, so hätten wir nicht nur deren Erzeugnisse für unseren Bedarf, sodass sie uns als Zahlungsmittel Bargeld bringen müssten, das sie jetzt für sich behalten, sondern wir hätten auch noch Überschüsse für die Ausfuhr, die uns wiederum einen Rückfluss an Geld einbrächten (...). Es ist einzig und allein der Reichtum an Geld, der die Unterschiede an Größe und Macht zwischen den Staaten begründet. So ist es sicher, dass jährlich aus dem Königreich einheimische Erzeugnisse (...) für den Verbrauch im Ausland im Wert von 12 bis 18 Millionen Livres hinausgehen. Das sind die Goldminen unseres Königreiches, um deren Erhaltung wir uns sorgfältig bemühen müssen."

(Geschichte in Quellen, Bd. 3, S. 447 f.)

Q2 Der Botschafter der Republik Venedig in Frankreich über die Maßnahmen Colberts:

„Herr Colbert unterlässt nichts, um Gewerbe anderer Länder in Frankreich heimisch zu machen. Er versucht, auf englische Art die französischen Rinderhäute zu gerben. Aus Holland hat man Techniken der Tuchproduktion übernommen, ebenso auch die Herstellung von Käse, Butter und anderen Spezialitäten, aus Deutschland die Produktion von Hüten, Weißblech und vielen anderen Erzeugnissen und aus Italien die Spitzenklöppelei und die Spiegelherstellung. Was es an besten Waren in aller Welt gibt, das wird zur Zeit in Frankreich hergestellt und so groß ist die Beliebtheit dieser Erzeugnisse, dass von allen Seiten die Bestellungen einlaufen."

(Praxis Geschichte, Heft 4/88, S. 42)

A2 *Was verraten die beiden Quellen über Colberts Wirtschaftspolitik und ihre Erfolge?*

Die Wirtschaftspolitik Colberts, mit der die absolute Königsherrschaft in Frankreich bezahlt werden sollte, bezeichnet man als Merkantilismus. Damit gelang es ihm für etwa 10 Jahre, die Einnahmen und Ausgaben des Staates im Gleichgewicht zu halten. Neue Steuern wurden eingeführt, z.B. die Kopfsteuer 1695, alte erhöht und Ämter verkauft. Als Ludwig XIV. 1715 starb, war Frankreich dennoch wirtschaftlich ruiniert. Viele Menschen lebten in unvorstellbarem Elend.

Löhne und Preise in Frankreich in der 2. Hälfte des 17. Jh.s

20 Sous = 1 Livre

An einem Arbeitstag von 10 bis 14 Stunden verdiente ein

Maurer	12-16 Sous
Zimmermann	14-18 Sous
Grubenarbeiter	15-16 Sous
Stepper	20-25 Sous
Leineweber	12-15 Sous
Schlosser (in Paris)	30 Sous
Landarbeiter	8-19 Sous

Preise für

Weißbrot (450 g)	1-2 Sous
1 Pinte (= 0,6 l) Wein	2-3 Sous
1 Pfd. Butter	5-8 Sous
1 Pfd. Ochsenfleisch	2-3 Sous
1 Paar junge Hühner	30 Sous
1 Paar Holzschuhe	2 Sous
1 Pfd. Kerzen	6-10 Sous

(Nach: P. Gaxotte, Ludwig XIV., Berlin 1951, S. 54 f.)

A3 *Vergleiche Löhne und Preise in der 2. Hälfte des 17. Jahrhunderts in Frankreich.*

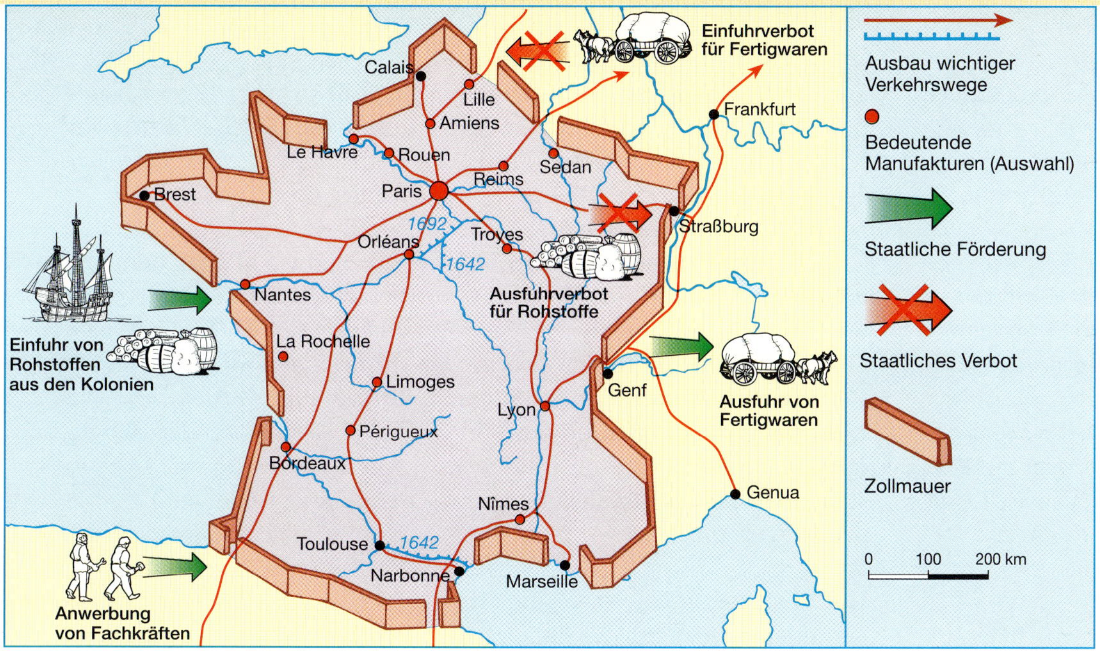

So funktionierte der Merkantilismus (schematische Darstellung)

A1 *Erkläre an der schematischen Skizze, wie die neue Wirtschaftspolitik Colberts funktionierte. Benutze dazu auch die Quellen.*

1.5 Frankreich – ein trostloses Krankenhaus ohne Vorräte

Als Ludwig XIV. im Jahre 1661 die Alleinherrschaft durchsetzte, nahm Frankreich bereits eine machtvolle Stellung unter den europäischen Staaten ein. Dennoch führte Ludwig seit 1667 zahlreiche Kriege. Was trieb ihn dazu?

Q1 Über Ludwigs Kindheit berichtete sein Kammerdiener: *„Soldatspielen war Ludwigs Herzenslust. Mit lautem Trommelschlag marschierte er durch das Palais-Royal. Im Garten ließ ihm Kardinal Mazarin ein Fort mit Bollwerken im Kleinen bauen und mit maßstabsgerechten Modellkanonen anfertigen.“*
(Kathe, H.: Der Sonnenkönig, S. 11)

Q2 *„‚Meine Größe, Mein Ansehen, Meine Würde‘, diese Worte gingen dem ‚Sonnenkönig‘ oft und leicht über die Lippen. ‚Ich gestehe‘, schrieb er, ‚die für mich kostbarste Sache der Welt ist mein Ruhm.‘“*
(Kathe, H.: Der Sonnenkönig, S. 44)

Der Krieg war in Ludwigs Augen das beste Mittel, Macht und Ruhm des Herrschers zu vermehren.

„Nur ein reicher König kann auch ein mächtiger König sein.“ Ludwig hörte gern diese Worte seines Finanzministers. Darüber hinaus meinte der, dass der Reichtum eines Landes nur auf Kosten eines anderen erhöht werden könne. Hier trafen sich die Ruhmsucht Ludwigs XIV. und die Wirtschaftspolitik Colberts. Die großen Kriege nach 1672 wurden zum Teil deshalb vom Zaun gebrochen.

A2 *Stelle fest, welche Worte Ludwig XIV. besonders häufig benutzte. Wie spiegelt sich das in seiner Außenpolitik wider?*

A3 *Ermittle aus der Karte unten die hauptsächliche Stoßrichtung der Kriege Ludwigs und suche nach Erklärungen dafür.*

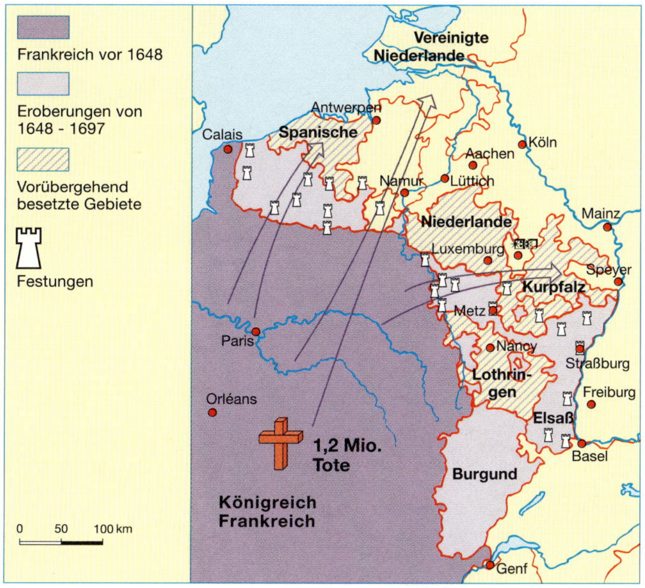

Die Kriege Ludwigs XIV.

Q3 Zettel, die 1688 in den Städten und Dörfern angeheftet wurden und die Bevölkerung zur Zahlung von Kriegssteuern (Kontributionen) aufforderten:
„Die Herren und Bewohner der Städte, Marktflecken, Herrensitze und Dörfer Schwabens und Frankens werden jetzt und künftig gebrandschatzt, wenn sie nicht ihre Kontributionen zu den angezeigten Stellen bringen. Leisten sie Genüge, werden sie allen Beistand, Sanftmut und alle Dienste haben, die sie erhoffen können."
(Kathe, H.: Der Sonnenkönig, S. 3)

Q4 Ein französischer Offizier über das Vorgehen der Franzosen 1688 in Baden und Württemberg:
„Immer waren es die Dragoner, die man dazu verwandte. Bevor sie Brand anlegten, plünderten sie nicht nur alles, was sie Gutes vorfanden, sie vergewaltigten auch schamlos Mädchen und Frauen und begingen Tausende von Übergriffen solcher Art. Das Gerücht von diesen Gewalttaten hatte sich im Lande Baden und Württemberg verbreitet, sodass die Bewohner der Städte und Flecken bei unserer Annäherung ihre Wohnungen verließen und vor uns flohen, wie vor Feinden und Vernichtern des Menschengeschlechts."
(Kathe, H.: Der Sonnenkönig, S. 5)

A1 *Charakterisiere die französische Besatzungspolitik.*

Fünfzig Jahre Krieg hinterließen deutliche Spuren. In dem von der Kriegsführung erschöpften Frankreich herrschten Armut und Not. Die Felder waren vernachlässigt, das Gewerbe ging zurück. Von den Manufakturen kamen nur die voran, die für die Armee und den Krieg arbeiteten. Die Städte füllten sich mit Bettlern. Seit Beginn der absoluten Königsherrschaft kam es Jahr für Jahr zu Unruhen, die mithilfe des stehenden Heeres gewaltsam unterdrückt wurden.

Die Staatskasse war leer und die Schuldenlast des Staates entsprach beim Tode Ludwigs den Einnahmen von 18 Jahren. Der „Sonnenkönig" hatte an Ansehen verloren und Frankreich seine Vormachtstellung in Europa eingebüßt.

Die Beamten des Königs erfanden immer neue Steuern, um aus Bauern, Handwerkern und Händlern noch mehr Geld herauszupressen. Viele wurden so zu Bettlern.

A2 *Vergleiche Text und Bild.*

A3 *Kritische Zeitgenossen fällten das Urteil: „Der Hof ist das Grab Frankreichs." Prüfe anhand der Fakten dieses Urteil.*

Q5 Ludwig XIV. auf dem Sterbebett zu seinem Nachfolger:
„All dein Glück hängt davon ab, dass du dich Gott unterwirfst und der Sorge für das Wohl deines Volkes. Dafür ist es notwendig, dass du, so sehr du kannst, den Krieg vermeidest: Dieser ist der Ruin des Volkes. Folge nicht dem schlechten Beispiel, das Ich dir in dieser Hinsicht gebe. Ich habe den Krieg oft zu leichtfertig begonnen und ihn aus Eitelkeit durchgehalten. Ahme mich nicht nach, sei ein friedfertiger Fürst und deine vornehmste Sorge gelte dem Wohl deiner Untertanen."
(Kathe, H.: Der Sonnenkönig, S. 201)

A4 *Was veranlasste den Sonnenkönig am Ende seines Lebens zu dieser Selbstkritik?*

A5 *Versetze dich in die Lage eines Historikers und fälle ein gerechtes Urteil über Ludwig XIV. und seine absolute Königsherrschaft.*

Französische Bauern vor ihrem Haus. Gemälde von Louis Le Nain.

2 Russland stößt das Tor nach Europa auf

2.1 Vom unbekannten Reich zum Schiedsrichter im Norden

A1 *Entnimm der Karte unten die Ausdehnung Russlands seit Iwan dem Schrecklichen.*

Lange hatte Russland unter der Fremdherrschaft der Mongolen gestanden. Die hatten im 13. Jahrhundert unter Dschingis Khan und seinen Nachfolgern ein Weltreich erobert, das von China bis Europa reichte. Nach Abschüttelung dieser Fremdherrschaft bildete sich unter verschiedenen Herrschern („Zaren") ein nationaler Einheitsstaat heraus, dessen Zentrum Moskau war. Im 17. Jahrhundert hatte Russland durch Hungersnöte, Pest und Kriege die Hälfte seiner Bevölkerung verloren. Etwa 95% der Bewohner des Landes waren leibeigene Bauern. Sie konnten mit dem Grund und Boden vererbt oder verkauft werden. Häuser aus Stein waren selbst in Städten selten. Feste Straßen gab es kaum. Lesen und schreiben konnten nicht einmal alle Adligen und Priester. Handwerk und Handel bedienten meist nur die örtlichen Bedürfnisse. Um 1680 gab es im ganzen Land nur zehn Manufakturen.

A2 *Sicherlich kannst du erklären, warum dieses Verkehrsmittel in Russland so wichtig war.*

Die Entwicklung des Russischen Reiches

Innerhalb von 30 Jahren jedoch machte Zar Peter I. (1672–1725) Russland zu einer europäischen Großmacht. Um den Anschluss in Wissenschaft und Technik zu erreichen, schickte er Adlige zum Studium ins Ausland und nahm selbst an mehreren Studienreisen teil. Die umfänglichste war die „Große Gesandtschaft“ 1697/98. In Königsberg ließ sich Peter als Kanonier ausbilden, in Holland als Zimmermann. In England nahm er an Flottenmanövern und Parlamentssitzungen teil. Er warb Wissenschaftler, Handwerker, Künstler und Offiziere an und holte sie nach Russland. Sie bekamen besondere Rechte und konnten frei ihren Glauben ausüben.

A1 *Nenne Ziele, die Peter I. mit der Ansiedlung von Ausländern verfolgte. Vermute, wie die Adligen darauf reagierten.*

A2 *Umgehend nach seiner Rückkehr erließ Peter I. ungewöhnliche Vorschriften. Entnimm eine von ihnen der Karikatur (unten) und erkläre, was der Zar damit bezweckte.*

Zeitgenössische Karikatur

Peter I. suchte einen Zugang Russlands zum offenen Meer auch im Nordwesten. Doch die Ostsee beherrschten die Schweden. Der Zar besiegte sie im Nordischen Krieg. An der Mündung der Newa ließ der Zar eine neue Festung bauen. Daraus entstand die Stadt Sankt Petersburg. Wegen ihrer prachtvollen Paläste, Kirchen und Kanäle wurde sie bald als das „Venedig des Nordens“ berühmt. Bei den Bauarbeiten waren jedoch Zehntausende an Krankheiten oder Erschöpfung gestorben. 1712 erklärte der Zar Petersburg zur neuen Hauptstadt Russlands.

A3 *Der russische Dichter Alexander Puschkin bezeichnete Petersburg als das „Fenster nach Europa“. Erkläre diese Aussage.*

2.2 Peter I. – Reformator oder absoluter Herrscher?

A4 *Betrachte das Bild rechts und zähle Eigenschaften auf, über die Peter I. verfügen musste, um die Rückständigkeit Russlands zu überwinden.*

Durch Erneuerung in Handwerk und Handel wollte Zar Peter I. den Anschluss Russlands an die westeuropäischen Staaten herstellen. Alle Produkte sollten nach Möglichkeit in Russland selbst erzeugt werden. Hohe Zölle verteuerten die Waren aus dem Ausland. Mit staatlicher Hilfe wurden Manufakturen eingerichtet. Ihre Zahl stieg um das Zwanzigfache. In der Eisenproduktion deckten sie bald den Bedarf des gesamten Landes. Zur Förderung des Binnenhandels wurde mit dem Bau von Kanälen begonnen.

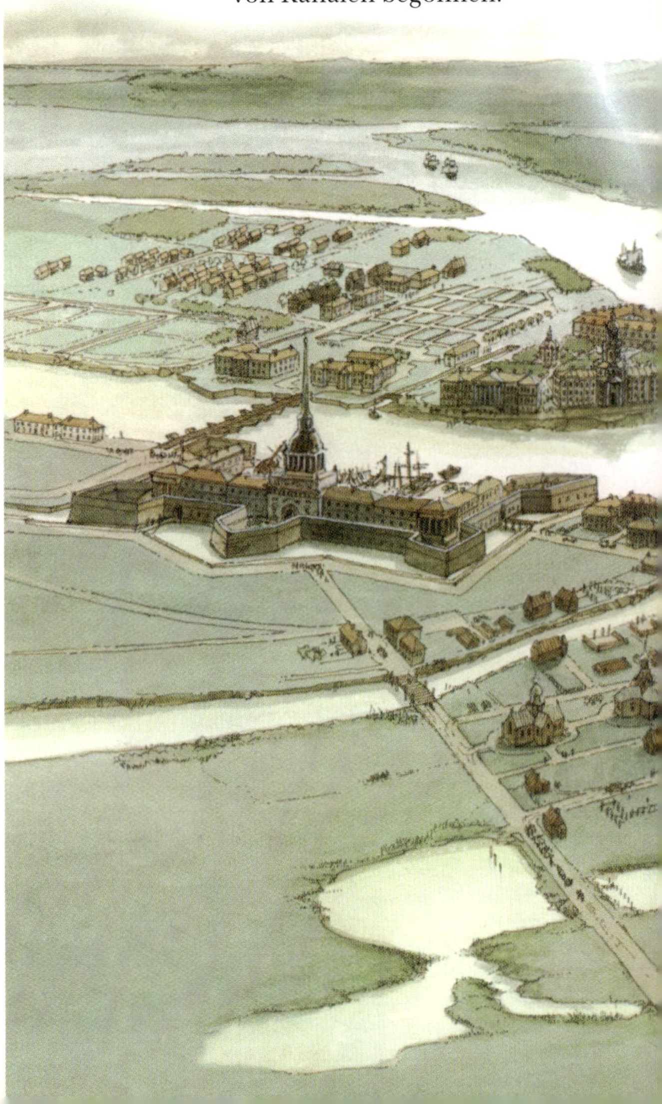

Die Admiralitätswerft in Sankt Petersburg

Links: Peter I., der Große (1672–1725), seit 1721 Kaiser von Russland, gründet Petersburg.

Unten: Rekonstruktion von St. Petersburg um 1712

Q1 Peter I. 1720:
„Jeder Herrscher, der nur ein Landheer besitzt, hat eine Hand; wer auch eine Flotte besitzt, hat beide Hände."
(Wittram, R.: Czar und Kaiser, Bd. 2, S. 17)

A1 *Entnimm dem Bild (oben) ein Gewerbe, das Peter I. besonders förderte. Welche Gründe mögen ihn dazu bewogen haben?*

Q2 Auszug aus einem Erlass des Zaren:
„Ossip und Fjodor Bashenin haben eine Sägemühle errichtet, um Bretter zu schneiden und solche in Archangelsk ausländischen Kaufleuten zu verkaufen. Jetzt beabsichtigen sie, bei selbigem Betrieb eine Werft anzulegen und Schiffe zu bauen, um Bretter und anderes russisches Gut über See zu verschiffen. Und wir, der Großmächtige Zar, haben in unserer Gnade ihnen befohlen, Schiffe zu bauen und von alledem, was sie für den Bau dieser Schiffe aus dem Ausland kommen lassen, keinen Zoll zu erheben."
(Tolstoi, A.: Peter I., Bd. 2, S. 56, gekürzt)

A2 *Was wollte der Zar mit diesem Erlass besonders unterstützen?*

Um die Grenzen Russlands zu festigen und auszuweiten wurden das Heer und die Flotte nach westeuropäischem Vorbild umgestaltet. Peter I. führte den Wehrdienst ein. Adlige wie Bauern waren dazu verpflichtet. Das stehende Heer umfasste beim Tode Peters I. 260 000 Mann. Hinzu kamen etwa 70 000 Matrosen. Hohe Steuern ermöglichten diese Militärausgaben.

A1 *Vergleiche die Stärke der Truppen Peters I. mit der Ludwigs XIV. um 1700.*

Auch die Verwaltung des riesigen Reiches wurde neu gegliedert in acht Gouvernements. Danach ersetzte Peter I. die Versammlung der Adligen, die Bojarenduma, durch einen neunköpfigen Senat. Dessen Mitglieder wählte er selbst aus. Sie regierten, wenn der König auf Reisen war. Mitarbeiter, die nicht zum Hofadel gehörten, ernannte er zu seinen engsten Beratern. Für die Bereiche Wirtschaft, Finanzen, Justiz, Äußeres, Flotte und Heer wurden zentrale Einrichtungen, die Kollegien, geschaffen. Sie sorgten für eine schnellere Durchsetzung der Befehle des Zaren. Auch die Kirche ordnete er seiner Alleinherrschaft unter. Die Mitglieder der obersten Kirchenleitung wurden von ihm benannt.

A2 *Überlege, wie die Beratung des Senats zur Gründung von Manufakturen abgelaufen sein mag. Schreibe ein Sitzungsprotokoll.*

Peter der Große ließ Akademien und Fachschulen gründen und Volksschulen einführen. Um heiraten zu dürfen, mussten die Adligen fortan lesen können. Er ließ das Alphabet vereinfachen, die Buchdruckerkunst entwickeln und technische Handbücher herausgeben. Ab 1. Januar 1700 galt in Russland ein neuer Kalender – der Julianische Kalender. Mit ihm bestimmte man exakter als bisher die Dauer der Monate und eines Jahres. 1702 erschien die erste russische Zeitung.

A3 *Worauf laufen Peters Korrekturen zur Schreibweise hinaus?*

Peter I. beschleunigte durch Reformen den Aufstieg seines Landes. Die unnachgiebige Härte aber, mit der er die Neuerungen durchsetzte, machte ihn bei vielen unbeliebt. Das Land atmete auf bei seinem Tode.

A4 *Beantworte die Frage in der Überschrift dieses Kapitels. Vielleicht fällt dir noch eine treffendere Formulierung ein.*

Korrekturen des Zaren zur Auswahl der Schreibweise verschiedener Buchstaben

Den Alltag der Bauern änderten die Reformen kaum

A5 *Beschreibe die Wohnsituation dieser Bauern.*

Beratung des Senats

Katharina II., Zarin von Russland 1762–1796. Sie stammte aus einem deutschen Fürstenhaus, wandelte sich aber zu einer russischen Kaiserin und achtete die Sitten des Volkes.

2.3 Die Zarin Katharina II.

A1 *Beschreibe die Mode, in der die Zarin abgebildet ist. Achte auf ihre Haltung.*

Katharina II. setzte das Reformwerk Peters I. fort. Wirtschaft, Wissenschaft, Kultur und Bildung nahmen unter ihrer Herrschaft einen Aufschwung. Eine Schulreform gestaltete die Kaiserin nach deutschem Muster.

Neuen Ideen war Katharina besonders zugetan. Mit großen Denkern ihrer Zeit, die die Fürsten aufklären wollten, stand sie im Briefwechsel. Dennoch verschärfte sie in Russland die Leibeigenschaft der Bauern, ließ Eroberungskriege führen und raubte polnische Gebiete. Dem Adel räumte sie gewisse Rechte ein. Niemals aber dachte sie daran, die Macht mit anderen zu teilen.

A2 *Denkt an die Reformen Peters I. und erklärt an Beispielen, was Katharina II. unternehmen musste, um Russland weiter zu modernisieren.*

Die Kaiserin holte viele Ausländer ins Land. In ganz Europa ließ sie die Menschen durch Werber wissen, dass Russland über große unbewohnte Gebiete verfügte.

Q1 Aus einer Verordnung der Zarin von 1763:
„Wir gestatten allen Ausländern in unser Reich zu kommen, um sich hier häuslich niederzulassen. Die nicht Vermögen genug zur Bereitstellung der Reisekosten besitzen, soll man auf unsere Kosten nach Russland schicken und auch mit Reisegeld versehen. Wir gestatten allen ungehindert die freie Religionsübung und erteilen ihnen die Freiheit, Kirchen und Glockentürme zu bauen und die dabei nötige Anzahl Priester zu unterhalten. Keiner soll an uns die geringsten Abgaben entrichten, noch Einquartierung zu tragen haben. Ein jeder soll von Steuern frei sein."
(Mühle, R.: Ausgewählte frühneuzeitliche Quellen, S. 74)

A3 *Welche Rechte sicherte Katharina II. den Siedlern zu? Formuliere Ziele, die sie damit verfolgte.*

Dem Aufruf der Zarin folgten viele. Insbesondere waren es Deutsche, die sich auf den langen Weg in die Fremde machten. In der Nähe von Saratov, an beiden Ufern der Wolga, ließen sie sich nieder. In den ersten fünf Jahren nach 1763 kamen allein 30 000 Menschen. Unter großen Entbehrungen machten sie das Land urbar und schufen ein geschlossenes deutsches Siedlungsgebiet.

A4 *Heute wollen viele von ihren Nachkommen zurück nach Deutschland. Was sind sie: Landsleute, Deutschrussen, Russlanddeutsche, Aussiedler, Umsiedler, Einwanderer? Diskutiert in eurer Klasse darüber.*

3 „Habe den Mut, dich deines Verstandes zu bedienen."

Zu der Zeit etwa, als sich in Europa der Absolutismus herausbildete, entstand auch die moderne Wissenschaft. Könige ließen Akademien gründen und Raritätenkabinette einrichten, wie z. B. das „Grüne Gewölbe" in Dresden. Bahnbrechende Entdeckungen in der Astronomie und der Mathematik, der Physik und der Medizin, der Geografie und der Ingenieurkunst bildeten die Grundlage für das Entstehen einer neuen geistigen Bewegung - der Aufklärung.

A1 *Beschreibe die Gegenstände auf dem Gemälde, die der wissenschaftlichen Arbeit dienten. Überlege, weshalb Könige und Fürsten Geld für die Förderung der Wissenschaften ausgaben.*

Ludwig XIV. bei der Gründung des Pariser Observatoriums (Raum für wissenschaftliche Beobachtungen) 1667. Gemälde von L. Testelin.

Die Wurzeln der Aufklärung liegen im Humanismus und in der Reformation. In den Niederlanden und mit Thomas Hobbes und John Locke in England gelangte die neue geistige Bewegung im 17. Jahrhundert zuerst zur Entfaltung. In Frankreich erzielte sie ihre größte Wirksamkeit.

Die Aufklärer lösten sich in ihrem Denken von kirchlichen Vorschriften. Sie waren überzeugt, dass alle Menschen von Natur aus frei seien und gleiche Rechte hätten.

Q1 Der Philosoph Jean-Jacques Rousseau schrieb 1762:
„Der Mensch wird frei geboren und überall ist er in Ketten (...). Auf seine Freiheit verzichten heißt, auf seine Menschheit, die Menschenrechte, ja selbst auf seine Pflichten verzichten. (...) Eine solche Entsagung ist mit der Natur des Menschen unvereinbar."
(Rousseau, J.-J.: Der Gesellschaftsvertrag, S. 30, 36)

A2 *Beschreibe diesen Freiheitsbegriff mit deinen Worten.*

Solche Vorstellungen waren unvereinbar mit absolutistischer Herrschaft. Das Herrschen allein von „Gottes Gnaden" wurde daher von den Aufklärern kritisiert. Der Herrscher sollte das Wohl der Bürger fördern, seine Machtausübung kontrolliert werden.

Q2 Der französische Aufklärer Montesquieu schrieb 1748:
„Die politische Freiheit des Bürgers besteht darin, dass er keine Angst hat und Vertrauen zu seiner Sicherheit hat (...) Damit die Gewalt nicht missbraucht werden kann, müssen die Dinge so geordnet sein, dass eine Gewalt die andere im Zaume hält (...) Wenn die gesetzgebende Gewalt mit der ausführenden Gewalt in derselben Person (...) vereinigt ist, gibt es keine Freiheit, weil zu befürchten ist, dass der Monarch (..) tyrannische Gesetze macht, um sie dann tyrannisch auszuführen. Es gibt auch keine Freiheit, wenn die richterliche Gewalt nicht von der gesetzgebenden und der ausführenden Gewalt getrennt ist (...)."
(Montesquieu, C. de: De l'esprit des lois, S. 162 ff., gekürzt)

A3 *Erläutere anhand der Quelle und des Schemas den Begriff „Gewaltenteilung".*

Montesquieus Vorstellungen liefen auf eine durch Gesetz und Verfassung (Konstitution) gebundene, „gemäßigte" Monarchie hinaus. Rousseau ging noch weiter: Die Macht sollte vom Volk ausgehen, die Regierung den Willen der Mehrheit ausführen und sogar absetzbar sein. Diese Staatsform nennt man Republik.

A4 *Vergleiche die Staatsauffassungen. Nutze dabei die Quellen und das Schema auf S. 85.*

A5 *Bis heute ist Gewaltenteilung Merkmal aller demokratischen Staaten. Warum wohl?*

Staatsauffassungen in Absolutismus und Aufklärung

	Gesetzgebung	Ausführung	Rechtsprechung	
Absolute Monarchie	KÖNIG	KÖNIG	KÖNIG	
	GEWALTENTEILUNG			
Montesquieu	Volksvertretung	KÖNIG	Gerichte	= Konstitutionelle Monarchie
Rousseau	Volksvertretung →	Regierung	Gerichte	= Republik

Staatsmodelle in Absolutismus und Aufklärung

Für die Aufklärer stand fest, dass sich die Menschen in ihrem Handeln von der Vernunft leiten lassen sollten. Sie forderten sie auf, die Kraft und den Mut aufzubringen ihren Verstand zu gebrauchen. Dabei stellten die meisten Aufklärer den Glauben an Gott und die Achtung anderer Religionen nicht infrage.

A1 *Aufklärung – was ist das? Zähle wichtige Merkmale auf und versuche, Folgen für das Handeln und Verhalten der Menschen in der Gesellschaft herauszufinden.*

Durch die Aufklärung stieg das Wissen sprunghaft an. Immer mehr Menschen lernten lesen und schreiben. Der Besitz von Büchern wuchs zwischen 1680 und 1780 in Westeuropa um das Zehnfache. Astrologie (= Sterndeutung) verschwand von den Universitäten und galt bei den Gelehrten als Aberglaube. Für Hexen und Zauberer war allmählich kein Platz mehr. Die Menschen sollten denken!

Die Gedanken der Aufklärer erreichten auch die absoluten Herrscher. Diese glaubten ihr Amt von Gott zu haben. Viele dieser Herrscher freundeten sich dennoch mit den neuen, für sie ungewöhnlichen Auffassungen an und förderten sie. Sie holten Aufklärer sogar an ihre Höfe. Sie erfassten, dass die Kritik vieler Gelehrter an der absoluten Regierung nicht auf die Abschaffung des Fürstenstaates gerichtet war. Aufgeklärte Monarchen wie Friedrich II. von Preußen, Kaiser Joseph II. und die Zarin Katharina II. erkannten sehr bald, dass sie als „erste Diener" ihres Staates die Lage auch der einfachen Menschen durch Reformen verbessern konnten. Gleichzeitig stärkten sie damit ihre Stellung als absolute Monarchen. Aber nicht alle Ideen der Aufklärer wurden von ihnen in die Tat umgesetzt. An einen Verzicht auf die Macht oder gar an die Möglichkeit ihrer Absetzung durch das Volk dachten sie nicht.

A2 *Erläutere Vorteile, aber auch Gefahren, die die Aufklärung den absoluten Herrschern brachte.*

A3 *Verschiedene Fürsten luden Gelehrte regelmäßig zu „Tischgesprächen" ein. Wo sitzt König Friedrich II.? Schaut in die Gesichter und beschreibt die Atmosphäre.*

König Friedrichs II. Tafelrunde in Sanssouci. Gemälde von A. Menzel, 1850.

Zahl der Schriftsteller in Deutschland

1765	2500
1776	4300
1784	5200
1800	10000

A1 *Formuliere eine Aussage zu den Stichworten Aufklärung, Buchproduktion und Anzahl der Schriftsteller.*

In Deutschland setzte die Aufklärung später ein. Sie entfaltete sich seit 1770 besonders auf dem Gebiet der Erziehung. Philosophen und Schriftsteller vertraten die Einstellung, dass die Menschen dazu erzogen werden könnten, ihr Leben vernünftig zu gestalten. In Schulen und Universitäten, Theatern, Lesegesellschaften und Kaffeehäusern, in Zeitschriften und Büchern wurden ihre Ideen verbreitet. Sie wollten, dass jeder die Möglichkeit erhalten sollte, sein Leben selbst vernünftig einzurichten.

Q3 Der deutsche Philosoph Immanuel Kant formulierte 1784 die berühmteste Erklärung für die neue geistige Bewegung:
„Aufklärung ist der Ausgang des Menschen aus seiner selbst verschuldeten Unmündigkeit. Unmündigkeit ist das Unvermögen, sich seines Verstandes ohne die Leitung eines anderen zu bedienen (...) Habe den Mut, dich deines eigenen Verstandes zu bedienen."
(Quellenlesebuch, Bd. 2, S. 133)

A2 *Versuche, diese Gedanken in eigenen Worten wiederzugeben.*

Doch die Wirklichkeit hielt vielfach mit den humanen Ideen der Aufklärung nicht Schritt. Während die Gebildeten in Europa über Menschenrechte diskutierten, wurden in den Kolonien Naturvölker ausgerottet und starben Hunderttausende Sklaven. Und auch die Aufklärung selbst hatte ihre Schattenseite. Der vernunftgeleitete Verstand erdachte nicht nur freiheitliche Gesellschaftsmodelle, sondern auch perfekte Schlachtordnungen, neue Gefängnisse und rigorose Erziehungsmethoden. Mit den Versuchen einer „vernünftigen" Gestaltung aller Lebensbereiche wuchs die Gefahr, dass die Menschen mehr und mehr zu bloßen Objekten in einer verwalteten Welt wurden.

Bestrafung lediger Mütter. Kupferstich von D. Chodowiecki.

A3 *Beschreibe das Bild. Weshalb wohl bestrafte man ledige Mütter so hart? War das gerecht?*

A4 *Was könnte diese „Erziehung" mit den Ideen der Aufklärung zu tun haben?*

Die Aufklärung führte zu einem Umdenken in der Armenfürsorge. In Hamburg wurde zum Beispiel vom Senat 1788 eine Armenanstalt errichtet. In ihr sollte jeder Bettler der Stadt Arbeit finden. Zugleich sollte damit gesichert werden, dass kein Armer mehr „einen Schilling erhielt, den er nicht selbst zu verdienen im Stande gewesen wäre.“

A1 *Wie sollte der Armut in der Stadt Hamburg begegnet werden? Stelle Bezüge zur Gegenwart her.*

Die Ideen der Aufklärung beeinflussten auch das Zusammenleben mit den Juden. Sie wurden immer noch diskriminiert. Als Erkennungszeichen mussten sie einen gelben Fleck tragen. Der Besuch von Theatern und Konzerten, auch von Gaststätten war ihnen verboten. Auch durften sie nicht alle Berufe ausüben.

Q4 Christian Wilhelm von Dohm forderte 1781 „die bürgerliche Verbesserung der Juden“:
„- Abschaffung der Aufenthaltsbeschränkungen, Sondersteuern, Berufsbeschränkungen und Vorrechte für den Handel
- Zulassung zu jedem Handwerk
- Recht auf freien Grundbesitz und bäuerliche Arbeit
- Aufhebung geschlossener Siedlungsgebiete (Gettos)
- Erlaubnis für den Besuch von Schulen und Akademien
- Verpflichtung zum Heeresdienst“
(Kampmann, W.: Deutsche Juden, S. 109)

A2 *Nenne Rechte und Pflichten, die den Juden übertragen werden sollten.*
A3 *Welche Grundgedanken der Aufklärung findest du in der Schrift von Dohm wieder?*

„Aufklärung“, Kupferstich von Daniel Chodowiecki, 1791

A4 *Wie bringt der deutsche Maler D. Chodowiecki in dem Kupferstich die Idee der Aufklärung bildhaft zum Ausdruck?*

Moses Mendelssohn

Unter dem Einfluss der Aufklärung änderten auch die Juden ihre Haltung. Der Schriftsteller Moses Mendelssohn leistete dafür entscheidende Vorarbeiten. Sein Grundsatz lautete: „Die wahre göttliche Religion bedarf weder Arme noch Finger zu ihrem Gebrauch. Sie ist lauter Geist und Herz.“ Berlin war sein Wirkungsfeld. Die Stadt wurde zum Muster der jüdischen Gleichstellung in ganz Deutschland. Nathan der Weise aus Lessings gleichnamigem Schauspiel trägt viele Züge von Moses Mendelssohn.

4 Absolutismus in Deutschland

4.1 Sachsens Glanz und Preußens Gloria

Wenn man Sachsen nach ihren ehemaligen Herrschern fragt, dann wird zumeist August „der Starke" (1694–1733) genannt. Liegt es daran, dass es viele Legenden über ihn gibt, z. B. über die Zahl seiner Kinder, über seine enorme Körperkraft? Oder liegt es daran, dass er Kursachsen zu einem bedeutenden Staat in Deutschland entwickelte?

Der preußische König Friedrich Wilhelm I. (1713–1740), der 1728 mit seinem ältesten Sohn Friedrich (1712–1786, ab 1740 König Friedrich II.) zu einem Staatsbesuch in der sächsischen Residenzstadt weilte, schrieb am 26. Januar nach Potsdam:

Q1 *„Sonst ist die hiesige Magnificence (Pracht) so groß, dass ich glaube, sie habe bei Ludwig XIV. unmöglich größer sein können."*
(Piltz, G.: August der Starke, S. 254)

August, temperamentvoll und lebenslustig, liebte den Luxus und die Feste. Ein preußischer Gesandter berichtete über den Jahrmarkt im Zwinger 1719:

Q2 *„Nach geendeter Tafel begab sich die Gesellschaft nach der mitten auf dem Platz angelegten foire (Kirmes), auf der nicht nur die Boutiquen (Buden), sondern auch zwölf in der Mitte stehende große Pyramiden (...) mit unzähligen Lampen, Fackeln und Lichtern (...) illuminiert (erleuchtet) waren. Die Boutiquen an sich waren mit allerhand Galanterie-Waren zum Verkauf versehen; in der Mitte aber präsentierte sich (...) eine Partie von französischen Komödianten und Tänzern."*
(Piltz, G.: August der Starke, S. 323)

König August „der Starke" (links) und König Friedrich Wilhelm I. von Preußen (rechts). Gemälde, das nach dem Besuch von Friedrich Wilhelm I. in Dresden entstand.

A1 *Beschreibe das Porträt. Beachte die Methodenhinweise von S. 71.*

A2 *Welche Unterschiede in der Darstellung der beiden Herrscher fallen auf?*

Brandenburg-Preußen hatte eine ungünstige Ausgangslage: Im 30-jährigen Krieg hatte es große Menschenverluste zu beklagen. Das Land war deshalb dünn besiedelt und

Feuerwerk in Dresden 1719 anlässlich der Hochzeit des sächsischen Kronprinzen

der Boden Brandenburgs galt als „Streusandbüchse“ des Heiligen Römischen Reiches.
Friedrich Wilhelm I. vertrat die Auffassung, dass sich das Land nur durch eine starke Armee behaupten könne.

A1 *Sieh dir die Karte auf S. 92 an. Welche Aussage kannst du über die geografische Lage der Besitzungen Brandenburg-Preußens treffen?*

Brandenburg-Preußen		
Jahr	Bevölkerung	Heer
1688	1,5 Mio.	30 000
1740	2,24 Mio.	82 000
1786	5,43 Mio.	188 000

Heeresstärke in Europa 1740		Soldaten je 1000 Einwohner
Frankreich	200 000	10
Preußen	82 000	37
England	36 000	5
Österreich	110 000	8
Russland	170 000	9
Sachsen	26 000	15

A2 *Vergleiche die Entwicklung der Bevölkerung in Brandenburg-Preußen mit der Heeresstärke.*

A3 *Ermittle den Anteil der Soldaten an der Bevölkerung für die einzelnen Staaten. Welche Aussage kannst du für Preußen treffen?*

Seine Vorliebe für die Armee und das berühmte Regiment der „Langen Kerls“ brachten Friedrich Wilhelm I. den Beinamen „Soldatenkönig“ ein. Seit 1725 trug er ständig nur noch die blaue Offiziersuniform.

Preußens Soldaten, meist mit zweifelhaften Methoden angeworbene Söldner, unterstanden einem harten Drill und fürchterlichen Strafen. Auch Friedrich II. forderte später von seinen Regimentskommandeuren, unnachsichtig die höchsten Leibes- und Lebensstrafen zu verhängen.

Q3 Ein Bericht von 1756 über das „Spießrutenlaufen“ preußischer Deserteure:

„Da mussten wir zusehen, wie man sie durch 200 Mann achtmal die lange Gasse auf und ab Spießrutenlaufen ließ, bis sie atemlos hinsanken - und des folgenden Tags aufs neue dran mussten; die Kleider ihnen vom zerhackten Rücken heruntergerissen, und wieder frisch drauflosgehauen wurde, bis Fetzen geronnenen Blutes ihnen über die Hosen hinabhingen.“

(Weder, H.: Ulrich Bräkers Lesebuch, S. 131 f.)

A4 *Vergleiche Bild und Text. Welchen Sinn hatten derartige Strafen?*

A5 *Überlege, warum das Desertieren (Flucht aus der Armee) dennoch so verbreitet war.*

„Langer Kerl“ der Riesengarde

Spießrutenlaufen (vorn), im Hintergrund eine Stäupung (Auspeitschen), Kupferstich von 1774.

Am Hofe Augusts mussten neben den Beamten und den Hofadligen ca. 700 Mitglieder des Hofstaates beköstigt werden: Küche, Hofkapelle, Ballett, Theater usw. Der „Soldatenkönig“ dagegen entließ den größten Teil des Hofstaates und verringerte die Kosten der Hofhaltung auf ein Fünftel dessen, was sein Vater aufgewandt hatte. Kostbares Silber und Goldgefäße wurden eingeschmolzen. Aus der Staatskasse wurden jährlich bis zu 75% für das Militär ausgegeben. Die Wirtschaftsförderung konzentrierte sich auf das Bauwesen, die Nahrungsmittelindustrie und das Woll- und Tuchgewerbe. Das Berliner Lagerhaus, eine Staatsmanufaktur mit 5000 Beschäftigten, hatte den Tuchbedarf der Armee zu decken und für den Markt zu produzieren.

Die Wissenschaft förderte Friedrich Wilhelm I. nur in dem Maße, wie sie ihm für die Ausbildung der Beamten nützlich schien: Finanzen, Staatsverwaltung, Wirtschaft. Andere Wissenschaften hingegen gab er dem öffentlichen Gespött preis.

Wie in Sachsen wurde auch in Preußen eine oberste Verwaltungsbehörde mit verschiedenen Aufgabenbereichen geschaffen. Preußische Beamte aus Adel oder Bürgertum hatten sparsam und ordnungsliebend zu sein. In der Armee und im Handwerk waren dem „Soldatenkönig“ Angehörige aller Glaubensbekenntnisse aus dem Ausland willkommen. 1685 hatte schon sein Großvater, Kurfürst Friedrich Wilhelm, die Ansiedlung von in Frankreich verfolgten Hugenotten unterstützt.

A1 *Vergleiche den Absolutismus in Sachsen und Preußen zur Zeit des „Soldatenkönigs“. Stelle Unterschiede und Gemeinsamkeiten heraus. Wo kannst du das französische Vorbild erkennen?*

Das Tabakskollegium. Abendliche Geselligkeit am Hofe des Soldatenkönigs, meist mit höheren Offizieren in Berlin, Potsdam oder Wusterhausen. Gemälde von 1737/38.

4.2 Der Kronprinz – ein Deserteur?

Über die Erziehung seines Sohnes Friedrich verfügte der „Soldatenkönig“:

Q1 *„Am Sonntag soll er des Morgens um sieben Uhr früh aufstehen; sobald er die Pantoffeln an hat, soll er vor dem Bett auf die Knie niederfallen und zu Gott beten (...) Sobald dies geschehen ist, soll er sich geschwinde und hurtig anziehen und sich propre waschen (...) und in einer Viertelstunde fix und fertig sein (...). Dann soll er frühstücken in sieben Minuten Zeit. Des Montags um halb 6 Uhr wird er geweckt (...) (Während er gekämmt wird, soll er gleich frühstücken.) (...) Alsdann (wird) das große Gebet gehalten, ein Kapitel aus der Bibel gelesen, ein Lied gesungen, (...), welches alles bis sieben Uhr dauert (...) Von sieben bis neun soll Duhan (sein Erzieher) mit ihm Historie tractieren (...)“ (Es folgt die Unterrichtung im Christentum, dann soll er für drei*

Kronprinz Friedrich (II.) 1719. Werkstattarbeit von Antoine Pesne, 1724.

A2 *Inwiefern spiegeln sich in diesem Bild die Erziehungsabsichten Friedrich Wilhelms I. wider?*

Stunden zum König kommen, von 2 bis 5 Uhr ist wieder Unterricht angeordnet: Geografie und Briefe schreiben, bis er mit dem Vater ausreiten soll. Am Sonnabend wird alles wiederholt, was er in der Woche gelernt hat.)
(Allergnädigster Vater, S. 23 f.)

A1 *Sprecht über die Anordnungen des Vaters. Was wollte er damit erreichen? Wie könnte der Sohn reagiert haben?*

Der „Soldatenkönig" wollte Friedrich zu einem Thronfolger nach seinem Vorbild erziehen. Er übertrug dem 6-jährigen Sohn eine Kadettenkompanie zur Soldatenspielerei, was Friedrich nur widerwillig tat. Er mochte auch die Jagd und die Teilnahme am Tabakskollegium nicht. Der Vater schreckte nicht davor zurück, ihn öffentlich zu schlagen. Duhan, der französische Hauslehrer, weckte beim Thronfolger hingegen das Interesse für Sprachen, Kunst, Kultur und Geschichte. Friedrich legte sich heimlich eine umfangreiche Bibliothek an. Auch lernte er Flöte spielen und komponierte bald sogar selbst.

Unter seinem groben Vater litt Friedrich so sehr, dass er als 17-Jähriger nur noch einen Ausweg sah: die Flucht, die jedoch scheiterte. Der Kronprinz wurde als Deserteur in die Festung Küstrin gebracht. Seinen Freund Katte, an der Flucht beteiligt, ließ der König vor Friedrichs Augen köpfen. In Briefen an den Vater bekannte Friedrich ehrerbietig seine Schuld. Doch was dachte er wirklich? Ihm blieb keine andere Wahl, als sich dem Vater zu unterwerfen. Und er tat es, wodurch sich das Verhältnis zwischen beiden bald besserte.

Die gewünschte Freiheit und die Beschäftigung mit Musik und Dichtung brachte dem Kronprinzen der Aufenthalt im Schloss Rheinsberg ab Sommer 1736. Hier studierte er Werke der Aufklärung, die auch seine Auffassung beeinflussten, wie ein Herrscher zu sein und was er zu tun hat. Dazu verfasste er selbst Schriften.

A3 *Welche Verhaltensweisen bildeten sich bei Friedrich heraus?*

4.3 Die Schlesischen Kriege

Als Friedrich 28-jährig nach dem Tode des ungeliebten Vaters auf den Thron gelangte, schrieb er an den französischen Aufklärer Voltaire:

Q1 *„Ich glaubte, dass ich seitdem (Tod des Vaters) ganz dem Vaterland gehörte. In diesem Sinne habe ich nach besten Kräften gearbeitet und schleunigst Maßnahmen zum allgemeinen Wohle getroffen, soweit ich es vermochte. Ich habe gleich damit begonnen, die Wehrkraft des Staates um sechzehn Bataillone, fünf Schwadronen Husaren und eine Schwadron Gardes du Corps zu vermehren. Ich habe die Grundlagen unsrer neuen Akademie gelegt (...). Ich habe eine neue Behörde für Handel und Industrie geschaffen; ich nehme Maler und Bildhauer in Dienst (...)."*
(Allergnädigster Vater, S. 181 f.)

A4 *Was erfährst du aus dem Brief? Was deutet an, dass der neue König andere Vorstellungen von der Zukunft seines Landes hatte als sein Vater?*

Friedrichs Auffassung vom Herrschen unterschied sich von der seiner Vorgänger. Er sah sich nicht als Stellvertreter Gottes, sondern „als erster Diener seines Staates". Als solcher hatte er Pflichten gegenüber Staat und Untertanen zu erfüllen, wobei er an seiner uneingeschränkten Herrschaftsbefugnis jedoch festhielt. Zugleich wollte er sich auch als Philosoph sehen, der die Ideen der Aufklärung verwirklicht. Historiker haben ihn später als einen „aufgeklärten“ Monarchen bezeichnet.

A1 *Erläutere den Begriff „aufgeklärter Monarch“.*

Kaum hatte er die Regierung übernommen, machte er sich daran Land zu erobern. Der österreichische Kaiser Karl VI. war gestorben ohne männliche Nachkommen zu hinterlassen. Die Thronfolge war unklar, ehe sich dann seine Tochter Maria Theresia durchsetzen konnte.

Q2 Friedrich II. an seinen Außenminister am 6. November 1740:
„Schlesien ist aus der ganzen kaiserlichen Erbschaft dasjenige Stück, auf welches wir am meisten Recht haben und das die günstigste Lage für das Haus Brandenburg hat. Es ist gerecht, (...) die Gelegenheit des Todes des Kaisers zu ergreifen, um sich in Besitz des Landes zu setzen.“
(Friedrich II.: Politische Korrespondenz, S. 51)

Die Besetzung Schlesiens gelang Friedrich II. sehr schnell, wobei er eine bemerkenswerte militärische Meisterschaft entwickelte. Allerdings sollte es noch viele Jahre dauern, ehe diese Eroberung tatsächlich von den beteiligten Mächten anerkannt war. Friedrich II. schrieb 1743 über den 1. Schlesischen Krieg von 1740:

Q3 *„Der Ehrgeiz, das Interesse, das Verlangen, von mir reden zu machen, gaben den Ausschlag, und der Krieg wurde beschlossen.“*
(Arnheim, F.: Forschungen, S. 165)

A2 *Beurteile die Motive zum Krieg.*

Gewinn an Macht und Ansehen, das waren im Zeitalter des Absolutismus die Beweggründe für friedliche Landnahme und für Kriege, die die politische Landkarte veränderten. Friedrich II. führte 1740–1742 Krieg gegen Maria Theresia. Nach dem 2. Schlesischen Krieg (1744–1745) behielt Preußen Schlesien und erkannte Franz I. von Österreich als Kaiser an. Diese Siege trugen dazu bei, dass Friedrich II. schon zu Lebzeiten „der Große“ genannt wurde.

Maria Theresia verbündete sich später mit Frankreich und Russland, um Schlesien wieder zurückzugewinnen. Um einem Angriff zuvorzukommen, begann Friedrich 1756 selbst den 3. Schlesischen Krieg, der auch als Siebenjähriger Krieg bezeichnet wird. Dieser führte wegen der Erschöpfung aller beteiligten Mächte schließlich dazu, dass Preußen nun neben Österreich, Frankreich, England und Russland zu den europäischen Großmächten zählte. Der Preis für Preußen war hoch: Preußen hatte am Ende des Siebenjährigen Krieges 180 000 Soldaten und etwa 395 000 Zivilisten verloren.

A3 *Vergleiche die außenpolitischen Aktionen Friedrichs II. mit seinem Selbstverständnis als „aufgeklärter Monarch“.*

A4 *Welche Informationen kannst du aus der Karte „lesen“? Welche Fragen hast du dazu?*

Die Entwicklung Brandenburg-Preußens von 1525–1795

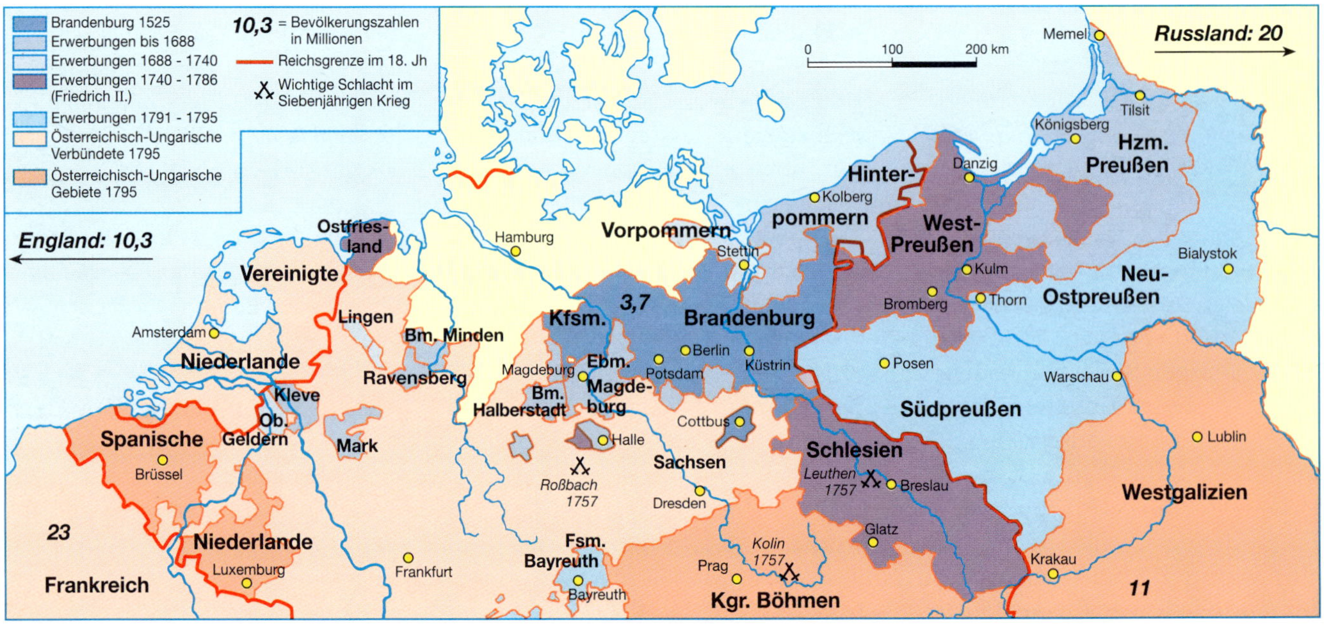

4.4 Preußen und die Teilungen Polens

Die Herrscher von Russland, Preußen und Österreich teilen Polen. In der Mitte der polnische König. Zeitgenössische Karikatur.

Preußens neue Rolle als Großmacht, die russische Expansion nach Westen und Gebietsansprüche Österreichs wurden einem Land zum Verhängnis, das im Mittelalter selbst Großmacht gewesen war: Polen. Doch die Regierung Polens war geschwächt. Denn der König war von einem Reichsrat des Adels abhängig, in dem jeder einzelne Abgeordnete durch seinen Widerspruch Beschlüsse verhindern konnte. Religiöse Spaltungen, ein schwaches Bürgertum und wirtschaftliche Probleme kamen hinzu. Das nutzten die drei Großmächte aus und raubten erstmals 1772 große Gebiete Polens. Vor allem Preußen hatte Vorteile, denn nun war eine Landverbindung nach Ostpreußen hergestellt und die Großmachtstellung gesichert. Bis 1795 hatten die drei Großmächte das Land völlig unter sich aufgeteilt. Ein Aufstand der Polen gegen die Übermacht wurde blutig niedergeschlagen. Die Polen gaben dennoch nicht auf und bewahrten trotz Unterdrückung ihre Sprache und eigene Kultur. Erst 1919, nach dem Ersten Weltkrieg, sollte sich ihre Hoffnung auf Wiederherstellung eines eigenen Staates erfüllen.

Q1 1797 entstand ein Lied, das 1927 zur Nationalhymne Polens wurde (Auszug):
„Noch ist Polen nicht verloren,
Solange wir noch leben.
Was das Schwert uns tückisch raubte,
wird das Schwert uns wiedergeben
(...)“
(Nationalhymnen, S. 135)

A1 *Suche eine passende Überschrift für diese Zeilen.*
A2 *Skizziere anhand der Karte die Teilungen Polens.*
A3 *Wie denkst du über die Politik der drei Teilungsmächte?*

Die polnischen Teilungen 1772–1795

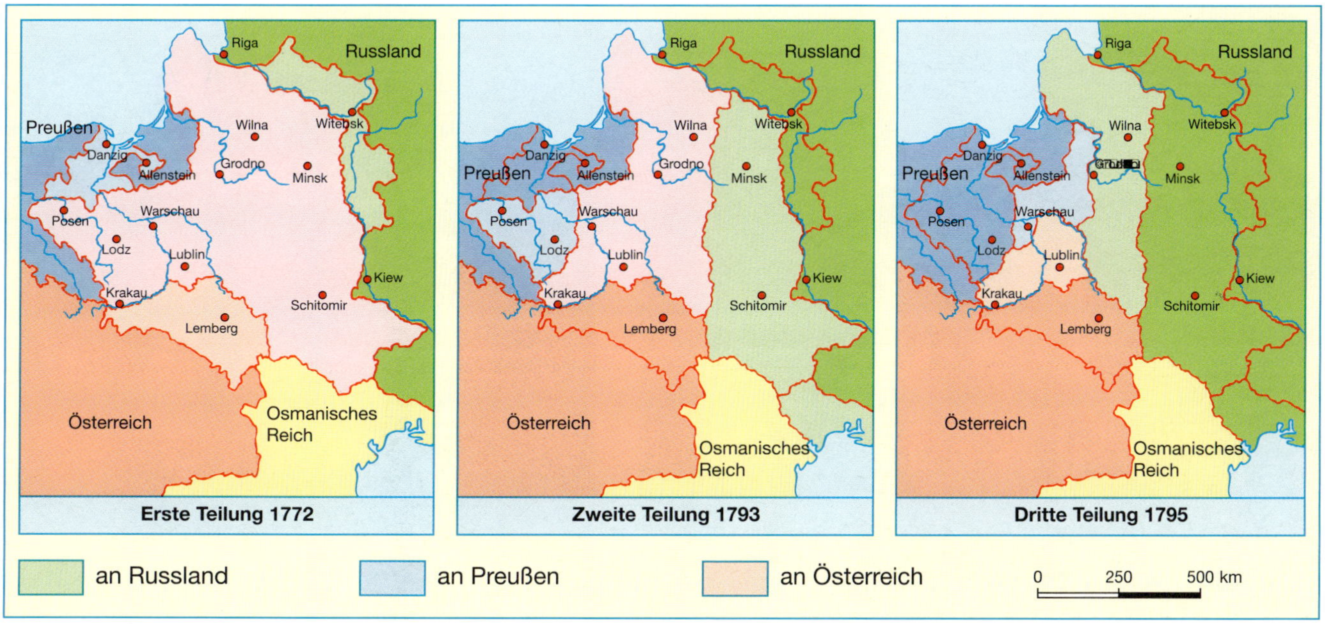

Wir „lesen" alte Stadtpläne

Alte Stadtpläne begegnen euch in vielen Büchern, in Museen und Ausstellungen. Womöglich hängt sogar einer in eurer Schule? Vielleicht habt ihr Interesse, euch am Beispiel Potsdams mit alten Stadtplänen zu befassen? Denn keine Stadt spiegelt die Entwicklung Brandenburg-Preußens in dieser Zeit so anschaulich wider wie Potsdam.

An einem Stadtplan kannst du erkennen, wo sich welche Bauten und Anlagen befanden. Welchem Zweck dienten sie?

Zum Beispiel: An den Stadttoren wurden Handelszölle erhoben. Auf dem Stadtkanal traf man Fischer auf ihren Kähnen. Auf diesem Wege wurde auch Baumaterial transportiert.

A1 *Markiere in deinem Stadtplan (Kopie) wichtige Bauten und lege dazu eine Legende (Erklärung) an.*

A2 *Versuche, den Stadtplan zu entschlüsseln. Woran erkennst du, dass Potsdam eine Residenz- und Garnisonstadt war?*
Nutze dazu weitere Informationen:
- Mit der 2. Stadterweiterung (1732–1737) entstanden Bürgerhäuser, in denen die Familien die Einquartierung von in der Regel vier Soldaten in einer ebenerdigen Stube von 20,5 m² erdulden mussten.
- Nördlich des Bassins entstand das Holländerviertel, wo sich Handwerker aus Holland ansiedeln sollten.

1742 wurde berichtet, dass von den insgesamt 134 holländischen Häusern nur 22 von Holländern bewohnt waren, weitere 36 von Handwerkern und Fabrikanten (z. B. Brauer, Schlächter, Bäcker, Apotheker, ein Goldschmied, ein Kunsttischler und ein Hofmaler). Dagegen lebten in 59 Häusern Soldaten oder Witwen. 17 Gebäude standen leer. Ein Teil der holländischen Zimmer- und Maurermeister zog wieder aus, weil sie ihre Familien hier nicht ernähren konnten.

A3 *Was besagt diese statistische Aussage?*

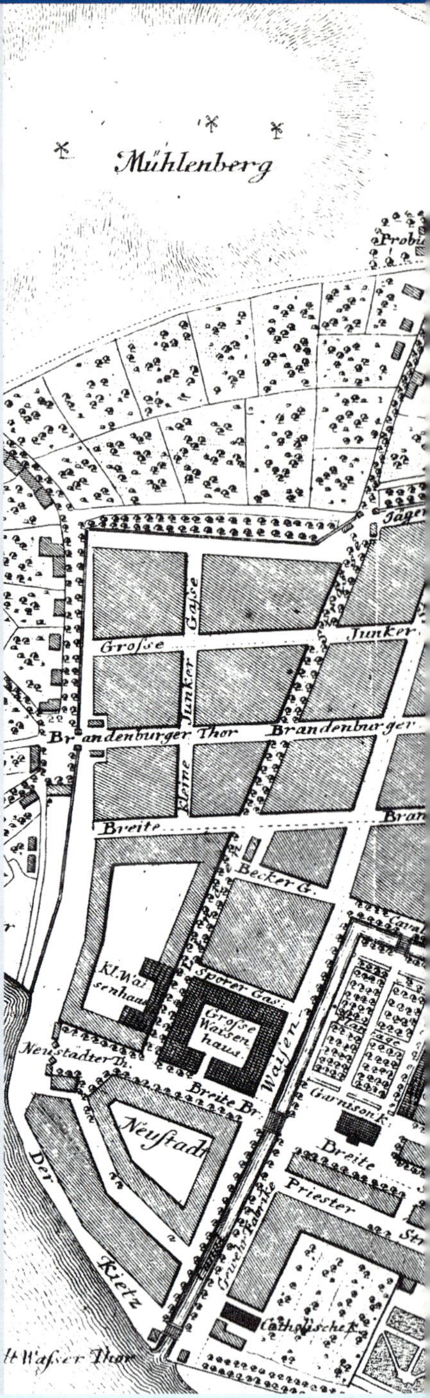

Das Jägertor um 1735

Häuser aus dem holländischen Viertel

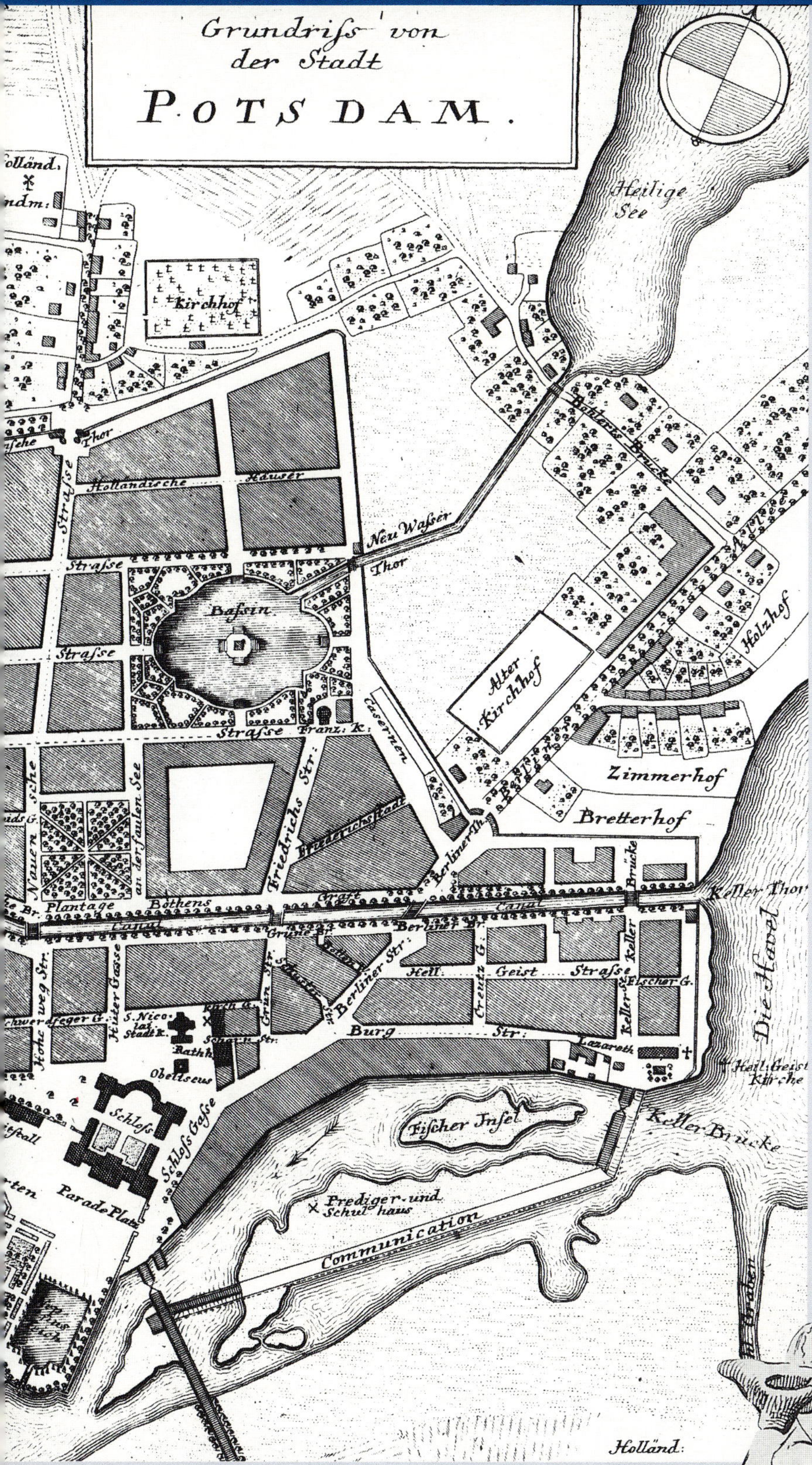

Der Stadtplan zeigt die Anlage Potsdams um 1775

Potsdamer Große Stadtschule, errichtet 1739

In Potsdam entstanden zu dieser Zeit auch Waisen- und Armenhäuser. Nach 1749 arbeiteten z. B. im Militärwaisenhaus bis zu 200 Mädchen im Alter von 9 bis 16 Jahren wöchentlich zwischen 41 und 53 Stunden in Sälen, die eine Textilmanufaktur beherbergten.

A1 *Vielleicht kennst du weitere Stadtpläne, die dich interessieren?*

Bettelnde Soldatenfrau. Radierung von Daniel Chodowiecki, 1764.

4.5 Der Staat Friedrichs II.

4.5.1 Die Reform des Bildungswesens

Die Aufklärer forderten den selbst denkenden Menschen. Diesem Ideal entsprechend unterstützte Friedrich II. den Ausbau von Volksschulen. 1763 erließ er eine allgemeine Schulpflicht vom 5. bis 14. Lebensjahr. Die Oberaufsicht über die Schulen sollte nicht mehr die Kirche, sondern der Staat haben. Die 5- bis 14-Jährigen waren in 3 Klassen eingeteilt. Sie wurden meist gleichzeitig in einem Raum unterrichtet.

A1 *Das Bild oben zeigt, wie sich Aufklärer den Unterricht wünschten. Beschreibe es und vergleiche mit dem Bild darunter.*

In Berlin entstand die Ingenieurakademie, in der adlige Söhne eine hoch qualifizierte kriegstechnische Ausbildung erhielten. In Potsdam gab es jeweils ein Pagen-, Kadetten- und Offizierstöchterinstitut. Am Gymnasium in Berlin wurden künftige Kaufleute, Künstler und Offiziere erzogen. Junge Lehrer sollten nach neuen Methoden unterrichten. Ihr Vortrag sollte munter, anschaulich und mit Fragen begleitet sein. Verhaltensvorschriften sollten am Beispiel vorbildlicher Persönlichkeiten geschildert werden.

A2 *Schildere, wie der König die Idee der Aufklärung umzusetzen versuchte. Welche Unterschiede gab es in den Schulen?*

Friedrich II. berief Gelehrte aus Europa an die Akademie der Wissenschaften. 1743 wurde das Opernhaus in Berlin „Unter den Linden“ fertig gestellt.

Oben: Die Schulstunde, von Melchior Kraus, um 1770

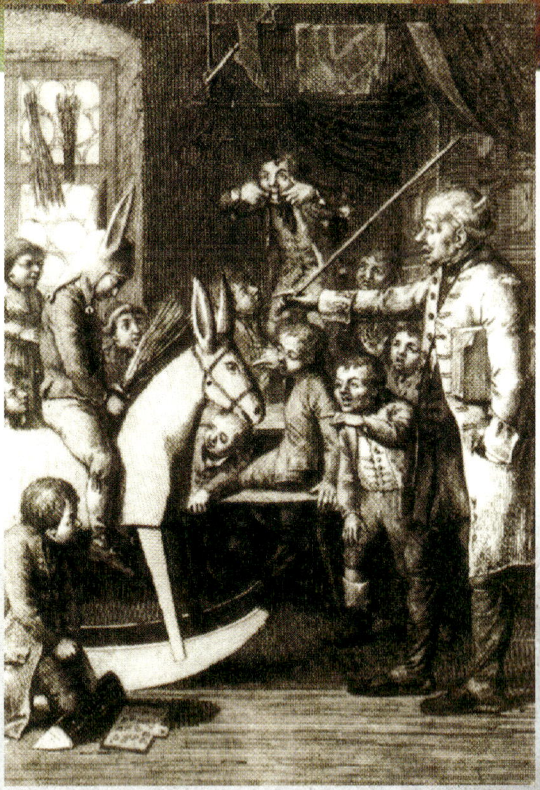

Mitte: Dorfschule um 1800. Ein Kind muss zur Strafe auf dem Esel sitzen.

Unten: Berlin, Unter den Linden. 1756, Carl Friedrich Fechhelm.

4.5.2 Toleranz und Recht

A1 *Toleranz - ein Ideal der Aufklärung. Wie versucht der Maler das darzustellen? Beachte dabei auch die Personen vorn im Bild.*

Toleranz, Kupferstich von Daniel Chodowiecki

Der französische Philosoph und Aufklärer Voltaire setzte sich für Gedanken- und Religionsfreiheit, die soziale und politische Aufwertung des Bürgertums und Justizreformen ein. Mit ihm führte Friedrich seit 1736 einen regen Briefwechsel.

Q1 Aus Verfügungen Friedrichs II., Juni 1740:
„Die Religionen müssen alle toleriert werden (geduldet werden), denn hier muss jeder nach seiner Fasson (Glaubensüberzeugung) selig werden (...)“
(Der König Friedrich II. in seinen Briefen, S. 94)

Q2 Friedrich II. über die Religionen:
„In diesem Staat wohnen Katholiken, Lutheraner, Reformierte, Juden (...). Würde es sich das Staatsoberhaupt (...) einfallen lassen, eine dieser Religionen zu bevorzugen, erlebte man bald, dass (...) erhitzter Streit ausbricht, Verfolgungen beginnen und schließlich die verfolgten Gläubigen ihr Vaterland verlassen und Tausende von Untertanen mit ihrer Zahl und ihrem Gewerbefleiß unsere Nachbarländer reicher machen.“
(Friedrich II., Schriften und Briefe, S. 178 f.)

A2 *Nenne die Gedanken des Königs zur Toleranz. Welche Beweggründe hatte er dafür?*

Nach seinem Regierungsantritt schaffte der junge Friedrich die Folter ab. Nicht der König, sondern die Gerichte sollten Recht sprechen. Der König gab ein Gesetzbuch in Auftrag, das jedoch erst nach seinem Tod (1786) als Allgemeines Landrecht für die preußischen Staaten 1794 in Kraft trat. Darin waren unterschiedliche Rechte und Pflichten für die Stände bzw. die verschiedenen Bevölkerungsschichten festgelegt. Es garantierte auch die Religionsfreiheit.

A3 *Inwiefern entsprach diese Reform den Ideen der Aufklärung?*

4.5.3 Die Untertanen auf dem Lande

Im 18. Jahrhundert lebten ca. 75% der Bevölkerung von Brandenburg-Preußen auf dem Land. Dieses teilte sich zu 2/3 in adlige Gutsherrschaften und zu 1/3 in königliche Güter und Amtsdörfer. Die Bauern waren zu unentgeltlichen Acker- und Fuhrdiensten verpflichtet. Der Alltag der Bauern auf adligen Gütern wurde vom Gutsherrn bestimmt: Er war Eigentümer der Bauernhöfe, Oberhaupt der Gemeinde und damit auch Richter. Er musste bei Heiratsabsichten befragt werden. Auch entschied er, wer Pfarrer und Lehrer wurde. Kinder von Bauernfamilien mussten bei ihm als Knechte und Mägde dienen. Gegen Versuche der Gutsherren, die Dienste zu erhöhen, setzten sich Bauern immer öfter zur Wehr. Kam die Klage vor Gericht, wurde im Verlaufe des 18. Jahrhunderts die Chance größer, dass sich entschlossene Bauern gegen die willkürliche Festsetzung behaupten konnten. In königlichen Besitzungen nahm der Amtmann die herrschaftlichen Aufgaben wahr.

Q3 Der Ablauf eines „Dingetags" im Amtsdorf Zehlendorf (heute Berlin) verlief z. B. am 21. November 1759 so:

„Es erscheinen im ‚Schulzengericht' der Amtmann des Berliner Amtes Mühlendorf und sein Schreiber, der Pfarrer (...), die 12 Bauern (darunter der Dorfschulze) sowie der Müller und Schmied.
Der Amtmann zieht die Abgaben (Pacht- und Zehntgelder, die Dienstgelder, d. h. 12 Taler anstelle der Frondienste) ein, nimmt eine Einwohner-, Vieh- und Baumstatistik auf und fragt nach der Einhaltung der Dorfordnung. Darauf bescheinigt der Pfarrer den Untertanen einen guten Lebenswandel. Der Schulze (...) gibt die Erklärung ab, dass die Schornsteine gereinigt wurden und Leitern und Feuerhaken im Instrumentenhaus vorrätig sind. (...) Der Amtmann fragt, ob die landesherrlichen Verordnungen eingehalten werden, mit denen eine Verbesserung der Landwirtschaft erreicht werden soll. Der Gemeindevorstand bestätigt, dass alle Äcker ordentlich bestellt werden und die Bäume von Raupen befreit wurden. Alle beschweren sich über die vielen Kriegsfuhren (es ist der Siebenjährige Krieg). Den Bauern wird auferlegt, Kiefern und Maulbeerbäume zu pflanzen. Der Dorfküster bittet die Gemeinde, für die Schulstube etwas Holz zu spenden. Nicht der Amtmann, sondern die Gemeinde wird darüber entscheiden."

(Dingetagsprotokolle Zehlendorf, Brandenburgisches Landeshauptarchiv Potsdam. Bearbeitet von H. Zückert)

A1 *Was kann der Amtmann ausrichten? Welche Rechte hat die Gemeinde?*

A2 *Vergleiche die Untertänigkeit in den gutsherrschaftlichen und in diesem königlichen Amtsdorf.*

A3 *Ihr könnt den „Dingetag" auch mit verteilten Rollen nachspielen.*

1747 begannen auf Anweisung des Königs die Arbeiten zur Trockenlegung von Sümpfen im Oderbruch. Kolonisten aus benachbarten Ländern wurden Vergünstigungen gewährt. Pfälzische Einwanderer machten in Brandenburg-Preußen die Kartoffel bekannt. Während sie noch für Ludwig XIV. eine Delikatesse war, ordnete Friedrich II. ihren Anbau an, damit sie sich „der arme Mann zu Nutzen machen kann".

A4 *Überlege, welche Absichten Friedrich II. mit der Kolonisationspolitik verband.*

Friedrich II. überwacht die Kartoffelernte. Gemälde von R. Warthmüller, 1886.

5 Die Habsburgermonarchie

5.1 Maria Theresia – die „Landesmutter"

Maria Theresia wurde nach dem Tod des Kaisers im Alter von 22 Jahren 1740 Königin von Böhmen und Ungarn. Nach den Niederlagen im 1. und 2. Schlesischen Krieg sah sie sich zu Reformen gezwungen. Zunächst nahm sie den Ständen die Finanzverwaltung aus der Hand und übertrug sie einer zentralen Regierung. Eine Militärreform schuf ein starkes Heer. In der neu gegründeten Akademie wurden neben Offizieren Beamte für die Verwaltung ausgebildet. Sie förderte Manufakturen, insbesondere zur Textilherstellung. Die Universitäten in Wien und Prag entwickelten sich zu hoch geachteten wissenschaftlichen Lehranstalten. Dort wurde nun in deutscher Sprache statt in Latein unterrichtet. Auch in den Städten und auf dem Lande entstanden Schulen. Ihr politisches Wirken und ihr mütterliches Wesen - sie brachte 16 Kinder zur Welt - machten Maria Theresia bis heute als „Landesmutter" populär.

Maria Theresia mit ihrer Familie auf der Terrasse des Schönbrunner Schlosses. In der Mitte der Thronfolger Joseph.

5.2 Joseph II. setzt die Reformpolitik fort

Seit 1765 war Joseph II. 15 Jahre als römisch-deutscher Kaiser Herrscher neben seiner Mutter Maria Theresia. Das bedeutete, dass meistens sie das letzte Wort hatte. 10 Jahre blieben ihm nach dem Tod der Mutter noch, selbst die habsburgische Politik zu bestimmen.

Von bleibendem Wert war sein „Toleranzpatent" von 1781, das die Angehörigen aller Konfessionen gleichstellte. Im Unterschied zu seiner Mutter bezog Joseph die Juden in diese Toleranz mit ein, auch wenn sie nicht völlig gleichgestellt wurden. Er bewirkte die Aufhebung der Leibeigenschaft für die Bauern (1781), auch wenn er die generelle Abschaffung der Frondienste nicht mehr durchsetzen konnte. Auf anderen Gebieten blieb er ohne Erfolg. In den österreichischen Niederlanden (etwa das heutige Belgien) und in Ungarn kam es zum Aufruhr: Denn mit der Einführung der deutschen Amtssprache in allen Teilen des Vielvölkerstaates wollte er einen zentralistischen Einheitsstaat schaffen, wobei er jedoch nationale Traditionen und Gefühle missachtete.

A1 *Stelle in einer Tabelle oder einem Schaubild zusammen, mit welchen Maßnahmen Friedrich II. einerseits und Maria Theresia und Joseph II. andererseits die Ideen der Aufklärung in die praktische Politik umsetzten.*

Wir suchen die Kultur einer Epoche – Barock und Rokoko

Oft schildern Geschichtsbücher eine Epoche nur aus einem bestimmten Blickwinkel, z. B. der Politik oder der Wirtschaft. Das Typische eines Zeitalters äußert sich jedoch in vielen Bereichen: im Baustil, in Literatur, Kunst und Musik, in der Mode, im alltäglichen Leben der Menschen. So hat jede Epoche ihre eigene Kultur, die oft mehr über eine Zeit aussagt als die „große Politik".

Barock und Rokoko sind Bezeichnungen für die Kultur des absolutistischen Zeitalters. Trotz Unterschieden zwischen den einzelnen Ländern gab es viele Gemeinsamkeiten. Barocke Architektur und Kunst waren darauf ausgerichtet Größe, Schönheit und Macht zu zeigen. Adel und Kirche waren die Förderer und Träger dieser Kultur, denn das Volk lebte meist noch so einfach wie im Mittelalter. Nicht zuletzt die Lebensformen an den Fürstenhöfen bestimmten diese Kultur: höfische Zeremonien, Theater, Bankette zählen dazu, ja sogar die Esskultur, die durch die Verwendung von Serviette, Messer und Gabel verfeinert wurde. Oft nahmen Herrscher direkt Einfluss und ahmten nach, was sie auf Studienreisen gesehen hatten. So auch August der Starke beim Bau des Dresdner Zwingers:

A1 *Inwiefern könnten diese Bauten Ausdruck absolutistischer Herrschaft sein?*

A2 *Gefallen sie dir? Begründe deine Meinung.*

Blick in den Hof des Dresdner Zwingers mit Pavillons für exotische Pflanzen (Orangerie) und Kunstsammlungen

Jagdschloss Moritzburg bei Dresden

Barockgarten in Großsedlitz bei Dresden. Modell der Planung von 1719. In barocken Gärten blieben Bäume nicht, wie sie natürlich gewachsen waren. Sie wurden zu Kugeln und Kegeln gestutzt. Selbst die Wege wurden nach bestimmten Regeln gestaltet.

A3 *Finde heraus, nach welchen Regeln hier die Wege angelegt wurden. Welche Herrschaftsauffassung stand dahinter?*

A4 *Vergleiche mit der Anlage von Versailles (S. 66/67 und S. 72).*

Im Spätbarock, etwa 1720–1780, wurde in Kunst und Architektur vieles verspielter, anmutiger und gefälliger dargestellt. Das entsprach der leichten Lebensart des Adels. Diese Phase wird als Rokoko bezeichnet. Frankreich blieb weiter tonangebend. Anstelle großer repräsentativer Bauten entstanden nun kleinere Stadtpalais und Lustschlösser in Parks. Bezeichnend dafür ist auch der Name, den Friedrich II. seinem Schloss in Potsdam gab: „Sanssouci“ (Ohne Sorgen). In Preußen unter Friedrich II. erlebte dieser Kunststil eine Blütezeit.

A1 *Vergleiche diese Abbildungen und den Text über das Rokoko.*

Schloss Sanssouci (1744–1747)

A6 *Versuche, dir ein Gesamtbild von der Barock- und Rokokokultur zu machen. Beachte dabei die folgenden Hinweise.*

Diese Schritte können dir helfen, eine Epoche aus umfassenderer Sicht zu verstehen:
1. Überlege, in welchen Lebensbereichen sich die Epoche widerspiegelte (vgl. oben). Welche erscheinen besonders wichtig und typisch?
2. Suche nach geeigneten Beispielen. Setze sie zu Merkmalen der zu untersuchenden Zeit in Beziehung (z.B. Architektur – Politik).
3. Überlege, welche sozialen Schichten deinen Beispielen zuzuordnen sind. Wer waren die wesentlichen Träger der untersuchten Kultur?
4. Setze dich mit den Beispielen auseinander. Versuche ein eigenes Urteil und einen Gesamteindruck der Kultur zu bekommen.

„Die Schaukel“, Gemälde von Fragonard um 1767

Vornehmes deutsches Paar des 18. Jh.s in französischer Mode. Der „französische Steiß“, ein unter den Rock gebundenes Kissen, galt damals als besonders modern.

A2 *Wie wirkt diese Mode auf dich?*
A3 *Welche Schlüsse ziehst du aus der damaligen Mode auf das Leben der Wohlhabenden?*
A4 *Vergleiche Mode und Baustil. Was fällt auf?*
A5 *Habt ihr Lust, euch Barockmusik anzuhören? Antonio Vivaldi komponierte „Die vier Jahreszeiten“, Johann Sebastian Bach die „Brandenburgischen Konzerte“. Georg Friedrich Händel schrieb die „Feuerwerksmusik“. Und der junge Mozart trat als Wunderkind am Wiener Hof auf.*

Wohlhabende Herren trugen im Rokoko bis zu 20 cm hohe, weiß gepuderte Perücken aus Menschen- oder Pferdehaar. Blasse Haut galt als vornehm. Als Kontrast wurden Rouge, Lippenstift und „Schönheitspflästerchen“ eingesetzt.

Auch in der Porzellangestaltung spiegelte sich die Epoche. Hier eine Frisierszene auf Frankenthaler Porzellan.

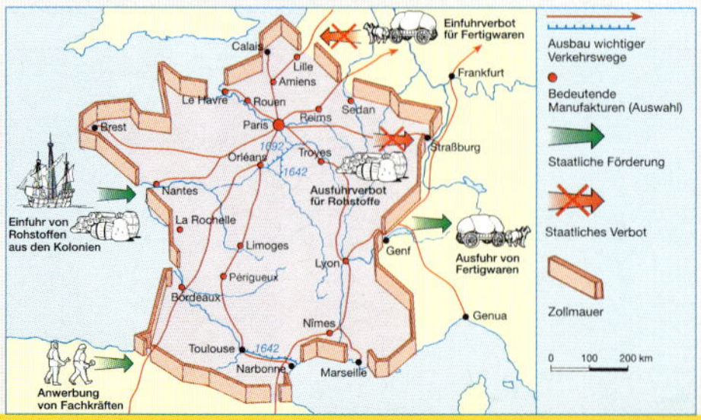

1650 Beginn der Aufklärung.

1661 Beginn der Alleinherrschaft Ludwigs XIV.

1668 Ausbau des Schlosses von Versailles.

1685 Edikt von Fontainebleau: Vertreibung der Hugenotten. Merkantilismus Wirtschaftsform des Absolutismus.

1697 „Große Gesandtschaft" Peters I.: Modernisierung Russlands.

1703 Gründung von Petersburg.

1715 Beim Tod Ludwigs XIV. ist Frankreich wirtschaftlich am Ende.

Zusammenfassung:
Frankreich:

- In **Frankreich** bildet sich um 1660 eine neue Regierungsform heraus: der **Absolutismus.** Der König versteht sich als Stellvertreter Gottes und begründet darauf seine **Alleinherrschaft.**
- **Ludwig XIV.** regiert losgelöst von den Gesetzen, gestützt auf die **Beamten**, das **stehende Heer** und die **Kirche.** Ab 1685 ist nur noch der katholische Glaube zugelassen (Vertreibung der Hugenotten).
- Das aufwendige Hofleben ist ebenfalls Mittel absoluter Herrschaft. Das Schloss in **Versailles** dient als Regierungszentrum und „goldener Käfig" für den politisch entmachteten hohen Adel. Seine Minister holt Ludwig vornehmlich aus dem Bürgertum.
- Die Wirtschaftspolitik des **Merkantilismus** dient der Finanzierung der absoluten Königsherrschaft: Manufakturen, Einfuhr von Rohstoffen, Ausfuhr von Fertigwaren.
- Trotz Merkantilismus ist Frankreich am Ende der Herrschaft Ludwigs XIV. 1715 infolge **zahlreicher Kriege** und des **verschwenderischen Hoflebens** wirtschaftlich ruiniert.
- Die Herrschaftsform des Absolutismus setzt sich auch in anderen europäischen Ländern durch. Diese Herrscher orientieren sich in Politik und Kultur am **französischen Vorbild.**

Russland:

- Unter Zar Peter I. (1689–1725) und Zarin Katharina II. (1762–96) machen Reformen in Wirtschaft, Verwaltung, Armee und Wissenschaft aus einem rückständigen Land eine europäische Großmacht.

Absolutismus und Aufklärung

Staatsauffassungen in Absolutismus und Aufklärung

	Gesetzgebung	Ausführung	Rechtsprechung	
Absolute Monarchie	KÖNIG	KÖNIG	KÖNIG	
	GEWALTENTEILUNG			
Montesquieu	Volksvertretung	KÖNIG	Gerichte	= Konstitutionelle Monarchie
Rousseau	Volksvertretung →	Regierung	Gerichte	= Republik

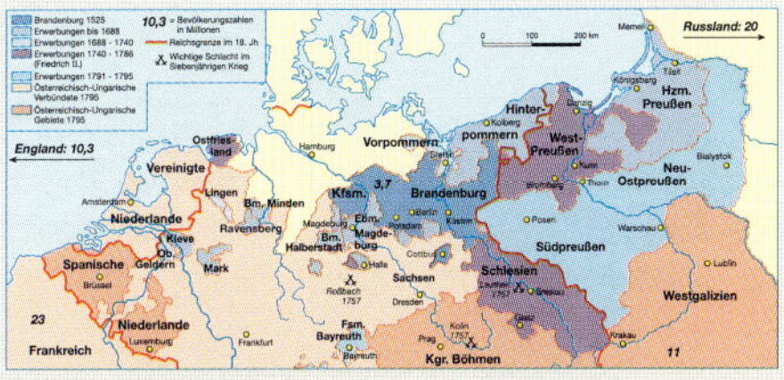

1721

Montesquieu fordert Gewaltenteilung.

1728

August „der Starke“: Sachsen wichtiger Staat, große Prachtentfaltung
Friedrich Wilhelm I.: Preußen wird bedeutender Beamten- und Militärstaat.

1740

Friedrich II. in Preußen: aufgeklärter Monarch. Einmarsch in Schlesien.
Maria Theresia von Österreich-Ungarn muss ihr Erbe gegen Preußen u. a. verteidigen: Schlesische Kriege.

1763

Ende des Siebenjährigen Krieges: Preußen ist europäische Großmacht.
Rousseau: Der „Gesellschaftsvertrag“.

1772

Erste Teilung Polens.

1780

Unter Joseph II. Reformen in Österreich
Immanuel Kant: Philosoph der Aufklärung.

Sachsen:
- August der Starke (1694–1733) schafft durch Förderung von Wirtschaft und Handel die Voraussetzungen für kostspielige Hofhaltung und repräsentative Bauten.

Brandenburg-Preußen:
- Friedrich Wilhelm I. (1713–40) schränkt zivile Ausgaben ein zugunsten der Schaffung einer schlagkräftigen Armee.
- Friedrich II. regiert (1740-86) als aufgeklärter Monarch: Reformen, „erster Diener des Staates“.
- In den Schlesischen Kriegen (1740–63) steigt Preußen, obwohl im „Siebenjährigen Krieg“ nur knapp der Niederlage entronnen, zur europäischen Großmacht auf.

Österreich:
- Die Thronerbin Maria Theresia (1740–80) kann sich gegen Preußen behaupten. Aufgeklärter Absolutismus mit zahlreichen Reformen, vor allem unter Joseph II. (gest. 1790).

Aufklärung:
- Seit ca. 1650 breitet sich in Europa eine neue geistige Bewegung aus: die Aufklärung. Die Aufklärer setzen die Vernunft vor den Glauben und unterziehen das gesamte Dasein des Menschen der kritischen Prüfung durch den Verstand (z. B. Immanuel Kant). Neue Staats- und Gesellschaftsmodelle entstehen (Montesquieu, Rousseau).
- Die Aufklärung gewinnt Einfluss auch auf die Herrscher. Charakteristisch für den aufgeklärten Absolutismus sind Reformen, vor allem in Erziehung, Fürsorge und Rechtsprechung.

3 Die großen Revolutionen

Oben: Die Unabhängigkeitserklärung der Vereinigten Staaten von Amerika. Am Tisch sitzend George Washington, der erste Präsident.

Freiheit – Gleichheit – Brüderlichkeit

Zauberworte, die seit der Französischen Revolution von 1789 ein Paradies auf Erden schaffen sollen. Ein Traum von einer besseren Welt, der sich schon in der „Glorreichen Revolution" der Engländer andeutete, mit der Verfassung der Vereinigten Staaten an Kraft gewann und in der Französischen Revolution mit Macht zum Ausdruck kam - aber immer noch nicht beendet ist. Was vor über 200 Jahren der Dritte Stand, die einfachen Bürger und Bauern in Frankreich, forderten, versuchen sich heute Menschen in der Dritten Welt zu erkämpfen. Und auch in der „westlichen" Welt ist manches davon noch ein Traum.

Unglaublich ist vieles, was zur Zeit der großen Revolutionen geschah. Kluges und Wahnsinniges, Verrücktes und Vernünftiges. Ein Kampf für das Gute, der teilweise aber auch das Böse schuf. Eine Auseinandersetzung, die bis in unsere Tage hineinreicht.

Die Bilder schlagen einen Bogen vom Zeitalter des nordamerikanischen Unabhängigkeitskampfes und der Französischen Revolution bis in unsere Tage. Nach der Beschäftigung mit diesem Kapitel werdet ihr die Frage beantworten können, ob dieser Bildvergleich mit der friedlichen Revolution von 1989 berechtigt ist.

Alle Revolutionen brachten Problemlösungen, die mit dem Einsatz

Rechts: Französische Revolutionäre pflanzen einen Freiheitsbaum

In der Nacht vom 9. auf den 10. November 1989 fiel die Berliner Mauer, das Symbol der Teilung Deutschlands und Europas.

von Gewalt verbunden waren. Die Veränderungen in Osteuropa verliefen ab 1989 allerdings weitgehend friedlich. Die wachsenden Probleme unserer Welt lassen sich nicht durch Gewalt lösen. Wenn die Menschheit überleben will, in der Einen Welt zusammenleben möchte, dann nur auf der Basis der Gleichberechtigung, der Berücksichtigung der in den großen Revolutionen erkämpften Menschenrechte. Das können wir aus der Beschäftigung mit dieser Zeit lernen.

A1 *Wie schätzt du die Verwirklichung der Träume von Freiheit, Gleichheit, Brüderlichkeit ein*
- *in unserer Welt*
- *in der „Dritten Welt"?*

1 Die Englischen Revolutionen

1.1 Das älteste Parlament

Im 17. Jahrhundert war das englische Parlament die einzige einigermaßen regelmäßig tagende Ständeversammlung in Europa. Das Parlament hatte unter anderem das Recht, Steuern zu bewilligen und an der Gesetzgebung mitzuwirken. Ihm gehörten Vertreter des Adels, der Geistlichkeit und der Städte an. Wählen durften nur Männer, die mindestens 40 Schilling Vermögen hatten. Das waren beim Ausbruch der Revolution 1640 immerhin 40 % der männlichen Bevölkerung. Das Unterhaus (Vertreter des niederen Adels und der Städte) verstand sich zunehmend als Vertretung des ganzen Volkes.

A1 *Überlege, wer nicht im Parlament vertreten war.*

A2 *Nenne die Rechte des Parlaments.*

A3 *Erinnere dich, was du über die Könige in Frankreich, Russland oder in den deutschen Staaten gelernt hast. Worin unterscheidet sich ihre Stellung von der Position des englischen Königs?*

Das Oberhaus Eduards I. (1272–1307). Bis ins 17. Jahrhundert hatte sich an seiner Zusammensetzung nur wenig geändert.

Das Unterhaus Anfang des 17. Jh.s. Erhöht sitzend der Speaker (Sprecher), der die Sitzung leitet und Beschlüsse verkündet.

1.2 Der König will alle Macht

Wie Ludwig XIV. in Frankreich, wollten auch die englischen Könige im 17. Jahrhundert zu absoluten Herrschern aufsteigen und ohne Parlament regieren.

1.2.1 Konfliktfeld: Finanzen

Ein Problem war stets das Geld: Vom König wurde erwartet, dass er in Friedenszeiten von den Einkünften aus seinen Ländereien und den Zöllen lebte. Die Einnahmen des Königs konnten jedoch nicht mit den steigenden Preisen Schritt halten. So war der König auf der Suche nach neuen Geldquellen. Die Einführung von Hafenzöllen rief den Protest des Parlaments hervor.

Q1 Aus einer Parlamentsrede des Abgeordneten Whitelocke (1610):
„Würde das Besteuerungsrecht stillschweigend unseren Königen überlassen und bedenkt man dabei, zu welchem Hauptzweck sie die Parlamente einberufen, nämlich um sich Geld zu verschaffen, so habe ich keine große Hoffnung, dass wir uns noch sehr häufig so wie jetzt versammeln können (...)"
(Lautemann, W.: Geschichte in Quellen, Bd. 3, S. 359)

A1 *Warum protestierte das Parlament gegen den König?*

1.2.2 Konfliktfeld: Religion

1534 war in England die Anglikanische Kirche entstanden. Ihr Oberhaupt war der König. Seit dieser Zeit fühlten sich die Engländer mit den Protestanten verbunden. In ihrer Mehrheit lehnten sie den Katholizismus ab.

Besonders stark war die Ablehnung bei den Puritanern. Ihr Name leitet sich vom lateinischen Wort „purus" = „rein" ab. Sie legten großen Wert auf eine schlichte äußere Form des Gottesdienstes und einen bescheidenen Lebenswandel. Große Bedeutung hatte die Predigt. Die einzelnen Gemeinden sollten weitgehend unabhängig sein. Daher forderten die Puritaner die Abschaffung der Bischöfe, also der Kirchenfürsten.

A2 *Erkläre den Namen „Puritaner".*
A3 *König Jakob I. lehnte die Abschaffung des Bischofsamtes 1604 mit folgender Begründung ab: „Kein Bischof, kein König, keine Aristokratie." Versuche zu erklären, was er meinte.*

So stellte man sich um 1630 den Gentleman vor. Die Worte in der Mitte lauten übersetzt: „Hoffnung im Himmel, die Füße auf der Erde." Die kleinen Bilder zeigen einzelne Lebensabschnitte des Gentleman.

Die Puritaner gehörten häufig dem Landadel an. Da nur der älteste Sohn erbte, mussten die jüngeren Söhne vielfach mit Geldgeschäften oder im Handel ihren Lebensunterhalt verdienen. Die Kluft zwischen niederem Adel und Bürgertum war daher nicht sehr groß. Angehörige beider Gruppen fühlten sich dem Ideal des Gentleman verpflichtet.

A4 *Welches Lebensideal spricht aus den Bildern?*
A5 *Wie lässt sich dieses Ideal mit den religiösen Vorstellungen der Puritaner verknüpfen?*

1.2.3 Der Konflikt spitzt sich zu

Unter König Karl I. (1625–1649) weitete sich der Streit mit dem Parlament aus. Da Karl Kriege mit Spanien und Frankreich führte, benötigte er noch mehr Geld. Das Parlament aber bewilligte selbst die Tonnen- und Pfundabgabe (Zölle auf Wolle und Wein), die dem König üblicherweise auf Lebenszeit gewährt wurden, nur für ein Jahr. Der König zog daraufhin die Zölle eigenmächtig weiter ein.

Karl I., der mit einer katholischen französischen Prinzessin verheiratet war, berief zudem zahlreiche Katholiken in die Regierung. Am Hof spielte die katholische Religion eine immer größere Rolle. Das Parlament wollte dies nicht hinnehmen.

Q2 Parlamentsbeschluss 2.3.1629:
„1. Wer Neuerungen in der Religion einführen oder durch Begünstigungen und Unterstützung Papisterei [Unterstützung des Papstes] (...) oder andere von der wahren (...) Kirchenlehre abweichende Meinungen auszubreiten oder einzuführen sucht, soll als ein Erzfeind dieses Königreiches und Gemeinwesens gelten.
2. Wer die Erhebung oder Eintreibung des Tonnen- und Pfundgeldes ohne Bewilligung durch das Parlament anrät (...), soll gleichfalls als politischer Neuerer und Hauptfeind dieses Königreiches (...) angesehen werden."
(Lautemann, W.: Geschichte in Quellen, Bd. 3, S. 368)

A1 *Wogegen protestierte das Parlament?*

Nach diesem Angriff auf seine Politik löste der König 1629 das Parlament auf. Um an Geld zu kommen, ließ er alte Abgaben wieder aufleben. Erzbischof William Laud versuchte zudem, die Form des Gottesdienstes an den Katholizismus anzugleichen. Die Bischöfe sollten eine stärkere Stellung erhalten.

Karl I.

1.3 Die Revolution 1640–1660

Der Konflikt trieb seinem Höhepunkt zu, als der König und der Erzbischof ihre Religionspolitik auch auf Schottland übertragen wollten. Hier hatten die Anhänger Calvins die Mehrheit. Sie weigerten sich, eine Kirche mit einem Bischof an der Spitze zu akzeptieren.

1.3.1 Konservative Revolution

Karl I. scheiterte mit dem Versuch, den schottischen Widerstand gewaltsam zu brechen. Daraufhin berief er 1640 erstmals seit 1629 wieder ein Parlament ein, um eine größere Armee finanzieren zu können. Die Abgeordneten bewilligten jedoch kein Geld, sondern beschwerten sich über königliche Willkür.

Schon nach drei Wochen löste Karl I. dieses Parlament wieder auf. Wenig später unterlag er jedoch erneut den Schotten. Wieder musste er das Parlament einberufen, das nun noch mächtiger war.

Innerhalb weniger Monate erreichte das Parlament, wofür seine Anhänger jahrzehntelang gekämpft hatten: Enge Vertraute des Königs wurden aus ihren Ämtern entlassen. Strafford, der Ratgeber des Königs, wurde sogar hingerichtet. Der König musste 1641 zusagen, das Parlament mindestens alle drei Jahre einzuberufen. Er verzichtete auf das Recht es aufzulösen.

A2 *Warum konnte das Parlament seine Forderungen durchsetzen?*
A3 *Welche Forderungen konnte das Parlament durchsetzen?*
A4 *Bildet Gruppen und versetzt euch in die Lage des Königs und des Parlaments. Welche Möglichkeiten zu handeln haben diese Parteien?*

1.3.2 Der Bürgerkrieg

Weder der König noch die Mehrheit des Parlaments gaben sich mit der Situation zufrieden. Als die Iren die unübersichtliche Situation zu einem Aufstand nutzten, stellte sich die Frage, wer die Kontrolle über die Armee erhalten würde – der König oder das Parlament.

Q1 Erklärung des Unterhauses:
„Gestern, den 4. Januar 1642, kam Seine Majestät (...) in das Unterhaus,

begleitet von einer großen Menge von Männern, die kriegsmäßig (...) bewaffnet waren. (...) Seine Majestät (...) verlangte die Auslieferung verschiedener Mitglieder des Hauses. Das Unterhaus erklärt hiermit, dass dies einen schweren Bruch der Rechte und Privilegien des Parlamentes darstellt und unvereinbar ist mit dessen Freiheit und Unabhängigkeit. Das Haus stellt daher fest, dass es (...) nicht länger seine Sitzungen hier abhalten kann, wenn es nicht volle Genugtuung für einen so schwerwiegenden Verstoß und eine ausreichende Schutzwache erhält, auf die es sich verlassen kann. (...)"

(Lautemann, W.: Geschichte in Quellen, Bd. 3, S. 375)

Oliver Cromwell

Q2 Ein Historiker schreibt über die Armee Cromwells:

„In der Armee der Heiligen (...) können sich nur solche Offiziere und Gemeine [= Soldaten] halten, die Psalmen singend in die Schlacht ziehen wollen und im Kreise ihrer Kameraden plötzlich aufstehen und predigen können, (...) die täglich mehrere Gottesdienste wünschen und zu sechsen im Zelt eine gemeinsame Bibel benutzen können."

(Stadelmann, R.: Geschichte der englischen Revolution, S. 126)

A2 *Beschreibe das Besondere an dieser Armee.*

A3 *Erläutere anhand der Karte den Verlauf des Bürgerkrieges.*

A1 *Schildere den Konflikt aus Sicht des Königs und des Parlaments.*

Der König verließ London. Im Juli 1642 stellte das Parlament eine Armee auf. Auch der König rief seine Anhänger zu den Waffen. Die Mehrheit des Oberhauses und etwa ein Drittel des Unterhauses stellten sich auf seine Seite. Ein Bürgerkrieg zwischen den „Kavalieren" des Königs und den „Rundköpfen" des Parlaments entbrannte.

Zum Führer der Parlamentsarmee stieg Oliver Cromwell, ein Landadliger und überzeugter Puritaner, auf. Nachdem die Truppen des Parlaments zunächst keine entscheidenden Erfolge erringen konnten, setzte Cromwell 1645 die Neuorganisation der Armee durch. Seiner Armee gehörten vor allem freie Bauern an. Die Soldaten erhielten eine gute Ausbildung und lernten diszipliniert zu kämpfen. Die Offiziere wurden nach ihren Fähigkeiten berufen, nicht nach ihrem Stand.

Der Bürgerkrieg in England

1.3.3 Hinrichtung des Königs

Die Parlamentsarmee siegte und Karl I. kapitulierte 1648. Wie sollte es weitergehen? Die Armee vertrieb alle Abgeordneten, die mit dem König verhandeln wollten. Von einst über 500 Abgeordneten waren nur noch 80 übrig geblieben. Sie beschlossen, Karl I. den Prozess zu machen. Erstmals in der Geschichte wurde ein König im Namen des Volkes öffentlich angeklagt und hingerichtet. Das Königtum und das Oberhaus wurden abgeschafft. England wurde Republik.

A1 *Betrachte das Bild von der Hinrichtung Karls I. Welche unterschiedlichen Reaktionen der Zuschauer kannst du ablesen?*

So stellte sich ein zeitgenössischer niederländischer Maler die Hinrichtung Karls I. vor.

1.3.4 Commonwealth und Protektorat

Nachdem der König endgültig besiegt war, wandte sich die Parlamentsarmee unter Cromwell gegen die aufständischen Schotten und Iren. Beide Völker wurden in grausamen Schlachten unterworfen. Aus den drei Ländern England, Schottland und Irland schuf Cromwell das Commonwealth (= Völkergemeinschaft). Besonders die katholischen Iren wurden hart für ihren Widerstand bestraft.

Auch in der Außen-, Kolonial- und Handelspolitik wollte die neue Regierung ihre Position stärken. Ein besonderer Dorn im Auge war ihr der niederländische Handel mit Kolonialgütern, der große Gewinne abwarf.

Q3 Die Navigationsakte (1651):
„Zur (...) Förderung der Schifffahrt Englands (...) wird vom gegenwärtigen Parlament beschlossen, dass vom 1. Dezember 1651 an Güter aus Asien, Afrika oder Amerika nach England, Irland oder irgendwelchen dazugehörigen Ländern, Inseln oder Kolonien nur noch auf Schiffen eingeführt werden dürfen, die einwandfrei Leuten unseres Volkes gehören und deren Kapitäne und Matrosen zum größten Teil Leute unseres Landes sind. (...)“
(Lautemann, W.: Geschichte in Quellen, Bd. 3, S. 418)

A2 *Wie wollte England die Seeherrschaft der Holländer brechen?*
A3 *Überlege, wer ein besonderes Interesse an diesem Gesetz hatte.*

Religion und die weitere Richtung der Reformen blieben Streitpunkte. 1653 ließ Cromwell das Parlament auflösen, weil es ihm nicht reformfreudig genug war.

A4 *Wie wird die Auflösung des Parlaments dargestellt (nächste Seite)?*

Jetzt regierte Cromwell faktisch allein. Seine einzige Stütze war das Militär, das ihn zum „Lordprotektor“ ausrief. Militärgouverneure verwalteten das Land. Außenpolitisch konnte Cromwell weiterhin Erfolge verbuchen (Sieg über Holland 1654, Eroberung Jamaikas 1655). Doch im Innern fand er kaum mehr Unterstützung. Nach seinem Tod 1658 geriet das Protektorat endgültig in die Krise.

A5 *Führt euch die Phasen der Revolution noch einmal vor Augen. Legt eine Tabelle an und notiert, wer jeweils die Revolution unterstützte.*
A6 *Welche Rolle spielte die Armee?*

Cromwell löst das Parlament auf. An der Wand steht: „Dieses Haus ist zu vermieten"; unter Cromwells Hand heißt es: „Verschwindet, ihr Schurken, ihr habt lange genug getagt."

1.4 Die Restauration

Um ruhigere Verhältnisse einkehren zu lassen, trat das Parlament wieder zusammen und bot Karl II., dem Sohn des hingerichteten Königs, den Thron an. Die Monarchie wurde 1660 wiederhergestellt. Das Oberhaus und die Anglikanische Staatskirche wurden wieder eingesetzt. Eine reine Rückkehr zum vorrevolutionären Zustand gab es jedoch nicht. Denn der König bestätigte den Kompromiss von 1641.

Außenpolitisch setzte England den Aufstieg zur See- und Kolonialmacht fort. Eine zweite Navigationsakte, erfolgreiche Kriege gegen die Niederlande und die Eroberung von Neu-Amsterdam, dem heutigen New York, zählten zu den Erfolgen.

Im Innern gab es weiterhin Auseinandersetzungen. Als sich Übergriffe königlicher Beamter häuften, setzte das Parlament 1679 ein Gesetz durch, das die Untertanen vor willkürlicher Verhaftung schützte (Habeas-Corpus-Akte).

Nach dem Tod Karls II. 1685 wurde Jakob II. König und berief mehrere Katholiken in höchste Staatsämter. Daraufhin bot das Parlament 1688 Jakobs Schwiegersohn Wilhelm von Oranien, dem Statthalter der Niederlande, den englischen Thron an.

A1 *Restauration bedeutet: Wiederherstellung der alten Ordnung. Trifft diese Bezeichnung auf die englische Geschichte nach 1660 zu?*

1.5 „Glorreiche Revolution"

Nach der Landung Wilhelms von Oranien floh Jakob II., ohne Widerstand zu leisten. Bevor Wilhelm die englische Krone entgegennehmen konnte, musste er 1689 eine vom Parlament vorbereitete Erklärung über die Rechte des englischen Volkes unterzeichnen. Mit der „Bill of Rights" wurde England parlamentarische Monarchie und Vorbild für demokratische Bewegungen in Europa.

Q1 Bill of Rights (1689):
„Gesetze oder die Ausführung von Gesetzen durch königliche Autorität ohne Zustimmung des Parlaments aufzuheben, ist gesetzwidrig (...)
Steuern für die Krone und zum Gebrauch der Krone ohne Erlaubnis des Parlaments (...) zu erheben, ist gesetzwidrig.
Es ist das Recht des Untertans, dem König Bittschriften einzureichen (...)
Es ist gegen das Gesetz, es sei denn mit Zustimmung des Parlaments, eine stehende Armee im Königreich in Friedenszeiten aufzustellen oder zu halten. (...)
Die Wahl von Parlamentsmitgliedern soll frei sein.
Die Freiheit der Rede (...) im Parlament darf von keinem Gerichtshof oder sonstwie außerhalb des Parlaments angefochten (...) werden.
(...) zur Besserung, Stärkung und Erhaltung der Gesetze sollen Parlamentssitzungen häufig gehalten werden."
(English Historical Documents, Bd. 8, S. 122 ff.)

A2 *Die Ereignisse von 1688/89 werden die „Glorreiche Revolution" genannt. Überlege, warum.*
A3 *Erkläre die Bedeutung der einzelnen Bestimmungen.*
A4 *Was bedeutete die „Bill of Rights" für das Verhältnis von König und Parlament? Erkläre den Begriff „parlamentarische Monarchie".*

2 Die Entstehung der USA

Heute sind die USA das wohl mächtigste Land der Erde. Dennoch handelt es sich um einen relativ jungen Staat. Erst gut 200 Jahre sind seit seiner Gründung vergangen.

Prärieindianer: Lagerplatz (oben) Büffeljagd (unten)

2.1 Die Indianer

Bevor die Europäer sich in Nordamerika niederließen, lebten dort bereits seit Jahrtausenden die Indianer. Es hatten sich zahlreiche Stämme herausgebildet, mit ganz unterschiedlichen Sprachen und Kulturen. Ihre Lebensweise war stark von den Landschaften beeinflusst, in denen sie lebten.

A1 *Informiert euch über die verschiedenen Indianerkulturen. Wie wohnten sie, wie kleideten sie sich, wovon lebten sie?*

Die Verwendungsmöglichkeiten des Büffels

Rekonstruktion eines Zeltes (Tipi) der Prärieindianer

Die Siedlungs- und Kulturräume der Indianer in Nordamerika

Langhäuser der Irokesen und Siedlung (unten) der Pueblo-Indianer (Rekonstruktion)

Indianerdorf in Florida (17. Jh.)

2.2 Die ersten Europäer

Die ersten Europäer erreichten Nordamerika wenige Jahre nach der Ankunft von Kolumbus in der Neuen Welt. 1513 entdeckten Spanier Florida und Kalifornien. Erst 1607 entstand mit Jamestown in Virginia die erste dauerhafte Siedlung der Engländer.

Q1 In einem Theaterstück von 1605 wirbt ein englischer Kapitän für die Auswanderung:
„Ach, das ganze Land dort ist doch voller Engländer und sie haben Indianerinnen geheiratet, welche dermaßen in sie verliebt sind, dass sie ihnen alle Schätze, die sie haben, zu Füßen legen. Ich sage dir, dort gibt es mehr Gold als bei uns Kupfer, und so kommt es, dass auch ihre Bratpfannen und Nachttöpfe aus purem Gold gemacht sind. (...) und überhaupt kannst du ganz frei dort leben, ohne Polizei und Anwälte und Schnüffler (...)"
(Cooke, A.: Amerika, S. 62 f.)

A1 *Welche Erwartungen verbanden sich zunächst mit der Auswanderung nach Nordamerika? Wie realistisch waren solche Hoffnungen?*

Als Gründer der englischen Kolonien an der Nordostküste Amerikas gelten die 102 Engländer, die im Dezember 1620 mit dem Schiff „Mayflower" in Massachusetts landeten. Die Einwanderer waren Puritaner, also strenggläubige Protestanten, die England aus Glaubensgründen verlassen hatten. Viele Menschen in Europa flohen vor religiöser oder politischer Verfolgung nach Amerika, andere wollten der Armut entgehen. Alle hofften auf ein besseres Leben.

A2 *Welche Gründe hatten die Menschen Europa zu verlassen?*

Franzosen in Florida, zeitgenössische Darstellung

Die ersten Siedler besaßen zunächst weder Häuser noch Felder. Von den 102 Einwanderern der „Mayflower" starb die Hälfte schon im ersten Winter an Hunger und Seuchen. An anderen Orten trafen die Einwanderer auf kriegerische Indianer oder brachten friedliche Stämme durch ihr Verhalten gegen sich auf.

Um überleben zu können, mussten die Kolonisten Land bebauen. Alles Land, das weiße Siedler für sich beanspruchten, gehörte aber Indianern. Die Europäer konnten das Land kaufen oder es einfach besetzen. Häufig gab es bewaffnete Konflikte und Kriege um das Land. Indianer, die dort lebten, wurden vertrieben oder ausgerottet.

A3 *Beurteile diesen Handel.*

Peter Minnewit kaufte 1526 Manhattan für Waren im Gegenwert von 24 Dollar (Rekonstruktion)

Vielfach überlebten die Europäer aber auch nur dank der Hilfe der Indianer. Die Ureinwohner boten sich als Führer an und gaben Tips zum Überleben.

Q2 Begegnung mit den Indianern von Maryland (1634):
„(...) Manchmal bringen sie [die Indianer] uns Truthähne, (...) dann wieder feine weiße Kuchen, Rebhühner, Austern, gut gekocht und gedämpft, und sie laufen unter uns umher und lächeln, wenn sie uns sehen, und sie fischen und jagen für uns, wenn wir wollen, und all dies mit wenig Worten. (...) Wenn dieses Volk christlich wäre (...), dann wäre es eine besonders tugendhafte und rühmenswerte Nation."
(Lautemann, W.: Geschichte in Quellen, Bd. 4, S. 30)

A1 *Beschreibe, wie auf den Abbildungen das Zusammentreffen von Europäern und Indianern dargestellt wird.*
A2 *Versetze dich in die Lage der Indianer und überlege dir, wie du auf die Ankunft der Europäer reagiert hättest.*
A3 *Analysiere die Grafik: Welche Folgen hatte die Besiedlung Nordamerikas für die Indianer?*

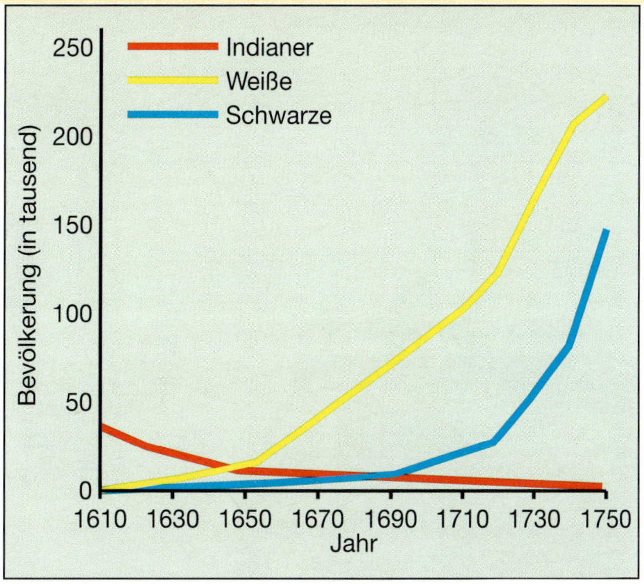

Die Bevölkerungsentwicklung in den Kolonien Virginia und Maryland von 1610 bis 1750

2.3 Weiße Vertragsarbeiter und schwarze Sklaven

Eines der größten Probleme in den Kolonien war die Anwerbung von Einwanderern und Arbeitern. In England und Irland, in den Niederlanden, in Frankreich, Deutschland und Skandinavien wollten viele Menschen auswandern. Häufig waren sie jedoch so arm, dass sie die Überfahrt nicht bezahlen konnten. Um in die Neue Welt zu gelangen, verpflichteten sich daher viele, dort mehrere Jahre ohne Lohn, nur gegen Unterkunft und Verpflegung, zu arbeiten.

Q1 Ankunft eines Einwandererschiffes in Philadelphia (um 1750):
„Jeden Tag kommen Engländer, Holländer und Oberdeutsche aus der Stadt Philadelphia und aus den anderen Orten (...) und gehen an Bord des (...) Schiffes (...) und suchen sich unter den gesunden Personen einen solchen aus, wie er ihnen für ihr Geschäft brauchbar zu sein scheint, und handeln mit ihm aus, wie lange er für seinen Fahrpreis dienen muss (...) Wenn sie sich geeinigt haben, dann geschieht es, dass sich erwachsene Personen selbst schriftlich verpflichten, für den Betrag, den sie schulden, 3, 4, 5 oder 6 Jahre zu dienen, je nach ihrem Alter und ihrer Kraft (...).
Es kommt oft vor, dass ganze Familien, Mann, Frau und Kinder, getrennt werden, weil sie von verschiedenen Käufern erworben werden (...)"
(Lautemann, W.: Geschichte in Quellen, Bd. 4, S. 43)

A4 *Führe dir die Lage der mittellosen Einwanderer vor Augen. Welches Schicksal erwartete sie?*

Es gab noch eine andere Möglichkeit, Arbeitskräfte zu beschaffen: den Sklavenhandel mit Afrikanern. Die ersten afrikanischen Sklaven kamen 1619 nach Jamestown. Sie wurden von den Weißen in Afrika von Sklavenhändlern gekauft und auf Schiffen in die Neue Welt gebracht. Dort wurden sie verkauft. Sie hatten keine Rechte. Ihre Besitzer ließen sie in ihren Häusern, auf Feldern und Plantagen arbeiten. Sie durften sie verkaufen, schlagen und töten, ohne dafür bestraft zu werden. Die Kinder der Sklaven waren ebenfalls Sklaven.

Sklavenauktion

A1 *Betrachte das Bild der Sklavenauktion und des Sklavenschiffes: Beschreibe die Situation der Afrikaner.*

A2 *Vergleiche die Situation von mittellosen weißen Einwanderern und afrikanischen Sklaven.*

Sklaventransport

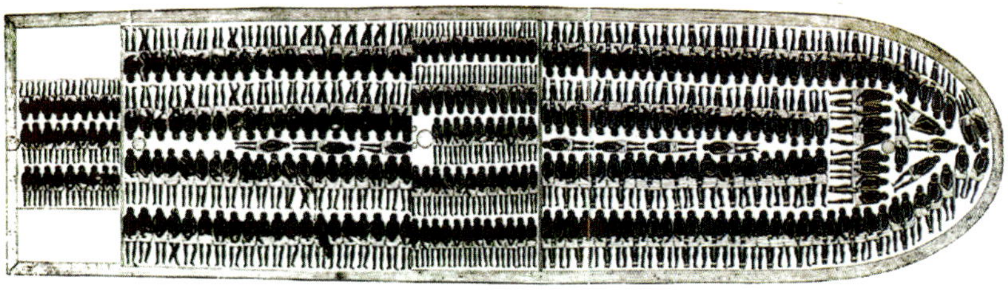

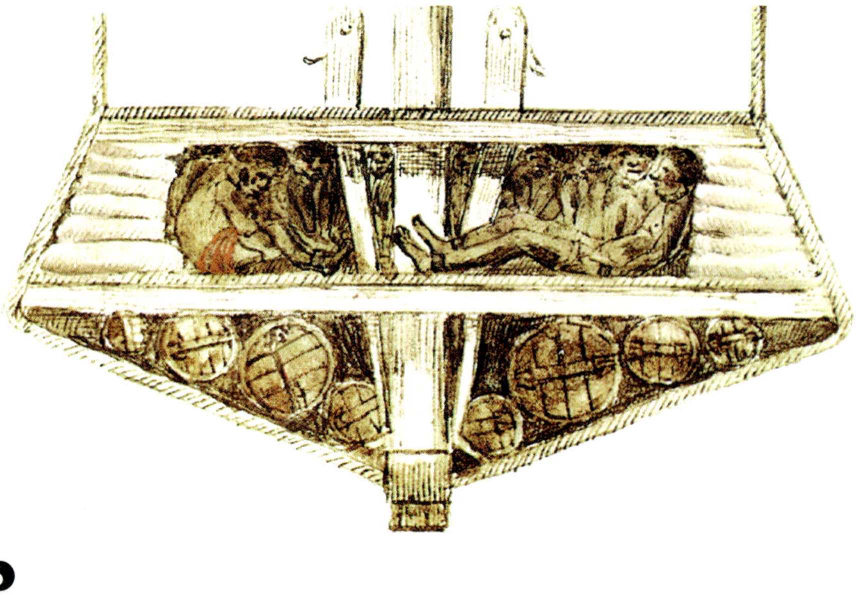

2.4 Die 13 Kolonien

Insgesamt entstanden in Nordamerika zwischen 1607 und 1733 dreizehn englische Kolonien. Sie hatten unterschiedliche Ursprünge und zogen Einwanderer mit verschiedenen Vorstellungen vom Leben in der Neuen Welt an: Nach Massachusetts kamen vor allem Puritaner (strenggläubige Protestanten). In Maryland sammelten sich die Katholiken. Der Quäker William Penn gründete mit Pennsylvania 1681 eine Kolonie, die allen Menschen die freie Ausübung ihrer Religion versprach. Im Süden entstand 1733 Georgia als Sträflingskolonie.

Q1 William Penn gibt Pennsylvania eine Verfassung (1701):
„Da Menschen nicht wirklich glücklich sein können, (...) wenn ihnen nicht die Freiheit des Gewissens sowie des Glaubens und des Gottesdienstes gewährt ist, (...) so gewähre ich hiermit und ordne an, dass keine Person oder Personengruppe, die in dieser Kolonie oder deren Gebieten lebt und an den Einen Allmächtigen

Gott glaubt, (...) irgendwie belästigt werde und weder an Person noch an Eigentum Schaden erleiden soll als Folge ihrer Gewissensüberzeugung und Glaubensausübung (...)"

(Moltmann, G.: Die Vereinigten Staaten von Amerika von der Kolonialzeit bis 1917, S. 9)

A1 *Wie gingen die Kolonien mit der Frage der Religion um?*

A2 *Stelle Unterschiede zur Lage in Europa fest.*

Auch wirtschaftlich entwickelte sich die Ostküste Nordamerikas nicht einheitlich: Das warme Klima im Süden ermöglichte den Anbau von Tabak, Reis, Zuckerrohr und Baumwolle. Diese Produkte konnten die Siedler zu guten Preisen nach Europa verkaufen. Die Arbeit auf den Plantagen machten Sklaven aus Afrika. Denn für viele Weiße galt es nicht als erstrebenswert, von der eigenen Hände Arbeit zu leben.

In den nördlichen Kolonien lebten die Siedler auf kleinen Farmen von der Landwirtschaft, mit der sie sich selbst versorgten. In den Städten blühten Handwerk und Handel.

A3 *Wovon lebten die Menschen in den nördlichen, wovon die Menschen in den südlichen Kolonien?*

Die 13 Kolonien

Politisch unterstanden die Kolonien England, das aber tausende von Kilometern entfernt war. Vor Ort hatten englische Gouverneure als Beamte des Königs das Sagen. Die Siedler der einzelnen Kolonien bildeten Parlamente, um das Zusammenleben zu organisieren.

Häufig kam es zu Konflikten zwischen Gouverneuren und diesen Parlamenten: Die Regierung in London wollte vor allem, dass die Kolonien das Mutterland mit „Kolonialwaren" versorgten. Den Siedlern aber ging es natürlich in erster Linie um das eigene Wohlbefinden.

Q2 William Keith, der Gouverneur von Pennsylvania, formulierte die Position der Regierung (1726): *„Jedes Gesetz dieser vom Mutterland abhängigen Kolonialregierungen sollte (...) das Wohl des Mutterlandes zum Ziel haben, dem sie ihre Existenz und die Sicherung all ihrer wertvollen Rechte verdanken. Daraus folgt, dass alle vorteilhaften Projekte und Handelsgewinne in einer Kolonie, die den Interessen des Mutterlandes zuwiderlaufen und nicht im Einklang mit diesen stehen, als ungesetzlich anzusehen sind."*

(Moltmann, G.: Die Vereinigten Staaten von Amerika von der Kolonialzeit bis 1917, S. 10)

A4 *Beschreibe das Verhältnis der Kolonien zum Mutterland.*

A5 *Welches Interesse hatte England an seinen Kolonien?*

A6 *Welche Konflikte entstanden zwischen dem Mutterland und den Kolonien?*

2.5 Der Konflikt mit England

1756–1763 führte England Krieg gegen Frankreich. In Europa ging es im Siebenjährigen Krieg um die Vorherrschaft auf dem Kontinent. Gleichzeitig kämpften beide Länder in den Kolonien gegeneinander. In Nordamerika siegten schließlich die Engländer.

Der Krieg war sehr kostspielig. Um die Staatsfinanzen wieder in Ordnung zu bringen, sollten die 13 nordamerikanischen Kolonien höhere Zölle für die Einfuhr von Zucker zahlen. Das „Stempelgesetz" führte 1765 Gebühren für die Ausstellung amtlicher Dokumente ein. Später erhob die Regierung Zölle auf Tee, Glas, Farben und Blei. Diese Politik rief Empörung in den Kolonien hervor.

Q1 Vertreter von neun britischen Kolonien über die Stempelsteuer (1765):

„Es ist für die Freiheit eines Volkes unabdingbar und das unbezweifelte Recht von Engländern, dass ihnen keine Steuern auferlegt werden ohne ihre Zustimmung, die sie persönlich oder durch ihre Abgeordneten erteilt haben.
Das Volk dieser Kolonien ist im Unterhaus von Großbritannien nicht vertreten und kann es wegen der geografischen Gegebenheiten auch nicht sein.
Die einzigen Vertreter des Volkes dieser Kolonien sind Personen, die von ihm selbst gewählt worden sind. Keine Steuern (...) können ihm in Zukunft auferlegt werden als durch seine jeweiligen gesetzgebenden Versammlungen."

(Adams, A. u. W.P. [Hg.]: Die Amerikanische Revolution, S. 41)

Das Massaker von Boston: Nach einer Demonstration gegen die neuen Steuern kam es 1770 zu einem bewaffneten Zusammenstoß zwischen Kolonisten und englischen Soldaten. Fünf Amerikaner starben.

Q2 Der Finanzminister verteidigt die neuen Steuern (1765):

„Die Steuergelder (...) sollen nach dem Willen des Parlaments einen Teil der Ausgaben decken, die zur Verteidigung, zum Schutz und zur Sicherung der britischen Kolonien in Amerika erforderlich sind (...)
Es trifft zu, dass sie die Mitglieder des Parlaments nicht mitwählen, aber auch neun Zehntel der Bewohner des Mutterlandes können nicht wählen (...) jedes Mitglied des Parlamentes ist nicht nur Abgeordneter seiner Wähler, sondern Mitglied jener hehren Versammlung, die alle Bürger Großbritanniens repräsentiert."

(Adams, A. u. W.P. [Hg.]: Die Amerikanische Revolution, S. 29–31)

A1 *Diskutiert das Pro und Contra der Standpunkte.*

A2 *Wie wehrten sich die Kolonisten gegen die britische Politik?*

A3 *Schildere die Reaktion der Regierung auf die Proteste.*

2.6 Die Unabhängigkeit

Die Spannungen zwischen den Kolonisten und England wuchsen. 1774 versammelten sich 45 Abgeordnete aus zwölf Kolonien in Philadelphia zu einem ersten Gesamtkongress der Kolonisten. Der beriet über gemeinsame Maßnahmen gegen die britische Politik und sprach allein den Kolonialparlamenten das Recht zu, Gesetze zu erlassen.

Die britische Regierung weigerte sich, die Forderungen der Kolonisten anzunehmen. Am 19. April 1775 lieferten sich Engländer und Amerikaner in der Nähe von Boston ein erstes Gefecht. Der Kontinentalkongress stellte eine eigene Armee auf, deren Oberbefehlshaber George Washington wurde. Als sich Großbritannien auch weiterhin unnachgiebig zeigte, erklärten die 13 Kolonien am 4. Juli 1776 ihre Unabhängigkeit.

1777 schlossen sich die ehemaligen Kolonien zu einem Staatenbund zusammen und nannten sich „Vereinigte Staaten von Amerika" (United States of America, USA).

Boston Tea Party: Aus Protest gegen die Tee-Zölle enterten 1773 als Indianer verkleidete Kolonisten drei Schiffe der Ostindien-Kompanie und warfen die kostbare Tee-Fracht über Bord. Die britische Regierung ließ daraufhin den Hafen von Boston blockieren, hob die Verfassung von Massachusetts auf und entsandte 1774 zusätzliche Truppen.

Q1 Die Unabhängigkeitserklärung. Führend bei der Abfassung war Thomas Jefferson, der später (1801–1809), nach George Washington und John Adams, Präsident der USA wurde:

„Folgende Wahrheiten erachten wir als selbstverständlich:
dass alle Menschen gleich geschaffen sind;
dass sie von ihrem Schöpfer mit gewissen unveräußerlichen Rechten ausgestattet sind;
dass dazu Leben, Freiheit und das Streben nach Glück gehören;
dass zur Sicherung dieser Rechte Regierungen unter den Menschen eingesetzt werden, die ihre rechtmäßige Macht aus der Zustimmung der Regierten herleiten;
dass, wenn immer irgendeine Regierungsform sich als diesen Zielen abträglich erweist, es das Recht des Volkes ist, sie zu ändern oder abzuschaffen und eine neue Regierung einzusetzen (...)
Daher verkünden wir, die (...) Vertreter der Vereinigten Staaten von Amerika (...) feierlich, dass diese Vereinigten Kolonien freie und unabhängige Staaten sind und es von Rechts wegen bleiben sollen; dass sie von jeglicher Treuepflicht gegen die britische Krone entbunden sind und dass jegliche politische Verbindung zwischen ihnen und dem Staate Großbritannien vollständig gelöst ist und bleiben soll (...)"

(Krieger, H.: Handbuch des Geschichtsunterrichts, Bd. 4, S. 200 f.)

A1 *An wen richtet sich die Unabhängigkeitserklärung?*

A2 *Wie begründen die Kolonien ihre Trennung von England?*

A3 *Die als „Wahrheiten" bezeichneten Sätze im ersten Abschnitt wurden Vorbild für die Formulierung allgemeiner Menschenrechte. Diskutiert über ihre Bedeutung.*

Sturz der Statue des englischen Königs Georg III. in Washington am 9. Juli 1776 (französischer Kupferstich)

A1 *Was soll mit dem Sturz der Statue ausgedrückt werden?*

2.7 Die Verfassung

Großbritannien wollte den Verlust seiner Kolonien nicht hinnehmen. Der König stellte eine Armee von 30 000 Mann auf. Washingtons Armee war kleiner, weniger gut ausgebildet und schlechter bewaffnet. Dennoch siegten die Amerikaner. Eine wichtige Rolle spielte die Hilfe Frankreichs, das seit 1778 auf der Seite der Aufständischen kämpfte. Großbritannien musste 1783 die Unabhängigkeit der USA anerkennen. Erstmals in der Neuzeit hatten sich Kolonien von ihrem Mutterland losgesagt.

A2 *Überlege, warum die Monarchie Frankreich die Demokraten in Amerika unterstützt hat.*

Von Mai bis September 1787 schuf in Philadelphia ein Parlament die Verfassung der Vereinigten Staaten. Sie ist das älteste demokratische Grundgesetz in der westlichen Welt. Viele ihrer Grundsätze sind in die Verfassungen der europäischen Staaten eingegangen. Dazu gehören: die Abschaffung der Monarchie, die Einführung einer Verfassung, die Formulierung von Bürgerrechten, die Gewaltenteilung zwischen ausführender, gesetzgebender und richterlicher Gewalt.

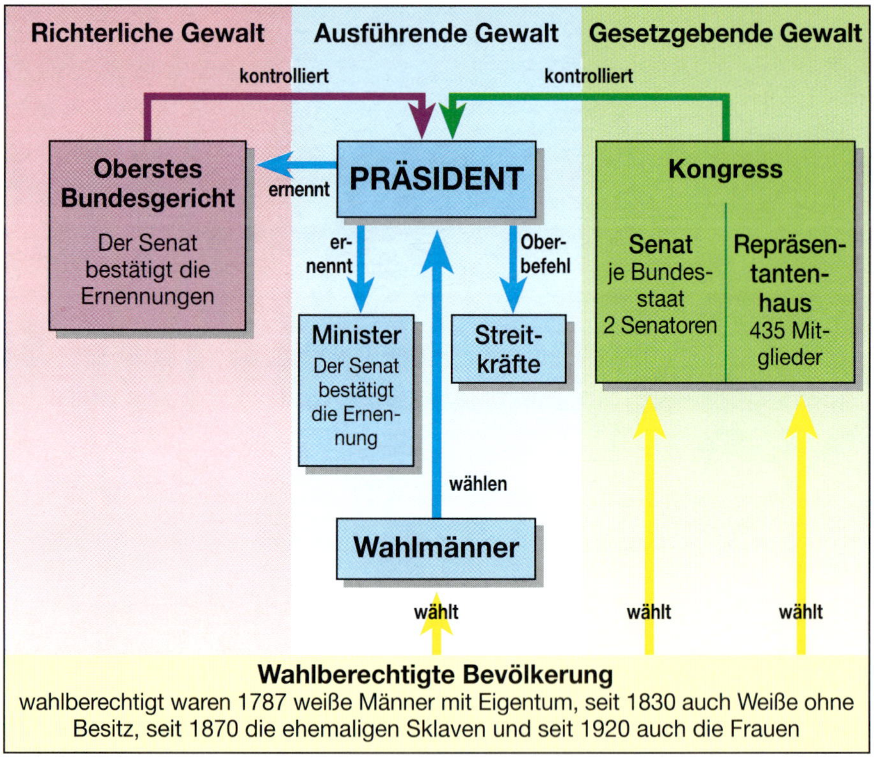

Schema der Verfassung der Vereinigten Staaten

A3 *Wie ist die Beteiligung der Bevölkerung an der Willensbildung sichergestellt?*

A4 *Weder Frauen noch Sklaven durften wählen. Was bedeutet dies für die Menschenrechte?*

A5 *Die Trennung der drei staatlichen „Gewalten" gehört zu den Grundsätzen aller demokratischen Verfassungen. Welche Vorteile hat diese Form im Vergleich zum Absolutismus, wo alle Gewalten in einer Hand liegen?*

A6 *Wie ist sichergestellt, dass sich keine der drei „Gewalten" über die anderen erhebt?*

2.8 Die Sklavenfrage

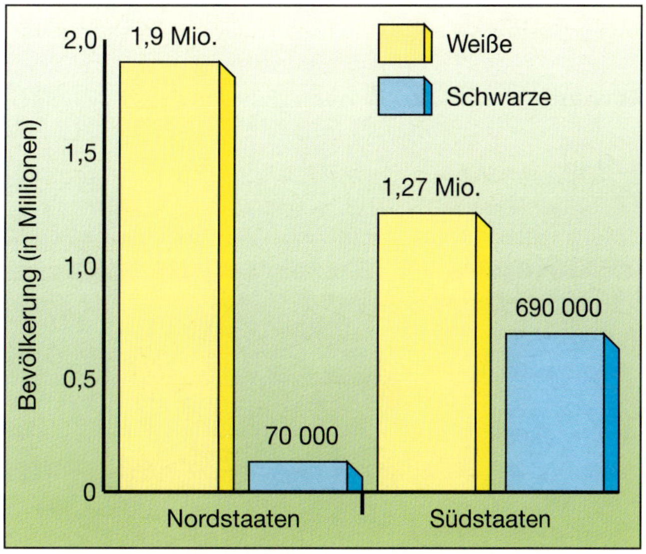

Die Bevölkerungsverteilung in den Nordstaaten und in den Südstaaten um 1790

Die Unabhängigkeitserklärung hatte Freiheit und Gleichheit zu „unveräußerlichen Rechten" aller Menschen erklärt. Sklaven blieben jedoch weiterhin Eigentum ihres Herren und besaßen keine politischen Rechte.

In den Nordstaaten, wo es relativ wenige Sklaven gab, lehnten die meisten Menschen die Sklaverei ab. Nach und nach verboten alle nördlichen Bundesstaaten die Sklaverei. In den Südstaaten aber, die ihren Wohlstand vor allem der Arbeit von Sklaven verdankten, verteidigte die Mehrheit diese „besondere Einrichtung". Obwohl 1808 der Sklavenhandel verboten wurde, wuchs die Zahl der Sklaven ständig. Immer mehr Baumwolle wurde mit ihrer Hilfe produziert.

In einem Kompromiss einigten sich Befürworter und Gegner der Sklaverei 1820 auf eine Regel für die Aufnahme weiterer Bundesstaaten. Sie legten eine Grenze fest: Nördlich dieser Linie durften nur Staaten ohne Sklaverei der Union beitreten, südlich von ihr war neuen Bundesstaaten der Besitz von Sklaven erlaubt. Vier Jahrzehnte später kam es dennoch zum Bürgerkrieg zwischen beiden Parteien (1861–1865).

A1 *In den USA gab es Gegner und Befürworter der Sklaverei. Überlege, welche Gründe sie jeweils für ihre Auffassung hatten.*

Sklaven auf einer Baumwollplantage (moderne Rekonstruktion)

3 Die Französische Revolution

3.1 Ursachen der Revolution

3.1.1 Die Gesellschaft in Frankreich vor 1789

Im Alter von 20 Jahren übernahm Ludwig XVI. 1774 den französischen Thron. Sein Wille war Gesetz und er war niemandem Rechenschaft schuldig. So hatten die Könige Frankreichs über einhundert Jahre lang absolut regiert. So wollte es auch Ludwig XVI. weiter handhaben. Allerdings hatte sich die wirtschaftliche Situation in Frankreich inzwischen verändert.

Frankreich erlebte im 18. Jahrhundert einen besonders großen Bevölkerungsanstieg (1720: 23 Millionen – 1785: 28 Millionen). Das führte zu einer Versorgungskrise. Die Preise stiegen drastisch an. Ein Ausgleich durch steigende Löhne fand nicht statt. Die Auswirkungen auf die unteren Bevölkerungsschichten waren katastrophal.

Die Gesellschaftsordnung des Absolutismus fußte noch auf den Grundlagen des Ständestaates. Dieser bestand aus den beiden privilegierten Ständen Klerus (ca. 130 000 Personen = 0,5 % der Bevölkerung) und Adel (ca. 350 000 Personen = 1,3 % der Bevölkerung) und dem fast rechtlosen Dritten Stand (über 26 Millionen Personen, etwa 98 % der Bevölkerung). Die ständische Einteilung bestimmte die Rechts- und Lebensverhältnisse aller Bewohner Frankreichs.

Ende des 18. Jahrhunderts lebten etwa 85 % der Franzosen noch auf dem Lande. Die Grundherrschaft prägte das ländliche Leben. Fast alle Bauern waren Kleinpächter oder

A1 *Erläutere, welche Personengruppen dargestellt sind.*
A2 *Was soll die Karikatur zum Ausdruck bringen?*

Karikatur des Ständestaates

Kleinbauern. Auf ihnen lasteten die Abgaben, die an die Grundherren gingen. Dazu hatten sie den Hauptteil der Steuern aufzubringen. Oft blieb ihnen nur ein Drittel des Ernteertrags. Zum Dritten Stand gehörten aber auch Bürger, die durch Handel, Industrie und Bankgeschäfte reich geworden waren. Die größte Gruppe in den Städten bildete das Kleinbürgertum. Das waren vor allem Gewerbetreibende und Händler. An unterster Stelle befanden sich die wachsenden Unterschichten: Manufakturarbeiter, Diener, Boten, Wasser- und Holzträger.

Auch viele einfache Priester des Ersten Standes erlebten die Not der Landbevölkerung am eigenen Leib. Dagegen entstammten die kirchlichen Würdenträger, Äbte und Bischöfe, durchweg dem Adel und führten das Leben großer Herren.

Die Vertreter des Adels waren politisch entmachtet. Die Reichen unter ihnen gehörten zum Hofadel, der fern von seinen Gütern in Versailles lebte und nur die Einkünfte aus seinem Grundbesitz genoss. Neben diesem Hofadel gab es den Landadel, der oft in kärglichen Verhältnissen lebte und seine Untertanen direkt ausbeutete.

A3 *Stelle die Rangordnung der Bevölkerung in einem Schaubild dar.*
A4 *Welche Probleme waren in Frankreich besonders groß?*
A5 *Versetze dich in die Lage der „lastentragenden“ Frau auf der Abbildung und beschreibe aus ihrer Sicht die französische Gesellschaft vor 1789.*

3.1.2 Die Wirtschafts- und Finanzkrise

An der Frage der Staatsfinanzen entzündete sich die Revolution. Seit der Herrschaft des „Sonnenkönigs“ belasteten wachsende Schulden den Staatshaushalt. Allein die zu zahlenden Zinsen verschlangen 1788 mehr als die Hälfte der Einnahmen. Verschiedene Finanzminister scheiterten bei Reformversuchen, weil sie eine allgemeine Steuer gegenüber dem von Abgaben befreiten Ersten und Zweiten Stand nicht durchsetzen konnten. Schließlich musste der König der Einberufung der Generalstände zustimmen. Das war ein Parlament der Reichsstände, das zum letzten Mal 1614 getagt hatte.

Q1 Der Staatshaushalt 1788:

Einnahmen	*503 Millionen Livres*
Ausgaben	*629 Millionen Livres*
Neuverschuldung	*126 Millionen Livres*

Die Ausgaben des Haushalts verteilten sich folgendermaßen:

Zivile Ausgaben	*145 Millionen Livres*
Öffentliche Bildung und Fürsorge	*12 Millionen Livres*
Hofhaltung	*36 Millionen Livres*
Militärausgaben	*165 Millionen Livres*
Zinsen für die Staatsschulden	*318 Millionen Livres*

Haushalt der Bundesrepublik 1995:

Einnahmen	*414,5 Mrd. DM*
Ausgaben	*464,7 Mrd. DM*
Neuverschuldung	*50,2 Mrd. DM*
Soziales	*175,4 Mrd. DM*
Bildungswesen	*19,7 Mrd. DM*
Verteidigung	*48,2 Mrd. DM*
Zinsen	*55,0 Mrd. DM*

A1 *Welche Chancen für die Durchsetzung von Reformen gab es in Frankreich?*

A2 *Vergleiche die Neuverschuldung im Staatshaushalt Frankreichs mit der im Bundeshaushalt.*

A3 *Berechne die prozentualen Anteile der Ausgabenbereiche und vergleiche mit dem Bundeshaushalt.*

3.1.3 Neue Ideen schüren die Revolution

Seit dem 17. Jahrhundert hatte sich ein neues Denken entwickelt, das vor allem eine Herrschaft der menschlichen Vernunft anstrebte. Diese Ideen der Aufklärung hatten großen Einfluss auf das französische Bürgertum. Jean-Jacques Rousseau war zum Beispiel von der ursprünglichen Gleichheit aller Menschen überzeugt. In seinem „Gesellschaftsvertrag“ vertrat er die Lehre von der „Volkssouveränität“. Damit war gemeint, dass die Entscheidungsgewalt in allen wichtigen politischen Fragen beim Volk liegen sollte.

Für einen großen Teil der französischen Bevölkerung verkörperte außerdem die Unabhängigkeitsbewegung in Amerika das Ideal einer neuen Gesellschaft.

Die Einflüsse machten sich in den Denkschriften und Beschwerdebriefen vieler Wählergruppen bemerkbar, in denen das Volk der Regierung Wünsche zur Verbesserung seiner Lage vortragen durfte.

Q2 Beschwerdeheft des Dorfes Guyancourt. Die Einwohner dieser Gemeinde forderten:

„1. dass alle Steuern von den drei Ständen ohne irgendwelche Ausnahme gezahlt werden, von jedem Stand gemäß seinen Kräften;
2. das gleiche Gesetz und Recht für das ganze Königreich;
3. die völlige Aufhebung der Sondersteuern und der Salzsteuer;
5. die völlige Beseitigung jeglicher Art von Zehnten in Naturalien;
8. dass die Eigentumsrechte heilig und unverletzlich sind;
10. dass alle Frondienste, welcher Art sie auch sein mögen, abgeschafft werden;
15. dass angesichts des großen Elends das Volk die Herabsetzung des Getreidepreises verlangt.“

(Krieger, H.: Handbuch des Geschichtsunterrichts, Bd. 4, S. 209)

A4 *Erkläre die einzelnen Beschwerden.*

A5 *Stellt in eurer Klasse Vermutungen darüber an, welche Punkte den Bewohnern des Ortes wohl am wichtigsten gewesen sein könnten.*

A6 *Auf dem Bild erkennst du, wie damals die Bauern ihre Forderungen vorbrachten. Wer führte die Feder?*

A7 *Plant ein Rollenspiel. Die Bauern des Dorfes Guyancourt bei Versailles tragen Ludwig XVI. direkt ihre Forderungen vor. Wie wird er reagieren?*

Abfassung von Beschwerdeschriften (moderne Rekonstruktion)

Auch die wachsende Zahl der Flugschriften vor 1789 spiegelte die Aufbruchstimmung wider. Die berühmteste ist die des Priesters Sieyès: „Was ist der Dritte Stand?"

Q3 Sieyès: Was ist der Dritte Stand? (Flugschrift vom Januar 1789):
„Der Plan dieser Schrift ist ganz einfach. Wir haben uns drei Fragen vorzulegen.
1. Was ist der Dritte Stand? Alles.
2. Was ist er bis jetzt in der politischen Ordnung gewesen? Nichts.
3. Was verlangt er? Etwas darin zu werden (...)
Wenn man den privilegierten Stand wegnähme, wäre die Nation nicht etwas weniger, sondern etwas mehr."
(Krieger, H.: Handbuch des Geschichtsunterrichts, Bd. 4, S. 209)

A1 *Was wird Sieyès als Begründung für seine Behauptung, der Dritte Stand sei alles, angeführt haben?*
A2 *Weshalb meinte er wohl, dass die Nation ohne den „privilegierten Stand" (Adel, Klerus) mehr wäre?*

3.2 Die Revolution 1789 bis 1792

3.2.1 Der Dritte Stand begehrt auf!

Die Generalstände wurden für das Jahr 1789 einberufen. Nach alter Tradition bekam jeder Stand 300 Abgeordnete, verfügte aber nur über eine Stimme. Dies wollte das Bürgertum nicht mehr akzeptieren und setzte die Verdoppelung der Zahl seiner Abgeordneten durch.

Die Unzufriedenheit des Dritten Standes wurde verstärkt durch eine Wirtschaftskrise. Missernten 1787 und 1788 verschärften die Situation. Es kam zu Hungerrevolten und Unruhen. Die Getreidepreise stiegen um bis zu 200% an. Ende 1788 wuchs die Zahl der Arbeitslosen in Paris auf 80000. Ein Bauarbeiter musste etwa 80% seines Einkommens allein für Brot ausgeben.

Im Mai 1789 traten die Stände in Versailles zusammen. Von den Abgeordneten des Ersten Standes, deren Mehrheit zum niederen Klerus gehörte, vertrat die Hälfte Ansichten des Dritten Standes. Unter den 270 Adligen waren etwa 90 Reformwillige. Von den Abgeordneten des Dritten Standes waren die meisten Rechtsgelehrte, daneben Bankiers, Kaufleute, Industrielle und Großgrundbesitzer. Weder Bauern noch Handwerker und Arbeiter waren vertreten.

Q1 Ludwig XVI. eröffnete die Sitzung der Ständeversammlung:
„Meine Herren! (...) Ich sehe mich von den Vertretern der Nation umgeben, über die zu gebieten ich mich rühme. (...) Die Staatsschuld, die schon bei meiner Thronbesteigung über alle Maßen groß war, ist unter meiner Herrschaft noch weiter angewachsen (...) Die Vermehrung der Steuern war die notwendige Folge und hat ihre ungleiche Verteilung noch ungerechter gemacht. Eine allgemeine Unruhe, ein übertriebenes Verlangen nach Neuerungen hat sich der Gemüter bemächtigt und würde schließlich die Meinung vollends verwirren, wenn man sich nicht beeilte, sie durch eine Vereinigung von weisen und maßvollen Ratschlägen in eine feste Richtung zu lenken. In dieser Zuversicht, meine Herren, habe ich Sie versammelt."
(Wittmütz: Die Französische Revolution, S. 23)

A3 *Was versprach sich der König vom Zusammentritt der Generalstände?*

A4 *Sucht euch auf dem Bild je einen Vertreter der drei Stände heraus. Was werden sie über die Rede des Königs denken? Welche Erwartungen haben sie von der Versammlung der Generalstände?*
A5 *Entwerft eine kurze Erwiderung eines Abgeordneten aus dem Dritten Stand auf die Rede des Königs.*

Der König hielt nach wie vor an der Abstimmung nach Ständen fest. Daraufhin erklärten die Abgeordneten des Dritten Standes und einige des Ersten und Zweiten Standes sich zur Nationalversammlung. Im Antrag des Priesters Sieyès begründeten sie diesen Schritt damit, dass die anwesenden Abgeordneten mindestens 96 Prozent der Nation vertreten würden.

Q2 *„Die Versammlung erklärt (...), dass das gemeinsame Werk der nationalen Neuordnung unverzüglich von den anwesenden Abgeordneten in Angriff genommen werden kann (...) Die Bezeichnung Nationalversammlung ist die einzige, welche (...) der Versammlung zukommt (...), weil ihre Mitglieder (...) auf direktem Wege von der überwiegenden Mehrheit der Nation entsandt sind."*
(Grab, W.: Französische Revolution, S. 30 f.)

A6 *Warum war dies wohl der erste entscheidende revolutionäre Akt der Abgeordneten, der eigentliche Beginn der Französischen Revolution?*
A7 *Für den Maler des Gemäldes „Der Ballhausschwur", Jacques Louis David, war das Ereignis vom 20. Juni noch wichtiger. Mache an einzelnen Figuren und an der Art der Zeichnung seine Begeisterung über diesen Schwur deutlich. Ordne einzelne Personen ihren Ständen zu. Überlege auch, welche Bedeutung die Dreiergruppe im Vordergrund des Bildes haben könnte.*

Die Eröffnung der Versammlung der Generalstände

Der Ballhausschwur, Gemälde von Jacques Louis David

Zwei Tage nach dieser Erklärung beschloss die Mehrheit des Ersten Standes, sich der Nationalversammlung anzuschließen. 80 liberale Adlige wollten ihnen folgen. Am 20. Juni fanden die Abgeordneten aber ihren Sitzungssaal verschlossen und bewacht vor. Sie zogen daraufhin in ein nahe gelegenes Ballspielhaus. Auf die königliche Aufforderung auseinander zu gehen, antworteten sie mit einem Schwur: Sie wollten so lange tagen, bis für Frankreich eine neue Verfassung verabschiedet sei. Der König tobte. Nach einer Woche gab er schließlich nach. Er forderte „seine getreue Geistlichkeit und seinen getreuen Adel" auf, mit der Nationalversammlung zu tagen, die damit als Volksvertretung von ihm anerkannt wurde. Am 9. Juli erklärten sie sich zur verfassunggebenden Nationalversammlung. Der König hatte vorerst seine Machteinbuße akzeptiert.

3.2.2 Die Revolution des Volkes

Die wirklichen Pläne Ludwig XVI. sahen jedoch ganz anders aus. Am 11. Juli holte er zusätzliche Soldaten nach Paris.

Die wirtschaftliche Not hatte im Juli ihren Höhepunkt erreicht. Die Gegner des Königs waren nun nicht mehr allein die Abgeordneten, sondern die 700 000 Bürgerinnen und Bürger von Paris. Alle waren in Aufruhr wegen der Truppenbewegungen. Der Ruf nach Waffen wurde laut. 40 000 Gewehre und 12 Geschütze fielen am Morgen des 14. Juli in die Hände der Bürgerwehr, als sie das Hôtel des Invalides erstürmte. Das wichtige Pulver war aber wenige Tage vorher in die Bastille gebracht worden, ein Staatsgefängnis und Symbol der königlichen Schreckensherrschaft. Ganze sieben Gefangene befreiten die Eroberer des Bollwerks, als sie es am 14. Juli erstürmten. 98 Angreifer fielen bei der Eroberung und die Rache des Volkes war entsprechend: Der Gouverneur der Bastille wurde zuerst festgenommen, später aber von der Volksmenge ermordet.

Der König gab seinen Truppen den Rückzugsbefehl. Am 17. Juli musste er einen Bußgang nach Paris antreten. Er steckte dort die rotweißblaue Kokarde an, das Symbol der Revolution. Die Nationalversammlung war gerettet.

Die erstürmte Bastille wurde bald zum beliebten Ziel für Spaziergänge. Bürger ließen sich für eine Nacht in den alten Kerkern einschließen. Ein Bauunternehmer, der für die Abbrucharbeiten zuständig war, ließ in tausende von Steinen aus der Festung kleine Bastillen meißeln und verdiente damit viel Geld.

Die Kokarde zum Anstecken als Bekenntnis zur Revolution

Sturm auf die Bastille. Zeitgenössisches Aquarell von J. P. Honel

A1 *Erkläre, weshalb die Franzosen heute noch jedes Jahr der Erstürmung der Bastille als Nationalfeiertag gedenken.*

A2 *In der volkstümlichen Darstellung werden sämtliche Ereignisse des Tages gleichzeitig wiedergegeben. Rekonstruiere den Ablauf der Ereignisse.*

A3 *Der König schrieb am 14. Juli in sein Tagebuch nur das Wort „rien", das heißt „nichts". Für ihn war der Tag vorübergegangen, ohne dass er Jagdergebnisse vorweisen konnte. Bewerte diese Eintragung.*

3.2.3 Die Revolution auf dem Lande

Die Bauern hatten sich am meisten von den Veränderungen versprochen. Bis Mitte Juli war aber nichts zur Verbesserung ihrer Lage geschehen. Nun entstand eine bäuerliche Aufstandsbewegung.

In einigen Teilen Frankreichs wurden die Herrensitze total zerstört. Auch Unbeteiligte wurden Opfer. Im Elsass kam es zu Judenverfolgungen. Alle Ausländer lebten gefährlich, da sie mit Misstrauen als Vorboten einer Invasion betrachtet wurden. Marie-Antoinette, die aus Österreich stammende Königin, wurde zur besonderen Zielscheibe dieser Ausländerfeindlichkeit. Sie sei nur im Land geblieben, um die Nationalversammlung zu vernichten, behaupteten ihre Gegner. Terror und Gewalt zeigten sich in dieser Phase der Revolution schon deutlich.

Die Große Furcht

A4 *Was könnte hier geschehen sein? Beachte die Menge vor dem Schloss! Wer wird sich in den Kutschen befinden?*

3.2.4 Frauen greifen in die Revolution ein

Die Revolution wurde zunehmend zu einer Angelegenheit der unteren Volksschichten. Die Versorgung war auch im Herbst noch nicht besser geworden. Marie-Antoinette soll angesichts der Brotknappheit gesagt haben, dann sollten die Pariser doch Kuchen essen. Gerüchte über einen bevorstehenden Aufstand des Adels führten zu Gegenreaktionen. Die Pariser Frauen waren es diesmal, sechs- bis siebentausend, in der Mehrzahl Marktfrauen. Sie zogen am 5. Oktober mit Stöcken, Äxten und Piken bewaffnet nach Versailles, um ihren Forderungen nach Brot Nachdruck zu verleihen.

Die Nationalgarde folgte den Marktfrauen, konnte aber Gewalttaten gegen die königliche Garde nicht verhindern. Diesem Druck des Volkes beugte sich Ludwig XVI. notgedrungen. Er musste mitsamt seiner Familie mit den Marktfrauen nach Paris ziehen. Versailles wurde mit Brettern vernagelt. Drastischer konnte das Ende des absolutistischen Zeitalters nicht gezeigt werden. Der König war in seinem Pariser Stadtschloss, den Tuilerien, Gefangener der Revolution. Auch die Nationalversammlung zog nach Paris.

A1 *Warum kam es zum Zug der Frauen nach Versailles?*

A2 *Beschreibe beide Bilder. Was hat sich dazwischen ereignet?*

A3 *Was sollen die grünen Zweige im zweiten Bild bedeuten? Von wem stammen wohl die abgeschlagenen Köpfe?*

A4 *Nimm Stellung dazu, dass mehrere tausend Frauen den König zwangen, ständig in Paris zu bleiben.*

Der Zug der Frauen nach Versailles und ihre Rückkehr mit der Nationalgarde nach Paris. Zeichnungen von 1789.

Eine Tafel mit der Erklärung der Menschenrechte

3.2.5 Die Nationalversammlung 1789 bis 1791

Die Revolution der Abgeordneten, die des Volkes in Paris und auf dem Lande griffen letztlich ineinander: Mit ausgelöst durch die Pariser Ereignisse vom 14. Juli bewirkten die Ereignisse auf dem Lande eine schnelle Reaktion der Nationalversammlung. In der Nacht vom 4. auf den 5. August beschlossen die Abgeordneten, wichtige Forderungen der Bauern zu erfüllen. Damit endete das alte System Frankreichs. Alle wesentlichen Vorrechte des Adels wurden abgeschafft:

- die Leibeigenschaft
- die Gerichtsbarkeit der Grundherren
- die adligen Sonderrechte (Jagd, Fischerei, Taubenhaltung)
- die Ämterkäuflichkeit
- die Steuerprivilegien
- der Kirchenzehnt

Der Jubel der armen Landbevölkerung über diese Beschlüsse war verfrüht. Denn nur gegen Geld konnte sich der Bauer von Lasten, die auf dem Grund und Boden ruhten, freikaufen. Die Bauern waren zwar frei, nicht jedoch das Land, das sie bearbeiteten. Doch die Unruhen hörten erst einmal auf. Wie reagierte aber der König?

Q3 *„Ich werde alles, was nur in meinen Kräften steht, aufbieten, um meinen Klerus, meinen Adel aufrechtzuerhalten (...) Wenn mich Gewalt nötigte, meine Zustimmung zu geben, dann würde ich nachgeben, aber dann würde es auch in Frankreich weder eine Monarchie noch einen Monarchen geben."*
(Hartig, I. u. P.: Die Fr. Revolution, S. 24)

A1 *Wie groß ist die Einsicht des Königs? Was scheint für ihn im Sommer 1789 noch undenkbar zu sein?*
A2 *Vergleiche die Beschlüsse der Nationalversammlung mit den Forderungen der Bauern.*
A3 *Begründe, warum die Bauern über diesen Beschluss nur teilweise glücklich sein konnten.*

Noch wichtiger war die „Erklärung der Menschen- und Bürgerrechte", die am 26. August von der Nationalversammlung beschlossen wurde. Sie legte die Grundlagen des neuen Staates, der auf der Gleichheit aller Bürger vor dem Gesetz beruhte. Vorbild dieser Erklärung war die Unabhängigkeitserklärung der Vereinigten Staaten von 1776.

Eigentumsgarantien standen für die wohlhabenden bürgerlichen Abgeordneten im Vordergrund. Der Gleichheitsgrundsatz galt nur vor dem Gesetz. An wirtschaftliche Gleichheit war nicht gedacht. Die Frauen mussten noch lange auf ihre Gleichberechtigung warten. Eine Befreiung der Sklaven in den Kolonialgebieten war nicht vorgesehen.

A4 *Ordne die Punkte in der obigen Tafel den Ideen der Revolution von Freiheit und Gleichheit zu.*
A5 *Welchen Eindruck vermittelt dir die Tafel (oben) zur Erklärung der Menschenrechte?*

Es gab noch viel Arbeit für die Abgeordneten. Die Verfassung lag noch nicht endgültig vor. Die Finanznot war noch nicht behoben. Einen Ausweg sah die Nationalversammlung darin, das Vermögen der Kirche heranzuziehen. Am 2. November 1789 stimmten zwei Drittel der Abgeordneten der Enteignung der Kirche zu.

A1 *Erkläre mithilfe der Karikatur, wie die Nationalversammlung die Finanzprobleme lösen wollte.*

Diese Enteignung entzweite Nationalversammlung und Klerus. Die Beziehungen zur Kirche sollten neu geregelt werden. Die Klöster und Orden wurden 1790 aufgehoben, Schulen wurden verstaatlicht, die Zivilehe eingeführt. Da auch die Bezahlung der Priester vom Staat übernommen werden musste, sollten diese auf den Staat vereidigt werden. Der Papst verurteilte 1791 diese Kirchenverfassung. Daraufhin leistete nur etwa die Hälfte der Priester den Eid. Eine Kirchenspaltung war die Folge.

A2 *Überlege, warum der Papst die neue Kirchenverfassung ablehnte.*

Wenige Monate vor der endgültigen Verabschiedung der Verfassung unternahm die Königsfamilie einen Fluchtversuch. Sie wollte Verbindung mit geflüchteten Adligen im Ausland aufnehmen. Doch an der Grenze wurde sie gefasst und nach Paris zurückgebracht.

Die Abgeordneten der Nationalversammlung befanden sich in einer Zwickmühle. Ludwig XVI. sollte nach ihrer Vorstellung weiterhin an der Spitze des Staates stehen. Einige Abgeordnete dachten auch schon über die Einführung einer reinen Volksherrschaft nach. Um den Schein zu wahren, beschlossen die Abgeordneten, der König sei entführt worden, und verabschiedeten am 3. September 1791 die Verfassung.

Die „patriotische Diät"

A3 *Welche Gründe hatte der König für seinen Fluchtversuch?*

3.2.6 Die Verfassung von 1791

Nicht alle waren mit der Verfassung von 1791 zufrieden. Maximilien Robespierre, Mitglied der Nationalversammlung und Mitbegründer des einflussreichen radikalen Jakobinerklubs, machte sich zum Sprachrohr der Kritiker:

Q4 *„Wer wagt es unter gleichberechtigten Menschen, seinen Nächsten der Ausübung der Rechte, die ihm zukommen, für unwürdig zu erklären, um ihn zu eigenem Vorteil auszuplündern? Glaubt ihr im Ernst, dass ein hartes, arbeitsames Leben mehr Laster erzeugt als Weichlichkeit, Luxus und Ehrgeiz? Habt ihr weniger Vertrauen zu der Rechtschaffenheit unserer Handwerker und Bauern, die nach eurem Tarif fast niemals Aktivbürger sein werden, als zu der der Zollpächter, der Höflinge und großen Herren (...)? Die geheiligten Menschenrechte sind verletzt durch die eben entstehende Verfassung (...)"*

(Hartig, I. u. P.: Die Fr. Revolution, S. 59)

A4 *Beschreibe den Aufbau der Verfassung.*

A5 *Vergleiche die Verfassung und das Zitat von Robespierre mit der Menschen- und Bürgerrechtserklärung.*

A6 *Wo siehst du in dieser Verfassung Fortschritte gegenüber der Situation vor 1789?*

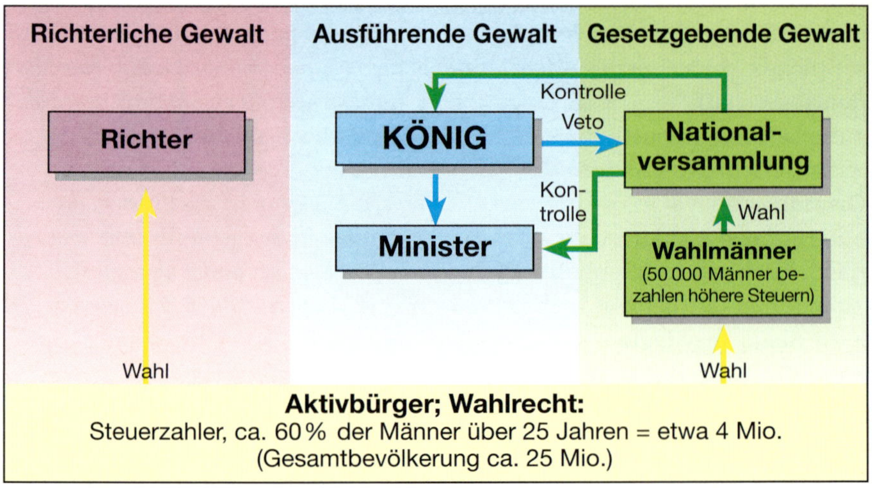

Die Verfassung von 1791

3.3 Eine Zwischenbilanz der Revolution

3.3.1 Die Emigranten (Auswanderer)

Unter den Mitgliedern des Ersten und Zweiten Standes führte die Angst vor der Revolution zu einer Fluchtbewegung. Bis Oktober 1789 verließen über 20000 Menschen Frankreich, darunter auch verängstigte Bauern und Bürger. Bis 1794 waren es weit über 100000. Viele Adlige konnten nur geringe Geldmittel mitnehmen und mussten nun plötzlich für ihren Lebensunterhalt arbeiten. So verkaufte der Marquis von Saint Quentin in England Mineralwasser, andere wurden Gastwirte, Ärzte, Bäcker. Allein 25000 sammelten sich aber in den Armeen der europäischen Fürsten, um in Frankreich die alten Verhältnisse gewaltsam wiederherzustellen.

Ein Bild zum Drehen. Paris 1790. „Der Aristokrat glaubt an die Konterrevolution" heißt die obere Aufschrift, „Der Aristokrat verflucht die Revolution" die untere.

A1 *Schreibe einen Brief eines Flüchtlings, in dem er über seine Situation im Exil berichtet.*

A2 *Wo gibt es heute Flüchtlinge in der Welt? Wie ist ihre Lebenssituation zum Beispiel in der Bundesrepublik?*

A3 *Überlege, welche Bedeutung das Drehbild haben könnte.*

3.3.2 Die Rechte der Frauen

„Die Menschen werden frei und gleich an Rechten geboren (...)", heißt es in der Menschen- und Bürgerrechtserklärung. Mit diesen „Menschen" waren aber nur die Männer gemeint. Rousseau, dessen Werk die Revolution nachhaltig prägte, war der Meinung: „Die Abhängigkeit ist für Frauen ein natürlicher Zustand." 1789 finden wir in den Beschwerdebriefen fast keine Forderungen von Frauen. Erst 1791 verkündete Olympe de Gouges eine „Erklärung der Frauen- und Bürgerinnenrechte", in der es heißt:

Q1 *„Art. I Die Frau wird frei geboren und bleibt dem Manne gleich in allen Rechten. Die sozialen Unterschiede können nur im allgemeinen Nutzen begründet sein.*
Art. VII Für Frauen gibt es keine Sonderrechte; sie werden verklagt, in Haft genommen (...), wo immer es das Gesetz vorsieht.
Art. IX Die Frau hat das Recht, das Schafott zu besteigen. Sie muss gleichermaßen das Recht haben, die Tribüne zu besteigen."

(Tichy/Tornow: Französische Revolution, S. 42 ff.)

Olympe de Gouges war eine herausragende Kämpferin für die Rechte der Frauen. Dafür wurde sie jedoch später unter der Jakobinerherrschaft hingerichtet. Einer ihrer Führer äußerte sich über politisch aktive Frauen so:

Q2 *„Seit wann ist es üblich, dass die Frauen Haushalt und Kinder vernachlässigen, um auf öffentlichen Plätzen Reden zu halten?"*

(Hennies, A.: Ehret die Frauen, S. 21)

Auch militärisch wollten die Frauen mitbeteiligt sein. Théroigne de Méricourt forderte 1792:

Q3 *„Lasst uns zu den Waffen greifen; wir haben dazu das Recht, von Natur aus und sogar vor dem Gesetz; lasst uns den Männern zeigen, dass wir ihnen weder an Mut noch an Tugend unterlegen sind."*

(Sklavin oder Bürgerin, S. 97)

Die Nationalversammlung lehnte die Forderungen ab. Die Ordnung der Natur lasse es nicht zu, dass zarte Frauenhände mörderische Kampfinstrumente handhabten. Trotz dieses Widerstandes gab es eine Reihe von Frauen, die als Männer verkleidet Aufgaben in der Armee übernahmen.

„Ich wusste ja, dass wir auch noch an die Reihe kommen." Radierung von 1789

A1 *Vergleiche die Abbildung rechts mit dem Bild S. 122. Wer sind die einzelnen Personen? Sind denn die Frauen „an die Reihe gekommen"?*

A2 *Gegen welche Vorurteile mussten sie ankämpfen? Sind diese heute beseitigt?*

A3 *Erarbeitet ein Rollenspiel: Frauen unterhalten sich über die Erklärung der Menschen- und Bürgerrechte und ihre soziale Lage.*

Der Patriotische Frauenklub, Malerei von 1791. Solche Gesellschaften zur Bildung und Wohltätigkeit entstanden in vielen Städten.

A4 *Woraus kann man schließen, dass dies nicht nur ein „Kaffeekränzchen" ist?*

3.3.3 Alle sollen lernen

Vor der Revolution hatte die Erziehungsaufgabe vor allem die Kirche übernommen. 1789 konnten immerhin etwa 37 Prozent der Franzosen schreiben. Das staatliche Schulwesen bestand nur aus Militärschulen, die für den Offiziersnachwuchs zu sorgen hatten. Durch eine solche Schule ist Napoleon gegangen.

Die Revolution plante einschneidende Änderungen im Schulwesen. „Unterricht ist das Bedürfnis aller", hieß es. Grundschulunterricht wurde Pflicht. Alle Kinder ab sechs Jahren mussten für mindestens drei Jahre zur Schule gehen. Realschulen sollte es in den Marktflecken geben, Gymnasien in jeder Stadt. Problematisch war, dass die Kirchenschulen geschlossen wurden, aber für die staatlichen Schulen Gebäude und Lehrer fehlten. Während viele Pläne gemacht wurden, wuchs die Zahl der Analphabeten.

Ein republikanischer Lehrer gibt seinen Schülern Anschauungsunterricht im Freien (moderne Rekonstruktion)

A1 *Was will der Lehrer seinen Schülern zeigen?*

3.3.4 Politische Meinungsbildung

„Neuigkeiten aus Paris" überschwemmten ganz Frankreich und Europa. Die Revolution wurde vermarktet: Teller, Kaffeetassen, Zinngeschirr, auch Spielkarten wurden Transportmittel der Freiheitsidee. Wirksamstes Massenmedium aber waren die Zeitungen. 1792 gab es in Paris fast fünfhundert. Die Journalisten wurden zu einer einflussreichen Personengruppe. Einige Blätter spezialisierten sich auf die weibliche Leserschaft. Modezeitschriften entstanden. In Leserbriefecken wurden Erziehungsfragen behandelt. Auch der Heiratsmarkt war dabei:

Q4 *„Ich bin derzeit fünfundzwanzig Jahre alt und keine Schönheit, aber laut Aussage anderer Frauen (...) auch nicht gerade hässlich. (...) Ich habe ein weiches Herz (...) sowie ein stattliches Vermögen. Mein künftiger Ehemann sollte (...) auf gar keinen Fall Amerikaner sein, auch kein (...) Abgeordneter von den Antillen, [denn diese] sind allesamt Sklavenhalter, deren Vergnügungen und Reichtum mit der Freiheit und dem Blut der Schwarzen bezahlt werden."*

(Bertraud, J. P.: Alltagsleben, S. 116 f.)

A2 *Inwieweit spiegelt diese Heiratsannonce die damalige revolutionäre Zeit wider?*

A3 *Die französische Verfassung garantierte Meinungs- und Pressefreiheit. Welche Bedeutung hat ein vielfältiges Zeitungsangebot?*

A4 *Was verkaufte die Zeitungsverkäuferin auf dem Bild außerdem?*

Zeitungsverkauf in Paris (moderne Rekonstruktion)

Alle politischen Richtungen hatten Zeitungen als Sprachrohr, insbesondere die neu gegründeten politischen Klubs. Das waren Vorläufer parteiähnlicher Gruppierungen. Am einflussreichsten war der Jakobinerklub, benannt nach dem Kloster Saint-Jacques. Im August 1790 war er der größte Klub in Paris. Wichtige Mitglieder waren Mirabeau und Robespierre. Überwiegend verkehrten dort wohlhabende Juristen, Schriftsteller, Journalisten, aber auch Kaufleute und selbstständige Handwerker. Ein Jahr später hatte der Klub über 400 Zweigstellen in der Provinz.

A1 *Unzufriedenheit und Zufriedenheit hielten sich nach 1791 die Waage. Stelle zusammen, welche Gruppen wohl zufrieden mit dem bisherigen Ablauf der Revolution sein konnten und welche nicht.*

3.4 Der Weg in den Krieg

Mit dem Jahr 1792 begann eine kriegerische Zeit in Europa, die bis auf kurze Unterbrechungen bis 1815 dauerte. In der neuen Gesetzgebenden Nationalversammlung waren es vor allem die Girondisten, die den Kriegsgedanken vorantrieben. Die Gruppe nannte sich so, weil sie aus der Gironde, einer Gegend Südfrankreichs, stammte.

Noch 1790 hatte die Nationalversammlung ganz auf Eroberungskriege verzichtet. Nun hatten aber die Emigranten Truppen an den Grenzen aufgestellt. Der österreichische Kaiser und der preußische König drohten mit Waffengewalt. Die Girondisten wollten durch einen Krieg die Errungenschaften der Revolution sichern und in Europa verbreiten. Der König wünschte den Krieg, weil er darin die Möglichkeit zur Wiederherstellung seiner alten Macht sah. Deshalb machte Ludwig XVI. auch Girondisten zu seinen Ministern.

Nur wenige wandten sich gegen diese Kriegstreiberei. Robespierre gehörte zu ihnen. Ein Krieg, so sein überzeugendstes Argument, würde entweder dem Hof in die Hände spielen oder zu einer Militärdiktatur führen. Warnend rief er im Jakobinerklub: „Niemand liebt bewaffnete Missionare!“

A2 *Diskutiert über diesen Satz. Ist er noch heute aktuell?*

Q1 Aus einer Rede des Girondisten Brissot im Jakobinerklub vom 16. Dezember 1791:
„Die Kraft der Überlegung und der Tatsachen hat mich davon überzeugt, dass ein Volk, das nach zehn Jahrhunderten der Sklaverei die Freiheit errungen hat, des Krieges bedarf. Es braucht den Krieg, um die Freiheit zu befestigen; (...) es braucht ihn, um aus seinem Schoß die Männer zu entfernen, die sie verderben könnten. (...) Seit zwei Jahren hat Frankreich alle gütlichen Mittel erschöpft, um die Rebellen [die Emigranten] in seinen Schoß zurückzuführen; alle Versuche, alle Aufforderungen sind fruchtlos gewesen, sie beharren auf ihrem Aufruhr; die fremden Fürsten bestehen auf ihrer Unterstützung; kann man zögern, sie anzugreifen?“
(Krieger, H.: Handbuch des Geschichtsunterrichts, Bd. 4, S. 217)

Q2 Robespierre warnte vor einem Krieg:
„(...) Auch ich will den Krieg, aber nur sofern das Interesse der Nation ihn verlangt: Bekämpfen wir zunächst unsere inneren Feinde und marschieren wir erst dann gegen die äußeren, wenn es dann noch welche gibt. Der Hof und das Ministerium verlangen den Krieg (...) Krieg zu führen ist immer der erste Wunsch einer mächtigen Regierung, die noch mächtiger werden will. (...) Es geschieht im Kriege, dass die Exekutive [= Regierung] die furchterregendste Energie entfaltet und eine Art Diktatur ausübt, die unsere im Entstehen begriffene Freiheit wahrhaft erschrecken muss. Es geschieht im Kriege, dass das Volk die wichtigen Beratungen über seine bür-

„So wird der elektrische Funke der Freiheit die Throne der gekrönten Räuber stürzen“, Karikatur von Ch. Dupois, 1794. Auf der Elektrisiermaschine links steht „Erklärung der Menschenrechte“, über dem Draht „Freiheit, Gleichheit, Brüderlichkeit“, rechts die wichtigsten Monarchen Europas und der Papst.

Auszug der Freiwilligen am 22. Juli 1792. Gemälde von Edouard Détaille.

gerlichen und politischen Rechte vergisst, um sich nur mit äußeren Ereignissen zu beschäftigen. (...) Bevor man den Krieg vorschlägt, muss man nicht nur alles tun, was in seinen Kräften steht, um ihn zu verhindern, sondern man muss auch seine Macht einsetzen, den inneren Frieden zu erhalten. (...)"
(Fischer, P.: Reden der Fr. Revolution, S. 145 ff.)

A1 *Vergleiche beide Quellen. Stelle fest, welche Argumente für den Krieg und welche dagegen genannt werden.*
A2 *Diskutiert die unterschiedlichen Standpunkte.*
A3 *Welche Position zum Krieg bezog Ch. Dupois (Abb. linke Seite)?*

Im April 1792 erklärten der König und die Nationalversammlung dem deutschen Kaiser den Krieg. Die französische Armee war jedoch schlecht vorbereitet. Auch die nationale Begeisterung vieler Freiwilliger konnte das zunächst nicht ausgleichen. Im Juli 1792 erlaubte man auch den Bürgern ohne Wahlrecht, in die Armee einzutreten. Zahlreiche Sansculotten (= Angehörige der unteren Schichten) schlossen sich so der Freiwilligenarmee an.

A4 *Beschreibe Soldaten und Zivilisten.*
A5 *Welchen Eindruck vermittelt dir das Bild?*

Ein Kriegslied, durch Marseiller Truppen nach Paris gebracht, sangen die Revolutionäre begeistert. Es wurde zur französischen Nationalhymne, der „Marseillaise":

Voran, Kinder des Vaterlandes!
Der Tag des Ruhms kam nun herbei!
Gegen uns ist blutig erstanden
Die Fahne der Tyrannei.
Hört ihr da draußen in den Landen
Die wüsten Soldaten schrein?
Sie kommen bis in unsre Reihn,
Machen Weib und Kind uns zuschanden!
Die Waffen in die Hand! Auf, Bürger, aufgestellt!
Marschiert, und böses Blut soll tränken unser Feld!

A6 *Was gefällt dir an diesem Lied und was nicht?*
A7 *Erkläre, weshalb das Lied 1792 so viel Begeisterung auslöste.*
A8 *Warum singen die Franzosen die Marseillaise heute noch als Nationalhymne?*

Die Versorgungslage verschlimmerte sich weiter. Außerdem machten Niederlagen der Armee eine Bedrohung von Paris deutlich. Als dann der Oberbefehlshaber des deutschen Heeres im Juli 1792 die Zerstörung von Paris androhte, falls der königlichen Familie etwas zustieße, war der Sündenbock ausgemacht. Die Rückschläge wurden auf den Verrat des Königs zurückgeführt. In Paris forderte das Volk eine allgemeine Verteilung von Waffen und die Absetzung des Königs. Am 9. August ersetzten sie die königstreue Stadtverwaltung durch einen revolutionären Gemeinderat. Dieser ordnete die Besetzung der Tuilerien, des Stadtschlosses des Königs, an. Das Ende des Königtums stand bevor.

3.5 Frankreich wird Republik

A1 *Beschreibe das Bild. Auf welcher Seite stand der Maler?*

Zur Verteidigung des Königs standen am 10. August Schweizer Gardisten bereit. Aber gegen die anstürmende Bevölkerung hatten sie keine Chance. Sie wurden fast alle umgebracht. Der König floh mit seiner Familie in die Nationalversammlung, wurde aber an den revolutionären Gemeinderat ausgeliefert und gefangen genommen.

Der Erfolg dieses Umsturzes war den Volksmassen zu verdanken. In den städtischen Versammlungen hatte sich das einfache Volk organisiert, um seine Forderungen nach Mitsprache durchzusetzen. Die politischen Gruppierungen wie die Jakobiner und Girondisten waren in dieser Phase auf die Hilfe der ärmeren Bevölkerung angewiesen. Diese Sansculotten hoben sich durch ihre Kleidung von den bürgerlichen Oberschichten ab. Sie trugen lange Hosen ohne Seidenstrümpfe. In ihren Umgangsformen praktizierten sie die absolute Gleichstellung aller Bürger. Entsprechend wurde der Begriff „Bürger" auch in der Anrede verwandt. Das Duzen war allgemein üblich. Das einfache Volk wollte die Güter des alltäglichen Lebens in ausreichender Menge zu vernünftigen Preisen erhalten. Hunger war ihr ständiger Begleiter in der Revolution. Dafür wurden die Nationalversammlung und der König verantwortlich gemacht. Das Zensuswahlrecht hatte dazu geführt, dass die Nationalversammlung keine Vertretung des gesamten Volkes war. Das sollte jetzt geändert werden.

Q1 Antwort auf die Frage: Was ist denn eigentlich ein Sansculotte?

„Ein Sansculotte, Ihr Herren Schufte. Das ist einer, der immer zu Fuß geht, der keine Millionen besitzt, wie Ihr sie alle gern hättet, keine Schlösser, keine Lakaien zu seiner Bedienung, und der mit seiner Frau und seinen Kindern, wenn er welche hat, ganz schlicht im vierten oder fünften Stock wohnt.
Er ist nützlich, denn er versteht ein Feld zu pflügen, zu schmieden, zu sägen, zu feilen, ein Dach zu decken, Schuhe zu machen und bis zum letzten Tropfen sein Blut für das Wohl der Republik zu vergießen (...)
Übrigens: Ein Sansculotte hat immer seinen Säbel blank, um allen Feinden der Revolution die Ohren abzuschneiden."

(Markov, W.: Die große Revolution, S. 371 f.)

A2 *Beschreibe diese Bevölkerungsgruppe, deren Einfluss auf die Politik ab 1792 stark wuchs.*

A3 *Welche Ziele verfolgten die Sansculotten?*

A4 *Welche Bedeutung hatte die Gefangennahme des Königs für den Ablauf der Revolution?*

Der Sturm auf die Tuilerien

GEWUSST WIE!

Kleidung als Geschichtsquelle

Ein Sansculotten-Paar

Ein vornehmes Paar aus dem 18. Jh.

A1 *Beschreibe die Unterschiede in der Kleidung der Personen und ordne sie unterschiedlichen Ständen zu.*

Die Französische Revolution ist ein Beispiel dafür, dass Kleidung Ausdruck einer politischen Haltung sein kann. Jung, revolutionär, lässig und bequem sollte sie sein, die Revolution in der Mode. Noch beim Zusammentritt der Generalstände war dem Dritten Stand ein schmuckloser schwarzer Anzug verordnet worden. Die Abgeordneten sollten sich deutlich von der seidenschimmernden Farbentracht der oberen Stände abheben. Den Adeligen, die auf ihre Vorrechte an Federn, Stickereien und roten Schuhabsätzen pochten, zeigten die Bürger, dass sie darauf keinen Wert legten.

Kleidung als Ausdruck der politischen Gesinnung spielte vor allem bei den Sansculotten eine wichtige Rolle. Wie in unseren Tagen, z. B. bei Punks oder Skinheads, ergibt sich ihre Gruppenbeschreibung auch aus äußerlichen Merkmalen. Sie grenzten sich bewusst gegen die Kniehosenmode („culottes") des reichen Bürgertums und Adels ab und trugen Röhrenhosen, so genannte „pantalons". Die rote Freiheitsmütze und die kurze Jacke waren weitere Kennzeichen.

Frauen trugen Streifenkleider in den Nationalfarben. Typisch war auch die Kokarde in den Farben der Trikolore, die an die Kopfbedeckung oder das Brusttuch geheftet wurde. Sie wurde zum politischen Erkennungszeichen der Revolution.

Im Zeichen der allgemeinen Sparsamkeit traten Samt und Seide bei den Kleidern der Frauen in den Hintergrund. Viele Kleider wurden aus bedrucktem Kattun oder gemusterter Baumwolle genäht.

In Deutschland erschien seit 1786 die erste namhafte Modezeitschrift, das Weimarer „Journal des Luxus und der Moden". Der Herausgeber Bertuch beschäftigte extra einen Korrespondenten in Paris, der über die dortige Mode berichtete.

Q2 *„Man trägt wenig Unterröcke, höchstens einen, wo möglich gar keinen (...) Das Kleid muss wenig Falten haben. Das Kleid wird oben stark ausgeschnitten. Die Haare puderlos und stufenweise geschnitten, hinten nachlässig herabringelnd (...) Schuhe ohne Absätze (...) Keine Schleppe an den Röcken.*

(Schmidt-L., V.: Sklavin oder Bürgerin, S. 524)

A2 *Wie unterschied sich diese Kleidung von der der Aristokratinnen vor 1789? (Vgl. Bild oben rechts)*

A3 *Welche Rolle spielt für dich deine Kleidung?*

A4 *Mode als Ausdruck einer Gesinnung – gibt es das auch heute noch?*

Zeitgenössische Darstellung der Septembermorde

Unter dem Druck der Straße beschloss die Nationalversammlung, Neuwahlen durchzuführen. Die meisten Abgeordneten hatten Angst um ihr Leben. Ein „Provisorischer Vollzugsrat" stellte die neue Regierung dar. Danton, radikaler Jakobiner, wurde als einer der Hauptvertreter der neuen politischen Machtverhältnisse Justizminister.

Inzwischen marschierten preußische Truppen in Frankreich ein. Gleichzeitig flammten gegenrevolutionäre Aufstände in den Provinzen auf. Die Revolution schien bedroht. Um die Bevölkerung zu beruhigen, wurden ab Mitte August über tausend Personen unter fadenscheinigen Begründungen verhaftet. In der Mehrzahl waren es eidverweigernde Priester, aber auch Personal des Königs. Als in Paris die Falschmeldung vom Fall Verduns eintraf, wurden etwa 1500 wehrlose Gefangene, meist Priester, brutal umgebracht. Vom 2. bis 8. September ließen sich kleine, mit Knüppeln, Messern, Äxten und Säbeln bewaffnete Gruppen die Häftlinge der wichtigsten Pariser Gefängnisse ausliefern. Nach oberflächlichem Verhör schlugen sie ihre Opfer tot. Der Justizminister Danton unternahm nichts gegen das Morden. Damit war der Weg beschritten in eine gewaltsame Phase der Revolution, die aus Angst vor der Gegenrevolution die brutale Unterdrückung im Innern betrieb.

Q3 Der jakobinische Abgeordnete Basire schrieb in einem Brief an eine Freundin, er sei erleichtert, dass
„Ihre schönen Augen nicht durch die widerlichen Bilder besudelt wurden, die wir dieser Tage vor uns sahen (...) Sie kennen mein Herz, urteilen Sie selbst über meine Gemütsverfassung und die grauenvolle Lage, in der ich mich befinde. Ein mitfühlender Mann kann nur sein Haupt mit dem Mantel verhüllen und an den Leichen vorbeieilen. (...)"
(Schama, S.: Der zaudernde Citoyen, S. 636)

Madame Julien berichtet in ihren „Erinnerungen einer Frau aus dem Volk": „So sehr man vor Entsetzen schauderte – man betrachtet es als eine gerechte Aktion."

A1 *Betrachte das Bild oben und lies den Brief des Abgeordneten Basire. Kann man nur sein Haupt mit dem Mantel verhüllen und vorbeieilen?*
A2 *Madame Julien schreibt von einer „gerechten Aktion". Nimm dazu Stellung.*

Am 21. September, einen Tag nach der Schlacht von Valmy, die den Rückzug der Invasionsarmee einleitete, erklärte der neu gewählte Nationalkonvent Frankreich zur Republik. Die Hauptarbeit wurde Ausschüssen überlassen, von denen sich der Wohlfahrtsausschuss (6. April 1793) allmählich als der entscheidende erwies. Er übernahm 1793 die ausführende Gewalt. Neben dem Wohlfahrtsausschuss gewann vor allem der Sicherheitsausschuss mit Polizeibefugnissen Bedeutung.

Arbeitsfelder hatte der Konvent genug:

- eine neue republikanische Verfassung musste ausgearbeitet werden,
- der Krieg musste weitergeführt werden gegen die äußeren Feinde und gegen Aufstände im Innern,
- die Versorgung der Pariser Bevölkerung musste sichergestellt werden,
- die Zukunft der königlichen Familie galt es zu entscheiden.

Die Lösung dieser Probleme war zwischen Girondisten und Jakobinern umstritten. Das zeigte sich deutlich bei dem anstehenden Prozess gegen Ludwig XVI. ab Dezember 1792. Über eine Verurteilung war man einer Meinung, aber die Entscheidung über Leben oder Tod fiel knapp aus. Mit 387 gegen 334 Stimmen wurde Ludwig XVI. vom Konvent zum Tode verurteilt.

Die Enthauptung Ludwigs XVI. auf der neu erfundenen, von einem deutschen Cembalobauer konstruierten Guillotine. Sie wurde zu einem Wahrzeichen für die grausame Seite der Französischen Revolution.

A1 *Spielt die Gerichtsverhandlung gegen den König nach. Welche Argumente werden seine Ankläger vorgetragen haben? Wie ist er wohl verteidigt worden?*

A2 *Was ist alles auf dem Bild dargestellt? Wie ist die Einstellung des Malers zu der Hinrichtung?*

A3 *Das Bild von der Hinrichtung des Königs wurde in Frankreich auch auf Tassen und Wandtellern verbreitet. Nimm dazu Stellung.*

3.6 Die Schreckensherrschaft

Die neue Regierung erfüllte erst einmal viele Forderungen der Sansculotten. Höchstpreise für Grundlebensmittel wurden festgesetzt.

Q1 *„Das große Maximum, Gesetz zur Behebung der Hungersnot, 29. September 1793: Der Konvent setzt Folgendes fest: Die Waren, die der Konvent als unbedingt notwendig erachtet und für die er einen Höchstpreis glaubt festsetzen zu müssen, sind: Frischfleisch, Pökelfleisch und Speck, Butter, Speiseöl, Rindfleisch, Salzfisch, Wein, Branntwein, Essig, Apfelwein, Bier, Brennholz, Salz, Soda, Zucker, Honig, unbeschriebenes Papier, Leder, Eisen, Gusseisen, Blei, Stahl, Kupfer, Hanf, Leinen, Wolle, Stoffe, Gewebe, alle für die Fabrikation benötigten Rohstoffe, Holzpantinen, Schuhe, Raps und Rübsamen, Seife, Pottasche, Tabak."*
(Wittmütz, V.: Die Fr. Revolution, S. 54)

A4 *Welche Bedeutung hatten solche Höchstpreise für das Volk?*

1793 – Die Bedrohung der Revolution von innen und außen

A1 *Beschreibe und erläutere die Bedrohung der Republik.*

A2 *Überlege, wie die Revolutionäre mit der Bedrohung fertig werden konnten.*

A3 *Ziehe aus dem Bild Schlüsse auf die Situation der ärmeren Schichten in Paris.*

Bewohner der Pariser Elendsquartiere 1794

Niederlagen an den Fronten, Gegenrevolutionen in den Provinzen und Hungersnöte in Paris schufen eine Stimmung, die es den radikalen Kräften um Robespierre ermöglichte, die gemäßigten Girondisten auszuschalten. Marat hämmerte den Sansculotten ein, dass man dem König alle die nachschicken sollte, die das „dicke Schwein“ nicht hatten schlachten, sondern nur einsperren wollen. Verdächtigungen und Bespitzelungen waren nun an der Tagesordnung.

Eine furchtbare Waffe in der Hand der Jakobiner wurden die Revolutionstribunale. Mit ihnen begann die Zeit des „Großen Terrors“. Die großen politischen Prozesse setzten ab Oktober 1793 ein. Die Königin wurde am 16. Oktober hingerichtet. Viele Girondisten starben am 31. Oktober. Die Zahl der Gefängnisinsassen stieg von September bis Dezember 1793 von etwa 1500 auf 4500 Menschen. Bis in den Sommer 1794 hinein starben durch den Terror ca. 35 000 Menschen. Ein Zehntel davon allein in Paris, darunter viele kleine Handwerker, Arbeiter und Bauern (ca. 60%).

Ob dieser Terror notwendig war, ist umstritten. Historiker, die Robespierres Maßnahmen positiv betrachten, verweisen vor allem auf die Notwendigkeiten, die sich durch die Bedrohung Frankreichs ergaben. Der Terror sei danach die Voraussetzung dafür gewesen, dass Frankreich militärisch und wirtschaftlich überleben konnte.

Schließlich kam es 1794 zum Kampf unterschiedlicher Gruppen der Jakobiner gegeneinander. Robespierre ließ sowohl besonders radikale als auch die „gemäßigten" Jakobiner um Danton und Desmoulins hinrichten. Die Wirksamkeit des Terrors ließ bei dauernder Anwendung jedoch nach. Wer ihn ständig als Regierungsmittel gebraucht, muss ihn immer mehr steigern, da die Menschen gegen den Schrecken abstumpfen.

Alle Bedrohten sammelten sich schließlich im Juli 1794. Die Konventsmehrheit verhaftete Robespierre. Am 27. Juli ging er den Weg, den vorher viele durch ihn gehen mussten. Mit 21 seiner Anhänger wurde er ohne Gerichtsverfahren hingerichtet.

Q2 Petition der Sektion Guillaume Tell an den Konvent:

„Volksvertreter!
Ihr habt ein furchtbares Exempel statuiert [gemeint war die Hinrichtung der Königin], das dazu angetan ist, die Welt in Erstaunen zu setzen und den großen Schuldigen Entsetzen einzuflößen. (...) [bleibt] ständig darauf bedacht, Entsetzen und Terror zu verbreiten, diese beiden mächtigen Werkzeuge der Revolutionäre. (...) Es bedarf eines Blutbades unter den Verrätern, um alle Wunden zu heilen, die dem Vaterland (...) zugefügt worden sind. (...) Vergesst niemals das erhabene Wort des Propheten Marat: Opfert, sagte er, zweihunderttausend Köpfe, und ihr werdet eine Million Köpfe retten.

(Markov, W./Soboul, A.: Die Sansculotten, S. 217 f.)

A1 *Beschreibe das Tribunal.*

A2 *Wie wird sich der Adlige gefühlt haben?*

A3 *Nenne Ursachen der Schreckensherrschaft.*

A4 *Schildere die Folgen des Terrors für den einzelnen Bürger.*

A5 *Diskutiert die Auffassung, dass eine Revolution ohne Opfer und Terror nicht möglich sei.*

Ein Adliger vor einem Revolutionstribunal

4 Die Herrschaft Napoleons

4.1 Die bürgerliche Republik und der Aufstieg Napoleons

Nach dem Sturz Robespierres übernahm das wohlhabende Bürgertum die Macht. 1795 trat der Konvent zurück, die neue Verfassung enthielt kein allgemeines Wahlrecht mehr. Nur wer Steuern zahlte, durfte auch wählen. Die Regierung lag in den Händen eines Direktoriums von fünf Männern. Die Beachtung der Gesetze und der Schutz des Eigentums standen an erster Stelle. Das war eine Warnung an die Sansculotten mit ihren Gleichheitsforderungen.

Die neue Regierung verzichtete auf Eingriffe in die Wirtschaft. Das führte zu einer deutlichen Verschlechterung der wirtschaftlichen Situation der armen Pariser Stadtbevölkerung. Bis in den Sommer 1795 hinein kam es zu Hungeraufständen. „Brot und die Verfassung von 1793“ war die Losung der Sansculotten. Ihre Erhebungen aber wurden vom Militär niedergeschlagen. Auch die Anhänger der Monarchie nutzten im Herbst 1795 die Situation zu einem Aufstand. Retter der Regierung wurde ein junger Artilleriegeneral, Napoleon Bonaparte, der mit seinen Kanonen die Königstreuen zum Rückzug zwang. Ohne die Soldaten der Revolutionsarmee konnte der Staat nicht geschützt werden. Die Bedeutung der Generale wuchs.

Als Anerkennung erhielt Napoleon 1796 den Oberbefehl über die Alpenarmee. Während die französischen Hauptarmeen im Kampf gegen Österreich gescheitert waren, gelang es ihm durch einen erfolgreichen Feldzug, den österreichischen Kaiser 1797 zum Frieden zu zwingen.

Nach dem Frieden mit Österreich blieb Großbritannien als einziger Gegner übrig. Da ein Angriff auf die Insel unmöglich war, beschloss Bonaparte, Ägypten zu erobern. So wollte er eine Angriffsbasis gegen das britische Indien schaffen. Der Versuch endete kläglich mit der Vernichtung der französischen Flotte. Nur mit Mühe konnte sich Napoleon nach Frankreich retten. Trotz der Niederlage blieb der 30-jährige General der Hoffnungsträger Frankreichs, zumal die Unzufriedenheit über das Direktorium wuchs. Viele atmeten auf, als Napoleon 1799 im November durch einen Staatsstreich das Direktorium entmachtete. Er übernahm nun selbst die Macht im Staat und bereitete den Weg zu seiner Alleinherrschaft vor.

A1 *Wie stellt diese englische Karikatur den Staatsstreich Napoleons dar?*

Napoleon verjagt das Direktorium, zeitgenössische englische Karikatur

Als Erster Konsul erklärte Napoleon: „Bürger, die Revolution ist zu Ende!“ Die Berufung der Kandidaten der Volksversammlung nahm er selbst vor. Damit gab es keine Opposition mehr gegen ihn. Richter, Beamte und Offiziere ernannte er selbst. Napoleon verstand es, seiner Militärdiktatur durch Volksbefragungen einen demokratischen Anstrich zu geben. Die Aussöhnung mit dem Papst erreichte er durch einen Vertrag mit der katholischen Kirche. Emigranten durften zurückkehren, wenn sie einen Eid auf die Verfassung ablegten. Das neue bürgerliche Gesetzbuch, der Code Civil, sicherte die Errungenschaften der Revolution. Die Gleichheit vor dem Gesetz und der Schutz des Eigentums standen dabei im Vordergrund. So entstand eine neue Führungsschicht aus Adel und Bürgertum, auf die sich der Staat verlassen konnte. Für die ärmere Bevölkerung hielt Napoleon den Brotpreis niedrig. Dafür musste das Volk eine massive Pressezensur hinnehmen.

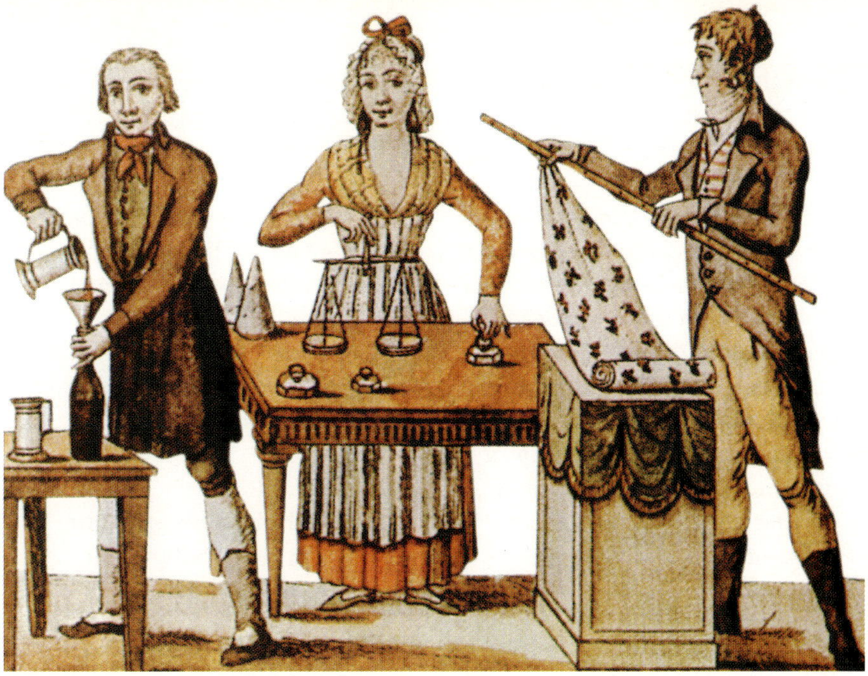

Napoleon führt neue Maße ein

A1 *Welche Bedeutung hatte die Einführung von einheitlichen Maßeinheiten?*

Napoleon hatte Erfolg mit dieser Politik. 1802 wurde er auf Lebenszeit zum Konsul gewählt. 1804 krönte er sich selbst zum „Kaiser der Franzosen“.

A2 *Betrachte das Bild Davids über die Krönung: Welche Herrschaftsauffassung Napoleons zeigt sich in diesem Gemälde? Überlege, was wohl der Papst in dieser Situation denkt.*

Die Krönung Napoleons 1804, Gemälde von David

Q1 Während der Friedensverhandlungen mit Österreich 1797 äußerte sich Napoleon vertraulich über seine Ziele:
„Glauben Sie, dass ich in Italien Siege erfechte, um damit das Ansehen des (...) Direktoriums zu erhöhen? (...) Glauben Sie vielleicht, dass ich eine Republik begründen will? Welcher Gedanke! (...) Was sie [die Franzosen] brauchen, ist Ruhm, die Befriedigung ihrer Eitelkeit, aber von der Freiheit verstehen sie nichts. Blicken Sie auf die Armee! Die Erfolge und die Triumphe, die wir soeben davongetragen haben, die haben den wahren Charakter des französischen Soldaten wieder hervortreten lassen. Für ihn bin ich alles. (...) Die Nation braucht einen Führer (...) Ich bin am Frieden nicht interessiert. (...) Ich will gerne eines Tages die republikanische Partei schwächen, aber es soll zu meinem eigenen Nutzen sein."
(Krieger, H.: Handbuch des Geschichtsunterrichts, Bd. 4, S. 231)

Q2 Aus einer Rede des Abgeordneten Jaubert vom 2. Mai 1804 zur Errichtung des Kaiserreiches:
„Napoleon Bonaparte (...) gibt dem Kontinent den Frieden. Er hat die Grundlagen der Verwaltung festgelegt, die Finanzen in Ordnung gebracht, die Armee organisiert; (...) Fabriken, Künste und Wissenschaften ermutigt; die Altäre neu errichtet (...) das Schulwesen neu erschaffen; gewaltige öffentliche Arbeiten angeregt und vollendet; Frankreich ein einheitliches Zivilgesetzbuch gegeben (...) allen Parteigeist zum Erlöschen gebracht, (...) alle Interessen versöhnt, alle Opfer der unglücklichen Zeitumstände wieder ins Land gerufen (...) das hat er in vier Jahren vollbracht, das wird kommenden Jahrhunderten die tiefe Ergebenheit aller Franzosen für Napoleon Bonaparte erklären."
(Müller, U.F.: Die Französische Revolution, S. 143)

A1 *Arbeite aus der Textdarstellung und den Quellen Gründe für den Aufstieg Napoleons heraus.*

A2 *Nimm Stellung zu der Bewertung Jauberts. Überlege dabei, wo Napoleon an den Errungenschaften der Revolution festhält und wo er sich über sie hinwegsetzt.*

A3 *Was unterscheidet eine echte Wahl von den Volksabstimmungen, die Napoleon durchführen ließ?*

4.2 Der Rheinbund und die Auflösung des Heiligen Römischen Reiches

So wie Napoleon Frankreich unterworfen hatte, wollte er nun seine Vorherrschaft in ganz Europa ausbauen. England konnte er noch nicht niederwerfen. Die Auflösung des Heiligen Römischen Reiches Deutscher Nation wurde jedoch ein wichtiger Schritt auf dem Weg zu einem europäischen Staatenbund unter französischer Führung.

Das Ende des Deutschen Reiches hatte sich schon vor Napoleons Kaiserkrönung angekündigt. In einem erneuten Krieg (1799-1802) siegten die französischen Truppen wieder gegen die Koalitionsheere. Napoleon konnte nun den Rhein als Ostgrenze Frankreichs durchsetzen. Die Fürsten, die Gebiete an Frankreich abtreten mussten, sollten aber entschädigt werden. Die Folge war eine völlige Umgestaltung der Landkarte Deutschlands. An die Stelle vieler kleiner Staaten traten ab 1803 Fürstentümer mittlerer Größe. Unter Napoleons Einfluss säkularisierte der Reichstag fast alle geistlichen Gebiete, d.h., sie gingen in den Besitz weltlicher Fürsten über. Zusätzlich wurden rund 300 Fürstentümer und freie Reichsstädte aufgelöst, an ihre Stelle traten 41 Flächen- und Stadtstaaten.

Preußen profitierte am meisten. Napoleon baute es damit als Gegengewicht zu Österreich auf. Aber auch Württemberg, Baden und Bayern wurden zu Königreichen oder Großherzogtümern erhoben. Die Dankbarkeit, die Napoleon sich ausrechnen konnte, trug Früchte. Zur Sicherung dieser Zugewinne hatten diese drei Staaten schon 1805 Militärbündnisse mit Frankreich geschlossen. 1806 schlossen sich diese und 13 weitere süddeutsche Staaten zum Rheinbund zusammen und erklärten ihren Austritt aus dem Reichsgebiet. Als Reaktion darauf legte der Habsburger Franz II. 1806 die deutsche Kaiserkrone nieder. Das war das Ende des Heiligen Römischen Reiches Deutscher Nation, das mit der Kaiserkrönung Ottos I. 962 in Rom begonnen hatte.

A4 *Erläutere anhand der Karten die Neuordnung Deutschlands.*

Außerhalb des Rheinbundes verblieben im Wesentlichen nur Österreich und Preußen. Sie mussten miterleben, wie Reformen nach französischem Vorbild in vielen Rheinbundstaaten die liberalen bürgerlichen Kräfte stärkten. Die Macht des Adels wurde eingeschränkt, Steuerprivilegien wurden abgeschafft, hohe Ämter und Offiziersstellen Bürgerlichen geöffnet. Der Druck der Militärlasten – jeder Rheinbundstaat musste Soldaten für die Armee Napoleons stellen – ließ aber mit der Zeit eine Opposition gegen die französische Herrschaft entstehen.

1808 bekam das französische Gesetzbuch, der Code Napoléon, im Königreich Westfalen Gültigkeit. Die Leibeigenschaft wurde aufgehoben, ebenso das Jagdprivileg, die Heiratserlaubnis für die Bauern durch ihre Herrschaft. Auch die Stellung der Juden änderte sich. Artikel 4 und 5 lauten:

Deutschland 1789

Deutschland 1812

Q1 *„Die Juden können, ohne wie vormals einer besonderen Erlaubnis zu bedürfen, sich verheiraten, für die Erziehung ihrer Kinder (...) sorgen, ihnen ihre Güter abtreten, jedoch unter der Verpflichtung, (...) nach den Vorschriften des Code Napoléon sich zu richten. Es steht ihnen gleichfalls frei, in jeder Stadt oder an jedem andern beliebigen Orte sich niederzulassen und daselbst ihren Handel einzurichten (...)“*

(Deutschland unter Napoleon in Augenzeugenberichten, S. 284 f.)

A1 *Was hatte sich für die Juden gegenüber früher verändert?*

Q2 Aus der 1806 herausgekommenen Kampfschrift: „Deutschland in seiner tiefsten Erniedrigung“; der Verfasser ist unbekannt:
„Napoleon führt seine Völker über den Rhein. Ohne Zelt, Mundvorrat und andre Notwendigkeiten (...) betreten sie den deutschen Boden. Wer wollte sich einigen Hunderttausenden widersetzen? Baden und Württemberg, Frankreichs ohnmächtige Nachbarn, erhalten den ersten Besuch. Wie wohlgemeint und freundschaftlich dieser ablief, darüber leisten die lauten Klagen jener Länder die Gewähr. Fressen, Saufen, Raub und Weiberschänden waren Tagesordnung der französischen Armee. (...) Doch es liegt ja in Napoleons Plan, Deutschland so zu entkräften, dass ihm für jetzt und die entfernteste Zukunft von dieser Seite nichts zu befürchten steht. (...)“

(Deutschland unter Napoleon in Augenzeugenberichten, S. 81 ff.)

A2 *Der Buchhändler Palm, der diese Kampfschrift vertrieb, wurde auf Befehl Napoleons erschossen. Welche Kritik übt der unbekannte Verfasser an den Zuständen in Deutschland?*

A3 *Gibt es auch positive Veränderungen durch die Bildung des Rheinbundes? (Vgl. Karten und Quellen)*

Die politische Karikatur entsteht

Mit der Deutung von Karikaturen hast du dich schon im Kapitel über die Reformation befasst. Die politische Karikatur hat sich vor allem während der Französischen Revolution entwickelt. Sie sollte auch der nichtlesenden Bevölkerung politische, soziale und wirtschaftliche Zustände kritisch vor Augen führen.

Es gibt nur wenige Persönlichkeiten, die mit so vielen Spottbildern bedacht worden sind wie Napoleon. Die schärfsten Bildsatiren kamen aus England. Die Zeichnungen James Gillrays wurden zum Vorbild für viele Nachahmer auch in Deutschland.

Die „Bildsprache", die vielfältigen Andeutungen der politischen Karikatur sind oft nur aus ihrer Zeit verständlich. Andererseits erleichtert die Übertreibung den Zugang. Die Verdichtung auf das Wesentliche der Aussage eröffnet einen schnellen Zugriff. Ein Bild sagt so oft mehr als tausend Worte.

Hilfreich für die Deutung politischer Karikaturen sind folgende Leitfragen:

I. Zum Zeichner der Karikatur:
   1. Gibt es Informationen über den Karikaturisten (Nationalität etc.)?
   2. Welche Absichten verfolgt der Zeichner?
   3. Wann ist die Karikatur entstanden?

II. Zum Inhalt und Stil der Karikatur:
   1. Was wird dargestellt?
   2. Wen sieht man? (Sind historische Persönlichkeiten dargestellt?)
   3. Welches Zeitproblem greift die Karikatur auf?
   4. Welche Mittel der Übertreibung benutzt der Zeichner?

III. Wirkung der Karikatur:
   1. Welche Wirkung sollte die Karikatur in ihrer Zeit erreichen?
   2. Welche Wirkung hat sie heute auf uns?

Betrachten wir das Königsbäckerbild von 1806: Nach dem Sieg von Austerlitz im Dezember 1805 konnte sich Napoleon als Herrscher über das europäische Festland fühlen. Seine organisatorischen Maßnahmen, die abhängige Fürsten fester an ihn banden, zeigt der Engländer Gillray auf: Deutsche Fürsten werden zu Königen gemacht.

A1 *Betrachte die drei Pfefferkuchenfiguren, die in den Ofen geschoben werden. Auf welche Rangerhöhungen deutscher Fürsten spielt Gillray an? (Vgl. Lehrbuchtext S. 144)*

A2 *Wie stellt Gillray Napoleon dar?*

Unter dem Ofen finden wir – hinweggefegt – den „Abfall" der Zeit. Auf der Kommode rechts stehen backfertige neue Vizekönige für zukünftige territoriale Erweiterungen bereit. Aus dem Korb im Vordergrund links lugen „echte korsische Könige zum heimischen Verbrauch und Export".

A3 *Worauf spielt Gillray mit dieser Formulierung an? (Vgl. Lehrbuchtext S. 152)*

Im Hintergrund bereitet der französische Außenminister Talleyrand neue Teigklumpen vor. Als ehemaliger Bischof ist er durch Mitra und Kreuz gekennzeichnet.

A4 *Welche weiteren außenpolitischen Ziele deutet der Zeichner an?*

Der Adler im Hintergrund steht für Preußen, das sich aus dem Teigstück Hannover einen Fetzen herausreißt. Ein Hinweis auf die preußischen Versuche, gegen das damals englische Hannover vorzugehen.

A5 *Wie wirkt dieses Bild insgesamt auf dich? Was gelingt Gillray durch die Gleichsetzung Napoleons mit einem Pfefferkuchenbäcker?*

A6 *Bringt politische Karikaturen aus aktuellen Zeitungen mit in den Unterricht und sprecht darüber.*

4.3 Reformen in Preußen

Reform von oben statt Revolution von unten war die deutsche Antwort auf die Erfolge Frankreichs. Das galt besonders für Preußen. Zwischen 1795 und 1805 hatte sich Preußen aus den Kriegen mit Frankreich herausgehalten. Während des 4. Koalitionskrieges (1806/07) gab es seine neutrale Haltung auf. Doch die preußischen Truppen wurden bei Jena und Auerstedt (Okt. 1806) vernichtend geschlagen. Im Frieden von Tilsit (1807) verlor Preußen alle polnischen Besitzungen und die westlichen Gebiete zwischen Rhein und Elbe. Außerdem trafen Entschädigungszahlungen von 120 Millionen Francs und die Verringerung der Armee auf 42 000 Soldaten den preußischen Staat hart. Die Bevölkerung litt unter der Einquartierung französischer Soldaten.

A1 *Vergleiche Bild und Quelle.*

Q1 Ein Gardegrenadier berichtet über die Einquartierung in Berlin:
„Die Quartiergeber mussten uns auf ihre Kosten verpflegen und waren angewiesen, jedem Mann täglich eine Flasche Wein zu geben. Das konnten aber die armen Leute nicht bestreiten, denn die Flasche kostete drei Francs. Sie baten uns, mit Kannenbier vorlieb zu nehmen. (...) Zum Trost der Bürger tranken wir nun immer Bier, und da es vortrefflich schmeckte, wurde damit auch nicht gekargt."
(Deutschland unter Napoleon in Augenzeugenberichten, S. 187 f.)

A2 *Schreibe einen Bericht aus Sicht der Familie, die sich um den französischen Soldaten kümmern musste.*

Das preußische Königreich verlor etwa die Hälfte des Gesamtgebietes und seiner Bevölkerung. Dadurch wurden die Reformbestrebungen verstärkt, die zum Teil schon vor 1806 vorhanden waren.

A3 *Was bedeutet die Niederlage Preußens für Napoleons Stellung in Mitteleuropa? (Vgl. Karte S. 151)*

Q2 Gneisenau über die Französische Revolution, 1807:
„Die Revolution hat alle Kräfte geweckt und jeder Kraft einen ihr angemessenen Wirkungskreis gegeben. Warum griffen die Höfe [in Europa] nicht zu dem einfachen und sichern Mittel, dem Genie, wo es sich auch immer findet, eine Laufbahn zu öffnen, die Talente und die Tugenden aufzumuntern, von welchem Stande und Range sie auch sein mögen? Die neue Zeit braucht mehr als alte Namen, Titel und Pergamente, sie braucht frische Tat und Kraft (...)."
(Geschichtliche Quellenhefte, Bd. 6/7, S. 102)

A4 *Worin sieht Gneisenau eine Hauptursache für Frankreichs Erfolge?*

A5 *Welche Konsequenzen lassen sich daraus für Preußen ableiten?*

Der Einzug Napoleons in Berlin, Gemälde von Meynier

1807 machte der Fürst von Hardenberg in einer Denkschrift an den preußischen König die Notwendigkeiten von Reformen deutlich. „Demokratische Grundsätze in einer monarchischen Regierung“, außerdem „möglichste Freiheit und Gleichheit“ waren seine Grundforderungen. In Zusammenarbeit mit dem Ersten Minister vom Stein wurde ein Reformplan eingeleitet. Wichtige Gesetze, „Edikte“ genannt, brachten die Reformen in Gang:

An erster Stelle stand die Befreiung der Bauern („Oktoberedikt“ von 1807).

Q3 Das preußische „Oktoberedikt“ von 1807:

§ 1. Freiheit des Güterverkehrs: Jeder Einwohner Unserer Staaten ist (...) zum eigentlichen und Pfandbesitz unbeweglicher Grundstücke aller Art berechtigt; der Edelmann also zum Besitz nicht bloß adeliger, sondern auch unadeliger, bürgerlicher und bäuerlicher Güter aller Art, und der Bürger und Bauer zum Besitz nicht bloß bürgerlicher, bäuerlicher und anderer unadeliger, sondern auch adeliger Grundstücke (...)

§ 2. Freie Wahl des Gewerbes: Jeder Edelmann ist ohne allen Nachteil seines Standes befugt, bürgerliche Gewerbe zu betreiben, und jeder Bauer ist berechtigt, aus dem Bauern- in den Bürger- und aus dem Bürger- in den Bauernstand zu treten.

§ 12. Mit dem Martinitage 1810 hört alle Gutsuntertänigkeit in Unseren fürstlichen Staaten auf. Nach dem Martinitage 1810 gibt es nur freie Leute (...), bei denen aber (...) alle Verbindlichkeiten, die ihnen als freien Leuten vermöge eines Grundstücks oder vermöge eines besonderen Vertrages obliegen, in Kraft bleiben (...)

(Krieger, H.: Handbuch des Geschichtsunterrichts, Bd. 4, S. 238)

A1 *Erläutere die Bedeutung der einzelnen Bestimmungen.*

A2 *Welche Gründe werden in der Quelle für die Reform angesprochen?*

Die Reform war noch kein Eingriff in die Eigentumsverhältnisse. Wenn Bauern das Land, das sie bearbeitet hatten, behalten wollten, mussten sie hohe Ablösesummen bezahlen oder Land an den Grundherrn abtreten. Das führte zu hoher Verschuldung. Viele mussten sich daher als Landarbeiter verdingen oder wanderten in die Städte ab.

Q4 Kritik an den Reformen. Eingabe an den König aus dem Jahre 1811:

„Wenn der Bauer Eigentümer wird, wo soll bei uns der Gutsherr die Arbeiter hernehmen, um sein Vorwerk zu bestellen? (...). Allein wenn nun der Bauer selbst Eigentümer wird, so werden nicht nur die Hände der Bauernfamilien dem gutsherrlichen Landbau entzogen, sondern der Bauer zieht auch die Arbeitsfamilien des Dorfs an sich und lässt sie in den Nebenstuben der Bauernhäuser wohnen. Und was das Gesinde betrifft, so wird der Bauer sich hüten, seine Kinder dienen zu lassen (...). Unsere Güter werden für uns eine Hölle werden, wenn unabhängige bäuerliche Eigentümer unsere Nachbarn sind.“

(Geschichtliche Quellenhefte, Bd. 6/7, S. 110)

A3 *Wer kritisiert die Reformen und was wird kritisiert?*

A4 *Spielt ein Gespräch in einer ländlichen Kneipe nach, in der sich mehrere Bauern über Vorzüge und Nachteile der Regelung unterhalten.*

Diese Karikatur auf den Adel entstand zwar erst 1819, zeigt jedoch grundsätzliche Kritik.

A5 *Welche Merkmale werden dem Adel zugedacht? Worin liegt die Kritik?*

Die Stein'sche Städteordnung vom 19. November 1808 brachte den Gemeinden Selbstverwaltung mit einem Wahlrecht für alle Bürger mit Bürgerrecht. Auf Verlangen Napoleons musste der preußische König im November 1808 seinen Reformminister Stein entlassen. Anlass war ein Brief, mit dem Stein die Stimmung gegen Napoleon im Lande anheizen wollte. Auch konservative preußische Gegner Steins triumphierten, als dieser an den Hof des Zaren floh. Dort trug er dazu bei, den russischen Widerstand gegen Napoleon zu unterstützen. Andere Männer führten die Reformen in Preußen fort, so Hardenberg, der 1810 mit der Gewerbefreiheit das Ende des Zunftwesens einleitete.

Die Reformen in Preußen führten 1812 auch zu einem Gleichstellungsgesetz für Juden: Sie sollten „gleiche bürgerliche Rechte und Freiheiten" wie die Christen genießen. Sie durften fortan ihren Wohnsitz frei wählen, Grundstücke kaufen, Gewerbe und Handel betreiben. Akademische Laufbahnen waren ihnen nun offen, auch zum Militärdienst wurden sie herangezogen. Nur Staatsämter blieben ihnen vorerst verwehrt.

A1 *Stelle Vermutungen an, wie sich das „Gleichstellungsgesetz" auf die Juden auswirken wird.*

Weitreichende Wirkungen hatte eine Bildungsreform, die Wilhelm von Humboldt einleitete. Die allgemeine Schulpflicht, die schon lange Geltung hatte, wurde durch bessere Lehrerausbildung und -besoldung durchgesetzt. An den Gymnasien führte er das Abitur ein, das zum Studium berechtigte. Voraussetzung war eine Bildung, die selbstverantwortlich handelnde Bürger erziehen sollte. Freiheit der Forschung und der Lehre sollte oberstes Prinzip an den Universitäten sein. Die Humboldt-Universität in Berlin (1810) galt als Vorbild. Hier lehrten als Folge des Gleichstellungsgesetzes von 1812 bald auch jüdische Professoren.

Alexander von Humboldt, der Bruder Wilhelm v. Humboldts, war ein herausragender Wissenschaftler und Forschungsreisender.

A2 *Dem Bild kannst du entnehmen, womit sich Alexander v. Humboldt u. a. befasste.*

A3 *Welche Bedeutung kann die Einrichtung von Universitäten haben?*

Die Humboldt-Universität in Berlin

Die Niederlagen gegen Napoleon führten zu einer Heeresreform. Die Reformer Scharnhorst, Clausewitz und Gneisenau wollten das alte Söldnerheer durch ein modernes Volksheer ersetzen. Kein Soldat sollte mehr in die Armee gepresst werden, sondern freiwillig Dienst tun. Bürger sollten fortan Zugang zu Offiziersstellen erhalten. Eine allgemeine Wehrpflicht war vorgesehen. Bis dahin musste man sich aber an das stehende Heer von maximal 42 000 Soldaten halten, das von der Landwehr ergänzt wurde. Das „Krümpersystem" sorgte dafür, dass stets genügend Soldaten ausgebildet waren: Sobald die Ausbildung beendet war, wurden neue Soldaten eingezogen, der Rest der Reserve zugeteilt. Unter dem Motto „Freiheit des Rückens" wurde die Prügelstrafe abgeschafft. Mit der Landsturmordnung von 1813 arbeiteten die Heeresreformer schließlich auf den Volksaufstand gegen die französische Fremdherrschaft hin. Die Heeresreform stieß in konservativen Kreisen auf erheblichen Widerstand. „Eine Nation bewaffnen", warnten Konservative, „heißt den Widerstand und Aufruhr organisieren und erleichtern."

A1 *Stelle in einer Tabelle die Merkmale von Söldnerheer und Volksheer gegenüber.*

A2 *Warum werden die Stein-Hardenberg'schen Reformen häufig als „Revolution von oben" bezeichnet? Hältst du diese Kennzeichnung für zulässig?*

4.4 Kontinentalsperre und Widerstand gegen Napoleon

Das Bewusstsein, eine Nation zu sein, hatte Frankreich groß gemacht. Das Vordringen französischer Heere in Mitteleuropa war begünstigt durch die Zersplitterung dieser Gebiete. Der Gedanke, sich als Nation gegen die Eroberer zu wehren, war den Deutschen zu Beginn des 19. Jahrhunderts noch fremd. Trotzdem waren es dann Nationalbewegungen, die das Reich Napoleons zum Einsturz brachten.

A3 *Wie interpretiert diese französische Karikatur den Gleichgewichtsgedanken nach Austerlitz?*

Bis 1807 hatte Napoleon große Teile Europas unterworfen. Vor allem die Niederlage österreichischer und russischer Truppen bei Austerlitz 1805 festigte seine Vorherrschaft. Nur England war als Gegner noch übrig geblieben. Die Hoffnung, England militärisch niederringen zu können, war nach der Vernichtung der französischen Flotte vor Trafalgar (1805) zunichte gemacht. Napoleon versuchte daher, ab 1806 die Engländer durch einen Handelskrieg zu schwächen. Europas Häfen sollten für englische Waren gesperrt werden. Fast alle Staaten Europas mussten sich zum Boykott englischer Waren verpflichten, so 1807 auch Russland.

Die europäische Waagschale nach der Schlacht von Austerlitz, Dezember 1805

Europa unter Napoleon

Schmugglerkontrolle am Stadttor von Leipzig

Um Lücken in der Front gegen England zu schließen, besetzte Frankreich 1808 Portugal und Spanien. Hamburg wurde, obwohl unter französischer Kontrolle, zum Schmuggeltor für englische Schiffsladungen. Beschlagnahmte Ladungen wurden zwar öffentlich verbrannt, aber die Nachfrage nach englischem Tuch wuchs. Auf Kaffee wollte man auch nicht mehr verzichten. Das galt im Übrigen auch für Napoleon, der selbst leidenschaftlicher Kaffeetrinker war.

A1 *Schildere die Rolle Napoleons ab 1805 in Europa. Werte dazu die Karte aus.*

A2 *Warum verhängt Napoleon eine „Kontinentalsperre“ über Europa?*

A3 *Beschreibe die Kontrolle in Leipzig. Ob sie sehr effektiv war?*

Der Widerstand gegen die französische Fremdherrschaft wuchs. Auf harte Gegenwehr stieß Napoleons Bruder Joseph, der 1808 als spanischer König eingesetzt worden war. Die französischen Truppen trafen auf einen Gegner, der sich ebenfalls auf den Gedanken der Nation, auf Freiheit und Gleichheit berief. Nicht in offener Feldschlacht, sondern in einem Kleinkrieg (span. guerilla) leicht bewaffneter Truppen machten sie den Besatzern das Leben schwer. Die wichtigsten Städte konnten die Franzosen zwar kontrollieren, aber der ständige Partisanenkampf zerstörte den Glauben an ihre Unbesiegbarkeit. 1809 waren auch Tiroler Bauern kurzfristig gegen die Besatzer erfolgreich. Unter Führung des Gastwirtes Andreas Hofer wehrten sie sich, bis Hofer durch Verrat gefangen genommen und erschossen wurde.

Die Erschießung von spanischen Aufständischen. Gemälde von Francisco Goya.

A1 *Was unterscheidet den Guerillakrieg in Spanien oder Tirol von den bisherigen Kriegserfahrungen der Franzosen?*

A2 *Worauf kommt es dem spanischen Maler Goya bei seinem Gemälde über die Erschießung spanischer Aufständischer besonders an?*

4.5 Der Russlandfeldzug Napoleons

Besonders hart litt Russland unter der Kontinentalsperre. 1811 löste sich Zar Alexander daher aus der Koalition mit Frankreich. Doch ohne Russland war die Kontinentalsperre sinnlos. Durch einen Angriff versuchte Napoleon daher im Juni 1812, den Zaren zur Einhaltung der Abmachungen zu zwingen. Über 600 000 Soldaten mussten an diesem Feldzug teilnehmen. Die unterlegene russische Armee wich einem Entscheidungskampf aus. Sie zog sich

Der Russlandfeldzug Napoleons 1812

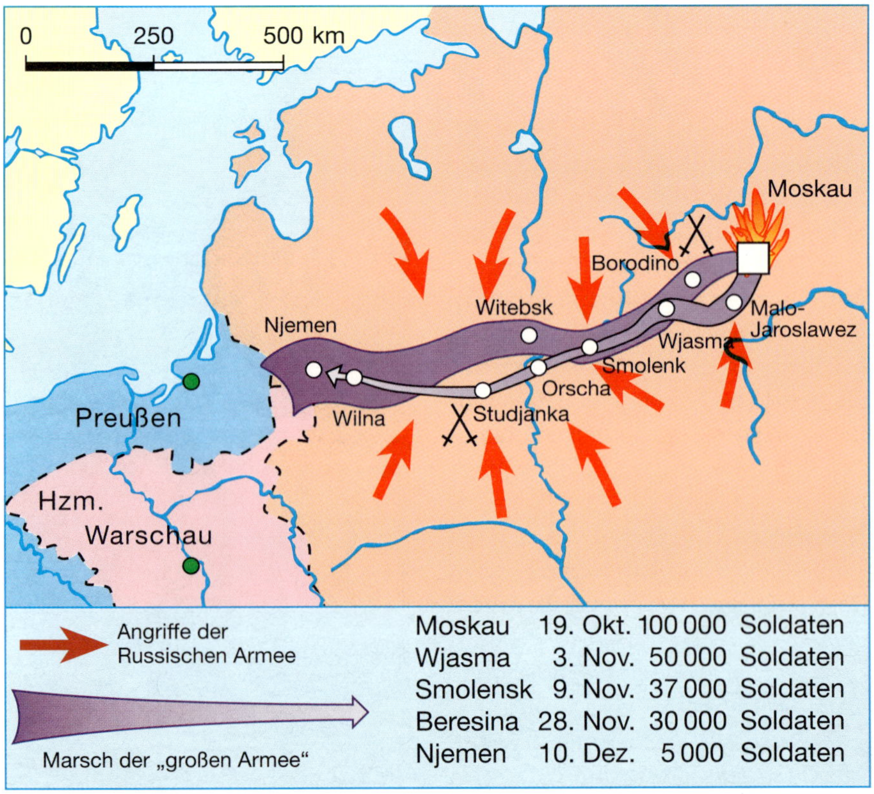

Moskau	19. Okt.	100 000	Soldaten
Wjasma	3. Nov.	50 000	Soldaten
Smolensk	9. Nov.	37 000	Soldaten
Beresina	28. Nov.	30 000	Soldaten
Njemen	10. Dez.	5 000	Soldaten

zurück. Sie zerstörte aber Ortschaften, um die Versorgung der Feinde zu erschweren. Mitte September erreichte Napoleon mit nur noch 110 000 Soldaten Moskau. In Moskau wollte Napoleon überwintern und dem Zaren die Friedensbestimmungen auferlegen. Auf Drängen russischer Berater und auch des Freiherrn vom Stein kapitulierte der Zar aber nicht. Er rief zum „Vaterländischen Krieg" auf, ließ Moskau anzünden und zermürbte den Gegner mit Partisanenüberfällen. Napoleons Rückzug in den Winter hinein wurde zur Katastrophe. Nur 5 000 Männer der Hauptarmee erreichten Deutschland. Napoleon war vorher heimlich nach Paris geflüchtet.

A1 *Die „Große Armee" marschierte ab 24. Juni 1812 von Njemen nach Moskau, wo sie am 15. September ankamen. Berechne den Marschweg!*

A2 *Nur 110 000 Soldaten kamen in Moskau an. Nenne Gründe dafür.*

A3 *Warum zwangen die Russen den Gegner, den Rückzug in den gleichen Regionen anzutreten, die sie auf dem Zug nach Moskau passiert hatten.*

Q1 Ein Augenzeugenbericht über die Auflösung der Großen Armee:
„In rasender Gier wurde nach Nahrungsmitteln und Brennstoffen gesucht, selbst als die strengste Kälte nachgelassen hatte. (...) Wenige konnten noch eine vollständige Uniform ihr eigen nennen. Am glücklichsten waren die Besitzer eines Pelzes. Riesige bärtige Gestalten hatten sich zum Schutze gegen die Kälte in irgendwo ergatterte Gewänder gehüllt. Säcke, Pferdedecken, Strohmatten, Tuchlappen, Frauenunterröcke, selbst Häute von frisch geschlachteten Tieren wurden nicht verschmäht. (...) Ganze Schuhe hatte wohl keiner mehr. Die Füße mit Lappen und Pelzstücken umwickelt, die durch Stricke festgehalten waren, humpelten die Unglücklichen einher (...) Jeder dachte nur an sich. (...) Ein von den fürchterlichen Strapazen erschöpfter General war zusammengebrochen, und ein vorübermarschierender Soldat schickte sich an, ihm die Stiefel auszuziehen, da er selbst keine mehr hatte. Mit Mühe richtete sich der Offizier auf und bat den Soldaten zu warten, bis er tot sei. ‚Herr General', entgegnete der Soldat, ‚ich würde es ja herzlich gern tun, aber dann kommt ein anderer und nimmt sie für sich; da ist es schon besser, ich halte mich dazu.' Darauf zog er ruhig dem General Stiefel und Kleider aus und ließ ihn liegen. – Derartige Szenen konnte man täglich, stündlich erleben."
(Krieger, H.: Handbuch des Geschichtsunterrichts, Bd. 4, S. 244 f.)

A4 *Ein Überlebender schreibt einen Brief an seine Familie. Versuche in diesem Brief über das Leben in extremen Situationen nachzudenken.*

A5 *Erarbeite Ursachen, die zur Niederlage Napoleons in Russland beitrugen. Berücksichtige dabei Karte, Bild und Quelle.*

A6 *Wie wird man in den von Napoleon abhängigen Staaten auf seine Niederlage reagiert haben?*

Zeitgenössische Darstellung der Niederlage in Russland

4.6 Die Befreiungskriege

Zar Alexander I. war bereit, den Kampf bis zum endgültigen Sieg über Napoleon fortzusetzen. Die unterdrückten Staaten wie Preußen und Österreich zögerten anfangs noch. Der preußische General Yorck gab aber ohne Zustimmung des preußischen Königs den Russen den Weg nach Ostpreußen frei (Konvention von Tauroggen im Dezember 1812). Erst zwei Monate später schlossen Preußen und Russland ein Bündnis. Der preußische König rief nach langem Zögern sein Volk zum nationalen Widerstand auf. Seinem Aufruf folgten viele Freiwillige, die in einer Landwehr organisiert wurden. Alle hatten die Hoffnung auf einen freiheitlichen deutschen Nationalstaat. Aus allen Teilen Deutschlands kamen Freiwillige in so genannten „Freikorps" zusammen, um für die Befreiung ihres Vaterlandes zu kämpfen. Nationale Begeisterung, auch Hass und Wut spiegeln sich in den Texten der an dem Krieg beteiligten Dichter wider. Von Theodor Körner, der im Freikorps der Lützower Jäger kämpfte, stammen folgende Gedichtzeilen:

Q1 *„Sühnt Blut mit Blut! Was Waffen trägt schlagt nieder!*
's ist alles Schurkenblut!
Denkt unsres Schwurs, denkt der verratn Brüder
Und sauft euch satt in Blut!"

(Kleßmann, E.: Deutschland unter Napoleon, S. 129)

A1 *Nimm Stellung zu diesem Gedicht. Vergleiche mit der Marseillaise (S. 135).*

Der Ruf anderer Dichter, wie zum Beispiel Ernst Moritz Arndts, orientierte sich an dem deutschen Vaterland:

Q2 *„Was ist des Deutschen Vaterland?*
Ist's Preußenland? Ist's Schwabenland?
Ist's, wo am Rhein die Rebe blüht?
Ist's, wo am Belt die Möwe zieht?
O nein! O nein!
Sein Vaterland muss größer sein!
(...)
Das ganze Deutschland soll es sein!
O Gott! Vom Himmel sieh darein."

(Krieger, H.: Handbuch des Geschichtsunterrichts, Bd. 4, S. 249)

Dieser Ruf nach dem vereinten Deutschland machte deutlich, dass die patriotischen Kämpfer nicht nur die Franzosen vertreiben, sondern auch einen neuen deutschen Nationalstaat errichten wollten.

A2 *Welche Konflikte sind aufgrund der Vorstellungen zum Beispiel Ernst Moritz Arndts nach Beendigung der Kämpfe zu erwarten?*

Auch Frauen wurden von nationaler Begeisterung ergriffen. Vereinzelt kämpften sie sogar als Männer verkleidet in den Reihen der Freikorps. Das Gemälde von Carl Röckling zeigt den Tod der Eleonore Prochaska in einem Gefecht an der Göhrde.

„Der korsische Federball", Karikatur von Callot, 1814

Die Entscheidung fiel im Oktober 1813 in der Völkerschlacht bei Leipzig. Fast 450 000 französische Soldaten wurden dort von rund 500 000 alliierten Truppen aus Russland, England, Schweden, Preußen und Österreich geschlagen. Die Sieger zogen im März 1814 in Paris ein. Napoleon musste als Kaiser abdanken und wurde auf die Insel Elba gebracht. Ludwig XVIII., ein Bruder des hingerichteten Ludwigs XVI., übernahm die Macht in Frankreich. Daran konnte auch die Rückkehr Napoleons für hundert Tage nichts mehr ändern. Napoleons Niederlage bei Waterloo 1815 brachte ihm die endgültige Verbannung nach St. Helena, wo er 1821 starb.

A1 *Betrachte die Karikatur oben aus dem Jahre 1814. Wie macht der englische Zeichner das Ende Napoleons deutlich? Vergleiche mit der französischen Karikatur nach der Schlacht von Austerlitz (S. 150).*

A2 *Schreibe mithilfe dieser deutschen Karikatur einen Lebenslauf Napoleons. Ergänze dabei das Ende.*

A3 *Stelle Ursachen seines Aufstiegs und seines Scheiterns zusammen.*

A4 *In diesem Kapitel war immer wieder von Napoleon die Rede. Erscheint dir diese besondere Berücksichtigung einer Person gerechtfertigt?*

Napoleons Aufstieg und Sturz. Deutsche Karikatur von 1814/15.

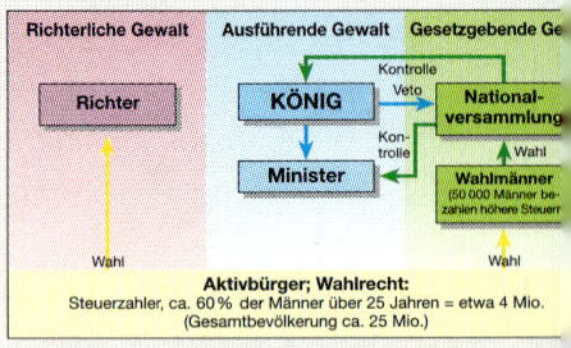

1648/49

Parlament besiegt Karl I., lässt ihn hinrichten, ruft Republik aus.

1688/89

„Glorreiche Revolution." „Bill of Rights" sichert Parlamentsrechte.

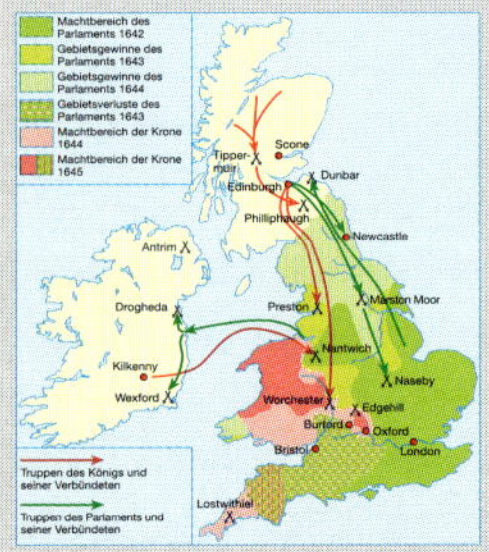

1775/76

Amerikanischer Unabhängigkeitskrieg. 4. Juli 1776: Unabhängigkeitserklärung der USA.

1787

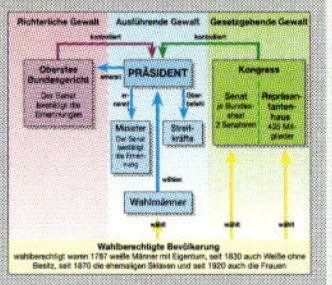

Demokratische Verfassung der USA (Menschenrechte).

Sklaverei in den Südstaaten weitet sich aus.

1789

Beginn der Französischen Revolution. Nationalversammlung.

14. Juli 1789: Sturm auf die Bastille.

4./5. August 1789: Adelsprivilegien abgeschafft.

26. August 1789: Erklärung der Menschen- und Bürgerrechte.

5. Oktober 1789: Zug der Frauen nach Versailles.

1790

Jakobiner werden wichtigste politische Kraft.

1791

Juni 1791: Flucht des Königs scheitert.

September: Verfassung tritt in Kraft.

1792

Beginn der Revolutionskriege.

September 1792: Morde an Revolutionsgegnern.

Zusammenfassung:

England:

- Religiöse und finanzielle Konflikte zwischen König und Parlament führen zum **Bürgerkrieg**. Der König wird besiegt und hingerichtet. England wird zur Republik erklärt.
- Unter **Cromwell** wird England Militärdiktatur, nach seinem Tod erneut Monarchie.
- Auf den Machtmissbrauch der Monarchen reagieren die Engländer 1688 mit der **„Glorreichen Revolution"**. In der **„Bill of Rights"** 1689 sichert das Parlament seine Rechte.

Amerika:

- In Nordamerika lösen sich 1776 die 13 englischen Kolonien in einem Krieg vom Mutterland. Sie gründen 1777 die **„Vereinigten Staaten von Amerika"** (USA), die sich auf Kosten der indianischen Ureinwohner beständig nach Westen ausdehnen.
- Die **demokratische Verfassung** der USA (1787) wirkt in ihrer Orientierung an den **Menschenrechten** als Vorbild auch für Europa.
- Die **Sklavenfrage** und die unterschiedliche Wirtschaftsentwicklung in den Nord- und Südstaaten werden zum Problem der USA.

Die großen Revolutionen

1793 **1794** **1795** **1799** **1804** **1806** **1812** **1815**

Januar 1793:
Hinrichtung Ludwigs XVI.

Oktober 93 – Juli 94:
Schreckensherrschaft der Jakobiner.

Juli 1794:
Sturz Robespierres.

Herrschaft des Direktoriums. Aufstieg Napoleons.

Napoleon stürzt das Direktorium.

Napoleon Kaiser der Franzosen.

Rheinbund. Ende des Deutschen Reiches. Niederlage Preußens führt zu inneren Reformen. Handelskrieg gegen England.

Napoleons Russlandfeldzug scheitert. Beginn der Befreiungskriege.

Endgültige Niederlage Napoleons.

Frankreich:

- Die Mehrheit der vom König wegen Finanzproblemen einberufenen Generalstände erklärt sich im Juni 1789 zur **Nationalversammlung:** Revolutionsbeginn.
- Die Mobilisierung der Pariser Volksmassen und der Landbevölkerung („Große Furcht") verstärken die revolutionäre Entwicklung: **Bastillesturm**, Emigration des Adels.
- Die Abschaffung der Vorrechte des Adels und die **Erklärung der Menschenrechte** (August 1789) markieren die Überwindung des Feudalismus.
- Die **Verfassung von 1791** macht Frankreich zur **konstitutionellen Monarchie** und bevorteilt das Besitzbürgertum. Trotz Beteiligung an der Revolution kein Wahlrecht für Frauen.
- Widerstand des Königs und sein Fluchtversuch 1791 führen zu seiner Hinrichtung 1793.
- Auf die Bedrohung durch Aufstände im Innern und die alten Feudalmächte von außen reagiert die Republik 1793/94 mit der Errichtung einer **Schreckensherrschaft der Jakobiner** unter **Robespierre** („Wohlfahrtsausschuss").
- Nach dem Sturz Robespierres herrscht 1795–99 das **Direktorium**, gestützt auf das wohlhabende Bürgertum.
- Die Abhängigkeit des bedrohten Staates vom Militär hat 1799 die Diktatur des Revolutionsgenerals **Napoleon** zur Folge (Kaiserkrönung 1804).
- Napoleon beendet die Revolution, bewahrt zum Teil deren Errungenschaften (Code civil u. a.).
- **Napoleon unterwirft große Teile Europas,** scheitert aber 1812–1815 am Widerstand Englands, Russlands und dem erwachenden Nationalbewusstsein der unterworfenen Völker.
- In Deutschland bewirkt seine Herrschaft den endgültigen Zusammenbruch des Deutschen Reiches, **Reformen,** vor allem im besiegten **Preußen,** und die Entstehung eines **Nationalbewusstseins** in den **Freiheitskriegen.**

4 Die Zeit der liberalen und nationalen Bewegungen

Eine romantische Zeit?

Viele Deutsche sahen in der Zeit nach dem Ende der napoleonischen Kriege eine Epoche der Ruhe und Beschaulichkeit - die Biedermeierzeit. Besonders in Wohnkultur, Mode und Malerei spiegelten sich typische Merkmale wider. Die bürgerliche Familie bildete sich heraus, deren Privatleben streng vom öffentlichen Leben getrennt war – ganz anders als im Adel und in den Unterschichten. Die intakte Familie war das Ideal. Schaue in die bürgerliche Stadtwohnung. Dort könnte ein „romantisches" Bild von Carl Spitzweg vorhanden sein. Dieser Münchner Maler zeigte Menschen, die sich mit den Verhältnissen zufrieden gaben.

A1 *Betrachte die Abbildungen und versetze dich so in diese Zeit.*

A2 *Die Bilder in der Mitte und unten stellen Familienleben im Biedermeier dar. Äußere dich dazu.*

Links: „Der Abschied", Gemälde von Carl Spitzweg

„Der Sonntagsspaziergang", Gemälde von Carl Spitzweg, 1841

Aber war diese Epoche tatsächlich so beschaulich und „gemütlich“? Sie endete 1848 in einer ganzen Serie von Revolutionen. In fast allen Staaten Europas rebellierten Bürger gegen die Obrigkeit. Viele tausend Menschen wurden getötet, Zehntausende mussten aus ihrer Heimat fliehen.

Q1 Aus einem Bericht über den 18. März 1848 in Berlin:

„Ich befand mich im Gasthofe zum ‚Kronprinzen‘ in der Königsstraße zu Tische (...) Es wird auf 3 Uhr. Da ertönt wüstes Geschrei von der Kurfürstenbrücke herab. Haufen flüchten durch die Königsstraße. Bürger kommen, aufgeregt bis zur rasenden Wut, knirschend, bleich, atemlos. Sie rufen: ‚Man hat auf dem Schlossplatz soeben auf uns geschossen.‘ Wut und Rachegeschrei erhebt sich durch die (...) ganze Stadt. Als ob sich die Erde öffnete, brauste es durch die Stadt. Das Straßenpflaster wird aufgerissen, die Waffenläden werden geplündert, die Häuser sind erstürmt, Beile, Äxte werden herbeigeholt. 12 Barrikaden erheben sich im Nu in der Königsstraße.(...) Haus an Haus werden die Dächer abgedeckt. Oben am schwindelnden Rande stehen die Menschen, mit Ziegeln in der Hand die Soldaten erwartend.“

(Krieger, H.: Handbuch des Geschichtsunterrichts, Bd. IV, S. 270)

Links: „Die gute alte Zeit“, Bürgerwohnung aus dem Biedermeier, um 1835

Unten: Zeitgenössische Darstellung der Barrikadenkämpfe in Berlin am 18. März 1848

A1 *Worüber berichtet die Quelle?*

A2 *Das Bild zeigt, was an den Barrikaden weiter passierte. Beschreibe die Vorgänge.*

A3 *Vergleiche mit Spitzwegs Bildern. Welche Fragen stellen sich dir?*

1 Der Wiener Kongress 1814/15

Wien, im Herbst 1814 – der wohl berühmtesten Einladung zu einem Kongress folgten etwa einhunderttausend Besucher aus ganz Europa: fürstliche Familien mit ihrer Dienerschaft, Minister, Diplomaten, Botschafter. Zum bunten Gewimmel gehörten ebenso Künstler, Spekulanten, Schauspieler, Tänzer, Gauner und Taschendiebe. Aber auch politisch Aktive, die eine neue Verfassung in der Tasche trugen, erhofften sich etwas von dem Kongress. Wien wurde fast ein Jahr lang zu einer farbenprächtigen, mit Leben erfüllten Stadt. Bei Nacht erhellten über eine Million Kerzen die Fenster und tausende Fackeln begleiteten die Kutschen der Adligen zu rauschenden Bällen und Festlichkeiten.

In der Wiener Hofburg erschienen alle Herrscher Europas, an ihrer Spitze die drei führenden Monarchen samt Gefolge: Kaiser Franz I. von Österreich, Zar Alexander I. von Russland und König Friedrich Wilhelm III. von Preußen. Sie kamen zu einem Kongress. Die Zeit der Kriege war zu Ende.

A1 *Diskutiert darüber, ob berühmte Männer oder die Völker Geschichte machen.*

Unter Führung des österreichischen Außenministers und Staatskanzlers Fürst Metternich wurde über eine neue politische Ordnung in Europa beraten.

Die Erwartungen an den Kongress waren sehr unterschiedlich:

Q1 Freiherr vom Stein – ein preußischer Reformer:
„(...) Mein Wunsch ist, dass Deutschland groß und stark wird, um seine Selbstständigkeit, Unabhängigkeit und Nationalität wieder zu erlangen (...) Dieses ist das Interesse der Nation."
(Freiherr vom Stein: Ausgewählte politische Briefe und Denkschriften, S. 329)

Q2 Der erste Berater Metternichs schrieb über Preußen:
„Preußen brachte zum Kongress bloß den einen unbändigen Wunsch mit, seine Besitzungen auf Kosten jedermanns ohne Rücksicht auf Recht und Schicklichkeit auszudehnen."
(Mann, G.: Friedrich von Gentz, S. 270)

A2 *Erläutere die Aussagen in Q1 und Q2. Worin bestanden die unterschiedlichen Einschätzungen?*

A3 *Äußere deine Meinung zur Auffassung des Freiherrn vom Stein.*

Q3 Aus einem zeitgenössischen Flugblatt, gerichtet an den Wiener Kongress:
„Welcher wahre Deutsche kann kalt und schläfrig abwarten, was werden wird? Wer fühlt sich nicht durch den Gedanken begeistert, dass der Zeitpunkt da ist, wo der Deutsche an der Donau und am Rhein den an der Elbe und Weser als seinen Bruder umarmen (...) wird, der Zeitpunkt, wo die Herrscher der Völker auch bekennen, dass sie nicht um ihretwillen, sondern um ihrer Völker willen da sind (...)"
(Dyroff: Der Wiener Kongress, S. 111)

A4 *Welche Hoffnungen hatte der Verfasser dieses Flugblattes?*

A5 *Wer könnten die Verfasser sein?*

A6 *Wie wird der Kongress in der Karikatur (unten) dargestellt?*

„Der tanzende Kongress", in der Mitte Kaiser Franz I., Zar Alexander I. und der preußische König. Rechts daneben der König von Sachsen, der seine Krone festhält. Ganz rechts die konstitutionelle Monarchie Frankreichs.

Sitzung der Bevollmächtigten während des Wiener Kongresses. Stich von Godefroy (1767–1855). ① Wellington, England; ② Hardenberg, Preußen; ③ Metternich, Österreich; ④ Talleyrand, Frankreich; ⑤ Wilhelm von Humboldt, Preußen

Fast ein Jahr verhandelten die Minister. Russland bekam den größten Teil des Herzogtums Warschau, Preußen die Nordhälfte Sachsens, das Rheinland, Westfalen und einige kleine Ländereien. Österreich verzichtete auf kleine Gebiete, blieb ein Vielvölkerstaat. Frankreich wurde wieder ein Königreich, in dem jedoch das reiche Bürgertum großen Einfluss behielt. Insgesamt stellte der Wiener Kongress das Gleichgewicht der europäischen Mächte wieder her. Die Monarchen von Russland, Österreich und Preußen verpflichteten sich, diese neue Ordnung von 1815 zu garantieren und die revolutionären Kräfte niederzuhalten. Sie schlossen die Heilige Allianz (= Bündnis). In der Geschichte nennt man einen solchen Prozess Restauration (= Wiederherstellung der alten Ordnung).

A1 *Warum wollten die drei Monarchen eine Restauration der Zustände?*

A2 *Was geschieht hier? Gib der Karikatur eine Überschrift.*

A3 *Erkläre die Bedeutung der Waage in der Hand Metternichs.*

Zeitgenössische Karikatur zum Wiener Kongress 1815. In der Mitte Metternich mit einer Waage.

Die Hoffnungen der Völker auf Einheit und Frieden erfüllten sich nicht. Die Monarchen missachteten die nationalen Interessen der Völker, auch die des deutschen Volkes. Die Zersplitterung wurde nicht überwunden, obwohl dies ein Hauptwunsch der Kämpfer in den Freiheitskriegen gegen Napoleon war. Im Ergebnis des Kongresses entstand für die deutschen Königreiche und Fürstentümer der Deutsche Bund, ein loser Staatenbund. Den Vorsitz übernahm Österreich.

Zum Deutschen Bund gehörten die souveränen Fürstentümer und vier freie Reichsstädte. Es gab kein gewähltes Parlament, sondern einen Abgeordnetenkongress der deutschen Fürsten und freien Städte. Das war der Bundestag in Frankfurt am Main. Damit war auch der Traum von einer politischen Beteiligung des Volkes gescheitert. Preußen und Österreich stimmten sich vor allen wichtigen Entscheidungen im Bundestag ab. Als größte Staaten bauten sie ihre politische Macht aus.

2 „Vormärz" – Die Zeit zwischen den Revolutionen

2.1 Aufbruchstimmung und Demagogenverfolgung

Die Zeit zwischen 1815 und 1848 – zwischen Wiener Kongress und den Märzereignissen 1848 in Deutschland – nennt man die Zeit des **Vormärz.** Die bürgerliche Gesellschaft entstand. Das Streben der Bürger nach Selbstständigkeit, Selbstverwaltung, nach öffentlichem Auftreten, nach Bildung von Vereinen und das sich entwickelnde Zusammengehörigkeitsgefühl waren typische Merkmale.

In einzelnen Fürstentümern regte sich Widerstand bei tief enttäuschten Bürgern. Sie wollten sich mit der Restauration der politischen Zustände und der rücksichtslosen Unterdrückung in den Staaten des Deutschen Bundes nicht abfinden. Zunächst entwickelte sich unter den Studenten eine Bewegung, die sich rasch ausbreitete. Die Jenaer Studenten organisierten eine Burschenschaft, einen alle Jenaer Studenten umfassenden Bund.

Die Fahne der Jenaer Burschenschaft

Die Burschenschaft lud zu einem Studententreffen auf die Wartburg bei Eisenach in Thüringen ein. Etwa 500 Teilnehmer feierten vom 17. bis 19. Oktober 1817 das **Wartburgfest.** In allen Festansprachen standen die Gedanken von Einheit und Freiheit im Vordergrund.

A2 *Beschreibe die Abbildung rechts. Was geschieht hier?*

A3 *Was soll mit der Verbrennung reaktionärer Schriften und Herrschaftszeichen bewirkt werden?*

A4 *Diskutiert über die Frage: Kann durch das Verbrennen von Büchern eine Gesellschaft verändert werden?*

Weitere Anstöße zur nationalstaatlichen Einigung gingen von den Volksfesten aus. Diese Sänger- und Turnfeste verstärkten das Gefühl des Zusammengehörens der Deutschen.

Eine Art Aufbruchstimmung spiegelte sich auch in der allmählichen Erkenntnis, dass die Deutschen eine gemeinsame Dichtung und Geschichte haben. Die deutsche Sprache wurde als Merkmal einer einheitlichen Nation von Bedeutung. Die Gebrüder Grimm gaben eine „Deutsche Grammatik" und eine Märchensammlung heraus. Zeitungen verbreiteten liberale Ideen. Im politischen Lied oder im satirischen Gedicht zeigte sich die Sehnsucht nach Einheit des Vaterlandes.

A1 *Erkläre, warum der deutsche Turnvater Friedrich Ludwig Jahn dieses Gebilde als „ein deutsches Bunt" bezeichnete.*

Der Deutsche Bund nach 1815

Verbrennung von Büchern und Herrschaftszeichen (Uniformstücke) auf dem Wartburgfest

GEWUSST WIE!

Politische Lieder als Geschichtsquelle

Q1 Der Politiker und Dichter Ernst Moritz Arndt stellte sich in einem politischen Lied die Frage: *„Was ist des Teutschen Vaterland?"*

1) Was ist des Teutschen Vaterland?
Ist's Preußenland, ist's Schwabenland?
Ist's wo am Rhein die Rebe blüht?
Ist's wo am Belt die Möwe zieht?
O nein, nein, nein! Sein Vaterland muss größer sein!

3) Was ist des Teutschen Vaterland?
Ist's Pommerland? Westfalenland?
Ist's wo der Sand der Dünen weht?
Ist's wo die Donau brausend geht?
O nein, nein, nein! Sein Vaterland muss größer sein!

10) Das ganze Teutschland soll es sein!
O Gott vom Himmel sieh darein!
Und gib uns rechten teutschen Mut,
dass wir es lieben treu und gut.
Das soll es sein!
Das ganze Teutschland soll es sein!

(Krieger, H.: Handbuch des Geschichtsunterrichts, Bd. IV, S. 249)

Politische Lieder waren im 19. Jahrhundert eine Möglichkeit, Einfluss auf die Gedanken der Zeitgenossen zu nehmen. Sie drückten starke gemeinsame Gefühle vieler Menschen aus und förderten ein Zusammengehörigkeitsgefühl. Text und Melodie, auf Flugblättern weitergegeben, konnten direkte Aktionen auslösen. Viele Dichter wie Georg Herwegh oder Ferdinand Freiligrath veröffentlichten ihre kühnen Gedanken zu Einheit, Freiheit und Vaterland in dieser Form. Politische Lieder sind daher eine wichtige Quelle unseres Geschichtswissens.

A1 *Wenn du ein politisches Lied als Geschichtsquelle erschließen willst, dann gehe so vor:*

- Lies den Text aufmerksam und gib den Inhalt wieder.

- Auf welches Problem bzw. welchen Sachverhalt will das Lied den Leser aufmerksam machen?

- Wird auf das im Text angesprochene Problem eine Antwort gegeben?

- Warum wurde diese Form der Darstellung gewählt?

- Formuliere eine zusammenfassende Aussage und bilde dir eine Meinung zum Inhalt des Liedes.

Heftig reagierten die Herrschenden, als am 23. März 1819 der Schriftsteller August von Kotzebue von dem Jenaer Theologiestudenten und Burschenschafter Karl Ludwig Sand ermordet wurde. Kotzebue war für Sand ein „Verräter am Vaterland". Sand glaubte, durch seine Tat der Freiheit große Dienste zu leisten. Er wurde am 20. Mai 1820 enthauptet.

A1 *Sprecht darüber, ob durch Mord politische Probleme gelöst werden können.*

Nach dem Mord erließen Metternich und die Minister des Deutschen Bundes 1819 die Karlsbader Beschlüsse.

- Verbot der Burschenschaften
- Überwachung der Universitäten
- Zensur aller Zeitungen und Zeitschriften und weiterer Druckerzeugnisse
- Unterdrückung nationaler und liberaler Kräfte

Zeitgenössische Karikatur auf die Tat Karl Ludwig Sands

A2 *Wie sieht der Karikaturist die Tat Sands?*

Eine zentrale Untersuchungskommission erteilte die Aufgabe, die „revolutionären Umtriebe und demagogischen Verbindungen" zu untersuchen (Demagoge bedeutet Volksführer, im 19. Jahrhundert ein Volksverführer, ein Hetzer).

Besonders in Preußen setzte die Demagogenverfolgung ein. Sie richtete sich vor allem gegen Journalisten, Schriftsteller und Studenten, gegen Bürger, die bei öffentlichen Anlässen freiheitliche und nationale Ideen äußerten. Aus ihren Ämtern vertrieben wurden bekannte Vertreter der Befreiungsbewegung wie zum Beispiel der Dichter Ernst Moritz Arndt und der Gründer der Turnbewegung Ludwig Jahn. In Preußen wurde das Turnen verboten.

Die Unterdrückung der Pressefreiheit rief breite Proteste hervor.

A3 *Was bedeutet „Zensur"? Die Karikatur unten gibt die Antwort.*

A4 *Beschreibe die Personen und ihre Handlungen.*

A5 *Was will die Karikatur dem Betrachter vermitteln?*

A6 *Äußere dich zusammenhängend: Warum heißt es im Thema dieses Abschnitts „Aufbruchstimmung"?*

„Der Denkerclub", Karikatur auf die Karlsbader Beschlüsse

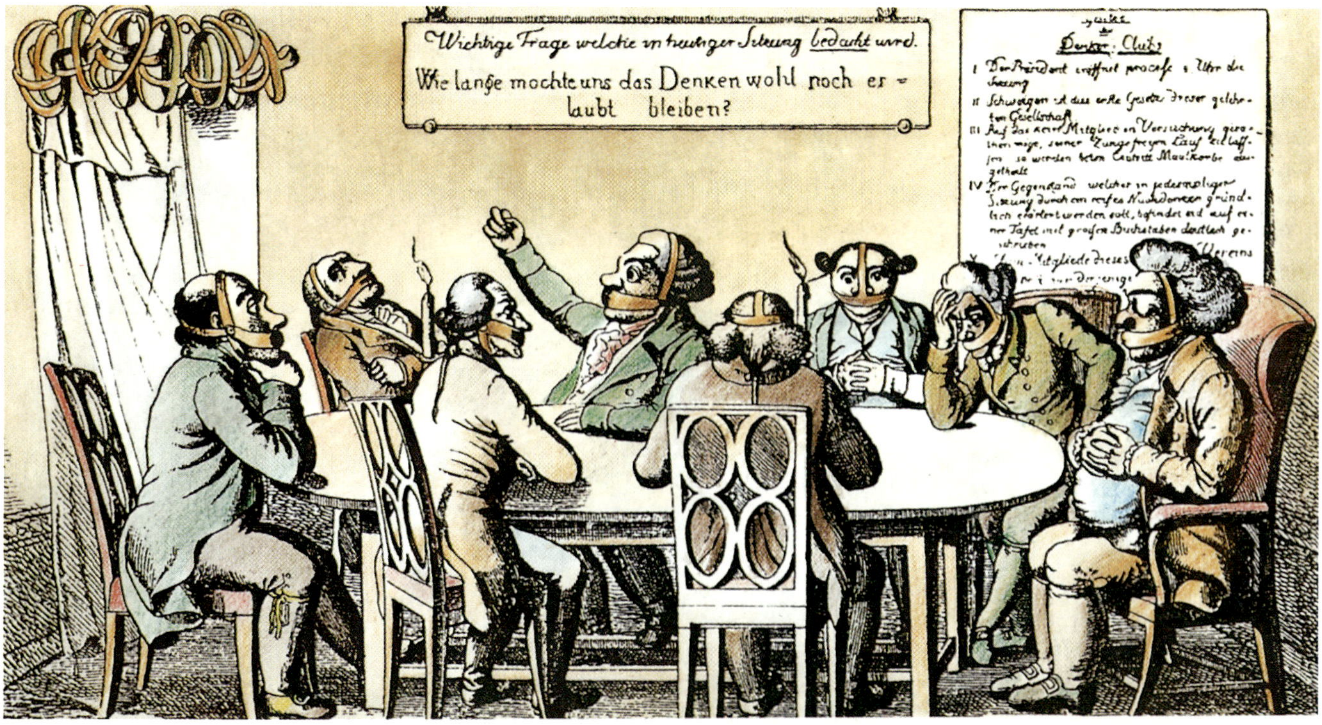

2.2 Das Biedermeier hat viele Gesichter

Typisch für den Wandel der Gesellschaft im 19. Jahrhundert war das Streben des Bürgertums nach Bildung. Dies war auch die Zeit der Lesecafés. Dort konnte man Zeitungen und Zeitschriften lesen und über aktuelle Fragen, über Literatur und Kunst diskutieren oder einfach Klatsch und Tratsch austauschen.

Lesecafé, Stich von J. C. Schoeller, 1837

EXPEDITION GESCHICHTE

Ein Lesecafé in der Schule

Wäre die Einrichtung eines Lesecafés an eurer Schule vielleicht eine schöne Sache? Es könnte eine Minibücherei entstehen, in der man statt Kaffee Cola trinkt und gemütlich plauscht. Auch für den Unterricht oder die Vorbereitung eines Vortrages könnte das Lesecafé genutzt werden – vor allem aber in den Pausen. Wenn ihr Platz in eurer Klasse habt oder die Schulleitung einen Raum zur Verfügung stellt, kann es losgehen.

Gemeinsame Überlegungen

- **Wie sollte nach eurer Ansicht das Lesecafé aussehen?**

Vorschlag:
- Regale, kleine Tische, Stühle oder Sessel, eine Liege als Diskussionsbank – gemütlich soll es werden!
- Bücher von zu Hause, vom Bücherbasar
- Zeitungen/Zeitschriften der Schule für Jugendliche
- Neuanschaffungen/Nachschlagewerke – nicht nur für Geschichte
- Exponate, die im Geschichtsunterricht entstanden sind
- Originelle Gegenstände, die den Raum beleben
- Spiele/Pinnwand

- **Wer trägt die Verantwortung?**

Festlegung bestimmter Aufgaben notwendig! Auch die Schulleitung mit einbeziehen!

- **Wer hilft euch?**

Schülerrat, Elternrat, Lehrer, Eltern, Förderverein, Sponsoren

Besonders „stilecht“ wäre es, wenn ihr euch in eurem Lesecafé mit der Literatur aus jener Zeit befassen würdet. Man nennt diese Zeit die Romantik, aber es wurden damals auch Ansichten geäußert, die so „romantisch“ gar nicht waren. Hier einige Lesetips:

- Eduard Mörike: Mozart auf der Reise nach Prag (1856)
- E.T.A. Hoffmann: Die Elixiere des Teufels
- Joseph von Eichendorff: Aus dem Leben eines Taugenichts (1826)
- Adelbert von Chamisso: Peter Schlemihls wundersame Geschichte (1814)
- Heinrich Heine: Deutschland – ein Wintermärchen
- Georg Büchner: Der Hessische Landbote

Und nun – viel Spaß im Café!

Gewalt im Biedermeier? Im Vormärz setzten erneut Ausschreitungen gegen die jüdische Minderheit ein. Denn die Juden begannen, von rechtlichen Benachteiligungen mehr und mehr befreit, einen wirtschaftlichen Aufstieg, der Neid erzeugte. Beginnend in Würzburg waren seit 1819 in fast allen Bundesstaaten die „Hep-Hep"-Krawalle ausgebrochen. Die Judenverfolger benutzten „Hep-Hep" als Schlachtruf. Plünderungen, Plakate, die den Juden Tod und Verderben androhten, Religionstumulte, Raub und Demolierung des Eigentums - in diesen Zeiten der Unzufriedenheit verstärkten sich die Übergriffe.

A1 *Beschreibe das Bild. Was wird den Juden angetan?*

A2 *Ausschreitungen gegen die jüdische Bevölkerung gab es seit dem Mittelalter. In unserem Jahrhundert erreichten sie die größten Ausmaße. Was weißt du darüber?*

Die Aufbruchstimmung im Biedermeier gab dem politischen Engagement der Frau wichtige Impulse. Schon seit dem 18. Jahrhundert hatten sich in den Salons gebildeter Damen interessierte Bürger mit Schriftstellern und Künstlern zum Gedankenaustausch getroffen. Oft wurden dort auch neue politische Ideen diskutiert.

Bürgerliche Frauen beschränkten ihr Leben aber bald nicht mehr auf ihre Familien und gepflegte Geselligkeit im privaten Kreis. Sie gingen zunehmend in die Öffentlichkeit, z. B. in Gesangvereine, wo sie sich auch politisch bildeten. Sie widmeten sich der Armenpflege und empfanden es als „Wohltätigkeit", anderen zu helfen. In Preußen prangerte in den 40er Jahren die Schriftstellerin Bettina von Arnim das Elend der Massen an und appellierte an die Verantwortung des Königs.

In Berlin war der Salon der Rahel Varnhagen ein gesellschaftliches und künstlerisches Zentrum.

Zeitgenössische Darstellung der Hep-Krawalle

Q1 Mit der Entwicklung einer Frauenbewegung ist der Name Luise Otto-Peters verbunden. Öffentlich forderte sie:
„Zum Volk gehört auch die Frau! Die Teilnahme der Frauen an den Interessen des Staates ist nicht nur ein Recht, sondern die Pflicht."
(Baumer, G.: Gestaltwandel, S. 332)

A3 *Erkläre die Gedanken von Luise Otto-Peters.*

A4 *Was bedeutete diese Aussage für die Männer dieser sozialen Schicht, deren Ansicht im 19. Jahrhundert darin bestand, die Frau habe im Haushalt für Ehemann und Kind zu sorgen?*

A1 *Vergleiche die Frauenbilder dieser Seite und arbeite die unterschiedlichen Darstellungen heraus.*

„Barrikadenmädchen" heißt dieses Bild von F. Russ. In Wien waren Frauen beim Barrikadenkampf besonders engagiert. Überall sollen sie mit Fahnen in der Hand voranmarschiert sein und die Männer angefeuert haben.

„Du liest und rauchst, ohne dich mit mir zu unterhalten." „Kümmere dich nicht um meine Angelegenheiten. Bezahle meine Schulden, da mein Geld nicht reicht. Gib mir mehr Geld und frage nicht stets, wozu. Warum stets zu Hause? Führe mich in die Gesellschaft ein." Zeitgenössische Karikatur.

In politischen Versammlungen engagierten Frauen sich in den Jahren 1848/49 für die Revolution und forderten das Frauenwahlrecht.

Ganz anders verlief das Leben von Frauen der unteren Schichten. Sie waren nicht in Vereinen oder bei Festlichkeiten anzutreffen. Diese Frauen hatten gemeinsam mit ihrem Ehemann für die Existenz der Familie zu sorgen. Auf dem Land arbeiteten sie als Mägde. In der Stadt verrichteten sie Tagelohnarbeiten wie Putzen und Waschen in bürgerlichen Haushalten. Ihr Lohn war sehr gering. Frauen und Kinder trugen auch als Heimarbeiter zur Ernährung der Familie bei. Arbeiten wie Stricken, Strohflechten, Besenbinden sowie Spinnen und Weben wurden in den düsteren Wohnungen ausgeführt. Seit der Industrialisierung wuchs die Fabrikarbeit.

Auch diese Frauen begannen sich zu wehren, unterstützten ihre Männer im Kampf um soziale Gerechtigkeit.

A1 *Beschreibe die Lebensbedingungen von Frauen.*

Frau am Spulrad, Rekonstruktionszeichnung

2.3 In Europa erwachen die politischen Kräfte

Der Bilderbogen (rechts) zu den Ereignissen um 1830 ist ein Zeitdokument aus Nürnberg. Er zeigt Ereignisse, die den Vormärz charakterisieren.

A2 *Versuche, die Bilder zu deuten.*
A3 *Welchen Eindruck vermitteln sie dir vom Jahre 1830?*

In Frankreich war das Maß voll. Die Errungenschaften der großen Revolution waren abgebaut worden. Der französische König Karl X. ordnete im gleichen Jahr eine Pressezensur an und schränkte die Zahl der Wahlberechtigten ein.

Q1 Die Karlsruher Zeitung vom 3. August 1830 berichtete:
„Die Unruhestifter drängten sich auf den Boulevards (...) und vor dem Ministerium (...) Bald jedoch bildeten sich Zusammenrottungen, und der Tumult stieg aufs Höchste. Nur die niedrigste Klasse des Volkes war übrigens bei der Verübung der vorgefallenen Exzesse beteiligt. An jenem Tage begann der Lärm aufs Neue; das Zerbrechen der Laternen, die Angriffe auf Boutiquen (...) Gegen Mittag war die Ruhe in etwa hergestellt. Nur haben leider viele Personen das Leben verloren (...) Die Truppen zeigten sich voll Entschlossenheit und Treue für den König. Unter dem Volk war (...) die Aufreizung aufs Höchste gesteigert (...) Die Volkshaufen machten an verschiedenen Straßenausgängen Verrammlungen mit ausgespannten Fiakern (Kutschen) und (Pferde-)Omnibussen. Alle Boutiquen der Waffenschmiede und Waffenhändler wurden erbrochen (...) Auf mehreren Punkten bot das Gefecht mit Flintenschüssen ein entsetzliches Schauspiel. Die Straßen waren mit Toten und Verwundeten besät.“
(Karlsruher Zeitung, 3. August 1830, bearbeitet)

A4 *Betrachte zum Bericht die Ereignisse in Paris auf der Gedächtnistafel und schildere deine Eindrücke.*
A5 *Auf wessen Seite steht der Berichterstatter? Begründe deine Behauptung.*

Q2 Paris, den 31. Juli 1830, 8.00 Uhr abends. Der Kriegsminister an den Herrn Generalleutnant:
(...) „Stellen Sie sogleich jede Truppenbewegung ein (...) Die Revolution ist zu Paris beendigt (...) Alle Truppen haben sich mit den Bürgern vereinigt (...) Paris gleicht in diesem Augenblicke einem verschanzten Lager, es ist verrammelt, und hunderttausend Mann der besten Truppen vermöchten nicht einzudringen (...) Unterzeichnet: Graf Gerarf, Kriegsminister“
(Karlsruher Zeitung vom 3. August 1830)

A6 *Wovon zeugt dieser Befehl?*

Bilderbogen zu den revolutionären Ereignissen des Jahres 1830

Im Ergebnis der Julirevolution in Frankreich übernahm die gewählte Abgeordnetenkammer die Staatsgewalt. Sie erklärte den König für abgesetzt. Der Herzog von Orléans wurde zum „König der Franzosen“ berufen und auf die Verfassung vereidigt. Die Pariser Juliereignisse wurden Ausgangspunkt für weitere revolutionäre Bewegungen in Europa.

Schon 1820 erhoben sich in Italien die Carbonari – eine sich über ganz Italien ausbreitende Geheimgesellschaft – und erzwangen eine Verfassung. Die Aufstände in Neapel und Piemont ließ Metternich durch österreichische Truppen niederschlagen. Die 1830 geführte Revolution brachte den nach nationaler Einheit drängenden Kräften keinen Erfolg. Ein Aufstandsversuch 1848 scheiterte an der Uneinigkeit der Volksbewegung. Erst 1861 entstand das Königreich Italien.

Auch das zwischen Russland, Preußen und Österreich aufgeteilte Polen strebte 1830/31 nach einem gemeinsamen Nationalstaat. Polens Freiheitskampf dieser Jahre richtete

Flugblatt zum polnischen Freiheitskampf

sich gegen eine völlige Abhängigkeit von Russland. Er wurde vom russischen Zaren blutig niedergeschlagen. Viele polnische Revolutionäre sahen in der Flucht einen Ausweg aus der politischen Rechtlosigkeit. Tausende flohen über Deutschland nach Frankreich. In vielen deutschen Städten empfing sie eine Welle der Begeisterung.

Die französische Julirevolution machte auch vor deutschen Grenzen nicht Halt.

2.4 Für die Zukunft Deutschlands

In den Ländern des Deutschen Bundes gab es noch keine Parteien, aber geistige Wegbereiter für Freiheit und Nationalstaat. So kritisierten die „Radikalen" die gesellschaftlichen Zustände und forderten soziale Gerechtigkeit. Zu dieser Gruppe gehörten die bekannten Journalisten Georg Büchner und Jakob Siebenpfeiffer und die Dichter Heinrich Heine und Georg Herwegh.

Q1 Heinrich Heine in „Deutschland. Ein Wintermärchen":

„Ein neues Lied, ein besseres Lied,
O Freunde, will ich euch dichten!
Wir wollen hier auf Erden schon
Das Himmelreich errichten.

Wir wollen auf Erden schon glücklich sein,
Und wollen nicht mehr darben;
Verschlemmen soll nicht der faule Bauch,
Was fleißige Hände erwarben."

(Heine, H.: Ein Lesebuch, S. 165)

A1 *Was meint Heine mit einem „Himmelreich auf Erden"?*

A2 *Welche Wunschvorstellung hat der Dichter?*

Q2 Georg Büchner schrieb am 5. April 1833 an seine Familie:

„Meine Meinung ist die: Wenn in unserer Zeit etwas helfen soll, so ist es die Gewalt. Wir wissen, was wir von den Fürsten zu halten haben. Wir befinden uns in einem ewigen Gewaltzustand. Weil wir im Kerker geboren und großgezogen sind, merken wir nicht mehr, dass wir im Loch stecken mit angeschmiedeten Händen und Füßen und einem Knebel im Mund. Ein Gesetz macht die große Masse der Staatsbürger zum fronenden Vieh (...) Ich werde mit Mund und Hand dagegen kämpfen, wo ich kann."

(Büchner, G.: Werke und Briefe, S. 248, bearbeitet)

A3 *Die unterstrichenen Textstellen sind im übertragenen Sinne zu verstehen. Welche Gedanken verbergen sich hinter der bildlichen Sprache?*

A4 *Wie will Büchner die Zustände ändern?*

A5 *Wem sagt Büchner den Kampf an? Nutze auch Q3.*

Q3 Georg Büchners politische Flugschrift „Der Hessische Landbote" erschien 1834:

„Friede den Hütten! Krieg den Palästen!
(...) Das Leben der Vornehmen ist ein langer Sonntag, sie wohnen in schönen Häusern, sie tragen zierliche Kleider, sie haben feiste Gesichter und reden eine eigene Sprache; das Volk aber liegt vor ihnen wie Dünger auf dem Acker. Der Bauer geht hinter dem Pflug, der Vornehme aber geht hinter ihm und dem Pflug und treibt ihn mit den Ochsen am Pflug, er nimmt das Korn und läßt ihm die Stoppeln. Das Leben des Bauern ist ein langer Werktag; Fremde verzehren seine Äcker vor seinen Augen, sein Leib ist eine Schwiele, sein Schweiß ist das Salz auf dem Tische des Vornehmen."

(Epochen und Strukturen, Bd. 2, S. 93 f.)

Eine andere bedeutende geistige Strömung im Vormärz war die der Liberalen. Sie stellten das Recht auf Freiheit in den Vordergrund, und zwar die Freiheit der Bürger und eine freie Wirtschaft. Sie wollten eine Verfassung, in der die Rechte und Pflichten der Bürger, aber auch die der Fürsten und des Königs festgeschrieben sein sollten.

Q4 Der badische Liberale Karl von Rotteck:

„Ich bin für Teutschlands Einheit, ich wünsche, verlange und fordere sie (...) für die Freiheit des Verkehrs und des Handels und zumal auch des freien Wortes in allen Ländern der teutschen Zunge, d. h. der freien teutschen Presse (...) Ich will keine Einheit (...) unter der Form einer allgemeinen teutschen Republik."

(Rotteck, K. v.: Gesammelte Schriften, Bd. IV, S. 397 ff., bearbeitet)

A6 *Vergleiche die Aussage von Büchner mit der von Rotteck.*

2.5 „Hinauf, Patrioten, zum Schloss, zum Schloss!"

Einen Höhepunkt im Ringen um Freiheit und nationale Einheit der deutschen Liberalen und Demokraten bildete das Hambacher Fest.

Q1 Augenzeugen berichteten: *„27. Mai 1832 – Wagen, voll besetzt mit Bürgern aller Stände. Gesänge. Um 9 Uhr bewegte sich der Zug vom Markt, voran das schwarz-rot-goldene Banner (...) von der Neustädter Bürgerwehr umgeben; Glocken klangen. Feierliche Weisen deutschen Freiheitsgesanges wogten durch den ungeheuren Zug. Als sich noch ein großer Teil des Zuges auf den Windungen des Weges bewegte, erklang wie eine Lawine der mächtig sich wiederholende Ruf: Es lebe die Freiheit! Es lebe Deutschland! Kanonenschüsse – ein Schauer durchrieselte tausend und tausend Herzen – denn in diesem Augenblicke wurde die schwarz-rot-goldene Fahne auf dem Turm des Schlosses aufgerichtet."*

(„Der Volksfreund" vom 19. Juni 1832, bearbeitet)

A1 *Wie du schon weißt, wurden in der Zeit des Vormärz viele Volksfeste gefeiert. Sänger und Turner zeigten ihr Können. Worin lag die Bedeutung derartiger Feste?*

Q2 Zu den Wortführern des Festes gehörte Jakob Siebenpfeiffer. Aus seiner Ansprache: *„Wir selbst wollen, wir selbst müssen vollenden das Werk, und, ich ahne, bald, soll die deutsche, soll die europäische Freiheit nicht erdrosselt werden. (...) ihr deutschen Männer, o lasset uns alle Spaltungen vergessen, (...) uns nur eine Farbe tragen, auf ein Gesetz schwören, auf das heilige Gesetz deutscher Freiheit; auf ein Ziel nur lasset uns blicken, auf das leuchtende Ziel deutscher Nationaleinheit (...) Es lebe das freie, das einige Deutschland!"*

(Wirth: Das Nationalfest der Deutschen, Hambach, S. 31 f., gekürzt)

A2 *Welche Ziele werden genannt?*

A3 *Wer konnte in Deutschland etwas verändern?*

A4 *Diskutiert, ob diese Ziele in der ersten Hälfte des 19. Jahrhunderts realistisch waren.*

Nach dem Hambacher Fest wurde Siebenpfeiffer verhaftet, seine Zeitung verboten. Die Zensur verschärfte sich. Rede- und Versammlungsfreiheit wurden aufgehoben. Der Dichter und deutsche Demokrat Heinrich Hoffmann aus Fallersleben verfasste später „Das Lied der Deutschen". Der Text der 3. Strophe lautet:

Q3 *„Einigkeit und Recht und Freiheit*
Für das deutsche Vaterland!
Danach lasst uns alle streben
Brüderlich mit Herz und Hand!
Einigkeit und Recht und Freiheit
Sind des Glückes Unterpfand:
Blüh im Glanze dieses Glückes
Blühe deutsches Vaterland."

A5 *Warum wird diese Strophe als deutsche Nationalhymne gesungen?*

Das Hambacher Fest 1832, Aquarell von Böhn

3 Salute Europa! Die Revolution von 1848/49

3.1 Warum drei Februartage in Frankreich ein Signal setzten

In der ersten Hälfte des 19. Jahrhunderts hatten sich die Ideen Einheit, Freiheit und Unabhängigkeit in den Köpfen der europäischen Völker fest verankert. Die Staaten Europas begannen zu wanken. Könige und Fürsten gaben dem aufstrebenden Bürgertum kein Mitbestimmungsrecht. Wirtschaftskrisen verstärkten die Spannungen. So kam es in fast allen europäischen Ländern zu Aufständen. In Italien richtete sich der Kampf gegen die Zersplitterung des Landes. Ungarn wehrte sich gegen die Besetzung durch Österreich.

A1 *Wo siehst du die Ursachen für die revolutionäre Stimmung?*

Das Jahr 1848:
Frankreich erschütterte vom 22. bis zum 24. Februar eine Revolution. Die Entwicklung der Industrie brachte eine neue Bevölkerungsschicht hervor, das städtische Proletariat. Zusammen mit den Kleinbürgern forderten die Arbeiter politische Mitbestimmung, das allgemeine Wahlrecht und das Recht auf Arbeit. Die Ereignisse spitzten sich zu.

A2 *Was erzählt das Bild vom 23. Februar 1848 in Paris?*

Ein Arbeiter, der Sozialist Louis Blanc, zog in die eilig gebildete provisorische Regierung ein. Der Dichter Lamartine wurde deren Präsident. Jeder Franzose konnte an den Wahlen teilnehmen. Man richtete Nationalwerkstätten ein und verkündete das Recht auf Arbeit.

Die Februarereignisse des Jahres 1848 schlugen in den deutschen Bundesstaaten wie ein Blitz ein.

A3 *Gab es Gründe dafür? Analysiere dazu auch die Abbildung „Hungerkrawall": Wer bedrängt das Fenster? Was möchten die Menschen dort? Wer mischt sich von links ein?*

Infolge von Missernten in den Jahren 1846 und 1847 brach eine Hungersnot aus. Die Lebensmittelpreise stiegen. Arbeitslosigkeit und häufig auftretende Epidemien gefährdeten die Existenz vieler Menschen. Die im 19. Jh. einsetzende Industrialisierung in Deutschland, der Bau von Fabriken machte die Lohnarbeiter von den Unternehmern völlig abhängig. Die schlesischen Weber, die als Heimarbeiter auf die Rohstofflieferungen der Arbeitgeber und die Abnahme der Fertigprodukte angewiesen waren, arbeiteten für einen Hungerlohn.

Aufstand in Paris, Februar 1848. Gemälde von Hagenauer.

Hungerkrawalle in Stettin, 1847

Q1 Ein Zeitgenosse berichtet:
„Seit sieben Jahren haben sich die Unglücklichen nicht mehr irgendein Kleidungsstück beschaffen können; (...) ihre Wohnungen verfallen, da sie die Kosten zur Herstellung nicht aufbringen können; durch die missratene Ernte der Kartoffeln, namentlich in den letzten beiden Jahren, waren sie auf die billigen oder Viehkartoffeln zur Nahrung angewiesen; Fleisch kommt nur bei einigen zu Ostern, zu Pfingsten und Weihnachten ins Haus, und dann für eine Familie von fünf bis sechs Personen ein halbes Pfund.“

(Krieger, H.: Handbuch des Geschichtsunterrichts, Bd. 5, S. 22 f.)

A1 *Beschreibe anhand Q1 und der Abbildung (unten) das Leben der Weber.*

A2 *Kannst du vermuten, warum im Jahre 1844 schlesische Weber das Haus ihres Fabrikanten plünderten?*

Schlesische Weber

3.2 Die Märzereignisse in den Staaten des Deutschen Bundes

Der „deutsche Michel" ist eine Symbolfigur mit Kniehose und Schlafmütze. Es ist ein Spottname für einen braven, tüchtigen deutschen Bauern, später auch für den unpolitischen und schlafmützigen Deutschen.

Wie der deutsche Michel die Nachtmütze wegwirft und sich vornimmt, ins Freie zu gehen, zeitgenössische Karikatur

A1 *Die Karikatur charakterisiert die Zeit um 1848. Stelle dir folgende Fragen, um den Sinn zu verstehen:*
Was tut die Hauptfigur? Beschreibe sie.
Warum sitzt Michel auf einem Bett?
Beschreibe die Figurengruppe rechts im Hintergrund.
Welche weiteren Symbole verwendet der Zeichner?

A2 *Was sollte die Karikatur bei den Zeitgenossen bewirken?*

In den Staaten des Deutschen Bundes verstärkte sich in den dreißiger und vierziger Jahren des 19. Jahrhunderts die politische Bewegung.

Die Ereignisse überschlugen sich. König Wilhelm IV. von Preußen befürchtete auch in Berlin ein Aufbegehren der Volksmassen. Am 18. März trat der König auf den Balkon des Schlosses. Die versammelte Menschenmenge war erwartungsvoll gestimmt. Wilhelm IV. verkündete eine königliche Botschaft, in der er Pressefreiheit und die Einberufung des Landtags versprach. Im Schlosshof befand sich Militär. Die Bürger forderten: Das Militär zurück! Der Aufforderung, den Schlosshof zu verlassen, kam die Volksmenge nicht nach. Kavallerie und Dragoner erhielten den Befehl die Menge zu zerstreuen. Plötzlich lösten sich zwei Gewehrschüsse. „Verrat" schallte über den Platz. Innerhalb weniger Stunden errichteten die Bürger fast 100 Barrikaden. Sie rissen Straßenpflaster auf, leerten Waffenläden, holten Äxte und Beile. (Vgl. S. 159)

Die Barrikadenschlacht begann. Die Bürger leisteten erbittert Widerstand. Allein in der Königsstraße kämpften die Soldaten gegen 12 Barrikaden. Am Alexanderplatz und am Köllnschen Rathaus tobten Gefechte.

A3 *Sprecht über die Kampfweise von Militär und Bürgern (Abb. rechts oben).*

A4 *Das Symbol der Aufständischen ist mehrmals vertreten. Welche Bedeutung hatte es in der Zeit des Vormärz?*

36 Geschütze und 14 000 Infanteristen richteten unter den Barrikadenkämpfern ein Blutbad mit 230 Toten an. Die Toten wurden auf Wagen und auf Bahren zum Schlossplatz gebracht, geschmückt mit Blumen und Lorbeer. Der König musste sich vor den Opfern verneigen.

A5 *Bewerte diese Handlung des Königs.*

Aus der Chronik der Ereignisse 1848 – März –

Zeit	Ereignis	Ort
27. Februar	Volksversammlungen	Mannheim, Heidelberg, Karlsruhe
2. - 4. März	große Volksbewegungen	München
8. März	Bewilligung von Pressefreiheit	Berlin
9. März	Bürgerversammlung, Forderung: Presse- und Religionsfreiheit	Dresden
15. März	Volksversammlung, Ziel: Republik	Baden
Märztage	Demonstrationen	Wien

Barrikadenkämpfe an der Frankfurter Straße in Berlin am 18./19. März 1848

Noch am 18. März bewaffneten sich die Bürger. Das Volk erhielt Vereins- und Versammlungsfreiheit. In die Regierung wurden liberale Minister aufgenommen. Die Männer bekamen das Wahlrecht und wählten ein Parlament, die preußische Nationalversammlung.

Q1 Wilhelm IV. verkündete am 21. März 1848:

„An mein Volk und die deutsche Nation! Ich habe heute die alten deutschen Farben angenommen (...) Preußen geht fortan in Deutschland auf."

(Rudolf, E.: Dokumente zur deutschen Verfassungsgeschichte, S. 365)

A1 *Setze dich mit den Worten des Königs auseinander.*

A2 *Nenne Errungenschaften, die das Volk erkämpft hatte.*

A3 *Versuche herauszubekommen, ob es auch in deiner Heimat um 1848 Unruhen gab.*

3.3 Die Nationalversammlung ringt um eine deutsche Verfassung

Ein einheitliches deutsches Vaterland erforderte Veränderungen in den Bundesstaaten und eine einheitliche Verfassung. Am 18. Mai 1848 traten 831 Abgeordnete als gesamtdeutsches Parlament in der Paulskirche in Frankfurt am Main zusammen. Sie bildeten die Nationalversammlung.

Die Sitzverteilung in der Nationalversammlung

	Präsident	
Rechte	**Mitte**	**Linke**
ca. 40 Abgeordnete	**ca. 220 Abgeordnete**	**ca. 140 Abgeordnete**
Konservative – Einheit Deutschlands – Erhaltung des Bestehenden – Verfassung – Erhalt der Vorrechte der souveränen Fürsten	Liberale – Einheit Deutschlands – Verfassung – Konstitutionelle Monarchie – Bundesstaat (Föderalismus) – Ministerverantwortlichkeit – Rechtsstaat	Demokraten und Republikaner – Einheit Deutschlands – Republik – Zentralstaat – keine Zusammenarbeit mit den Fürsten – Gesetzgebung allein durch das Volk

Die Volksvertreter gehörten in der Mehrheit den wohlhabenden Schichten des gebildeten Bürgertums an. Nur vier Abgeordnete waren Handwerker. Arbeiter waren nicht vertreten. Parteien gab es noch nicht. Aber es bildeten sich unterschiedliche politische Gruppierungen heraus, die verschiedene Ansichten über eine künftige Regierung vertraten. Im Mittelpunkt der Debatten in der Nationalversammlung stand die Ausarbeitung eines Kataloges von Grundrechten nach amerikanischem und französischem Vorbild.

A1 *Worin bestand die Bedeutung von Grundrechten?*

A2 *Warum war für die Abgeordneten die Forderung nach einer Verfassung so wichtig?*

Die Paulskirche in Frankfurt a. M., Sitz der Nationalversammlung

Tafel von A. Schroedter, Mainz 1848 (Text bearbeitet)

In Form der Gesetzestafeln zeigt das schwarz-rot-gold gedruckte Schmuckblatt den Text der im Dezember 1848 in der Paulskirche verabschiedeten Grundrechtsparagrafen.

A3 *Beschreibe das Bild der im Mittelpunkt stehenden Germania.*

A4 *Erkläre die Bedeutung der hier genannten Grundrechte.*

1849 verabschiedeten die Parlamentarier eine Verfassung für den künftigen Nationalstaat.

A5 *Analysiere die Tafeln und das Verfassungsschema nach folgenden Gesichtspunkten: Machtverteilung; Grundrechte für das Volk; demokratische Elemente; Staatsform.*

Ein weiterer Streitpunkt im Parlament war die wichtige Frage: Welche Gestalt sollte das zukünftige geeinte Deutschland erhalten? Als Möglichkeiten sahen die Abgeordneten die kleindeutsche und die großdeutsche Lösung.

A1 *Betrachte die Karte. Finde heraus, welche Vorstellungen die Abgeordneten von einem geeinten Deutschland hatten.*

Die kleindeutsche Lösung bedeutete ein Deutschland als preußisches Erbkaisertum – alle Einzelstaaten des Deutschen Bundes ohne Österreich sollten vereint werden.

Die großdeutsche Lösung bedeutete ein Deutschland mit den deutschen Einzelstaaten, mit Schleswig und mit den deutschsprachigen Gebieten Österreichs.

März 1849: Der größte Teil der Abgeordneten des ersten deutschen Nationalparlaments entschied sich für die kleindeutsche Lösung. Die Reichsverfassung wurde verabschiedet. Erstmals in der deutschen Geschichte wurden Grundrechte für die Bürger in einer Verfassung verankert. Auch die Frage nach der äußeren Gestalt des deutschen Nationalstaats war damit gelöst worden. Der preußische König Friedrich Wilhelm IV. wurde zum „Kaiser der Deutschen“ gewählt.

Die Verfassung von 1849 (links). Zentren der Revolution 1848/49 (unten).

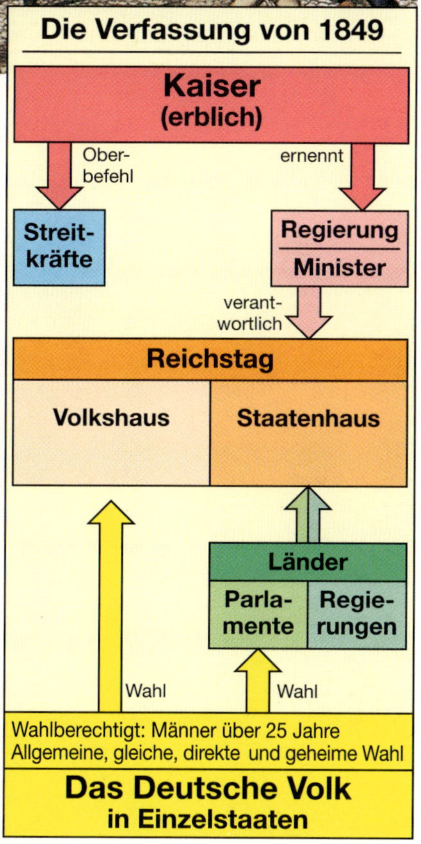

3.4 Das Ende der Revolution

Noch während in der Frankfurter Paulskirche die Volksvertreter um eine Verfassung stritten, gab es auf der Straße bei Auseinandersetzungen zwischen Volk und Militär zunehmend Erfolge der Fürsten und Könige.

Der Juniaufstand in Frankreich 1848 war ein Kampf von Pariser Arbeitern, die die in der Februarrevolution errungenen Rechte (u.a. Arbeitsplätze, Nationalwerkstätten) schwinden sahen. Den schlecht bewaffneten Aufständischen stand eine Überzahl gut bewaffneter Männer der Nationalgarde gegenüber.

Neue Unruhen verbreiteten sich in allen Teilen Österreichs, die sich gegen die Nationalversammlung richteten. Studenten, Arbeiter und Bürgerwehr wurden trotz erbitterten Widerstandes von kaiserlichen Truppen besiegt. Mehrere tausend Tote waren die Bilanz des Wiener Oktoberaufstands 1848.

Robert Blum, sächsischer Abgeordneter der Linken in der Nationalversammlung, wurde im November 1848 in Wien standrechtlich erschossen. Damit demonstrierte die österreichische Regierung ihre Missachtung gegenüber der Nationalversammlung. Im Volk gab es wütende Proteste. Robert Blum wurde zum Volkshelden.

A1 *Inwiefern war sein Tod ein tiefer Einschnitt in der Revolution?*

Die Nachricht aus Wien stärkte der preußischen Reaktion den Rücken. Als es in Berlin zu einer erneuten Protestwelle kam, zogen Soldaten des Generals Wrangel ein. Die revolutionären Gruppen brachen auseinander. Unter der Losung „Gegen Demokraten helfen nur Soldaten" wurde die preußische Nationalversammlung gewaltsam aufgelöst. In Preußen hatte die Monarchie gesiegt.

Im April 1849 empfing Friedrich Wilhelm IV. die „Kaiserdeputation" - eine Abordnung der Nationalversammlung. Die Abgeordneten boten ihm die deutsche Krone an.

Q1 Aus der offiziellen Antwort des preußischen Königs an die Abgeordneten der Paulskirche:

„(...) Die Botschaft (...) hat mich tief ergriffen. In dem Beschluss der deutschen Nationalversammlung (...) erkenne ich die Stimme der Vertreter des deutschen Volkes. Die Nationalversammlung hat auf mich (...) gezählt, wo es gilt, Deutschlands Einheit und Kraft zu gründen (...) Aber (...) ich würde ihr Vertrauen nicht rechtfertigen, wollte ich (...) ohne das freie Einverständnis der gekrönten Häupter, der Fürsten und der freien Städte eine Entscheidung fassen.
An den Regierungen der einzelnen Staaten wird es daher jetzt sein, in gemeinsamer Beratung zu prüfen, ob die Verfassung (...) dem Ganzen frommt und mich in den Stand versetzen würde, mit starker Hand die Geschicke zu leiten(...)"

(Huber: Dokumente zur deutschen Verfassungsgeschichte, S. 402 f.)

A2 *Welche Meinung vertrat der Preußenkönig in der Öffentlichkeit?*

Die Erschießung des Robert Blum

Q2 Wilhelm IV. schrieb kurze Zeit später an einen Freund:
„Die Krone ist (...) verunehrt mit dem Ludergeruch der Revolution. Einen solchen Reif, aus Dreck und Letten (lat. Sumpf) gebacken, soll (...) nun gar der König von Preußen sich geben lassen (...) Ich sage es Ihnen rund heraus: Soll die tausendjährige Krone deutscher Nation (...) wieder einmal vergeben werden, so bin ich es und meinesgleichen, die sie vergeben; und wehe dem, der sich anmaßt, was ihm nicht zukommt.“
(Ranke: Briefwechsel Wilhelm IV. mit Bunsen, 1873, S. 233 f.)

Die Ablehnung der Kaiserkrone durch Wilhelm IV. in der zeitgenössischen Karikatur. Borussia (Preußen) fragt den Präsidenten der Paulskirche: „Wat heulst'n kleener Hampelmann?“ – „Ick habe Ihr'n Kleenen 'ne Krone jeschnitzt, nu will er se nicht!“

A1 *Vergleiche beide Antworten miteinander. Finde die nach deiner Meinung wirklichen Gründe für sein Verhalten heraus.*

A2 *Die Karikatur (oben) soll dich bei der Meinungsbildung unterstützen.*

Mit der Ablehnung der Krone durch Friedrich Wilhelm IV. war die Nationalversammlung in ihrem Ringen um einen einheitlichen Nationalstaat gescheitert. Ein so genanntes „Rumpfparlament“ zog nach Stuttgart und wurde auf Befehl der preußischen Regierung im Juni 1849 aufgelöst. In den Einzelstaaten wurden zum Teil die Grundrechte aufgehoben und die Parlamente aufgelöst. Standrechtliche Erschießungen, Gefängnis und Zuchthaus für die Revolutionäre beendeten die Revolutionsjahre.

Im Herbst 1849 waren die liberalen und demokratischen Bewegungen in Frankreich, Ungarn, Italien und den Staaten des Deutschen Bundes besiegt. Im Jahre 1851 hob Österreich seine Verfassung auf. Das bedeutete die Wiederherstellung der Monarchie. Die Folgen der erneuten Unterdrückung waren Massenauswanderungen in die Schweiz, nach England und vor allem in die USA.

Karikatur zum Ende der 48er Revolution, August 1849. In Warschau steht für die verlorene Freiheit nur noch eine erloschene Kerze. In Frankfurt, dem Tagungsort der Nationalversammlung, steht eine Vogelscheuche. In England sieht man in einer Kutsche Königin Victoria, die dem Treiben auf dem Festland teilnahmslos zuschaut.

A3 *Die Karikatur zeigt, dass der europäische Volkskampf beendet ist. Welches Land und welche Personen verkörpern die Hauptfiguren?*

A4 *Beschreibe ihre Handlungen.*

A5 *Fasse deine Gedanken zu dem Thema der Karikatur zusammen. Gib ihr eine treffende Überschrift.*

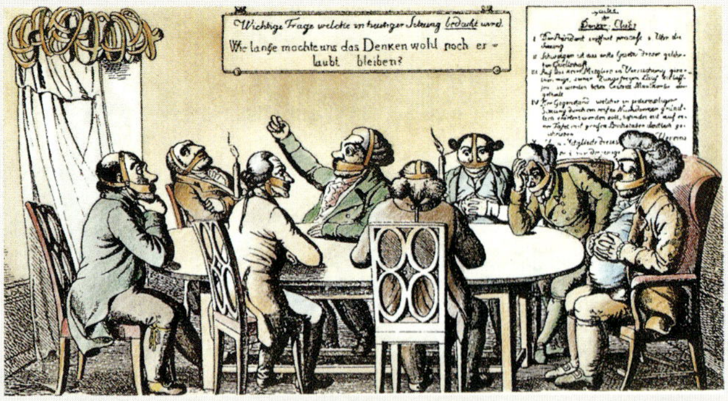

1815 **1817** **1819** **1830** **1832**

Wiener Kongress bringt Restauration. „Heilige Allianz."

Wartburgfest der Burschenschaften.

Karlsbader Beschlüsse: „Demagogenverfolgungen".

Revolution in Frankreich Auslöser für Aufstände in anderen Ländern (u. a. Italien, Polen).

Hambacher Fest für Freiheit und Einheit.

Deutscher Bund der Monarchien und Fürstentümer.

„Vormärz": Aufstieg des Bürgertums.

Zusammenfassung:

- Nach der Niederlage Napoleons stellt der **Wiener Kongress 1815** das Gleichgewicht der europäischen Mächte wieder her. Die **„Heilige Allianz"** dient der Absicherung dieser Ordnung und der Niederhaltung revolutionärer Kräfte (**Restauration**).
- Die Hoffnungen vieler Deutscher auf **Freiheit** und **nationale Einheit** werden enttäuscht. Der **Deutsche Bund** bleibt lediglich ein loser Zusammenschluss der souveränen Monarchien, Fürstentümer und freien Reichsstädte.
- Im **„Vormärz"** verstärken sich Nationalbewusstsein und Widerstand gegen die Fürstenherrschaft. **Eine bürgerliche Gesellschaft** mit eigener Kultur bildet sich heraus: Bildung, Selbstverantwortung, Freiheitsstreben, aber auch Rückzug ins Private („Biedermeier").
- Vorkämpfer für Freiheit und Einheit werden die studentischen **Burschenschaften** (Wartburgfest 1817). Auf die Freiheitsbestrebungen in Deutschland reagiert die Obrigkeit 1819 mit den **Karlsbader Beschlüssen** („Demagogenverfolgungen" und verschärfter Zensur).
- In der **Julirevolution 1830** übernimmt in **Frankreich** eine gewählte Abgeordnetenkammer die Macht. Nationale Erhebungen in Italien und Polen werden niedergeschlagen.
- Das **Hambacher Fest** 1832 markiert einen Höhepunkt der demokratischen und nationalen Bewegung in Deutschland.

Die Zeit der nationalen und liberalen Bewegungen

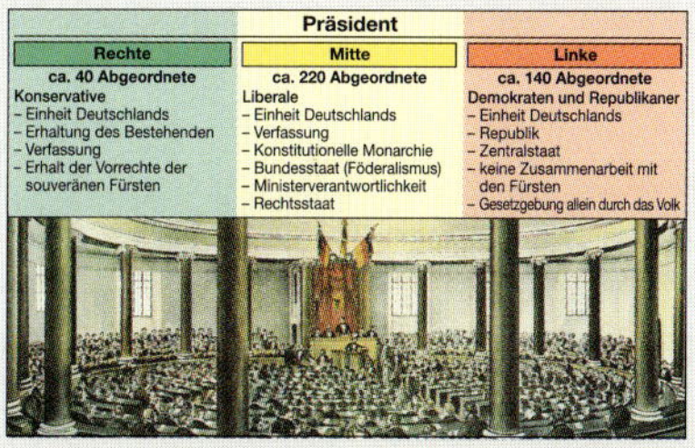

Febr. 1848

Februaraufstand 1848 in Paris setzt Signal für Revolutionen in Europa.

März 1848

Märzunruhen in Berlin zwingen preußischen König zu Zugeständnissen.

Mai 1848

Paulskirche: gesamtdeutsche Nationalversammlung (Grundrechte, Verfassung, Parteien).

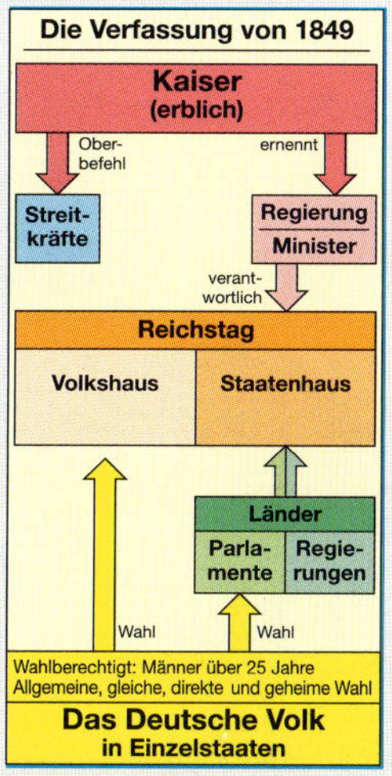

April 1849

Preußischer König lehnt Kaiserkrone der Nationalversammlung ab.

Juni 1849

Gewaltsame Auflösung des „Rumpfparlaments".

Niederschlagung der Revolution in Deutschland, Frankreich, Ungarn, Italien.

- Bürgerliches Freiheitsstreben und Wirtschaftskrisen (z. B. Weberunruhen) führen 1848/49 in zahlreichen Ländern Europas zur Revolution.
- Die **Februarrevolution 1848 in Frankreich**, getragen von Kleinbürgern und Proletariern, wirkt als Wegbereiter.
- In der **Märzrevolution in Preußen** werden nach heftigen Kämpfen dem König wichtige Zugeständnisse abgerungen (Wahlrecht, Parlament).
- In der **Paulskirche** in Frankfurt tritt im Mai 1848 die **gesamtdeutsche Nationalversammlung** zusammen. Bis März 1849 werden **Grundrechte** und eine **Verfassung** erarbeitet. Die Mehrheit entscheidet sich für die „kleindeutsche" Lösung. In der Paulskirche bilden sich die Anfänge der modernen **politischen Parteien** heraus: Linke (Demokraten), Liberale, Konservative.
- Die alten Mächte erholen sich von ihren Rückschlägen und beenden die Revolution mit Gewalt: Niederschlagung des Juniaufstandes in Frankreich, des Oktoberaufstandes in Wien. Der König von Preußen lehnt die von der Nationalversammlung angebotene Kaiserkrone ab. Er setzt Militär gegen die Revolutionäre ein und löst die preußische und den Rest der gesamtdeutschen Nationalversammlung („Rumpfparlament") auf.

5 Industrialisierung und soziale Frage

„Fang mich, wer kann"

Wenn du heute einen Eisenbahnzug über die Schienen rasen siehst, wirst du dich darüber kaum wundern. Doch vor 200 Jahren wäre jeder für verrückt erklärt worden, der behauptet hätte, man könne sich schneller als mit 10 Kilometern pro Stunde fortbewegen. Selbst wenn aus der Lok dicke Dampfwolken emporsteigen würden, könnte das auf dich nicht solch einen gewaltigen Eindruck machen wie auf die Zuschauer, die im Jahre 1804 in England die Fahrt einer der ersten Lokomotiven namens Invicta (die Unbesiegbare) bestaunten. Da jedoch unter der Last der schweren Maschine immer wieder die Schienen brachen, wurde der weitere Transport noch länger von Pferden bestritten.

A1 *Beschreibe diese Rekonstruktionszeichnung einer der ersten Lokomotiven.*
A2 *Vergleiche mit den Postkutschen.*

„Königlich-Württembergische Ochsenpost", Aquarell von 1861

Rekonstruktion der „Rocket" von George Stephenson

ostwagen nach Gotha, um 1825

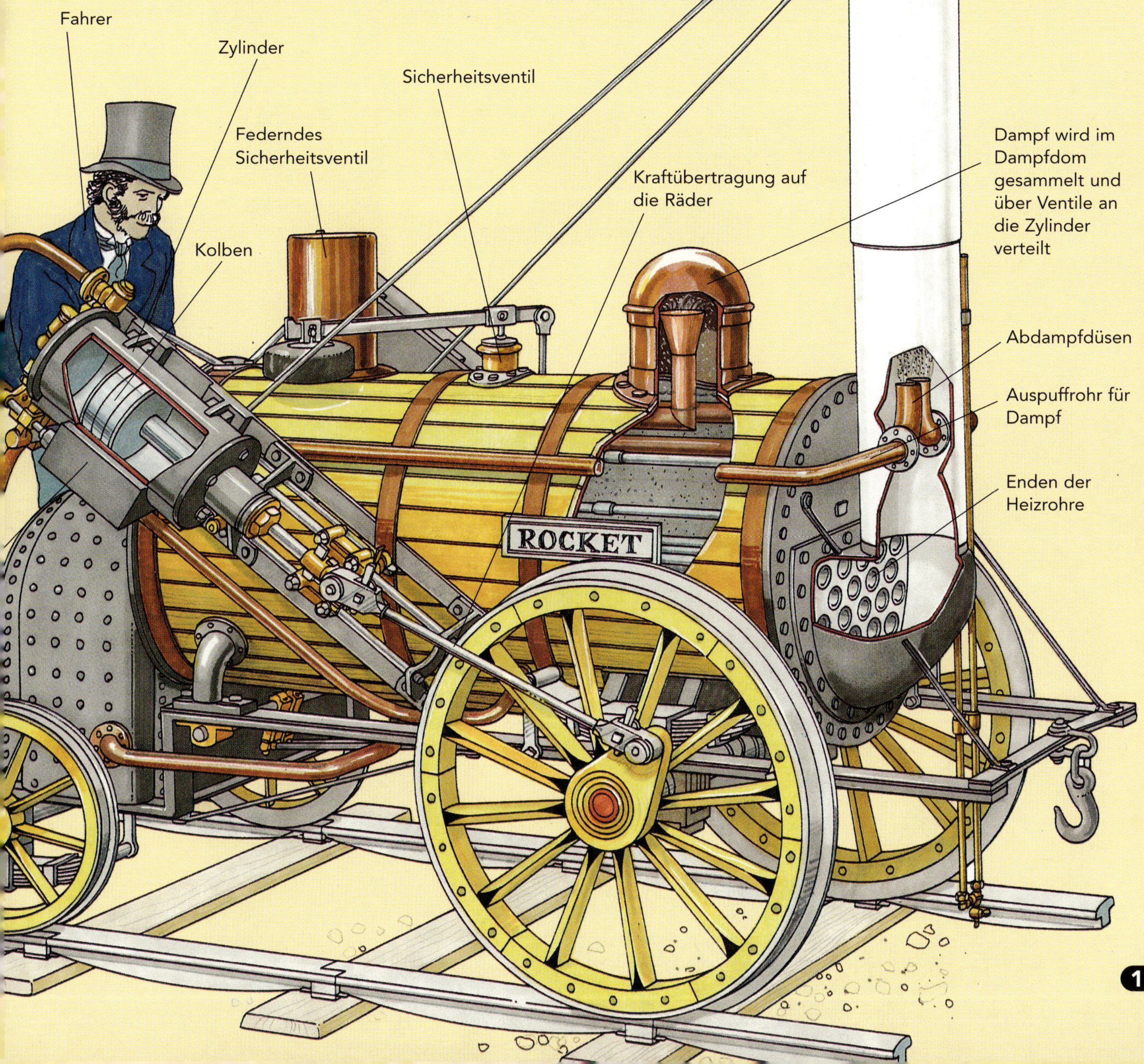

Aber ihr Konstrukteur gab nicht auf. 1808 errichtete er eine eingezäunte Ringstrecke. Dort führte er gegen Eintrittsgeld seine im Kreis fahrende Lokomotive „Catch me who can“ („Fang mich, wer kann“) vor. Das war eine Riesenattraktion. Dabei wurde eine Geschwindigkeit von 30 km/h erreicht.

A1 *Was glaubst du, warum die Vorführung der Kreisbahn zur damaligen Zeit eine große Attraktion war?*

Die erste öffentliche Eisenbahnlinie der Welt wurde 1825 in England eingeweiht. Sie verband die Bergwerke in Darlington mit der 15 km entfernten Hafenstadt Stockton. Für sie hatte George Stephenson die erste wirklich funktionstüchtige dampfbetriebene Lokomotive konstruiert, die „Rocket“ (= Rakete). Mit 20 km/h zog sie 21 Wagen, in denen 450 begeisterte Fahrgäste saßen. Die Eisenbahn wurde in vielen Ländern zum sichtbarsten Zeichen einer der einschneidendsten Veränderungen in der Geschichte der Menschheit: der Industrialisierung.

A2 *Berechne, wie lange der Zug für die 15 Kilometer lange Strecke brauchte. Wie lange würde ein Zug mit 200 km/h heute dazu etwa benötigen?*

Q1 Der König von Hannover meinte zum Eisenbahnbau:
„Ich will keine Eisenbahn in meinem Lande. Ich will nicht, dass jeder Schuster und Schneider so rasch reisen kann wie ich.“
(Geschichtsbuch Kl. 7, VuW, S. 252)

Q2 Bayerische Ärzte warnten 1837:
„Die schnelle Bewegung muss bei den Reisenden unfehlbar eine Gehirnkrankheit (...) erzeugen. Wollen aber dennoch Reisende dieser grässlichen Gefahr trotzen, so muss der Staat wenigstens die Zuschauer schützen (...) Es ist notwendig, die Baustelle auf beiden Seiten mit einem hohen Bretterzaun einzufassen.“
(Quellen zur Geschichte der industriellen Revolution, S. 84)

A3 *Setze dich mit den unterschiedlichen Argumentationen auseinander.*

Die Entwicklung der Bahn war ein Spiegel der Gesellschaft. Reisende im Wagen 3. Klasse (links) und 1. Klasse (unten).

A4 *Vergleiche die Bilder. Was erzählen sie?*

A5 *Setze das Bild und Q2 in Beziehung.*

Die Lokomotive „Fang mich, wer kann“

1 Die Industrialisierung in England und Deutschland

1.1 Der Beginn: Englands Textilindustrie

Die Tuchherstellung war bereits seit dem 15. Jahrhundert der führende Produktionszweig in England. Bis ins 18. Jahrhundert hinein wurden die Stoffe in Heimarbeit hergestellt. Spinnerinnen mussten die Wolle auf dem Spinnrad zu einem Faden drehen. Ein Verleger, von dem sie auch die Wolle erhielten, sammelte die fertige Arbeit ein. Er sorgte dafür, dass sie an Weber verkauft wurde, die daraus Stoffe webten.

Doch es dauerte sehr lange, an einem Spinnrad den Faden zu spinnen. Bald reichte der Nachschub für die Weber nicht mehr, der „Spinnfadenhunger" entstand. Denn 1733 hatte der englische Weber John Kay einen neuen Webstuhl konstruiert. Damit konnte viel schneller gewoben werden als vorher.

Man musste also überlegen, wie man auch Garn schneller herstellen konnte. Der Weber James Hargreaves hatte eine Idee. Er baute 1764 eine hölzerne Spinnmaschine, die so genannte „Spinning Jenny". Sie hatte nicht nur eine Spindel wie das Spinnrad, sondern 16. Die Spinnmaschine wurde auch danach ständig weiterentwickelt. Sie ersetzte die Arbeit von immer mehr Spinnerinnen. 1812 konnte eine Spinnerin so viel produzieren wie vor den Erfindungen 200 Spinnerinnen in der gleichen Zeit.

A1 *Erkläre, wie es zum Spinnfadenhunger kam.*

A2 *Vergleiche die beiden Bilder. Was hat sich verändert?*

A3 *Wie werden die Spinnerinnen auf diese neuen Erfindungen reagiert haben?*

A4 *Überlege, welche Folgen es für die Weberei hatte, dass nun viel mehr Garn hergestellt wurde.*

Verleger und Spinnerinnen. Zeitgenössische Darstellung einer Spinnstube.

Rekonstruktion der „Spinning Jenny"

Die Weber erhielten nun viel mehr Garn, als sie verarbeiten konnten. Jetzt wurde darüber nachgedacht, wie auch ihre Arbeit beschleunigt werden konnte. Der Erste, der eine Webmaschine konstruierte (1786), war der englische Geistliche Edmund Cartwright. Sie wurde mittels Wasserkraft angetrieben und arbeitete erheblich schneller als die alten Webstühle.

Seitdem Maschinen mit Wasserantrieb eingeführt worden waren, entstanden große Baumwollfabriken. Darin wurden alle notwendigen Arbeitsschritte gleichzeitig gemacht. Die Textilindustrie war der erste Produktionszweig, in dem man von der handwerklichen zur industriellen Betriebsweise überging.

A1 *Bringe die Abbildung zum Sprechen. Was kannst du alles erkennen?*

A2 *Erläutere, wie die Drehbewegung des Wasserrades weitergeleitet wird (siehe 1 und 6 und oberen Ausschnitt).*

A3 *Vergleiche die Arbeitsvorgänge mit den Bildern auf Seite 185. Welche Veränderungen erkennst du?*

A4 *Was bedeutete es für die Standorte der Fabriken, dass die Maschinen mit Wasserkraft angetrieben wurden? Nenne die Nachteile der Wasserkraft.*

A5 *Die am Wasser liegenden Spinnfabriken hatten kleine Fenster, um die Feuchtigkeit von der Wolle fernzuhalten. Beschreibe die Folgen für die Arbeiter und Arbeiterinnen.*

A6 *Vergleiche Spinnstube und Maschinensaal und stelle Vermutungen darüber an, wie sich das Leben der Spinnerinnen verändert hat.*

Q1 Von einer Baumwollfabrik wurde Folgendes berichtet:
„Die Luft mancher Baumwollspinnereien war mit dichtem Staub erfüllt, ein weißer Flaum bedeckte die Maschinen, die Fußböden waren mit einer klebrigen Masse aus Öl, Staub und Unrat aller Art überzogen. Aus den Abtritten (= Toiletten), welche direkt in die Arbeitssäle mündeten, drangen die ekelhaftesten Dünste ein (...). Dunkel herrschte innerhalb der vier schwarzen Wände und zahlreiche Unfälle verdankten diesen Zuständen ihre Entstehung."
(Herkner, H.: Die Arbeiterfrage, Bd. 1, S. 22 f.)

A7 *Welche Folgen hatte das für die Gesundheit der arbeitenden Menschen?*

In einer Baumwollfabrik:
In dieser Fabrik vom Anfang des 19. Jahrhunderts wurde die Baumwolle zuerst gekämmt, dann in einer Spinnmaschine zu Fäden zusammengedreht und auf Spulen gewickelt. Alle Maschinen wurden zentral über ein riesiges Wasserrad und ein System von Zahnrädern und Wellen angetrieben. Das war für die Arbeiter sehr gefährlich. Denn überall in der Fabrik gab es breite, lange Treibriemen und Räder, die sich schnell drehten. Doch keine der Maschinen hatte Schutzvorrichtungen oder Sicherheitsbremsen.

1 Wasserrad
2 Schulzimmer
3 Spinnmaschinen
4 Kämmmaschinen
5 Spul- und Wickelmaschinen
6 Treibriemen und Zahnradgetriebe

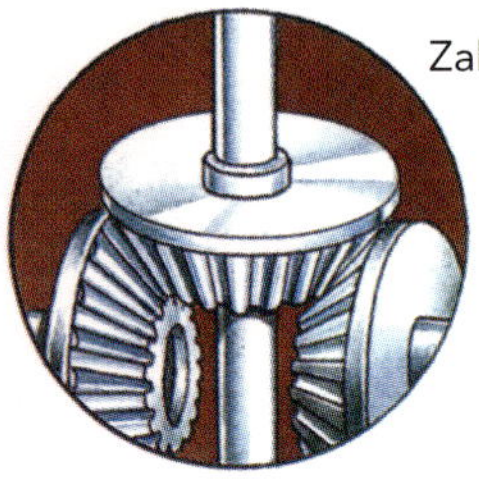
Zahnradgetriebe

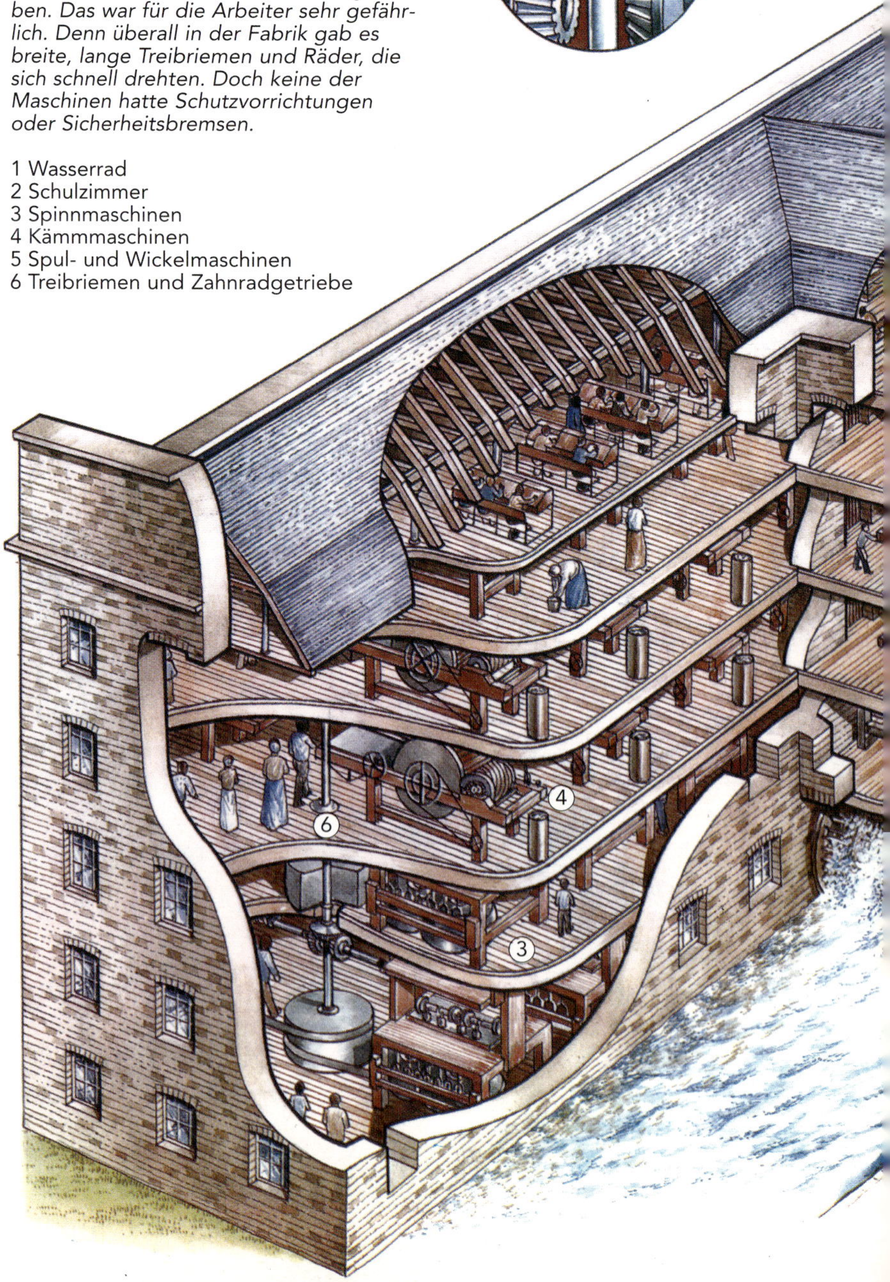

In den Fabriken arbeiteten Frauen, Männer und Kinder. Kinder mussten beispielsweise unter die Spinnmaschinen kriechen, wenn Fäden gerissen waren und sie wieder zusammenknoten. Dazu wurden die Maschinen nicht angehalten.

Kinderarbeit in der Spinnerei (Rekonstruktion)

A1 *Welchen Gefahren ist das Mädchen ausgesetzt?*

A2 *Welche Vorteile hatte Arbeit von Kindern für den Fabrikbesitzer?*

A3 *Suche nach Gründen, weshalb nur wenige Männer in der Textilindustrie tätig waren.*

Da die Fabriken schnell und sehr viel produzierten, konnten die Fabrikbesitzer ihre Waren billiger verkaufen als die Handwerker. Fabriken wurden zur überlegenen Konkurrenz für die Handwerker, von denen viele ihre Arbeit verloren.

Manche glaubten, dass daran die Maschinen schuld waren. Sie wollten sich wehren und zerschlugen deshalb die Maschinen (Maschinenstürmer). In England wurde diese Maschinenstürmerei schon bald mit dem Tode bestraft. Auch die Erfinder der Maschinen betrachteten manche als Feinde. So wurde das Haus von James Hargreaves verwüstet. John Kay wurde von Webereiarbeitern angegriffen und musste deshalb aus Manchester fliehen.

A4 *Setze dich mit der Frage auseinander, ob die Maschinenstürmereien zu billigen waren oder nicht.*

A5 *Verfasse ein Flugblatt, das die neuen Erfindungen als Gefahr darstellt. Stelle besonders die Folgen für die Handwerker heraus. Formuliere Forderungen.*

A6 *Kennst du einen kleinen Handwerksbetrieb in deinem Heimatort? Frag dort nach, wie heute die Bedingungen für ihn sind.*

Die Vertreibung von John Kay

1.2 Neue Antriebsmaschinen werden gebraucht

Bisher wurden die Maschinen von der Kraft des Wassers (Wasserrad), des Windes (Windmühle, Segelschiff) oder von Tieren angetrieben. Nur im Bergbau nutzte man bereits zur Entwässerung Pumpen, die mit Dampf angetrieben wurden. Doch die arbeiteten noch sehr uneffektiv.

Der schottische Ingenieur James Watt (1736–1819) hatte jahrelang experimentiert, um diese Dampfpumpen zu verbessern. Ihm gelang der Durchbruch. Schließlich konstruierte er eine Dampfmaschine, die auch Arbeitsmaschinen wie die Spinn- oder Webmaschinen antreiben konnte.

Eine Dampfmaschine beruht auf dem Prinzip, dass Wasser, auf über 100 °C erhitzt, von flüssigem in gasförmigen Zustand übergeht. Dabei dehnt es sich enorm aus. Diese Ausdehnung wird genutzt, um einen Kolben zu bewegen. Watt baute 1781 eine doppelt wirkende Dampfmaschine, in der diese Auf- und Abbewegung in eine Drehbewegung umgewandelt wurde. Nun konnten Dampfmaschinen auch eingesetzt werden, um andere Maschinen anzutreiben. Auf dieser Grundlage entstanden riesige Fabriken.

A1 *Stell dir vor, du willst die Vorteile dieser Maschine einem Kaufinteressenten schmackhaft machen. Wie beschreibst du sie? Nutze Text und Bild.*

A2 *Hast du irgendwo im Alltag schon einmal die Kraft von Dampf beobachtet? Beschreibe, was du gesehen hast.*

Der im Kessel erzeugte heiße Dampf wird zum Zylinder geleitet und treibt den beweglichen Kolben dabei nach oben. Gleichzeitig wird der „verbrauchte" Dampf vom vorherigen Arbeitsgang aus der oberen Hälfte des Zylinders herausgedrückt. Wenn der Dampf den Kolben nach oben gedrückt hat, wird die untere Dampfzufuhr geschlossen und die obere geöffnet. Jetzt wird der Kolben vom Dampf wieder nach unten gedrückt. Die Hin- und Herbewegung des Kolbens wird über den Schwingbalken auf ein Schwungrad und in eine Drehbewegung umgesetzt. So können über Treibriemen Arbeitsmaschinen angetrieben werden.

Rekonstruktion der Dampfmaschine von James Watt

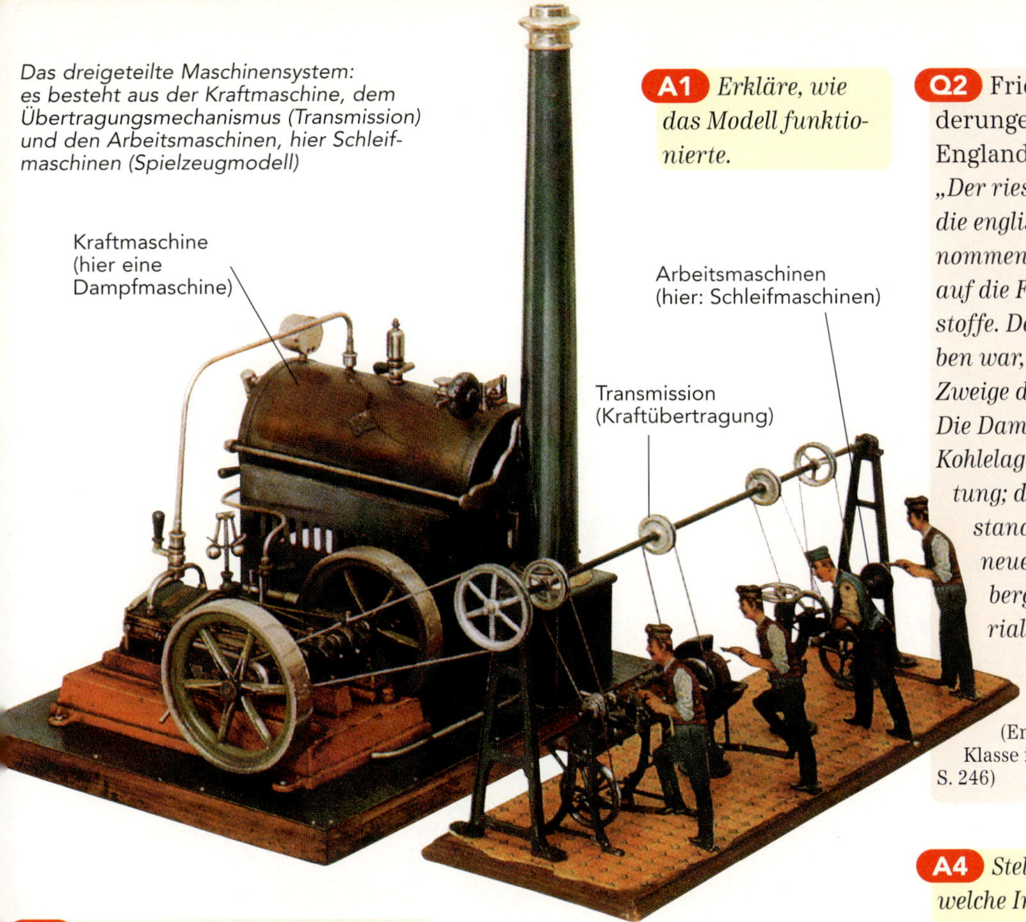

Das dreigeteilte Maschinensystem: es besteht aus der Kraftmaschine, dem Übertragungsmechanismus (Transmission) und den Arbeitsmaschinen, hier Schleifmaschinen (Spielzeugmodell)

A1 *Erkläre, wie das Modell funktionierte.*

Q2 Friedrich Engels über Veränderungen in der Produktion in England im 18. Jahrhundert:

„Der riesenhafte Aufschwung, den die englische Industrie seit 1760 genommen hat, beschränkt sich nicht auf die Fabrikation der Kleidungsstoffe. Der Anstoß, der einmal gegeben war, verbreitete sich über alle Zweige der industriellen Tätigkeit (...) Die Dampfmaschine gab den weiten Kohlelagern Englands erst Bedeutung; die Maschinenfabrikation entstand erst jetzt und mit ihr ein neues Interesse an den Eisenbergwerken, die das rohe Material für die Maschinen lieferten (...) Vor allem hob sich die Eisenproduktion."

(Engels, F.: Die Lage der arbeitenden Klasse in England 1844/45, MEW Bd. 2, S. 246)

A4 *Stelle mithilfe der Quelle fest, welche Industriezweige sich in England zusammen mit der Textilindustrie entwickelten.*

Q1 Aus einem technischen Handbuch von 1843:

„Die Dampfmaschine hat uns zuerst in den Stand gesetzt eine anhaltende, fortdauernde Kraft selbst zu schaffen, wie sie die Industrie bedarf. (...) Ein Wasserfall ist in der Regel allerdings weit wohlfeiler (= billiger); allein die wenigsten [Wasserfälle] finden sich in den Städten, wo die Industrie ihrer hauptsächlich bedarf. (...) Monatelang versagen sie oft ganz (...) Noch wohlfeiler ist die Kraft des Windes, allein einen so launenhaften Diener kann die Industrie selten gebrauchen (...).

Die Dampfmaschine arbeitet wo und wie wir wollen, unabhängig und (pausenlos). Keine Kraft (...) gibt eine so regelmäßige Bewegung; keine lässt sich so leicht und unbedingt mindern und steigern. Auch die Dampfmaschine kostet Unterhalt, aber nur wenn sie arbeitet.

(Bernoulli, Chr.: Handbuch der Dampfmaschinen-Lehre, S. 2 f.)

A2 *Nenne die Vorteile einer Dampfmaschine gegenüber den Antriebsquellen Wasser, Wind, Tier.*

A3 *Siehst du auch Nachteile?*

Um 1820 hatten sich Dampfmaschinen in mehreren Wirtschaftszweigen durchgesetzt. In England wurde die Baumwoll- bzw. Textilindustrie in der 2. Hälfte des 18. Jahrhunderts zum führenden Industriezweig. Sie leitete dort die Industrialisierung ein. Das bedeutete vor allem, dass Produkte nun mithilfe von Maschinen massenhaft hergestellt wurden. In England hatte dieser Prozess um 1750 begonnen. Die englische Industrie nahm bis in die 2. Hälfte des 19. Jahrhunderts die führende Stellung in der Welt ein.

Die Industrialisierung hatte sich zuerst in England vollzogen. Doch seit der 1. Hälfte des 19. Jahrhunderts setzte sie sich auch in anderen europäischen Ländern und den USA durch. In Deutschland begann dieser Prozess um 1840. Das Ausmaß der industriellen Entwicklung wurde aber erst ab 1870 mit der Englands vergleichbar.

Die industrielle Entwicklung in England und Mitteleuropa bis 1850

A1 *Suche die Schwerpunkte der Industrialisierung.*

A2 *Vergleiche England, Belgien und Deutschland.*

A3 *Was sagt die Karte über Probleme der Industrialisierung aus?*

1.3 Die Dampfmaschine verändert Transport und Verkehr

In Deutschland wurden die Eisenbahn und die von ihr angeregte Eisen- und Stahlindustrie in der Mitte des vorigen Jahrhunderts zu einem wichtigen Ausgangspunkt der Industrialisierung. 1835 eröffnete die erste Bahnlinie Deutschlands, von Nürnberg nach Fürth. 1837 folgte die Strecke Berlin-Potsdam.

Auch beim Verkehr auf den Flüssen und Meeren kam es zu großen Veränderungen. Nach zahlreichen Misserfolgen baute man in England im Jahre 1802 mit einer neuen Dampfmaschine von James Watt den ersten praktisch einsetzbaren Raddampfer, die „Charlotte Dundas". Die Dampfschifffahrt hatte begonnen.

Um mehr Möglichkeiten zu schaffen, insbesondere Kohle auf dem Wasserwege zu transportieren, wurden für die neuen Schiffe nun auch zahlreiche Kanäle gebaut.

A4 *Überlege, was alles gebraucht wurde, um Eisenbahnen und ein Eisenbahnnetz zu bauen.*

A5 *Inwiefern beschleunigten die neuen Verkehrsmittel die Industrialisierung?*

Die neuen Transportmittel (Rekonstruktion)

Auch in Deutschland fuhren bald englische Dampfschiffe. 1836 trat die „Königin Maria“ ihre erste Fahrt auf der Elbe an. Ein Jahr später nahm dort die „Weiße Flotte“ den Passagierverkehr auf.

A1 *Technische Neuerungen führen fast immer dazu, dass bestimmte Berufsgruppen ihre Arbeit verlieren. Wie war das wohl bei der Dampfschifffahrt?*

Weniger erfolgreich war hingegen der Versuch, ein Automobil (wörtlich übersetzt „Selbstbeweger“) mit Dampf anzutreiben. Die erste Fahrt dieses von dem Franzosen Cugnot gebauten Dampfwagens endete mit dem ersten Verkehrsunfall in der Geschichte des motorisierten Straßenverkehrs. Trotz verschiedener weiterer Versuche, Dampfwagen zu bauen, gelang der Durchbruch für das Auto erst 1885/86 mit den Konstruktionen von Daimler und Benz, die Verbrennungsmotoren verwendeten.

Nicolas Cugnots Dampfwagen

Die „Prinzessin Charlotte von Preußen“, das erste Dampfschiff auf der Spree bei Berlin

A3 *Der Unfall geschah, obwohl der Dampfwagen nur 4 km/h fahren konnte. Was könnte passiert sein?*

A2 *Beschreibe die neuen Transportmittel und -wege.*

Statistische Zahlen als Kurven- und Säulendiagramm gestalten

Streckennetz der Eisenbahn in Kilometern 1840–1900:

Jahr	Großbritannien	Deutschland
1840	2300	500
1850	10700	6000
1860	16800	11600
1870	25000	19600
1880	28900	33700
1890	32300	42900
1900	35200	51700

Was sagt diese Tabelle aus? Sie macht Zahlenangaben zur Größe des Eisenbahnnetzes in England und Deutschland zu bestimmten Zeitpunkten.

Mit einer grafischen (zeichnerischen) Umsetzung lassen sich derartige statistische Zahlenangaben veranschaulichen. Wir sprechen dann von einem Diagramm. Diagramme werden vor allem dann eingesetzt, wenn es weniger um die Vermittlung exakter Zahlenangaben, sondern um die anschauliche Vermittlung von Größenverhältnissen und Entwicklungstendenzen geht. Es gibt verschiedene Formen:

Beim Säulendiagramm werden die einzelnen Zahlen als Säule (oder Streifen) nebeneinander gestellt. Die Grundlinie fungiert in der Regel als Zeitstrahl, während die unterschiedlichen Größen in der Senkrechten dargestellt werden.

Im Kurvendiagramm haben die Achsen die gleiche Funktion. Im Unterschied zum Säulendiagramm werden aber die Endpunkte miteinander verbunden und lassen so eine bzw. mehrere Kurven entstehen.

Das Säulendiagramm ist leichter darzustellen. Es bietet sich an, wenn jeweils ein bestimmter Zeitpunkt für den Vergleich verschiedener Aspekte wichtig ist. Das Kurvendiagramm bringt hingegen die Dynamik von Entwicklungen sehr gut zum Ausdruck.

A1 *Du wirst sofort erkennen, welche Form in unserem Fall zu bevorzugen ist. Begründe das.*

Diagramme veranschaulichen, aber sie „erklären“ nicht unbedingt. So bleibt hier offen, warum England um 1840 ein so viel größeres Streckennetz besaß und warum Deutschland seit den 70er Jahren England so rasant „überholte“. Dieses und das folgende Kapitel geben die Antworten.

Bei der Gestaltung und auch der Analyse von Diagrammen berücksichtige Folgendes:

1. Für die Gestaltung, prüfe die statistischen Zahlen, ob sie für eine Veranschaulichung mithilfe eines Diagramms geeignet sind.
2. Welche Form des Diagramms ist sinnvoll (bzw. liegt der Analyse vor)? Steht der punktuelle Vergleich (Säule) oder die Dynamik einer Entwicklung (Kurve) im Vordergrund?
3. Vorsicht vor allem bei Kurvendiagrammen: Je größer z. B. die Abstände auf der Mengenachse und je kürzer die Abstände auf der Zeitachse, desto steiler und unregelmäßiger ist der Kurvenverlauf. Hier lauert immer die Gefahr der Manipulation, d. h., dass Entwicklungen übertrieben dargestellt werden!

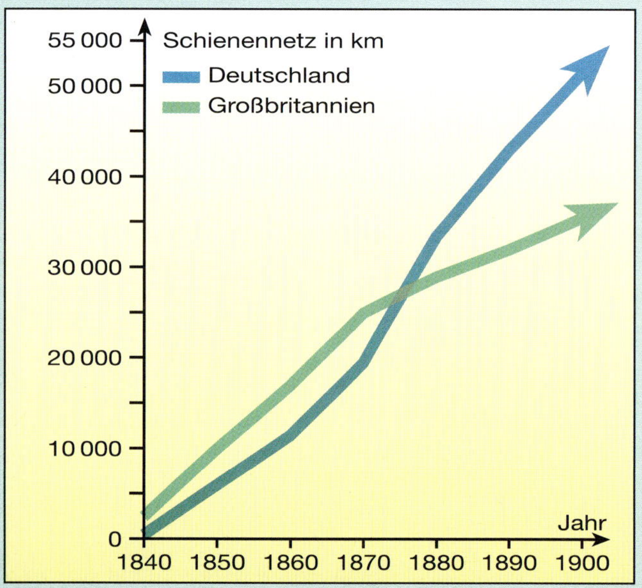

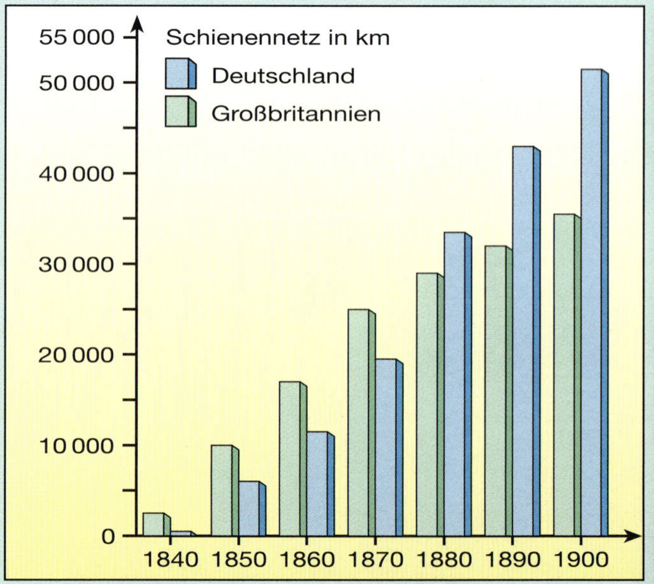

1.4 Die Schwerindustrie entwickelt sich

Für Lokomotiven, Waggons, Schienen und Maschinen wurde Eisen benötigt. Eisen gewinnt man aus Eisenerzen. Eisenerz wurde in mit Holzkohle geheizten Öfen geschmolzen. Mithilfe einer großen Pfanne wird das geschmolzene Eisen dann in die auf dem Boden stehenden Formen gegossen.

A1 *Beschreibe die Arbeitsschritte, die du auf dem Bild unten erkennst.*

Da große Mengen Holz nötig waren, um die Öfen zu heizen, wurden immer mehr Wälder abgeholzt. Daher ging man seit Beginn des 19. Jahrhunderts dazu über, die Öfen mit Koks zu heizen. Koks ist ein Brennstoff, der durch Erhitzen aus Kohle gewonnen wird und sehr ergiebig ist. Eisen konnte nun schneller und in größeren Mengen produziert werden als je zuvor. In England hatte sich zwischen 1788 und 1806 die Eisenproduktion verdreifacht. Um 1850 produzierte es mehr Eisen als alle anderen Länder der Welt zusammen. Seit der 2. Hälfte des 19. Jahrhunderts verwendete man immer häufiger Stahl, der nicht so leicht bricht wie Gusseisen. Deshalb löste Stahl zu Beginn unseres Jahrhunderts Gusseisen als Rohmaterial für Maschinen endgültig ab.

A2 *Erkläre mithilfe eines Lexikons den Unterschied zwischen Eisen und Stahl.*

A3 *Beschreibe die Funktionsweise des Dampfhammers.*

A4 *Beachte den Blick aus der Tür. Beschreibe die Umgebung der Fabrik.*

A5 *Das Bild hat der Erfinder des Dampfhammers selbst gemalt. Was meinst du, warum?*

Der Dampfhammer von James Nasmyth

„Carl Alexander in der Eisengießerei" 1889/92

Zeitgenössische Darstellung von Krupp's Gussstahlfabrik

Im Laufe des 19. Jahrhunderts wurde die Eisenindustrie der führende Industriezweig in England. Um lange Transportwege zu vermeiden entwickelte sich die Eisenindustrie in der Nähe von Kohlelagerstätten. Diese Verbindung aus Bergbau und Eisen- und Stahlindustrie bezeichnet man als Schwerindustrie.

In Deutschland entwickelten sich Zentren der Schwerindustrie vor allem im Ruhrgebiet, im Rheinland, in Schlesien und im Saarland. In Essen gründete Friedrich Krupp eine Gussstahlfabrik. Der Name Krupp steht für eines der größten Unternehmen der Schwerindustrie. Auch andere Unternehmen wie Thyssen und Mannesmann spielen bis heute eine führende Rolle in der Schwerindustrie. August Borsig errichtete 1837 eine Eisengießerei und Maschinenfabrik in Berlin. 1858 verließ bereits die 1000. Lokomotive seine Fabrik.

1.5 Der Bergbau „boomt"

Kohle wurde für Hochöfen, Dampfmaschinen, Lokomotiven und Dampfschiffe gebraucht. Die Nachfrage wuchs ins Unermessliche. Kohle wurde der wichtigste Brennstoff. Sie wurde anfangs im Tagebau abgebaut. Doch bald waren die Reserven erschöpft. Man musste nun tiefe Schächte graben, um größere Mengen gewinnen zu können. Mit Spitzhammer, Hacke und Keil brachen die Hauer die Kohle aus den Stollen.

Kinderarbeit in einem englischen Bergwerk

Q1 Lange Zeit arbeiteten auch Kinder in den Bergwerken:
„Es gibt Fälle, dass Kinder schon mit vier Jahren in diesen Bergwerken zu arbeiten anfangen. Das gewöhnliche Alter zum Arbeitsanfang ist aber das achte bis neunte Lebensjahr (...). Von sechs Jahren an müssen die Kinder Kohlenwagen schieben und ziehen (...). In manchen Gegenden hatten sie die Kohlenstücke auf dem Rücken die Leitern hinauf zu schleppen. Die unterirdischen Gänge waren zuweilen so niedrig, dass selbst die allerjüngsten Kinder nur vorwärts kamen, indem sie auf Füßen und Händen krochen und in dieser widernatürlichen Stellung die Karren hinter sich herzogen (...)“
(Herkner, H.: Die Arbeiterfrage, Bd. 1, S. 38 f.)

A1 *Beschreibe mithilfe des Textes und der Bilder die einzelnen Tätigkeiten.*
A2 *Welche werden von Kindern ausgeführt? Überlege, weshalb.*
A3 *Suche die Bergbaugebiete auf der Karte S. 190.*

Unten: Das Waschen und Sieben von Erzen (Rekonstruktion)

1.6 Veränderungen in der Landwirtschaft

Wie konnte in den schnell wachsenden Industriegebieten die Ernährung sichergestellt werden? Schließlich mussten um 1800 noch vier Bauern hart arbeiten, um einen außerhalb der Landwirtschaft Beschäftigten zu ernähren. Heute ernährt bei uns ein Bauer mehr als 20 Menschen. Auch in die Landwirtschaft hielt die Technik Einzug: Düngen, Pflügen, Säen und Ernten wurde zunehmend Maschinenarbeit. Immer mehr Landarbeiter und Kleinbauern mussten in die Industrie abwandern. Aus den immer noch rein ländlichen Gebieten, z. B. in Ostpreußen oder Polen, kam es daher zu großen Wanderungsbewegungen vor allem der ärmeren Landbevölkerung in die neuen Industriegebiete, wo Arbeiter gesucht wurden.

Auch in manchen Zweigen der Landwirtschaft erfolgte eine regelrechte „Industrialisierung“, so z. B. im Zuckerrübenanbau in der Magdeburger Börde (Wanzlebener Zuckerfabrik seit 1838). Hier zogen Maschineneinsatz, z. B. Dampfpflug, und neue Anbaumethoden eine solche Ertragssteigerung nach sich, dass dadurch z. B. wiederum der Eisenbahnbau enorm gefördert wurde. „Zuckerbarone“ nannte man die erfolgreichsten Großbauern, so gewaltig waren ihre Gewinne.

A1 *Beschreibe, was hier passiert. Wie wurde der Boden früher bearbeitet?*

Auch wichtige Entdeckungen der im 19. Jahrhundert aufstrebenden Naturwissenschaften kamen der Landwirtschaft zugute. Die Chemiker Justus von Liebig und Emil Wolff entdeckten die Mineral- bzw. Stickstoffdüngung, durch die der Ertrag der Böden erheblich gesteigert wurde.

A2 *Erläutere die Veränderungen in der Landwirtschaft.*

A3 *Warum hätte sich ohne diese Veränderungen die Industrie nicht so stark entwickeln können?*

Der Einsatz des Dampfpflugs (Rekonstruktion)

Lokomobil aus dem Börde-Museum in Ummendorf (Sachsen-Anhalt)

2 Die soziale Frage

2.1 Eine neue Gesellschaft

Die Industrialisierung änderte das Leben der Menschen grundlegend. Die Staaten mit beginnender Industrialisierung erlebten einen gewaltigen Bevölkerungsanstieg. In der Zeit des Feudalismus konnte auf dem Lande meist nur eine Familie gründen, wer Hoferbe war. Das hatte sich durch die Bauernbefreiung (in Preußen 1807) und die Abwanderung der jungen Landbevökerung in die Industriezentren geändert. Hinzu kamen große Fortschritte in der Medizin, durch die Krankheiten und Seuchen besser bekämpft werden konnten. Die Forschungen von Louis Pasteur und Robert Koch z. B. waren wegweisend für die Entwicklung von Impfstoffen gegen Infektionskrankheiten. So konnte auch die hohe Kindersterblichkeit erheblich gesenkt werden.

In der veränderten Gesellschaft der Industriestaaten gewannen zwei neue Gesellschaftsschichten immer größere Bedeutung: Unternehmer und Arbeiter. Auf der einen Seite standen die Unternehmer. Manche waren aus kleinen Verhältnissen, z. B. aus dem Handwerk, aufgestiegen. Einige Unternehmer wurden immer reicher. Sie sicherten sich entscheidende Positionen in Wirtschaft und Politik. In Deutschland waren das insbesondere die berühmten Familien Krupp, Thyssen, Siemens und Borsig. Als Kaufleute, Händler oder Verleger hatten sie z. T. bereits zu Beginn der Industrialisierung Vermögen geschaffen. Davon konnten sie Fabriken bauen und mit modernen Maschinen ausstatten.

Damit die Unternehmer Gewinne erzielten – d. h. mehr Geld einnahmen, als sie ursprünglich ausgegeben hatten –, strebten sie danach, die Fabriken so zu organisieren, dass die Produkte möglichst kostengünstig hergestellt wurden. Was vom Verkaufspreis als Gewinn übrig blieb, nutzten sie, um ihr Unternehmen auszubauen und zu modernisieren. Mit dem anderen Teil des Gewinnes genossen sie die Möglichkeiten der neuen Zeit.

Einflussreich wurde also, wer über viel Geld verfügte. Wer von adliger Geburt war, musste nun versuchen, selbst Geld zu erwirtschaften, um mit dem aufstrebenden reichen Bürgertum mitzuhalten.

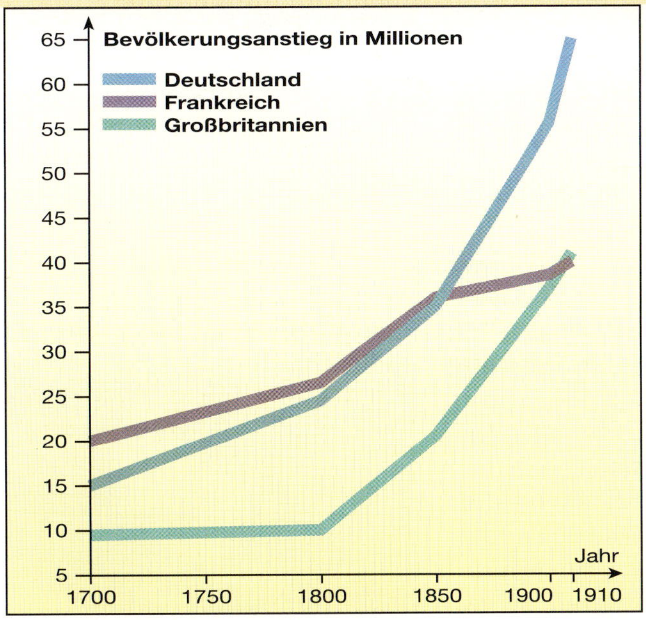

Der Anstieg der Bevölkerung in Großbritannien, Frankreich und Deutschland

A1 *Erläutere das Kurvendiagramm. Welche Folgen hat wohl ein so schneller Bevölkerungsanstieg?*

A2 *Erläutere mithilfe des Textes, auf welche Weise die Schicht der Unternehmer immer einflussreicher wurde.*

A3 *Versuche einzelne Personen zu Gruppen zuzuordnen.*

A4 *Welchen Eindruck vermittelt das Bild?*

Vornehme Gesellschaft (Rekonstruktion)

2.2 Die Arbeiter – eine neue Kraft

Auf der anderen Seite der Gesellschaft standen die Arbeiter. Im Laufe des Industrialisierungsprozesses nahm ihre Anzahl und damit auch ihre Bedeutung ständig zu.
Sie besaßen nur wenige Habseligkeiten. Aber sie verfügten auch über etwas Wertvolles, was sie verkaufen konnten: ihre Arbeitskraft. Doch nur wenn es ihnen gelang, in einer der zahlreichen neu entstandenen Fabriken Arbeit zu finden, konnten sie überleben. Deshalb waren sie gezwungen, sich den Bedingungen der Unternehmer zu unterwerfen. Diese hielten die Löhne so gering wie möglich, oft reichten sie kaum zum Leben.

Es gab noch keine Gesetze, die regelten, wie lange ein Arbeiter arbeiten musste und wie viel Lohn er dafür bekam. Die Unternehmer wachten darüber, dass ihre Arbeiter täglich (außer sonntags) elf und mehr Stunden arbeiteten. Auch für die Arbeitsbedingungen gab es noch keine gesetzlichen Regelungen. Meist waren sie schrecklich. Lärm, Schmutz und Gefahr gehörten zum Alltag. In den Textilfabriken war es im Winter eisig, es gab kaum Licht und Luft. In den Werkstätten der Eisen verarbeitenden Industrie war es hingegen stickig heiß. In Berlin beispielsweise betrug die durchschnittliche Lebenserwartung der Arbeiter aus diesen Gründen nur etwa 43 Jahre.

Besonders hart waren die Bedingungen im Bergbau. Männer, Frauen und Kinder setzten unter Tage täglich Gesundheit und Leben aufs Spiel. Trotzdem konnte jeder, der Arbeit hatte, noch froh sein. Denn, um seine Arbeit zu verlieren, genügte es, zu spät zu kommen, krank zu sein oder aus anderen Gründen zu fehlen. Oft reichte sogar schon der Vorwurf, ungehorsam gewesen zu sein. Hatte jemand seine Arbeit erst verloren, konnte er seine Wohnung nicht mehr bezahlen. Er wurde obdachlos und musste betteln, denn es gab noch keine Arbeitslosenunterstützung.

A1 *Überlege dir Gründe, die den Mann zum Trinken gebracht haben könnten.*

A2 *Was glaubst du, warum die Frau nicht trinkt?*

A3 *Beachte das Mädchen im Hintergrund. Was tut es?*

„Die Flasche". Zeitgenössische Karikatur

Die Ausweisung eines Arbeiters. Zeitgenössische Darstellung

A4 *Welche der geschilderten Umstände industrieller Arbeit findest du am schlimmsten? Begründe.*

A5 *Meinst du, dass die Menschen vor der Industrialisierung besser gelebt haben?*

A6 *Überlege, welche Gründe es für die Ausweisung dieser Arbeiterfamilie gegeben haben könnte.*

A7 *Betrachte die Gegenstände und stelle dir vor, wie die Wohnung der Familie vorher eingerichtet war.*

A8 *Was mag die Frau rechts im Bild ihrer Freundin über das Geschehene berichten?*

Q1 Aus der Fabrikordnung der Eisengießerei und Maschinenfabrik von Klett & Co, 1844:

„§ 1 Alle Arbeiter verpflichten sich bei ihrer Aufnahme zum Gehorsam gegen die Fabrikherren (...).

§ 2 Die festgesetzten Arbeitsstunden sind: von 6 bis 12 Uhr vormittags und von 1 bis 6 1/2 Uhr nachmittags. Von 8 bis 8 1/2 Uhr wird eine halbe Stunde zum Frühstück freigegeben (...) Wer außer dieser Zeit Bier oder geistige (= alkoholische) Getränke sich verschafft, verfällt einer Strafe von 1/2 Tag Abzug (...).

§ 3 Wenn die Arbeit besonders pressant (= dringlich) ist, so müssen die erforderlichen Arbeiter gegen Vergütung über die bestimmte Zeit arbeiten (...) Sollte sich's ereignen, dass die ganze Nacht durch gearbeitet wird, so hat der Arbeiter beim Nachtessen seine erforderlichen Lebensmittel mitzubringen.

§ 4 Sämtliche Arbeiter müssen sich pünktlich zur bestimmten Arbeitszeit in der Fabrik einfinden; 10 Minuten nach Glockenschlag 6 Uhr morgens wird die Türe geschlossen und kein Arbeiter mehr eingelassen; wer öfters als 2-mal fehlt, wird mit Abzug nach § 5 gestraft.

§ 5 Wer 1/4 oder 1 Tag fehlt, verliert nicht nur den verhältnismäßigen Lohn, sondern wird auch noch um ebenso viel gestraft (...).

§ 10 Alle jene Arbeiter, welche während der Arbeitszeit herumlaufen, miteinander plaudern oder schwätzen oder nichts tuend beieinander stehen und somit ihre Arbeit versäumen, verfallen in eine Strafe von 1/4 Tag Abzug. Streitigkeiten, Raufereien und unanständiges Betragen ist mit 1/2 Tag Abzug belegt (...).

§ 16 (Bei) widerspenstige(m), unredliche(m) Betragen sowie Übertretung (...) aller Vorschriften (...) können die Arbeiter augenblicklich entlassen werden, und zwar wird alsdann die Ursache jedes Mal der Polizei angezeigt (...).“

(Illustrierte Alltagsgeschichte des deutschen Volkes, 1810–1900, S. 114)

A1 *Erläutere die einzelnen Paragrafen. Welche würdest du kritisieren?*

A2 *Wie denkst du über diese Fabrikordnung?*

2.3 Arbeiterfrau – ein Leben voller Mühsal

Immer häufiger suchten auch Frauen Arbeit in den Fabriken. Denn oft genügte der Lohn des Mannes nicht, um eine Familie mit mehreren Kindern zu ernähren. Fand der Mann keine Arbeit oder war er gestorben, blieb den Frauen keine andere Wahl. Frauen erhielten noch weniger Lohn als die Männer, obwohl sie unter den gleichen Bedingungen arbeiteten. Besonders schlechte Arbeiten mussten oft verheiratete oder ältere Frauen verrichten.

Q1 *Manchmal konnte man „Frauen, sogar in schwangerem Zustand, mit den Männern um die Wette beim Eisenbahnbau schwer beladene Karren fahren sehen oder sie als Handlanger, Kalk und Zement anmachend oder schwere Lasten Steine tragend, beim Hausbau beobachten oder beim Kohle- und Eisensteinwaschen.“*

(Bebel, A.: Die Frau und der Sozialismus, S. 244)

A3 *Was sagt das Bild über die soziale Situation dieser Frauen?*

Verkauf von Fleischabfällen in Berlin, nach W. Zehme 1892

Noch zu Beginn unseres Jahrhunderts hatte sich die Situation der Fabrikarbeiterinnen kaum verbessert. Aus einem Bericht von 1909:

Q2 *„Da ist z. B. eine Fabrikarbeiterin mit vier kleinen Kindern. Um 1/2 5 Uhr morgens beginnt ihr Arbeitstag. Da muss sie aufstehen, Feuer machen, Kaffee kochen, Fleisch und Gemüse für das Mittagessen vorbereiten und (...) die Betten machen. Um 3/4 7 Uhr muss sie mit den Kindern aus dem Hause. Die Kleinen werden in die Anstalt gebracht. Die Frau geht in die Fabrik, aus der sie um 1/2 12 Uhr vormittags für anderthalb Stunden heimkommt. Nun wird das Essen gewärmt, verzehrt und dann so viel häusliche Arbeit wie möglich verrichtet (...)*
Um 1 Uhr beginnt wieder die Fabrikarbeit. Nach Schluss derselben von neuem Hausarbeit. Nach dem Abendessen, das auch erst wieder von der Frau vorbereitet werden muss, kommen all die kleinen und großen Verrichtungen. (...) An einem Abend wird Wäsche gewaschen. Am nächsten wird gebügelt. (...) Etwa alle 8 Wochen ist großer Waschtag – entweder am Samstag abends, wo der Arbeitstag erst um 1 Uhr nachts ein Ende erreicht hat, oder am Sonntag."
(Industrialisierung - das deutsche Beispiel, S. 123)

A1 *Stelle den Alltag der Fabrikarbeiterin in einer Uhr (1-24 Uhr) dar. Frage deine Mutter nach ihrem Tagesablauf, schreibe ihn daneben und vergleiche.*
A2 *Betrachte noch einmal alle Bilder dieses Kapitels. Wo kannst du Frauen bei der Arbeit erkennen?*
A3 *Erläutere die Aussage: Die Frauen „hatten eine Wohnung und kein Heim, sie hatten Kinder und waren keine Mütter, sie hatten Lebensunterhalt und kein Leben."*

2.4 Kinder – die billigsten Arbeitskräfte

Viele Fabrikbesitzer stellten gern Kinder ein. Sie konnten einfache Handgriffe ausführen und erhielten dafür einen viel geringeren Lohn als die Erwachsenen, obwohl sie meist genauso lange arbeiteten. Sie hatten nur eine ganz kurze Pause. Wer zu spät kam oder fehlte, wurde hart bestraft oder sogar entlassen.

Q1 Kinder berichteten (1833):
„Bin 12 Jahre alt. Bin 12 Monate in der Spinnerei gewesen. Anfang um 6 und Feierabend um 1/2 8. Durchschnittlich über 12 1/2 Stunden Arbeit. Habe 2 oder 3 Wochen hindurch Überstunden gemacht. Arbeitete während der Frühstücks- und Teepause und ging erst um 8 weg." – „Machst du Überstunden wie es dir gefällt?" – „Nein, wer angelernt ist, muss arbeiten. Ich bleibe lieber und arbeite, als dass irgendjemand anders meinen Platz bekommt."
„Habe hier (...) 2 Jahre gearbeitet. Bin jetzt 14, arbeite 16 1/2 Stunden am Tag. Kürzlich war ich krank und bat, um 8 Uhr aufhören zu dürfen. Man sagte mir, wenn ich ginge, brauche ich nicht wiederzukommen."
(Cunningham, W.: The Growth of English Industry, S. 786)

Q2 Unternehmer meinten:
„In den Fabriken werden die Kinder nicht nur an Arbeit, sondern auch an eine stets geregelte Arbeit, an Ordnung und Pünktlichkeit gewöhnt. Der Aufenthalt in den Fabriken wird in der Regel ein reichlicherer und gesünderer sein, als er in den engen, mit allen möglichen Dünsten angefüllten Wohnungen der Eltern sein kann."
(Motive zu dem Entwurf einer Fabrikgewerksordnung, Zit. nach: Geschichte lernen, Heft 46 (1995), S. 53)

A4 *Was war deiner Meinung nach der wichtigste Grund dafür, dass viele Kinder so hart arbeiten mussten?*
A5 *Welche Argumente nennen die Kinder und der Unternehmer für bzw. gegen die Kinderarbeit?*
A6 *Welche Argumente findest du verständlich, welche nicht?*
A7 *Diskutiert das Für und Wider der einzelnen Meinungen.*

Kinderarbeit um 1907 in einer Spinnerei

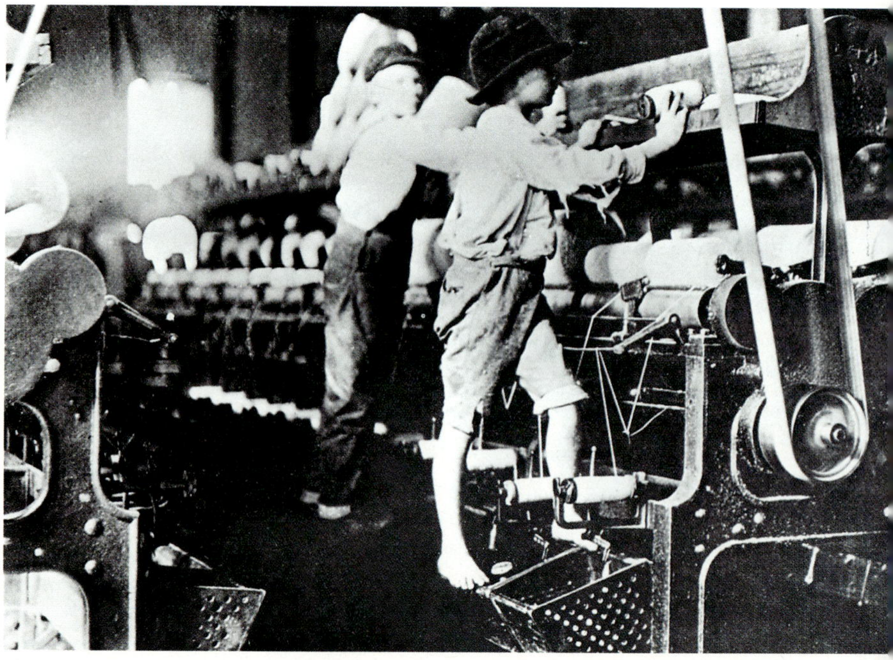

Ist Kinderarbeit schon Geschichte?

Vielleicht denkt ihr: Kinderarbeit, das ist Geschichte, das gab es nur vor langer Zeit. Hier ein Bericht aus dem Leben eines brasilianischen Jungen in der Welt von heute:

Q3 *„Velucio ist zehn Jahre alt. Wie eine Maschine bewegt er sich zwischen den spitzen, armlangen Blättern der Agavenpflanzen. Schnitt - Wurf, Schnitt - Wurf. Seit fünf Jahren tut Velucio kaum etwas anderes. Von morgens um 8 bis 17 Uhr. Von Montag bis Freitag (...). Eigentlich müsste Velucio in die Schule gehen. Das schreibt das brasilianische Gesetz vor. „Ich lerne ja auch", behauptet der Junge. Doch bei genauerem Hinsehen findet sich in seinem Tagesablauf keine Lücke, in der er (...) den Unterricht unterbringen könnte. Um 6 Uhr, noch vor Sonnenaufgang, steht die Familie auf. Velucio holt Wasser aus dem Tümpel. Fast eine Stunde braucht er, um den Zehnlitereimer in die Lehmhütte der Eltern zu schleppen. Dann gibt es eine Schüssel Brei aus Maniokmehl. ‚Und dann gehe ich schneiden', sagt er. ‚Bis wann?' ‚Bis zum Abend', sagt er (...). Wenn Velucio nicht arbeitet, hat er nichts zu essen (...) So wie alle anderen Familienmitglieder auch."*

(Berliner Zeitung vom 27.2.1997, gekürzt)

A1 *Vergleiche Velucios Leben mit deinem eigenen.*

Kinderarbeit heute. Kaffee-Ernte in Guatemala.

Habt ihr Interesse, euch in der Klasse näher mit diesem Problem zu befassen? Dann sucht aus Presse, Fernsehen und anderen Medien Berichte über Kinderarbeit. Ihr könnt eure Suche nach folgenden Gesichtspunkten durchführen:

- In welchen Erdteilen und Ländern gibt es Kinderarbeit?

- In welchen Bereichen arbeiten die Kinder? Nicht nur auf „normale" Arbeit werdet ihr stoßen. Kinder werden auch gezwungen, als Soldaten zu kämpfen oder als Prostituierte zu arbeiten.

- Welche Ursachen der Kinderarbeit könnt ihr herausfinden?

- Welche Ansätze zur Überwindung der Kinderarbeit gibt es (z.B. Hilfsorganisationen, Gesetze, Verbote usw.)?

Vielleicht könnt ihr die Ergebnisse eurer Erkundigungen in einer Wandzeitung oder einer selbst gestalteten Broschüre euren Mitschülern und Eltern vorstellen?

2.5 Wie die Menschen in den Industriestädten lebten

Da immer mehr Menschen vom Land in die Stadt zogen, wuchsen die Bevölkerungszahl und die Größe der Städte in der zweiten Hälfte des 19. Jahrhunderts ständig an. Diese Entwicklung bezeichnet man als Urbanisierung (Verstädterung).

A1 *Nenne Gründe, weshalb viele Menschen vom Land in die Stadt zogen.*

A2 *Bestimme anhand der Karte rechts, wo Zuwanderungs- und wo Abwanderungsgebiete lagen.*

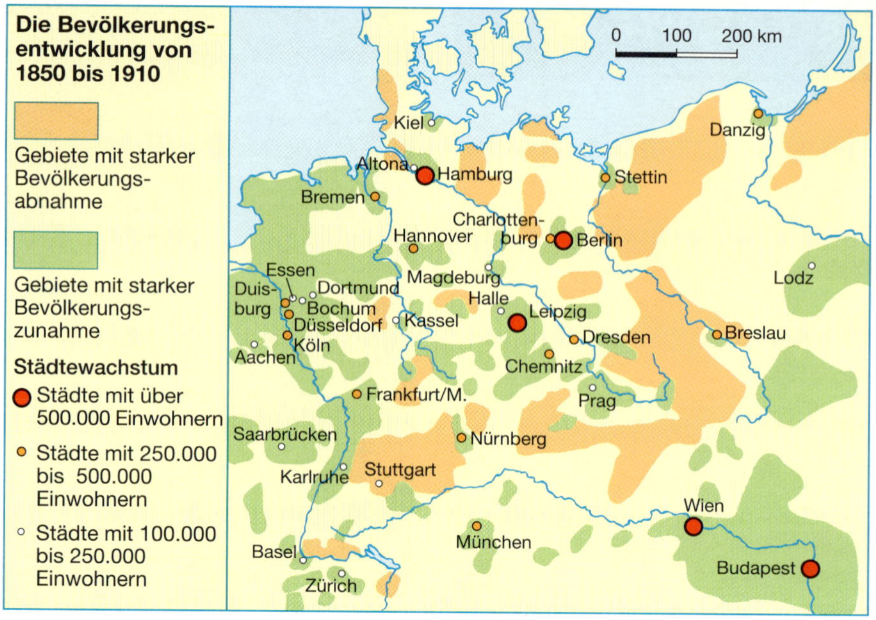

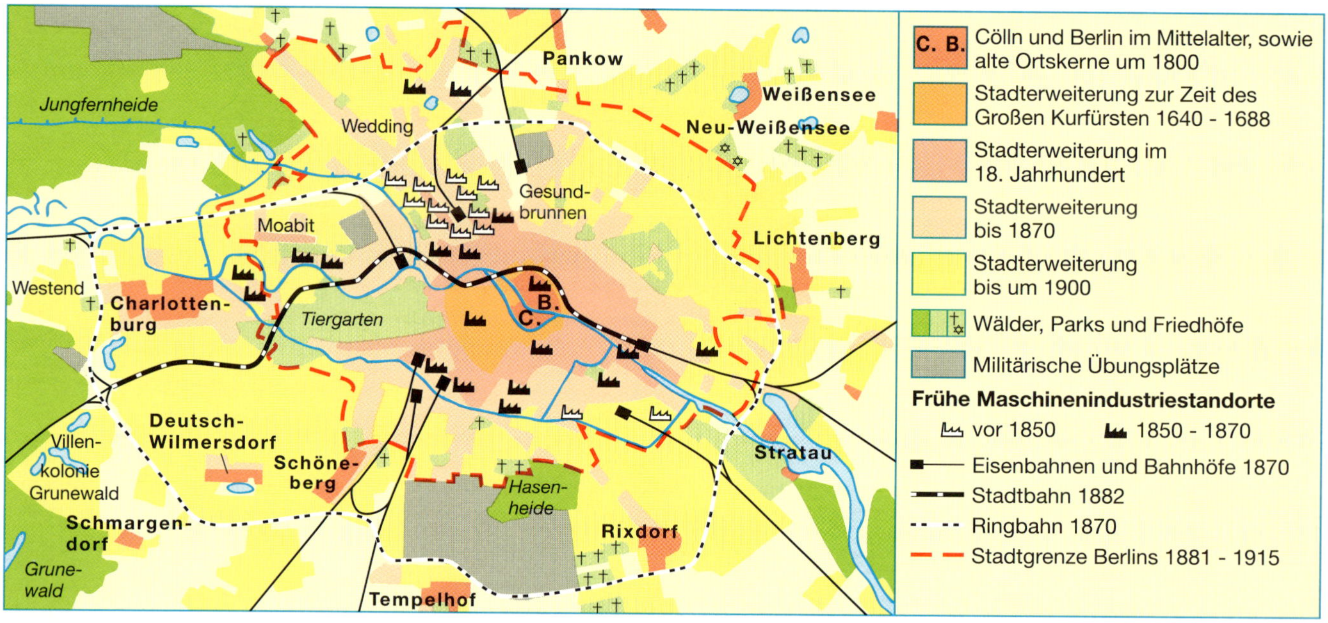

Die Entwicklung Berlins zur Großstadt

Im Laufe des 19. Jahrhunderts prägte sich die typische Art der Städte heraus: In den besseren Stadtvierteln wohnten kleinbürgerliche Familien, z. B. Kleinunternehmer, Kaufleute, Ladeninhaber oder kleine Beamte. Im Zentrum der Städte entstanden Geschäftsviertel mit Prachtbauten. Am Rande der Industriestädte schossen seit der Mitte des vorigen Jahrhunderts Mietskasernen wie Pilze aus dem Boden. Darin wohnten Arbeiterfamilien dicht gedrängt.

A3 *Welche Entwicklungsphasen sind erkennbar? Wo liegen industrielle Schwerpunkte?*

Viele Arbeiter hatten noch nicht einmal eine eigene Schlafstätte; sie teilten sich mit mehreren ein Bett. Eine Fabrikarbeiterin berichtete:

Q1 *„(...) Ich trat ein; das Gemach, in dem ich stand, war klein, viereckig, an den Wänden standen 3 Betten, in der Mitte des Zimmers ein Tisch, an dem 5 Männer saßen, die aus einer gemeinsamen großen Blechschüssel löffelten. Wohin ich blickte, lagen, standen und schliefen Kinder in allen Größen, Knaben, Mädchen, eines verlumpter als das andere. Und in diesem Raume bot man mir an, mit Mann, Frau und 10 Kindern zu schlafen, von denen das älteste etwa 8 Jahre, das jüngste ein halbes Jahr sein konnte (...)“*

(Industrialisierung – Das deutsche Beispiel, S. 135)

A4 *Gib die Eindrücke der Arbeiterin wieder. Überlege, wie sie sich wohl entschieden hat.*

2.6 Umweltverschmutzung und Krankheiten

A1 *Beschreibe den Eindruck, den die Gebäude in der Abbildung unten auf dich machen.*

A2 *Stelle dir vor, welche gegensätzlichen Ansichten man beim Anblick der Landschaften und des Himmels haben konnte. Gibt es heute Vergleichbares?*

Qualm aus verheizter Kohle galt im 19. Jahrhundert als Zeichen des Fortschritts. Riesige Rauch- und Gaswolken kamen auch aus den Hochöfen. Baumwollfabriken verschmutzten mit Farbstoffen und anderen Abwässern die Flüsse. In der Nähe von Kohle- und Eisenerzgruben türmten sich riesige Abraumhalden.

Obwohl die Flüsse von Abwässern und Fabrikabfällen längst verseucht waren, entnahmen die Menschen daraus noch lange Zeit ihr Trinkwasser. Erst später holten sie es sich aus Pumpen, die auf den Straßen standen. Doch auch dieses Wasser war oft verunreinigt. Es trug dazu bei, dass sich Krankheiten wie Tuberkulose, Typhus und Cholera stark verbreiteten. Betroffen waren vor allem arme Menschen. Sie hausten unter schlechten hygienischen Bedingungen in armseligen Unterkünften, ernährten sich schlecht und waren der Luftverschmutzung direkt ausgesetzt.

A3 *Stelle Vermutungen an, weshalb Rauch und Qualm als Zeichen des Fortschritts galten.*

A4 *Weshalb waren arme Menschen besonders von den Auswirkungen der Industrialisierung betroffen?*

Q1 *„In allen Straßen, (...) trennte auf jeder Seite ein tiefer, stets mit dickflüssigem und meistens stinkendem Schmutz angefüllter Rinnstein den Bürgersteig bis zum Fahrdamm. Auf jedem Hof mussten ein Brunnen und eine Senkgrube für Abwässer und Exkremente (Kot) vorhanden sein; aber die Anlagen waren fast überall so eingerichtet, dass die ausgegossenen Abwässer nicht in die Senkgrube liefen, sondern in den Abflusskanal, der (...) sich dann in den Straßenrinnstein ergoss.(...)“*

(Wauer: Humoristische Rückblicke auf Berlins „gute alte Zeit“, S. 87 ff.)

A5 *Erläutere die Karikatur.*

„Das schwarze Land“, Industrierevier um die englische Stadt Wolverhampton

3 Wer löst die sozialen Probleme?

3.1 Die Auswanderung

Unzählige Menschen sahen im Laufe des 19. Jahrhunderts ihre einzige Überlebenschance darin, Europa zu verlassen. Unter schwierigsten Bedingungen wanderten Millionen Europäer nach Amerika aus. In der so genannten „Neuen Welt“ wollten sie ein neues Leben anfangen. Die zahlreichen Einwanderer trugen dazu bei, dass sich in der 2. Hälfte des 19. Jahrhunderts auch in Amerika die Industrie enorm entwickelte.

Doch es war bald offensichtlich, dass die Auswanderung nur für einige eine Lösung war. Immer mehr Menschen dachten daher über die Frage nach, wie man die Lage der Arbeiter verbessern konnte. Dabei gelangten sie zu verschiedenen Antworten.

A1 *Erläutere anhand des Bildes, welche Menschen auswandern.*

3.2 Die Hilfe der Kirchen

Verschiedene Religionsgemeinschaften fühlten sich verpflichtet, armen Menschen zu helfen. Beispielsweise half die 1865 in London gegründete Heilsarmee Obdachlosen. Sie kämpfte auch gegen den weit verbreiteten Alkoholismus. Andere Christen gründeten spezielle Einrichtungen, in denen sie sich um Notleidende kümmerten. Der Pfarrer Johann Wichern z. B. gründete in Hamburg ein Waisenhaus für Arbeiterkinder. Er wurde zum Schöpfer der „Inneren Mission“, des Hilfswerkes der evangelischen Kirche. Doch konnten diese Maßnahmen nur die Not Einzelner lindern.

Eine junge Mutter übergibt ihr Kind in ein kirchliches Waisenhaus. Die Übergabe erfolgt anonym.

A2 *Welche Gründe könnten die Mutter bewegen ihr Kind wegzugeben?*

A3 *Was bringt das Bild zum Ausdruck?*

Unten: Auswanderer in Bremerhaven

Das Gemälde von Frederico Zandomenghi „Arme auf den Stufen des Klosters Ara Coeli in Rom" (1872) zeigt, dass Frauen unter den Bedürftigen in den Städten besonders stark vertreten waren.

Der katholische Bischof Wilhelm Emanuel von Ketteler aus Mainz forderte vom Staat, etwas gegen die Not der Arbeiter zu tun. Seiner Meinung nach hat der Staat die Pflicht, die Arbeiter und ihre Familien, auch die Kranken und Alten, durch spezielle Arbeiterwohnungen oder Gewinnbeteiligungen zu unterstützen. Sie sollten nicht mehr „eigentumslose Arbeiter" sein, sondern „arbeitende Eigentümer".

A1 *Erläutere diese Forderung Kettelers.*

Q1 In seiner Schrift „Die Arbeiterfrage und das Christentum" schrieb Ketteler:

„Die so genannte Arbeiterfrage ist in ihrem Wesen Arbeiterernährungsfrage. Sie ist daher erstens so wichtig wie die Ernährung, d. h. die Beschaffung der notwendigsten Lebensbedürfnisse, der Nahrung, der Kleidung, der Wohnung. Sie ist zweitens so wichtig, wie die Zahl der Arbeiter selbst im Verhältnis zu allen anderen Ständen wächst (...). Sie beschäftigt sich also mit den allerwesentlichsten Bedürfnissen der Menschen; ihrem Umfang nach umfasst sie den weitaus größten Teil des ganzen Menschengeschlechts (...)"

(Brakelmann, G.: Die soziale Frage des 19. Jahrhunderts, S. 207)

A2 *Weshalb ist die Arbeiterfrage für Ketteler von größter Bedeutung?*

A3 *Warum sammelten sich diese Frauen gerade auf den Stufen eines Klosters?*

A4 *Weshalb gab es besonders viele arme Frauen?*

A5 *Versetze dich in eine der Personen auf dem Bild und schreibe in einem kurzen Bericht, was ihr an diesem Tag passiert sein könnte.*

3.3 Unternehmer sorgen für ihre Arbeiter

Einige Unternehmer bemühten sich, die Arbeitsbedingungen ihrer Arbeiter zu verbessern. Sie hatten erkannt, dass die Arbeiter dann leistungsfähig blieben und zufriedener waren. Sie boten den Arbeitern soziale Vergünstigungen. Dafür erwarteten sie von ihnen Fleiß, Unterordnung und Treue. Alfred Krupp gründete z. B. eine Fabrikkrankenkasse, schuf einen Werkskonsum, eine Werksküche, Arbeitersiedlungen und Pensionskassen.

A1 *Überlege, welche unterschiedlichen Ziele ein Unternehmer mit solchen Vergünstigungen verfolgt haben könnte.*

Q1 Der Unternehmer Friedrich Harkort schrieb 1849 an seine Arbeiter:

„[Ein Proletarier] hat sein Handwerk nicht erlernt, heiratet ohne Brot und setzt seinesgleichen in die Welt, welche stets bereit sind, über anderer Leute Gut herzufallen (...) Nicht aber rechne ich zu den Proletariern den braven Arbeiter, dem Gott durch die Kraft seiner Hände und den gesunden Menschenverstand ein Kapital verliehen hat, welches ihm niemand rauben kann, es sei denn Krankheit und Alter (...) Diesen ehrenwerten Leuten muss geholfen werden durch (...) Vorschusskassen, guten Unterricht für die Kinder und Sicherstellung gegen Krankheit und Invalidität.“

(Harkort, F.: Schriften und Reden, S. 101 f.)

A2 *Nenne Kritik und Forderungen Harkorts.*

A3 *Welche Bedingung knüpft Harkort an die Unterstützung der Arbeiter?*

A4 *Beschreibe das Arbeiterhaus (oben).*

Arbeiterhaus der Zechenkolonie Prosper in Bottrop, erbaut in den 1890er Jahren. Das Haus enthält drei Wohnungen mit je 4 Zimmern und 51,3 m² Fläche sowie eine Wohnung mit 3 Zimmern und 42,4 m².

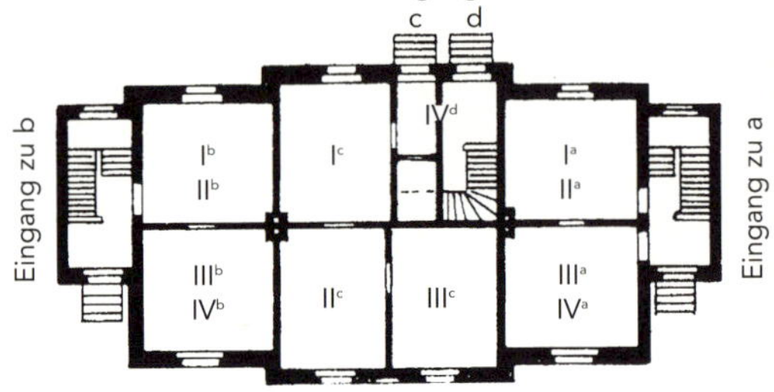

A5 *Was kritisiert diese Karikatur?*

3.4 Der Kampf der Gewerkschaften

Gewerkschaften sind Organisationen, in denen sich Arbeiter ähnlicher Berufe zusammenschließen. Damit wollen sie gegenüber den Unternehmern ihre wirtschaftlichen Interessen vertreten und ihre Rechte verteidigen oder erweitern. Die Gewerkschaftsbewegung begann in England. Dort entdeckten die Arbeiter eine wichtige Kampfform, um ihre Interessen durchzusetzen – den Streik (von englisch „to strike“ = schlagen). In der zweiten Hälfte des vorigen Jahrhunderts entstanden dann überall dort Gewerkschaften, wo der Prozess der Industrialisierung Fuß fasste.

Organisiert von den Gewerkschaften kämpften die Arbeiter z. B. gegen Entlassungen und Aussperrungen (Fabrikschließungen durch Unternehmer), für höhere Löhne, kürzere Arbeitszeiten oder für die Verbesserung der Arbeitsbedingungen (Arbeits- und Unfallschutz). Wurde ein Mitglied der Gewerkschaft krank oder arbeitslos, wurde es von den anderen unterstützt.

A6 *Weshalb entstanden Gewerkschaften zuerst in England?*

A7 *Erkläre das Wort Streik. Wer sollte geschlagen werden?*

Zunächst wurden die Gewerkschaften gesetzlich verboten, Streikende bestraft oder entlassen. Doch die Gewerkschaften gewannen trotzdem immer mehr Mitglieder. In schweren Kämpfen erreichten sie, dass die Fabrikanten sie bei der Aushandlung von Löhnen und Arbeitsbedingungen als Interessenvertreter der Arbeiter anerkennen mussten. Die erste Arbeiterpartei Deutschlands, der Allgemeine Deutsche Arbeiterverein, wurde 1863 in Leipzig von dem Sozialisten Lasalle gegründet.

„Ein Streik bricht aus", Gemälde von Robert Köhler 1886

A1 *Beschreibe das Verhalten der einzelnen Personen auf dem Bild.*

A2 *Wodurch könnte der Streik ausgelöst worden sein?*

A3 *Beachte den Hintergrund und beschreibe die Umgebung.*

A4 *Schreibe ein Gespräch auf, das zwei Arbeiter auf diesem Bild geführt haben könnten.*

Ziele der Streiks in Deutschland 1850 bis 1866:

	1850–56	1857	1858–66
Streiks um Löhne	23	38	80
Streiks um Arbeitszeit	–	–	1
Streiks um Löhne und Arbeitszeit	2	3	11

A5 *Stelle Vermutungen darüber an, weshalb die Arbeiter zuerst vor allem um Lohnerhöhungen kämpften.*

Ausgewählte Erfolge, die im Rahmen der Gewerkschaften in England und Deutschland erkämpft wurden:

England

- 1834 gesetzliche Anerkennung der Gewerkschaften
- 1842 u. 44 Arbeiterschutzgesetze
- 1847 der 10-Stunden-Tag wurde eingeführt
- 1867 u. 84 ein Teil der Arbeiter erhielt im Zuge von Wahlrechtsreformen das Wahlrecht
- 1868 Gründung des Dachverbandes der Einzelgewerkschaften – Trade Unions Congress (TUC)

Deutschland

- 1853 Verbot der Arbeit von Kindern unter 12 Jahren und Beschränkung der Arbeitszeit 12- bis 14-Jähriger auf 12 Stunden
- 1869 Gründung einer zentralistischen Gewerkschaft
- 1871 gesetzliche Anerkennung des Streikrechts
- 1872 gesetzliche Anerkennung gewerkschaftlicher Zusammenschlüsse in ganz Deutschland

A6 *Weshalb kämpften sie erst später darum, die Arbeitszeit zu verkürzen?*

A7 *Du weißt bereits einiges über die Arbeitsbedingungen der Arbeiter. Fertige ein Plakat an mit Forderungen, die die Arbeiter damals in einem Streik gestellt haben könnten.*

A8 *In Deutschland sind heute fast alle Gewerkschaften im Deutschen Gewerkschaftsbund (DGB) zusammengeschlossen. Kennst du einzelne Gewerkschaften?*

A9 *Suche Berichte über heutige Gewerkschaften. Wofür und in welcher Form kämpfen sie? Vergleiche mit den Kämpfen im 19. Jahrhundert.*

3.5 Marx und Engels – Revolution als Antwort auf die soziale Frage

In allen Arbeiterparteien und Gewerkschaften spielte die soziale Frage eine herausragende Rolle. Die radikalste Antwort auf diese Frage entwickelten Karl Marx und Friedrich Engels. Nur mit Gewalt, in einer Revolution, könnten die Kapitalisten (die Klasse der Eigentümer von Fabriken, Banken usw.) durch das ausgebeutete, verarmte Proletariat (die Arbeiterklasse) gestürzt werden. Nach einer Phase der Diktatur des Proletariats würde, so argumentierte Marx, der Staat mit all seinen Zwängen „absterben". Am Ende würden alle Menschen in einer klassenlosen, freien Gesellschaft, dem Kommunismus, leben. Diese Gedanken, besonders von Marx in zahlreichen Schriften untermauert, haben die Geschichte stark beeinflusst. Auch die Entwicklung Deutschlands bis in die Gegenwart, und hier insbesondere die Geschichte der DDR, werden erst vor diesem Hintergrund verständlich.

Die marxistische Theorie ist kompliziert. Dennoch konnten Marx und Engels gewaltigen Einfluss auf die Arbeiterbewegung gewinnen. Das „Kommunistische Manifest", ihr am Vorabend der Revolution 1848/49 erschienenes politisches Programm, machte ihre Ansichten verständlich und populär.

Das Schema versucht Marx' Theorie vom Übergang des Kapitalismus zum Kommunismus zu veranschaulichen.

A1 *Erläutere das Schema.*

Karl Marx (1818–1883), aus jüdischer Juristenfamilie stammend, wurde nach dem Studium Journalist. Seiner heftigen Gesellschaftskritik wegen musste er Deutschland verlassen. Viele Jahre verbrachte er in ärmlichen Verhältnissen in London. Dort entstand sein Hauptwerk, „Das Kapital", eine Analyse und Kritik des Kapitalismus.

Friedrich Engels (1820–1895), Sohn eines reichen Industriellen aus Barmen, war Kaufmann. In England lernte er das Elend der Fabrikarbeiter kennen und verfasste darüber eine Schrift. Er wurde Kommunist und enger Freund von Karl Marx, den er finanziell unterstützte.

A2 *Versuche zu erklären, warum nicht nur reiche „Kapitalisten", sondern auch weite Teile des Bürgertums (Beamte, Kleinhändler, Handwerker) große Angst vor dem „Marxismus" hatten.*

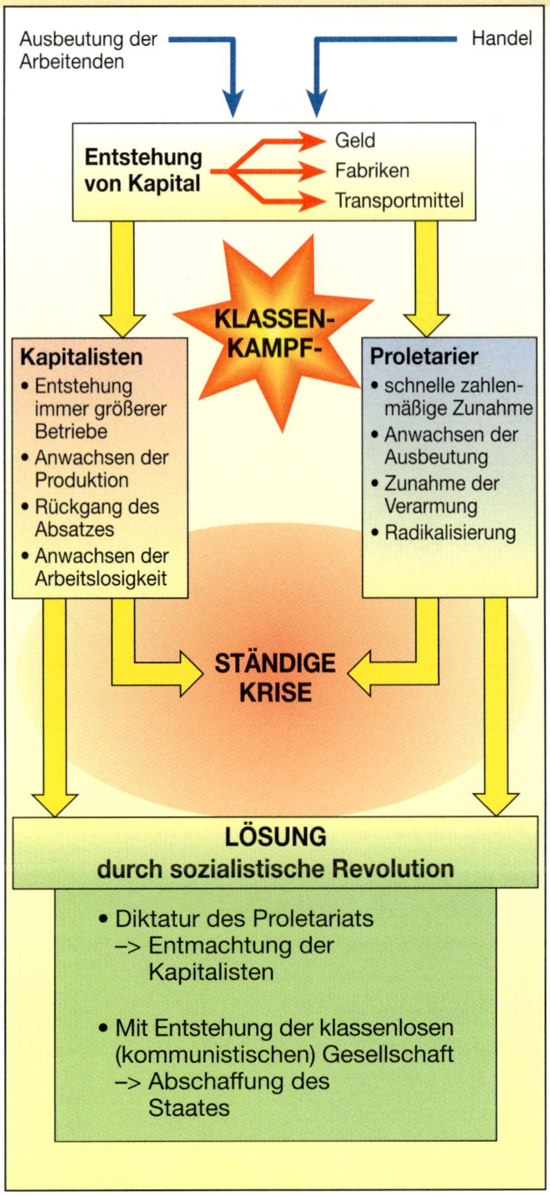

Vom Kapitalismus zum Kommunismus (schematische Darstellung)

Marx' Kritik an der kapitalistischen Gesellschaft wurde von der Arbeiterbewegung aufgenommen und auch bildlich dargestellt (nächste Seite oben).

A3 *Unterscheide, wie die einzelnen Gruppen dargestellt werden. Bestimme ihre Funktion.*

A4 *Weshalb wird die Gesellschaft als Pyramide dargestellt? Welche Sicht hat der Karikaturist?*

A5 *Wie könnte eine Zeichnung der „klassenlosen Gesellschaft" aussehen?*

Der Klassenkampf gegen die Kapitalisten konnte laut Marx nicht isoliert in einzelnen Ländern stattfinden. Die Weltrevolution war das Ziel. Auch diese Forderung stellte die Arbeiterbewegung bildlich dar.

A1 *Erläutere die Aussage des Bildes (unten rechts).*

A2 *Was erhofften sich die Arbeiter wohl vom internationalen Zusammenschluss?*

Marx' Theorie war immer umstritten. Ob seine Voraussagen eingetroffen sind, ob seine Kritik zutreffend war oder noch heute berechtigt ist, kannst du für dich selbst herausfinden. Denke dabei z. B. an folgende Punkte:

- Ist die Verarmung der Arbeiterklasse eingetreten? Schau dabei nicht nur auf die Industriestaaten.
- Gibt es nur noch Großbetriebe?
- Ist der Staat „abgeschafft" worden? War bzw. ist irgendwo eine „klassenlose" Gesellschaft verwirklicht oder in Sicht? Wäre das überhaupt wünschenswert?
- War bzw. ist Marx' Kritik überflüssig? Denke auch hier nicht nur an die „reichen" Industriestaaten.

A3 *Dieses Denkmal steht in Chemnitz, das bis 1990 Karl-Marx-Stadt hieß. Wen zeigt es?*

A4 *Manche würden es am liebsten abreißen. Diskutiert darüber.*

Der Aufbau der kapitalistischen Gesellschaft. USA um 1911

Plakat zum 1. Mai als Tag der Arbeit, 1889

1733 – Industrialisierung beginnt in England. Webstuhl des John Kay.

1764 – „Spinning Jenny“ erfunden.

1781 – Dampfmaschine des James Watt.

1800 – Webmaschinen und Dampfkraft ermöglichen Bau großer Textilfabriken.

1820 – Dampfkraft setzt sich in vielen Wirtschaftszweigen durch.

Ertragssteigerungen in der Landwirtschaft.

1825 – Erste Eisenbahnlinie für Personenverkehr („The rocket“): Revolution des Verkehrswesens beginnt.

Schnelles Bevölkerungswachstum, Verstädterung.

Soziales Elend der Arbeiter, Kinderarbeit.

Zusammenfassung:

- Die Industrialisierung beginnt im 18. Jh. in **England**, wobei Erfindungen für die **Textilproduktion** eine wichtige Rolle spielen („Spinning Jenny“ 1764 u. a.).
- James Watt konstruiert 1781 eine **Dampfmaschine**, die zum Antrieb von Arbeitsmaschinen geeignet ist.
- Bis 1820 hat sich die Dampfkraft in vielen Wirtschaftszweigen durchgesetzt.
- Die Dampfkraft führt ab ca. 1820 zur Revolution im Verkehrswesen: **Eisenbahn,** Dampfschiff.
- Maschineneinsatz und Chemie (Kunstdünger) bringen **Ertragssteigerungen in der Landwirtschaft,** die immer weniger Menschen beschäftigt („Landflucht“).
- Motor der Industrialisierung ist zunächst die Textil-, später (ab ca. 1840) die **Schwerindustrie** (Verbund von Bergbau, Eisen- und Stahlindustrie).

Industrialisierung und soziale Frage

1848/49

Neue gesellschaftliche Kräfte: Unternehmer und Arbeiter (Gewerkschaften).

1850

England größte Industriemacht der Welt. Deutschland holt allmählich auf.

1853

Verbot von Kinderarbeit in Deutschland.

1867

Wahlrecht für Arbeiter in England.

1870/71

Gewerkschaften erkämpfen Streikrecht in Deutschland.

Industrialisierung bringt Umweltprobleme.

Marx und Engels: Kommunistisches Manifest.

Schwerindustrie breitet sich aus. Zentren in Deutschland: Ruhrgebiet, Rheinland, Schlesien, Saarland.

Industrialisierung in Deutschland nähert sich englischem Niveau.

- Die Industrialisierung geht einher mit rasantem **Bevölkerungsanstieg** und der Entstehung großer Industriezentren (**Verstädterung**).
- In der ersten Hälfte des 19. Jh.s ist **England führende Industriemacht.** Erst ab ca. 1840 setzt die Industrialisierung in Deutschland ein. In den 1870er Jahren wird annähernd das englische Niveau erreicht.
- Neue Gesellschaftsschichten entstehen: **Unternehmer, Arbeiter.**
- Die **Verelendung** (Ausbeutung, Kinderarbeit usw.) der schnell anwachsenden Arbeiterschaft führt zur **sozialen Frage.**
- Auswanderung, kirchliche Wohlfahrt, vereinzelt Fürsorge durch Unternehmen sind Reaktionen auf die soziale Frage. Die radikalste Lösung vertreten **Marx** und Engels: Revolution, Diktatur des Proletariats, Kommunismus.
- Arbeiter organisieren sich zunehmend in den zunächst verbotenen **Gewerkschaften** und erkämpfen durch Streiks allmählich eine Verbesserung ihrer Situation.

6 Reichseinigung und Deutsches Kaiserreich

Die Schule – Spiegel der Gesellschaft

Hier sehen euch 10- und 11-jährige Berliner Kinder an. Eure Ururgroßmütter könnten dabei sein. Was werden sie alles in ihrem Leben in „der guten, alten Kaiserzeit" erlebt haben?

Das ist ein Erinnerungsfoto der 4. Klasse der 198. Gemeindeschule in Berlin-Wedding. Diesen Schultyp besuchten in dieser Zeit 70–80 % aller Schüler.

A1 *Stelle Unterschiede und Gemeinsamkeiten gegenüber deinen Klassenfotos fest.*

A2 *Wie stehst du zu dieser Erfindung?*

A3 *Versuche, damalige pädagogische Beweggründe für ein solches Gerät herauszufinden.*

Ein Geradehalter für Schulkinder (Werbeannonce aus einer Zeitschrift)

	VIII	VII	VI	V	IV	III	II	I
Religion	3	3	3	4	4	4	4	4
Deutsch	8	7	7	6	6	6	6	6
Anschauung	2	2	2	.	.	.	.	.
Geschichte	.	.	.	2	2	2	2	3(2)
Rechnen	4	4	4	4	4	4	4(2)	4(2)
Raumlehre	.	.	.	.	.	3(0)	3(2)	3(2)
Naturkunde	.	.	.	2	2	4	4(3)	3
Erdkunde		.	.	2	2	2	2	2
Zeichnen	.	1	2(1)	2	2	2	2	2
Schreiben	.	2	2	2	2	1	1	1
Gesang	1	1	2	2	2	2	2	2
Turnen	2	2	2(1)	2	2	2	2	2
Handarbeit	.	.	(2)	(2)	(2)	(3)	(4)	(4)
Zusammen	20	22	24	28 (30)	28 (30)	32	32	32
	Unterstufe.			Mittelstufe.		Oberstufe.		

Stundentafel für Berliner Gemeindeschulen aus dem Jahr 1902

A1 *Welche Fächer standen im Vordergrund?*

A2 *Stelle Unterschiede zu deiner Stundentafel fest.*

Prügelstrafe war in der Familie und in der Gemeindeschule (8 Klassen – in der 8. Klasse waren die Schulanfänger) eine von den meisten Eltern und Lehrern anerkannte und für unerlässlich gehaltene pädagogische Maßnahme, die nicht nur Jungen betraf.

A3 *Formuliere Argumente gegen die Prügelstrafe.*

A4 *Welche erzieherische Bedeutung aus damaliger Sicht hatte nach deiner Meinung diese Strafe?*

Karikatur über die Prügelstrafe

Kronprinz Friedrich Wilhelm unterrichtet in einer Potsdamer Schule

A1 *Worin unterscheidet sich diese Unterrichtssituation von dem Unterricht, den du kennst?*

In vielen Fibeln (= Erstlesebüchern) stand folgendes Gedicht:

Q1 Zum Geburtstag des Kaisers:
„Der Kaiser ist ein lieber Mann
und wohnet in Berlin,
und wär das nicht so weit von hier,
so ging ich heut noch hin.

Und was ich bei dem Kaiser wollt'?
Ich gäb ihm meine Hand
und brächt' die schönsten Blumen ihm,
die ich im Garten fand,

und sage dann: ‚In treuer Lieb
bring ich die Blumen dir.'
Und dann lief ich geschwinde fort
und wär bald wieder hier."
(Hochhuth, R.: Die Kaiserzeit, S. 74)

A2 *Formuliere zu jeder Strophe eine Überschrift.*

A3 *Versuche, die Absichten aufzudecken, die mit diesen Aussagen verbunden waren.*

12-/13-jährige Jungen in einer Kadettenschule der kaiserlichen Marine

A4 *Was üben die Jungen gerade?*

A5 *Was hältst du davon, bereits Kinder zu Soldaten auszubilden? Was spricht dafür, was dagegen?*

Zur Heranbildung von Unteroffizieren und Offizieren gab es Internatsschulen, in denen bereits Kinder (oft waren es Waisen) für das Militär ausgebildet wurden.

Man sagt, die Schule ist ein Spiegelbild der jeweiligen Zeit. Damit ist gemeint, die Schule ist so wie die Gesellschaft. Im folgenden Kapitel könnt ihr überprüfen, ob das stimmt.

1 Das einheitliche Deutschland wird geboren

1.1 Die Gegenrevolution marschiert

Nach dem Sieg der Gegenrevolution wurden die vorrevolutionären Zustände zu einem großen Teil wiederhergestellt. Die Historiker bezeichnen das als Restauration.

Viele Revolutionäre flohen in die USA, in die Schweiz, nach England und in andere Länder. Zahlreiche Menschen erhielten Gefängnisstrafen oder wurden wie in Frankreich auf Gefängnisinseln gebracht, auf denen die meisten starben. Fortschrittliche Bücher und Zeitungen wurden verboten. Alles, was an die Revolution erinnerte, sollte ausgelöscht werden. So wurden in der Revolution entstandene Verfassungen z. T. verboten oder ersetzt.

In Preußen entstand in dieser Zeit das Dreiklassenwahlrecht.

In jedem Wahlkreis wurde das gesamte Steueraufkommen in drei gleich große Summen geteilt. Durch entsprechende Zuordnung der Steuerzahler wurden daraus drei Wählerklassen gebildet. Jede Klasse verfügte über die gleiche Stimmenzahl.

A1 *Erkläre anhand des Schemas oben, wie die sehr unterschiedliche Anzahl von Wählern in den einzelnen Klassen zustande kam.*

A2 *Bildet eine Pro- und eine Contra-Gruppe, um aus der Sicht der Wohlhabenden (mit vielen Steuern) und der Ärmeren (die viel weniger Steuern zahlten) zu diskutieren, ob dieses Wahlsystem gerecht und demokratisch war oder nicht.*

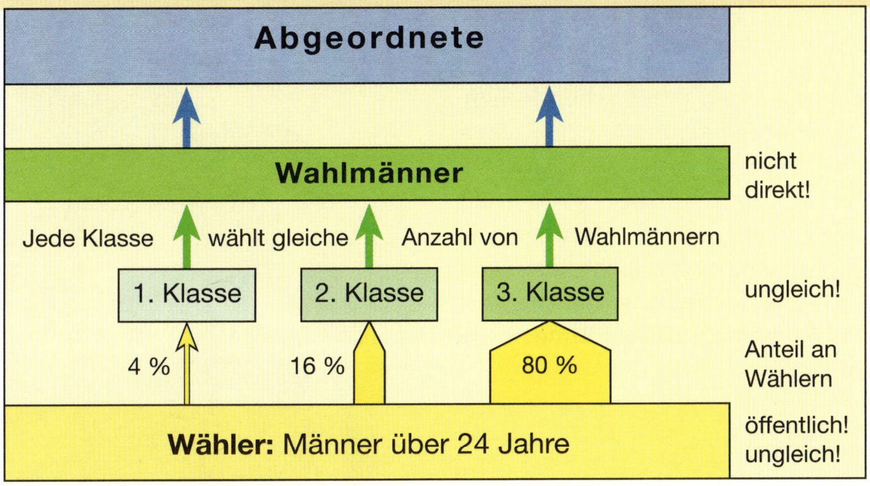

Das Dreiklassenwahlrecht

Auch der Deutsche Bund als Vertreter der Fürsten wurde wiederhergestellt. Diese hatten nun wieder sehr viel Macht. Aber nicht alle Errungenschaften der Revolution konnten rückgängig gemacht werden. Teilweise waren die Fürsten gezwungen, dem Volk und besonders den reichen Industriellen und Bankleuten Zugeständnisse zu machen.

1.2 Deutschland wird geeint

Die nationale Einheit war in der Revolution die Hauptfrage gewesen. Die Einheit war durch das Scheitern der Revolution nicht erreicht worden. Nach wie vor war dies aber ein wichtiges Anliegen der meisten Deutschen. Dazu kam die industrielle Revolution, die ein gewaltiger Motor dafür war. Es wurde ein einheitlicher Markt gebraucht – ohne Zollschranken, mit einheitlichen Gesetzen, Maßen und Gewichten, mit einer Währung, mit Freizügigkeit der Arbeitskräfte. So konnte sich niemand mehr einer deutschen Einigung versagen. Die Frage war nur, wie sollte dieses einheitliche Deutschland geschaffen werden?

A3 *Erkläre die Begriffe Weg von „oben“ und von „unten“.*

A4 *Versuche, dir die einzelnen Wege vorzustellen. Welche Vor- und Nachteile siehst du?*

Verschiedene Wege zur Einheit Deutschlands

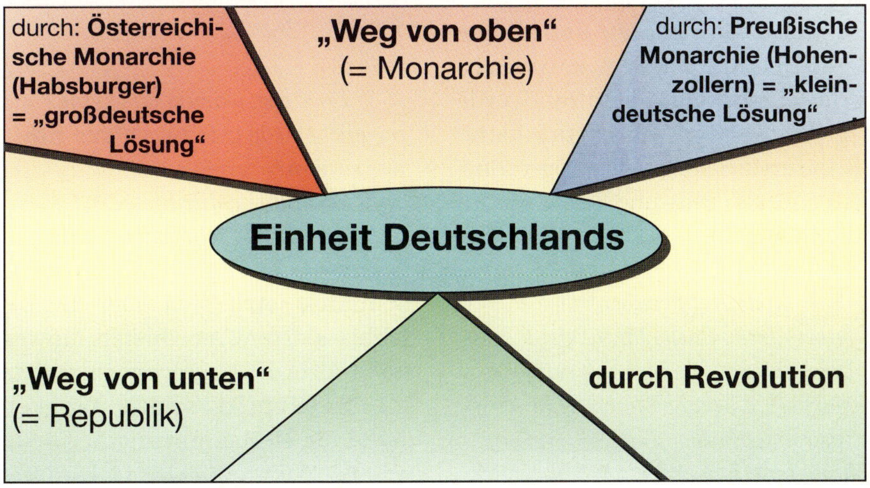

Zwischen den preußischen Hohenzollern und den österreichischen Habsburgern entwickelte sich ein heftiger Streit um die Vorherrschaft in Deutschland und darüber, wie dieser Weg von „oben“ aussehen sollte. Dieser Streit wurde zunächst politisch im Deutschen Bund ausgetragen.

1.3 Bismarck wird preußischer Ministerpräsident

Anfang der 60er Jahre kam es in Preußen zum so genannten Verfassungskonflikt. Der König und seine Regierung wollten durch eine Heeresreform die Verdopplung der preußischen Armee erreichen. Der preußische Landtag lehnte mehrfach entsprechende Regierungsvorlagen ab. Der König von Preußen war verzweifelt und wollte zurücktreten. Seine führenden Militärs dachten aber ganz anders. Sie hielten Ausschau nach einem „starken Mann“.

Den fanden sie in dem adligen Großgrundbesitzer Otto von Bismarck. Er hatte erstmals von sich reden gemacht, als er im Frühjahr 1848 in der Revolution seine Bauern bewaffnen wollte, um dem König zu Hilfe zu eilen. Jetzt versprach er dem preußischen König unbedingte Treue gegenüber dem aufrührerischen Parlament. Daraufhin wurde er preußischer Ministerpräsident. Seine erste Rede vor den Abgeordneten ging als „Blut- und Eisenrede“ in die Geschichte ein.

Q1 *„Nicht auf Preußens Liberalismus (= freiheitliche Ideen) sieht Deutschland, sondern auf seine Macht (...). Preußen muss seine Kraft zusammenfassen und zusammenhalten auf den günstigen Augenblick, der schon einige Male verpasst wurde. Preußens Grenzen (...) sind zu einem gesunden Staatsleben nicht günstig, nicht durch Reden und Majoritätsbeschlüsse (= Mehrheitsbeschlüsse) werden die großen Fragen der Zeit entschieden - das ist der große Fehler von 1848 gewesen -, sondern durch Eisen und Blut.“*

(Bismarck: Die Gesammelten Werke, Bd. 10, Berlin 1928, S. 140)

Französische Karikatur auf die Gründung des Norddeutschen Bundes 1866/67

A3 *Beschreibe die Karikatur. Wer ist die Hauptperson, wer wird „gefressen“?*

A1 *Überlege, warum das keine friedliche Rede war. Gegen wen richtete sie sich?*

A2 *Vermute, wofür Bismarck „Eisen und Blut“ einsetzen wollte.*

Bismarck setzte sich über die Beschlüsse der Abgeordneten hinweg und führte die Heeresreform durch. Im Mittelpunkt seiner Tätigkeit stand die Herbeiführung der deutschen Einigung. 1864 kämpfte Preußen noch zusammen mit Österreich gegen Dänemark, das die nationalen Interessen der deutschen Minderheit missachtete. Aber schon zwei Jahre später kam es um die Vorherrschaft in Deutschland zum Preußisch-Österreichischen Krieg. Bei Königgrätz in Böhmen (heute Hradec Kralove) kam es zu einer blutigen Entscheidungsschlacht. Österreich wurde vernichtend geschlagen. Der Weg nach Wien war frei. Der preußische König und seine Generäle wollten im Triumph in Wien einmarschieren. Bismarck verhinderte das. Er setzte gegen den Widerstand der preußischen Militärs für Österreich und seine verbündeten süddeutschen Staaten einen „milden“ Frieden durch. Die norddeutschen Bundesgenossen Österreichs wurden ganz anders behandelt. Sie wurden Preußen einverleibt.

A1 *Warum handelte Bismarck so? Zum Teil findest du die Antwort darauf auch in Q1.*

Bismarcks Ziel war nun die deutsche Einigung unter preußischer Führung und Vorherrschaft. Als Instrument dazu wurde der Norddeutsche Bund geschaffen. Diesem gehörten alle deutschen Staaten nördlich der Mainlinie an.

Bismarck im Norddeutschen Reichstag

A2 *Beschreibe die Karikatur (die Personen und die Handlung).*
A3 *Was soll in der Karikatur zum Ausdruck gebracht werden?*
A4 *Finde eine treffende Überschrift zur Karikatur.*

Die Ausschaltung Österreichs war ein tiefer Einschnitt in der Geschichte. Der 1000-jährige Zusammenhang Österreichs mit Deutschland war beendet. Frankreichs Vorherrschaft in Westeuropa wurde nun durch Preußen bedroht. Jetzt jubelten Bismarck auch viele seiner einstigen Gegner zu. Bismarck ging davon aus, dass sein Ziel, die deutsche Einigung, nur durch einen Krieg mit Frankreich erreichbar war. Ihm ging es nun darum, dass die anderen Großmächte bei dieser Auseinandersetzung neutral blieben.

1.4 Der Deutsch-Französische Krieg

Bei der Auslösung des Krieges mit Frankreich kam Bismarck ein Zufall zu Hilfe. In Spanien war der Königsthron unbesetzt. Man kam dort auf die Idee, einem Hohenzollernprinzen die Königskrone anzubieten. In Frankreich brach ein Sturm der Entrüstung aus. Das Gespenst einer Einkreisung des Landes ging um. Der preußische König Wilhelm wollte mit Frankreich keinen Konflikt. Er beeinflusste seinen Neffen, auf die spanische Königskrone zu verzichten – sehr zum Leidwesen Bismarcks und der Generäle. Dem französischen Kaiser Napoleon III. reichte das nicht. Er forderte eine solche Absage für alle Ewigkeit. Mit diesem Auftrag fuhr der französische Botschafter nach Bad Ems, wo König Wilhelm gerade zur Kur weilte. Der König bekräftigte den Verzicht, ließ sich aber nicht auf weitere Gespräche darüber ein. In einem Telegramm (damals sagte man Depesche) teilte er das Bismarck mit. Der „kürzte", wie er später sagte, das Telegramm und ließ es dann veröffentlichen. Die französische Regierung antwortete auf die „Emser Depesche" mit der Kriegserklärung an Preußen. Was war geschehen?

A5 *Diese Karikatur entstand während des Krieges 1870. Worauf bezieht sie sich?*

Französische Karikatur auf Wilhelm I.

Grundsätze bei der Bearbeitung einer schriftlichen Quelle

Q1 Ursprünglicher Text an Bismarck:

„S(eine) M(ajestät) der König schreibt mir:
‚Graf Benedetti (= der französische Botschafter) fing mich auf der Promenade ab, um auf zuletzt sehr zudringliche Art von mir zu verlangen, ich sollte ihn autorisieren (= ermächtigen), sofort zu telegrafieren, dass ich für alle Zukunft mich verpflichtete, niemals wieder meine Zustimmung zu geben, wenn die Hohenzollern auf ihre Kandidatur zurückkämen.

Ich wies ihn zuletzt etwas ernst zurück, da man à tout jamais (= für alle Zukunft) dergleichen Engagements (= Verpflichtungen) nicht nehmen dürfe noch könne. Natürlich sagte ich ihm, dass ich noch nichts erhalten hätte und, da er über Paris und Madrid früher benachrichtigt sei als ich, er wohl einsähe, dass mein Gouvernement (= meine Regierung) wiederum aus dem Spiel sei.‘
S. M. hat seitdem ein Schreiben des Fürsten (= der Vater des Hohenzollernprinzen, dem der spanische Thron angeboten worden war) bekommen. Da S. M. dem Grafen Benedetti gesagt, dass er Nachricht vom Fürsten erwarte, hat Allerhöchstderselbe (...) beschlossen, den Grafen Benedetti nicht mehr zu empfangen, sondern ihm nur durch einen Adjutanten sagen lassen, dass S. M. jetzt vom Fürsten die Bestätigung der Nachricht erhalten, die Benedetti aus Paris schon gehabt, und dem Botschafter nichts weiter zu sagen habe. S. M. stellt Eurer Exzellenz anheim, ob nicht die neue Forderung und ihre Zurückweisung (...) in der Presse mitgeteilt werden sollte.“

Q2 Bismarcks Kürzung:

„Nachdem die Nachricht von der Entsagung des Erbprinzen der Kaiserlichen Französischen Regierung von der Königlichen Spanischen amtlich mitgeteilt worden ist, hat der französische Botschafter in Ems an S. Maj. den König noch die Forderung gestellt ihn zu autorisieren, dass er nach Paris telegrafiere, dass S. Maj. der König sich für alle Zeiten verpflichte, niemals wieder seine Zustimmung zu geben, wenn die Hohenzollern auf ihre Kandidatur zurückkommen sollten.

S. M. der König hat es

darauf abgelehnt, den französischen Botschafter nochmals zu empfangen und demselben durch den Adjutanten vom Dienst sagen lassen, dass S. M. dem Botschafter nichts weiter zu sagen habe.“

(Krieger, H.: Handbuch des Geschichtsunterrichts, Bd. 5, S. 65)

A1 *Überlege, warum Bismarck mit der Originalfassung nicht zufrieden war.*

A2 *In die Geschichte ging Bismarcks Fassung als bloße Kürzung ein. Vergleiche beide Texte. Untersuche dabei, ob das stimmt.*

A3 *Wie hörte sich der Text nach der Bismarck'schen „Kürzung“ an?*

Folgende Grundsätze sollten bei der Bearbeitung einer schriftlichen Quelle beachtet werden:

1. Bemühe dich bei ganz wichtigen Quellen um den Zugang zum vollständigen Text.

2. Bei notwendigen Kürzungen, was aus Platzgründen und wegen des Verständnisses sehr oft notwendig ist, darf nichts gekürzt werden, was den Sinn entstellt.

3. Im eigentlichen Quellentext darf es keine Hinzufügungen oder Veränderungen geben. Hinzufügungen müssen immer gekennzeichnet werden.

4. Wenn diese Grundsätze nicht eingehalten werden, ist die Quelle verfälscht.

A4 *Äußere dich abschließend dazu, ob die Emser Depesche eine Fälschung war.*

Der französische Kaiser sah sich nun gedemütigt. Er erklärte Preußen den Krieg. Er war in die von Bismarck gestellte Falle gegangen. Damit stand er vor allen deutschen Staaten als Angreifer und Feind der deutschen Einigung da. Alle deutschen Staaten zogen 1871 an der Seite Preußens gegen Frankreich in den Deutsch-Französischen Krieg.

A1 *Äußere dich über die Schuld am Ausbruch dieses Krieges.*
A2 *Nenne die eigentlichen Ursachen für den Krieg.*
A3 *Welche Rolle spielte dabei die Emser Depesche? Vermute, ob es voraussichtlich auch ohne diese zum Krieg zwischen Frankreich und Deutschland gekommen wäre.*

Beide Armeen waren etwa ebenbürtig. Aber die preußisch-deutsche Armee hatte die technischen Fortschritte militärisch voll ausgenutzt: Die schnelle Truppenverlegung mit Eisenbahnen und den Einsatz des Telegrafen für die schnelle Befehlsübermittlung. Das Bild des Krieges war durch blutige und sehr opferreiche Bajonettangriffe ganzer Truppenteile und durch große Reiterschlachten geprägt. Die Kriegsentscheidung brachten aber große Umfassungs- und Vernichtungsschlachten bei Metz und Verdun. In diesen wurden Hunderttausende französischer Soldaten zusammen mit ihrem Kaiser eingeschlossen.

A4 *Wer sind die Deutschen und wer die Franzosen?*
A5 *Was sagt das Bild aus?*

Im Ergebnis der Niederlage kam es in Frankreich zu einer Revolution und zur Ausrufung der Republik. Neue Armeen wurden aufgestellt. Ein langwieriger Krieg stand bevor.

Paris wurde von deutschen Truppen eingeschlossen. Besonders hier entwickelten sich viele soziale Konflikte zwischen der ärmeren Bevölkerung und den wohlhabenden Bürgern.

Im März 1871 kam es in Paris zu einer erneuten Revolution. Die *Pariser Kommune* wurde ausgerufen, die die bestehende bürgerliche Gesellschaft stürzen wollte. Jetzt waren die Revolutionäre für das reiche französische Bürgertum zu einer größeren Bedrohung geworden als die feindliche Besatzung. Mit deutscher Unter-

Reiterschlacht

A1 *Beschreibe das Bild.*

A2 *Überlege, weshalb auch Frauen nicht geschont wurden.*

Erschossene Mitglieder der Kommune

stützung wurde diese Erhebung blutig niedergeworfen. Etwa 30 000 „Kommunarden“ wurden getötet und 40 000 zur Zwangsarbeit in die französischen Kolonien verschickt. Dort kamen die meisten qualvoll um.

1.5 Das Deutsche Kaiserreich wird im „Feindesland“ gegründet

Noch mitten im Krieg wurde am 18. Januar 1871 im prächtigsten Saal des Versailler Königsschlosses der preußische König Wilhelm zum Kaiser ausgerufen. Damit war das Deutsche Kaiserreich geschaffen.

Unter preußischer Führung war nun von oben die kleindeutsche Lösung realisiert worden. Im Frühjahr 1871 wurde auch die deutsche Reichsverfassung verabschiedet.

A3 *Begründe, warum im Schema der Kaiser, der Reichskanzler und der Bundesrat besonders hervorgehoben wurden.*

A4 *Wo siehst du fortschrittliche Züge in dieser Verfassung?*

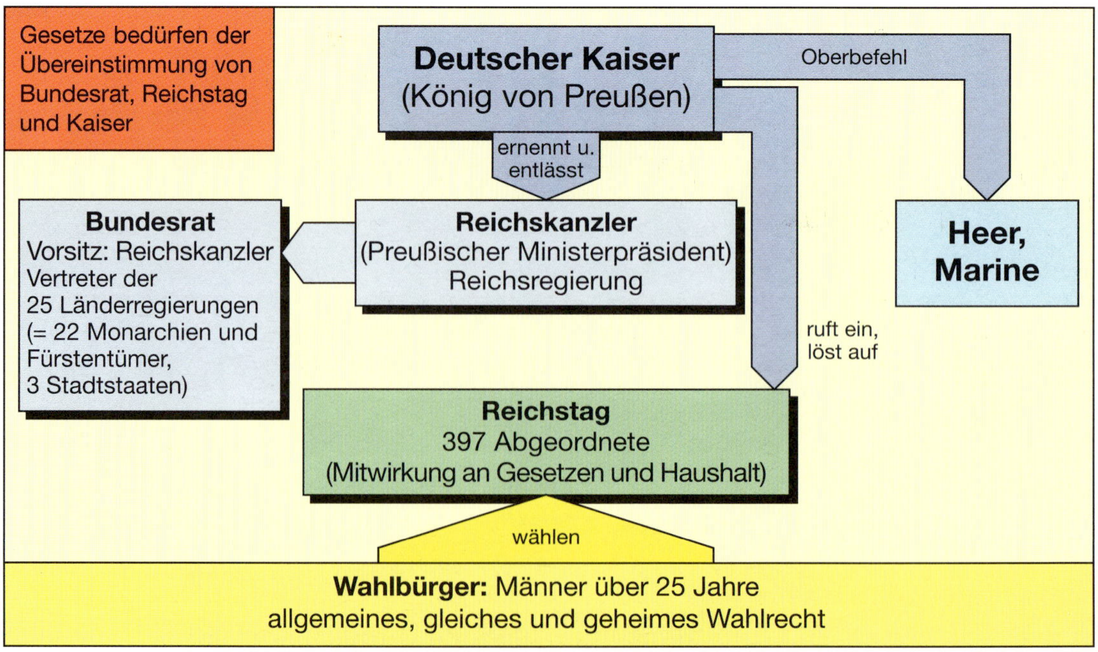

Die Verfassung von 1871

GEWUSST WIE!

Wie arbeitet man mit Historienbildern?

Bildversion von 1877

Die Kaiserproklamation am 18. Januar 1871. Bildversion von 1885

Auf beiden Gemälden siehst du vom selben Maler dasselbe Ereignis dargestellt. Der berühmte Maler Anton v. Werner war extra nach Versailles eingeladen worden, um dieses Ereignis für die Nachwelt festhalten zu können. Er ist also ein Zeitgenosse, der das selbst miterlebt hat. Wie konnten trotzdem in Hinblick auf die wichtigsten Personen zwei unterschiedliche Bilder entstehen?

A1 *Wo stehen die beiden Hauptpersonen, Kaiser Wilhelm I. und Bismarck, auf dem Bild und wie sind sie dargestellt?*
A2 *Welche Unterschiede sind festzustellen und was ist auf beiden Bildern ähnlich dargestellt?*
A3 *Stelle Vermutungen über die Ursachen dafür auf!*

Die erste Bildversion entstand 1877 und war ein Geburtstagsgeschenk zum 80. Geburtstag des Kaisers. Es war im Auftrag der deutschen Fürsten, der freien Städte und der Kaiserin gemalt worden. Bismarck ist auf den ersten Blick unter all den Offizieren nicht auszumachen. Er ist eine Randfigur. Dazu musst du wissen, dass der Kaiser empört war, weil Bismarck es nicht fertig gebracht hatte, den deutschen Fürsten abzuringen, dass er als „Kaiser von Deutschland" – nicht nur als „Kaiser" – ausgerufen wurde.

Die zweite Version war ein Geburtstagsgeschenk des inzwischen fast 90-jährigen Kaisers zum 70. Geburtstag von Bismarck im Jahre 1885. Beim Malen dieses Bildes war der Kaiser oft im Atelier des Künstlers erschienen und hatte „Ratschläge" gegeben. Was kam dabei heraus? Im Mittelpunkt des Bildes steht Bismarck in weißer Uniform (in Wirklichkeit trug er eine blaue). Er ist der Blickfang, in der Hand hält er die Urkunde über die Kaiserproklamation. Er ist im Auftrag seines Kaisers, zu dem er aufblickt, der „Schmied der deutschen Einheit". So sollte er nach dem Willen des Kaisers in die deutsche Geschichte eingehen. An seiner Seite steht der Kriegsminister v. Roon, der an der Feier gar nicht teilgenommen hatte. Erhalten blieb wie beim ersten Bild, dass die Militärs die deutsche Einheit gemacht hatten und so das Bild bestimmten.

- Historienbilder sind also eine wichtige historische Quelle.
- Sie sind „Auftragsbilder". Wir können daraus ersehen, wie die Auftraggeber das dargestellte Ereignis für die Nachwelt aufbewahren und die dargestellten Personen bewertet haben wollten.
- Es ist also wichtig, bei einem Historienbild nach dem Auftraggeber und den Motiven für seine Entstehung zu forschen.

Das Deutsche Reich 1871

A1 *Schildere anhand der Karte die Entwicklung von 1866–1871.*

A2 *Welche der Länder des Deutschen Reiches von 1871 existieren heute noch als Länder der Bundesrepublik?*

Viele Menschen waren begeistert. Eine Baronin von Spitzemberg schrieb am 3. März 1871 in ihr Tagebuch:

Q1 *„Vereint zu einem Reiche, dem größten, mächtigsten, gefürchtetsten in Europa, groß durch seine physische Macht, nicht allein, größer noch durch seine Bildung und den Geist, der das Volk durchdringt. Jedes deutsche Herz hatte das erhofft, keines geahnt, dass seine Träume sich in dieser Weise so bald und so herrlich erfüllen würden. Glücklich sind wir, dass wir den Stern deutscher Größe und Herrlichkeit aufgehen sahen, um uns unter seinen Strahlen zu erwärmen, um die, so Gott will, reichen und segensvollen Früchte zu genießen."*

(Lautemann, W./Schlenke, M. [Hg.]: Geschichte in Quellen, Bd. 5, S. 368)

A3 *Stelle Fragen zu diesem Text. Was verstehst du nicht?*

A4 *Wie gefällt dir das, was dort über die Reichsgründung gesagt wird?*

Es gab aber auch Deutsche, die ganz anderer Meinung waren – auch August Bebel, der Vorsitzende der Sozialdemokratischen Arbeiterpartei:

Q2 *„Das durch ‚Blut und Eisen' mühsam zusammengeschweißte Reich ist kein Boden für die bürgerliche Freiheit, geschweige für soziale Gerechtigkeit. Staaten werden mit den Mitteln erhalten, durch die sie gegründet wurden. Der Säbel stand als Geburtshelfer dem Reich zur Seite, der Säbel wird es ins Grab begleiten."*

(Krieger, H.: Handbuch des Geschichtsunterrichts, Bd. 5, S. 72)

A5 *Inwiefern unterscheidet sich Bebels Einschätzung von der der Baronin?*

Im Friedensvertrag musste Frankreich seine Provinz Elsass-Lothringen an Deutschland abtreten. Das war ein Gebiet, das 200 Jahre vorher zum Deutschen Reich gehört hatte. Dazu musste Frankreich fünf Milliarden Goldmark Reparationen (= Kriegsentschädigung) bezahlen. Das war für die damalige Zeit eine riesige Geldsumme.

A6 *Denke an die Entstehung des Krieges und sage deine Meinung zum Friedensvertrag.*

A7 *Bis heute ist es sehr umstritten, Gebiete, die vor langer Zeit einmal zu einem Land gehört haben, später zurückzufordern. Führt eine Pro-und-Contra-Diskussion darüber.*

2.1 An der Spitze des Staates – Adel und Militär

Wie in der Verfassung angelegt, spielten Adlige im Staat und in der Gesellschaft eine herausgehobene Rolle. Vor allem Adlige waren in den höheren Beamtenstellen und im Offizierskorps zu finden. Erfolgreiche Industrielle und Bankiers strebten danach, geadelt zu werden oder in adlige Familien einzuheiraten.

Das Deutsche Reich war im Krieg mit „Eisen und Blut“ geschaffen worden. Eine Folge war, dass alles Militärische in hohem Ansehen stand und eine große Rolle spielte. Im ganzen Land schossen Kriegervereine aus dem Boden, wurden Kriegsdenkmale erbaut (wie z. B. die Siegessäule in Berlin). Wer etwas gelten wollte, versuchte wenigstens Reserveoffizier zu werden. Kein Festakt, keine Theateraufführung, kein Kaffeehausbesuch, bei denen es nicht von schneidigen Offizieren in farbenprächtigen Uniformen, den Degen an der Seite und an den Stiefeln klirrende Sporen, nur so wimmelte.

A1 *Was will der Karikaturist wohl mit diesen Bildern kaiserlicher Offiziere zum Ausdruck bringen?*

Das preußische Militärwesen wurde auf ganz Deutschland ausgedehnt. Die Militärausgaben nahmen im Staatshaushalt eine gewaltige Position ein. So betrugen in Preußen 1873 die Ausgaben für Volksschulen zwei Millionen Taler und für das Militär 60 Millionen Taler.

A2 *Stelle fest, wen die drei Figuren darstellen. Was tun sie?*
A3 *Deute die Karikatur.*

Fotografie eines preußischen Offiziers, um 1875

Karikaturen preußischer Offiziere

Karikatur aus der Zeitschrift „Der wahre Jacob“

2.2 Die Entwicklung politischer Parteien und Gewerkschaften in Deutschland

Parteien und Gewerkschaften sind aus unserem heutigen Leben nicht mehr wegzudenken. Solche Begriffe wie liberal, konservativ, christlich, sozialistisch, sozialdemokratisch begegnen uns auf Schritt und Tritt. Alles das hat seinen Ursprung in der Mitte des 19. Jahrhunderts, besonders in den 60er Jahren.

Am stärksten waren in dieser Zeit im Parlament die Liberalen. Ihre Forderungen lauteten: Demokratie, rechtliche Gleichstellung aller Menschen, Trennung von Kirche und Staat, nationale Einheit. Zu ihnen gehörten viele Journalisten, Gelehrte, Industrielle. Sie waren erst gegen Bismarck und seine auf Ausschaltung des Parlaments gerichtete Politik. Nach Bismarcks großen Erfolgen unterstützten die meisten Liberalen ihn politisch. Für viele Jahre wurden sie seine Hauptstütze. Bei dem Streit darum zerfielen sie in zwei Parteien.

Die Konservativen wollten die Traditionen bewahren, die vor allem mit dem preußischen Herrscherhaus verbunden waren. Ihnen gehörten viele Gutsbesitzer, hohe Beamte und hohe Offiziere an. Sie traten für unbedingte Treue gegenüber dem König bzw. dem Kaiser ein. Zuerst standen viele von ihnen auch der deutschen Einigung skeptisch gegenüber. Sie fürchteten, dass Preußen von Deutschland aufgesogen werden könne. Zeitweise fand Bismarck im Lager der Liberalen mehr Unterstützung als bei den Konservativen.

A1 *Welchen Eindruck vermitteln dir die Abbildungen vom Berlin dieser Jahre?*

Rotes Rathaus in Berlin

Aufzug der Wache Unter den Linden in Berlin

In der Frankfurter Paulskirche gab es bereits 1848 einen katholischen Verein. Daraus entwickelte sich das katholisch-christlich orientierte Zentrum. Das hieß so, weil die Anhänger im Parlament des Norddeutschen Bundes in der Mitte saßen. Ihre Anhängerschaft ging quer durch alle sozialen Schichten – vom Tagelöhner und Arbeiter bis zum Gutsbesitzer und Fabrikbesitzer, wenn sie nur katholisch waren. Das Zentrum war im Kampf um die deutsche Einigung auf die katholischen Habsburger orientiert. Nach der Reichsgründung standen sie in heftiger Konfrontation zum protestantischen Herrscherhaus und dem preußisch bestimmten Reich (s. Kulturkampf, S. 230).

Auch die Sozialisten, die sich erst später Sozialdemokraten nannten, hatten in Gestalt von Vereinen und Geheimbünden schon ihren Ursprung in den 40er Jahren. Als Partei wurden sie 1863 (Allgemeiner Deutscher Arbeiterverein) gegründet. Sie forderten das allgemeine Wahlrecht für alle und wollten über das Parlament mithilfe von Reformen die Gesellschaft friedlich verändern. Als diese Partei eine unbedeutende Gruppierung blieb, wurde 1869 von August Bebel die Sozialdemokratische Arbeiterpartei gegründet, die eine revolutionäre Veränderung der Gesellschaft zum Ziel hatte.

Für Bismarck wurde daraus erst eine Gefahr, als sich beide Parteien 1875 zusammenschlossen und danach vor allem in den Industriestädten bei Arbeitern an Einfluss gewannen.

A1 *Welche Selbsteinschätzung der Arbeiter spricht aus dieser Stickerei? Wer könnte sich bedroht fühlen?*

Solche Stickereien hingen in vielen Arbeiterhaushalten. In der Mitte ein Bild August Bebels.

A2 *Berechne die zu tragende Last. Ein Mauerstein wiegt ca. 1 kg.*

A3 *Welchen Problemen und Gefahren war er dabei ausgesetzt?*

A4 *Was geschah bei Unfall oder Krankheit?*

Das ist ein Bauarbeiter – ein „Hucker". Auf dem Rücken wurden die Mauersteine die Gerüste hinaufgetragen.

2.3 „Gründerjahre" und „Gründerkrach"

Ab 1871 setzte eine sprunghafte Entwicklung der Wirtschaft ein. Die Industrie „boomte". Betriebe wurden modernisiert, noch mehr neu gebaut. Allein in zwei Jahren - von 1871-73 - nahm die Roheisenproduktion um 60% und die Steinkohleförderung um über 30% zu. Das Schienennetz wurde in nur 5 Jahren um 50% erweitert. Aktiengesellschaften schossen wie Pilze aus dem Boden. Große Banken, die noch heute bestehen, wurden in diesen Jahren gegründet - wie die Deutsche und die Dresdner Bank. Aufbau und Tatkraft - wohin man schaute. Man nannte die Zeit von 1871-73 die „Gründerjahre" oder „Gründerzeit".

A1 *Was für einen Eindruck will der Künstler dem Betrachter vermitteln?*

Die Ursachen dieser wirtschaftlichen Blüte waren vielfältig: Nutzung naturwissenschaftlicher Erfindungen, Entwicklung neuer Produktionsverfahren, Fortfall der nationalen Zersplitterung und Bildung eines einheitlichen großen Marktes, Vereinheitlichung der gesetzlichen Bestimmungen. Dazu kam der „französische Milliardensegen" in Gestalt der Reparationsgelder in Höhe von 3 Mrd. Goldmark, der vielen Interessierten scheinbar günstige Bankkredite ermöglichte.

A2 *Beschreibe die damalige Frauenkleidung. Was gefällt dir daran? Was nicht?*

A3 *Vergleiche die Abbildungen. Welche Unterschiede kannst du feststellen? Ordne diese sozialen Schichten zu.*

„Es reicht nicht", Zeichnung von Streys

Wohnungsbau in Berlin. Gemälde von F. Kaiser, 1875

„Zum Weihnachtsball"

In diesem Zimmer wurde gewohnt, gekocht und geschlafen (Berlin um 1890)

Frauenmode in den Gründerjahren (Salon einer bürgerlichen Familie)

Mietskasernen in Berlin

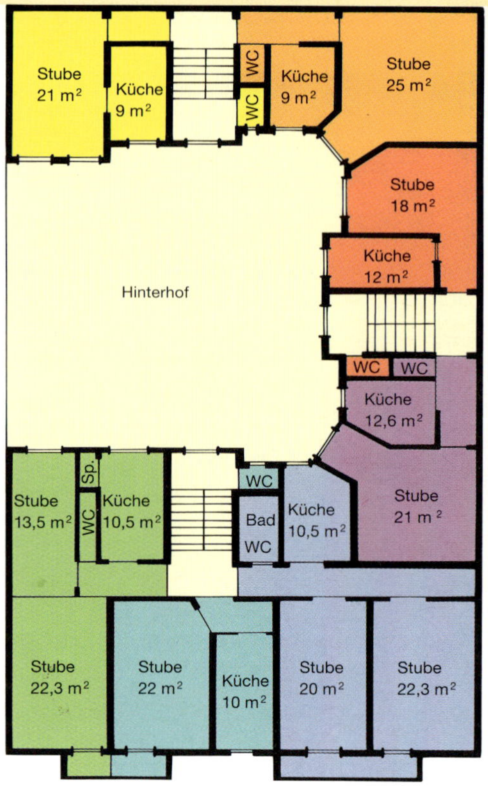

Grundriss einer Berliner Mietskaserne

Neben Glanz und Schönheit boten die Städte auch ein anderes Bild. Besonders von den Industriestädten wurden die Menschen auf der Suche nach Arbeit angezogen. Vor allem im Osten der Städte entstanden Fabriken und Arbeiterwohnviertel in Gestalt von Mietskasernen mit vielen Hinterhöfen. 10% aller Wohnungen in Berlin waren dunkle und ungesunde Kellerwohnungen.

A1 *Was hat die bei uns vorherrschende Westwindrichtung mit den Arbeiterwohngegenden im Osten der Städte zu tun?*

A2 *Warum entstanden gerade in dieser Zeit solche Mietskasernen?*

A3 *Versuche, die Lebensbedingungen in den Wohnungen der Hinterhöfe zu ergründen. Denke dabei u. a. an Enge, Lichtverhältnisse, hygienische Fragen, Spielmöglichkeiten der Kinder.*

„Wollt ihr von die Blume weg, spielt mit'n Müllkasten!" Zeichnung von H. Zille, 1914

Holzstich aus der „Illustrierten Zeitung", 1872

Viele der neuen Bewohner konnten sich selbst in den schlechtesten Mietskasernen keine Wohnung leisten. Sie lebten an den Stadträndern in Barackenkolonien.

A1 *An welche Erscheinungen der Gegenwart erinnert dich das Bild?*

A2 *Beschreibe die Tätigkeiten und schlussfolgere auf die Lebensverhältnisse.*

A3 *Ordne die unterschiedlichen erkennbaren Gruppen der Gesellschaft zu.*

Als im Jahr1873 eine große Weltwirtschaftskrise ausbrach, hatte diese in Deutschland besonders tiefe Auswirkungen. Das Spekulationsfieber, Betrügereien und das aus Frankreich strömende Geld aus den Reparationszahlungen hatten zu einer großen Überproduktion geführt. Es waren zu viele Waren da, immer weniger wurde davon verkauft. Eine Anzahl von Banken machte Bankrott und noch mehr Betriebe gingen Pleite. Der „Gründerkrach" war da. Für viele Arbeiter bedeutete das Lohnkürzung und Arbeitslosigkeit. Zahlreiche Geschäftsleute und Handwerksbetriebe verloren ihre Kunden. Sozialer Abstieg war die Folge. Verschärfend kam hinzu, dass aus dem Ausland billige Industriewaren nach Deutschland kamen. So wurden noch weniger einheimische Produkte gekauft.

2.4 Übergang zur Schutzzollpolitik

Bis in die 60er Jahre waren die Unternehmer in Deutschland Anhänger des Freihandels. Fast alle Waren konnten ohne Zoll in das Land eingeführt werden. In England wurden Industriegüter viel billiger produziert. Aus Amerika und Russland kam viel billigeres Getreide. Jetzt wurde der Freihandel für Unternehmer und Großgrundbesitzer eine große Gefahr für ihre Betriebe und Gewinne. Sie traten daher im Parlament für die Einführung von Schutzzöllen ein. Bei der Einfuhr sollten alle Waren mit einem so hohen Zoll belegt werden, dass die billige ausländische Konkurrenz ausgeschaltet wurde. Es war nicht leicht für die Großgrundbesitzer und die Fabrikbesitzer, einen Kompromiss zu schließen. Schließlich wurden Schutzzölle eingeführt.

A4 *Versucht, die unterschiedlichen Interessen hinsichtlich des Schutzzolls herauszubekommen. Denkt dabei an Großgrundbesitzer, Fabrikbesitzer und die kleinen Leute.*

A5 *Führt mit verteilten Rollen ein Streitgespräch dazu.*

A6 *Welche Rolle spielt diese Frage noch in der Gegenwart?*

2.5 Kirche oder Staat – wer hat zu bestimmen?

„Kulturkampf“, so wurde die heftige Auseinandersetzung zwischen Bismarck und der katholischen Kirche genannt. Eine Reihe katholischer Geistlicher musste in Gefängnisse. Andere wurden gezwungen, Deutschland zu verlassen. Der Jesuitenorden wurde verboten. Was war geschehen? In vielen Ländern Europas verlor die katholische Kirche politische Macht, die sie Jahrhunderte besessen hatte. In Deutschland stand an der Spitze des Staates ein protestantisches Herrscherhaus. Die katholische Kirche erhob nun verstärkt Anspruch auf geistige Macht und auf das Festhalten an strenger Religiosität in der Gesellschaft. Der erbitterte Kampf entwickelte sich, als Bismarck seit 1871 eine Reihe von bisher kirchlichen Aufgaben dem Staat zuordnete.

Diese und andere Maßnahmen bezeichnet man als Trennung von Kirche und Staat.

Am Ende der Auseinandersetzung konnte sich das Zentrum als die Partei der Katholiken aber festigen. Sie gewann sogar neue Wählerstimmen hinzu. Bismarck musste in einer Reihe von Fragen nachgeben.

	vorher	nachher
Schulaufsicht (Schulräte)	durch die Kirche	durch den Staat
Eheschließung	in der Kirche	auf dem Standesamt (= Zivilehe)
Ausbildung und Einstellung von Geistlichen	allein durch die Kirche	Ausbildung an staatlichen Universitäten. Beim Einsatz – staatliches Mitspracherecht
Orden	Existenz vieler Hunderte	Verbote (mit Ausnahme der für Krankenpflege)

Ergebnisse des „Kulturkampfes“

A1 *Bildet eine Pro- und eine Contra-Gruppe und diskutiert darüber.*

A2 *Gibt es in unserer Gegenwart noch Auseinandersetzungen um die Trennung von Kirche und Staat? Welche Meinung hast du dazu?*

2.6 „Bismarcks Peitsche zerbrechen wir – sein Zuckerbrot verachten wir.“

Was es mit dieser Losung der Sozialdemokraten auf sich hat, werdet ihr am Ende dieses Abschnitts wissen. Am Ende der 70er Jahre sah Bismarck in den erstarkenden Sozialdemokraten den wichtigsten innenpolitischen Feind. Diese vertraten die Interessen der im Gefolge von Industrialisierung und Wirtschaftskrise mit vielen sozialen Problemen bedrängten Arbeiter. Ihre Stimmenzahl bei Wahlen nahm zu. Ihr Einfluss in den Gewerkschaften wuchs. Immer öfter kam es zu Streiks mit zunehmenden Teilnehmerzahlen. 1878 erfolgten kurz hintereinander auf Kaiser Wilhelm zwei Attentate. Bei beiden Attentätern konnten keine Verbindungen zu den Sozialdemokraten nachgewiesen werden. Aber es gelang Bismarck, gegen die „Partei der Königsmörder“, wie er sagte, ein Verbotsgesetz im Reichstag durchzusetzen. Das war das „Sozialistengesetz“ (1878–1890).

A3 *Stelle Ursachen und Anlass des Sozialistengesetzes dar.*

Inhalt des Sozialistengesetzes:

- Verbot aller sozialdemokratischen Organisationen
- Versammlungs- und Veröffentlichungsverbot
- Möglichkeit der Ausweisung von Funktionären aus ihren Wohnorten

A4 *Wer sind die beiden Figuren? Wie sind sie dargestellt?*

A5 *Kommentiere diese Karikatur.*

Alle Aktivitäten der Partei waren unter Strafe gestellt. Heimlich (= illegal) wurden Flugblätter verbreitet, Versammlungen durchgeführt, Geld gesammelt, Verfolgte und ihre Familien unterstützt. Es gab die eigenartige Situation, dass die Sozialdemokratische Partei zwar verboten war, aber an Wahlen teilnehmen konnte. Bald wuchs ihre Wählerzahl kontinuierlich.

Eine der wichtigsten Fragen bei der Auseinandersetzung zwischen Sozialdemokraten und Bismarck waren die sozialen Probleme.

A1 *Welche sozialen Probleme werden hier (Abb. rechts) deutlich?*

Die Arbeitszeit betrug 10 bis 14 Stunden. Das Verbot von Sonntagsarbeit war noch eine revolutionäre Forderung. Urlaub war eine unbekannte Vokabel. Arbeits- und Gesundheitsschutz spielten eine sehr geringe Rolle. Bei Arbeitsunfällen, die häufig passierten, stand der Betroffene vor dem Nichts. Im hohen Alter, das nur von wenigen erreicht wurde, waren die Alten auf die Hilfe ihrer Kinder, auf kirchliche Wohltätigkeit und auf kommunale Armenpflege angewiesen. Der Begriff Armenhaus war ein selbstverständliches, aber gefürchtetes Wort.

A2 *Stelle Vermutungen an, was geschehen sein könnte. (Abb. unten)*

A3 *Interpretiere die Betroffenheit der einzelnen Personen. Was mögen sie denken/sagen:*
- *der Arbeitskollege,*
- *die Ehefrau,*
- *die Kinder unterschiedlichen Alters?*

A4 *Male dir aus, was der Tod des Ernährers in dieser Zeit für eine Familie bedeutete.*

Frauen und Kinder bringen ihren Angehörigen Mittagessen auf die Arbeit (H. Baluschek)

Die Sozialdemokraten wollten durch Selbsthilfemaßnahmen, durch politische Aktionen im Parlament, Streiks und revolutionären Kampf soziale Verbesserungen erreichen. Bismarck wollte die Sozialdemokratie aber nicht nur durch Verbote bekämpfen. Er wollte die Arbeiter und ärmeren Volksschichten auch durch soziale Maßnahmen an den Staat binden.

Informationsblatt zur Sozialversicherung (1913)

Q1 Bismarck im Reichstag am 15.3.1884 zur sozialen Frage:
„Hat der Staat die Pflicht, für seine hilflosen Bürger zu sorgen oder hat er sie nicht? Ich behaupte, er hat diese Pflicht (...). Es gibt Zwecke, die nur der Staat in seiner Gesamtheit erfüllen kann (...) die Landesverteidigung, (...) das allgemeine Verkehrswesen (...). Zu diesen gehört auch die Hilfe der Notleidenden und die Verhinderung solcher berechtigter Klagen, die das wirklich nutzbare Material zur Ausbeutung durch die Sozialdemokratie ja in der Tat geben."
(Diesterweg-Materialien 1850–1945, S. 85)

A1 *Stellt fest, welche positiven Aspekte es in dieser Quelle gibt.*
A2 *Warum argumentierten die Sozialdemokraten, ohne sie gäbe es keine Sozialgesetze?*

Q2 Aus einer Rede des Abgeordneten Wilhelm Liebknecht im Reichstag am 24.1.1882:
„(...) Mit solchen Gesetzentwürfen löst man die soziale Frage nicht (...) Wir sind bereit, alles zu diskutieren und jeder Vorschlag, der im Interesse der Arbeiter ist, wird von uns unterstützt werden. Wir nehmen vom heutigen Staat keine Abfindungssumme, sondern nur Abschlagszahlungen, weil wir wissen, dass, so gering auch (diese) (...) sein mögen, wir schließlich im Stande sind, den Zahler (...) zur Zahlung der vollen Summe zu nötigen. Wie kann aber angesichts dessen, was bisher geschehen und was nicht geschehen ist, innerhalb der deutschen Arbeiterklasse Vertrauen in die sozialpolitischen Pläne des Fürsten Bismarck bestehen? (...) Die Befreiung der Arbeiterklasse und die Erlösung des Menschen von dem sozialen Elend wird bloß möglich durch die Arbeiterklasse."
(„Der Sozialdemokrat" vom 2.2.1882)

A3 *Worin unterscheiden sich diese Standpunkte von denen der Herrschenden?*
A4 *Diskutiert in einer Pro- und Contra-Gruppe die Berechtigung bzw. Unverständlichkeit dieser Haltung.*

Sozialgesetze:
- 1883 Krankenversicherung: Zwangsversicherung für Fabrikarbeiter (2/3 durch Arbeiter, 1/3 durch Unternehmer). Im Krankheitsfall 50% des Lohns für 26 Wochen.
- 1884 Unfallversicherung: Bezahlung durch Unternehmer. Unterstützung ab 14. Krankheitswoche. Bei Betriebsunfall 1/3 des Lohns als Rente, für Witwen 1/3.
- 1889 Invaliditäts- u. Altersversicherung: (...) Bezahlung zu je 50% durch Arbeiter u. Unternehmer. Rente bei Invalidität nach 5-jähriger Beitragszahlung (10 M. monatlich). Altersrente ab 70. Lebensjahr nach 30-jähriger Beitragszahlung.

Diese für die damalige Zeit in allen Industrieländern einzigartige Sozialgesetzgebung wurde gegen die Stimmen der Sozialdemokratie beschlossen.

A5 *Konfrontiere das Versicherungsblatt (oben) mit der Kritik der Arbeiterbewegung. Suche nach Ursachen.*
A6 *Was meinte die Losung „Bismarcks Peitsche zerbrechen wir – sein Zuckerbrot verachten wir"?*
A7 *Bismarck sagte einmal: „Jedes Armenpflegegesetz ist Sozialismus." Diskutiert darüber.*

Bismarcks Rechnung durch die Sozialgesetze den Sozialdemokraten „das Wasser abzugraben", ging nicht auf. Die Konfrontation zwischen Arbeitern und Unternehmern und Staat nahm weiter zu, wie es u. a. am großen Bergarbeiterstreik im Ruhrgebiet 1888 deutlich wurde. Dort wurde sogar Militär eingesetzt. Bismarck wollte eine weitere Verschärfung des Sozialistengesetzes. Aber weder der neue Kaiser noch das Parlament folgten ihm. 1890 hatte sich gegenüber 1878 die Stimmenzahl der SPD, wie die Partei nun hieß, vervierfacht. Sie war die stärkste deutsche Partei geworden.

3 Bismarcks Angstträume vor Koalitionen (= Bündnissen)

Durch die Gründung des Deutschen Reiches hatte sich das europäische Kräfteverhältnis wesentlich verändert. Frankreich hatte seine Vorherrschaft verloren. Deutschland war ein Riese geworden, den alle anderen Länder mit Sorge ansahen. Bismarcks Außenpolitik war darum darauf gerichtet, das Erreichte zu sichern. Er wollte den anderen Ländern möglichst keinen Anlass zur Besorgnis über weitere deutsche Eroberungsabsichten geben. Er war daher bemüht, Deutschland aus internationalen Konflikten herauszuhalten. Deshalb stand Bismarck auch kolonialen Eroberungen ablehnend gegenüber. Er nannte diese Politik „Erhaltung des europäischen Gleichgewichts". Dazu gehörte für ihn aber auch, das schwer gedemütigte Frankreich in politischer Isolation zu halten. Frankreich sollte keine Bündnispartner finden.

Bismarck bemühte sich, als „ehrlicher Makler", wie er einmal sagte, internationale Konflikte zu schlichten. Da war die große Konkurrenz zwischen England und Frankreich beim Wettlauf um Kolonien in Afrika, in Nordafrika zwischen Frankreich und Italien, im Mittleren Osten zwischen Russland und England. Auf dem Balkan – im Angesicht des Niedergangs der türkischen Fremdherrschaft – kreuzten sich österreichische, russische und auch englische Interessen.

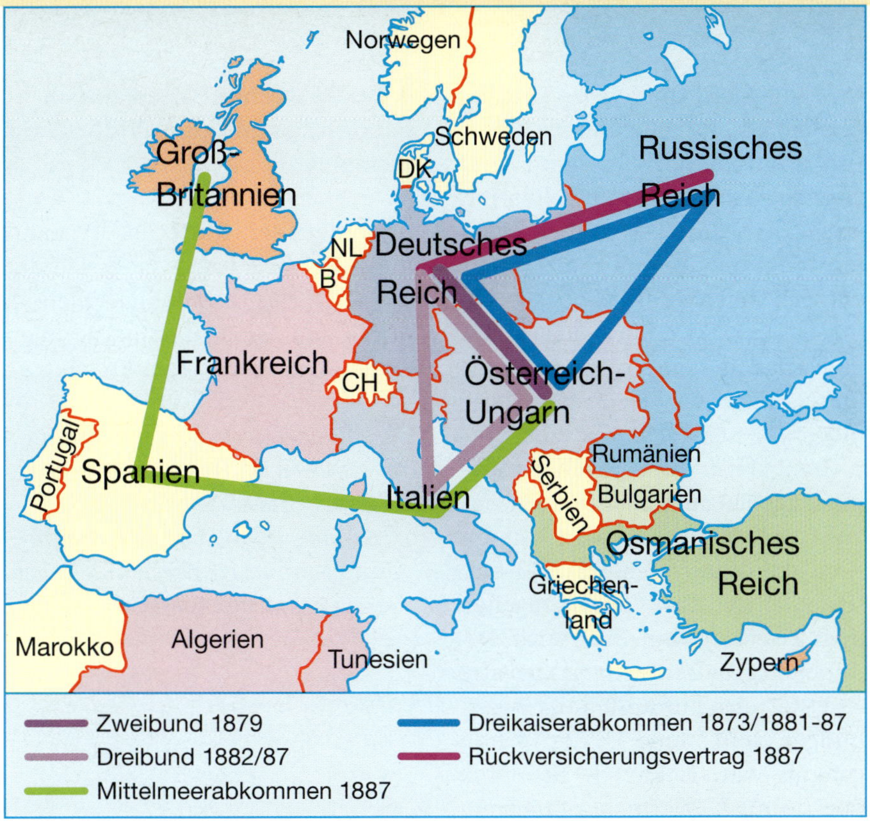

Das europäische Bündnissystem zur Zeit Bismarcks

A4 *Erkläre das Schema (oben).*

A5 *Beschreibe die Situation Frankreichs.*

A1 *Stelle eine Verbindung zwischen dem Tafeltext und der Wandkarte her.*

A2 *Überlege, in welcher Hinsicht ein Friedensvertrag mit Frankreich auch „friedlicher" hätte aussehen können.*

A3 *Warum konnte eine bessere Lösung nicht gefunden werden?*

In einer französischen Schulklasse. Der Text an der Tafel lautet: „Du wirst Soldat sein."

1873 brachte Bismarck das Dreikaiserabkommen zu Stande. Die Kaiser von Deutschland, Russland und Österreich erklärten ihre Solidarität gegen das Schreckgespenst Republik und inneren Aufruhr. Allerdings entwickelten sich die Konflikte zwischen Russland und Österreich auf dem Balkan immer weiter. Bismarck stand vor der Frage, enger mit dem schwächeren, aber berechenbareren Österreich zusammenzugehen oder mit Russland, das zwar viel stärker, aber von inneren Konflikten zerrissen war. So entschied er sich 1879 für einen geheimen Zweibund mit Österreich. Damit band sich Deutschland einseitig an Österreich auf Kosten der Beziehungen zu Russland. Da der Vertrag geheim war, gelang es Bismarck noch einmal, das Dreikaiserabkommen zu verlängern. Trotz vertraglicher Abgrenzung ihrer Balkaninteressen traten die russisch-österreichischen Konflikte schon bald wieder auf. 1887 kam der Rückversicherungsvertrag zwischen Deutschland und Russland mit gegenseitigen Neutralitätsverpflichtungen zu Stande. Noch einmal war der ständige Alptraum Bismarcks von einer russisch-französischen Verständigung gebannt.

A1 *Warum fürchtete Bismarck ein solches Bündnis?*
A2 *Sage deine Meinung zu Geheimverträgen.*

Immer öfter nahm Deutschland auch international für Österreich Partei. Nach der Entlassung Bismarcks 1890 durch den neuen Kaiser, Wilhelm II., trat 1892 dann als Konsequenz das seit 1871 Befürchtete ein: Der Abschluss der Entente (=Bündnis) zwischen Frankreich und Russland. Die Weichen für den nächsten Krieg waren damit gestellt.

4 Ein deutsches Kolonialreich entsteht gegen den Widerstand Bismarcks

Besonders seit Mitte des 19. Jahrhunderts begannen viele Länder verstärkt, riesige Kolonialgebiete in Afrika und Asien zu erobern – allen voran England und Frankreich.

A3 *Erkläre, was auf den Karikaturen zu sehen ist. Wessen Kolonialpolitik wird kritisiert?*
A4 *Was wird auf beiden Karikaturen angeprangert? Worin unterscheiden sie sich in der Aussage?*

Als ein Afrikaforscher Bismarck begeistert berichtete, sagte Bismarck:

Q1 *„Ihre Karte von Afrika ist ja sehr schön, aber meine Karte von Afrika liegt in Europa. Hier liegt Russland, und hier liegt Frankreich, und wir sind in der Mitte. Das ist meine Karte von Afrika."*

(Bismarck, O. v.: Gesammelte Werke, Bd. 8, Gespräche, S. 646)

A5 *Was meinte er damit?*
A6 *Wodurch war Bismarcks Zurückhaltung begründet?*

So kolonisiert der Engländer.

So kolonisiert der Deutsche.

Eingeborene als „Zugtiere". Der Kolonialeroberer Karl Peters bei einer Besichtigungsfahrt.

A1 *Kommentiere dieses Bild.*

Es gab aber deutsche Forschungsreisende, Kaufleute und auch Abenteurer, die sich auf eigene Faust Landstriche in Afrika aneigneten. Einer von ihnen hieß Dr. Karl Peters, der sein Vorgehen im späteren Deutsch-Ostafrika (heute Tansania) so beschrieb:

Q2 *„Nahten wir uns einem Kral (Eingeborenendorf), wo ein Vertrag zu machen war, so pflegte ich mit dem Dolmetscher und denjenigen Leuten zusammen zu marschieren, die irgendetwas von dem betreffenden Herrscher (...) mitteilen konnten. Wir hielten uns dichter zusammen als an anderen Tagen und der Einzug in den Kral geschah mit einem derartigen Pomp (...). Ich selbst hatte mir (...) eine Reihe von Fahnen mitgenommen (...). In Mbusine knüpften wir sofort ein herzliches Verhältnis an, indem wir den Sultan zwischen uns auf ein Lager (...) nahmen, von beiden Seiten unsere Arme um ihn schlagend. Wir tranken dann einen Trunk guten Grogs und brachten Seine Hoheit von vornherein in die vergnüglichste Stimmung (...) Alsdann wurden die Ehrengeschenke ausgetauscht (...). Nach dem Essen machte uns der Sultan seinen Gegenbesuch, wobei wir ihn mit süßem Kaffee bewirteten. Alsdann begannen die diplomatischen Verhandlungen."*

(Krieger, H.: Handbuch des Geschichtsunterrichts, Bd. 5, S. 101)

A2 *Gib ein Urteil darüber ab, wie kolonialer Erwerb in friedlicher Form vor sich ging.*

Q3 Aufruf der Gesellschaft für Deutsche Kolonisation:
„Die deutsche Nation ist bei der Verteilung der Erde (seit Ende d. 15. Jh.s) leer ausgegangen. Der große Strom deutscher Auswanderer taucht seit Jahrhunderten in fremde Rassen ein, um in ihnen zu verschwinden (...). Alljährlich geht die Kraft von etwa 200 000 Deutschen unserem Vaterland verloren! Diese Kraftmasse strömt meist unmittelbar in das Lager unserer wirtschaftlichen Konkurrenten ab und vermehrt die Stärke unserer Gegner. Der deutsche Import von Produkten tropischer Zonen geht von ausländischen Niederlassungen aus, wodurch jährlich viele Millionen deutschen Kapitals an fremde Nationen verloren gehen! Der deutsche Export ist abhängig von der Willkür fremdländischer Zollpolitik. Ein (...) sicherer Absatzmarkt fehlt unserer Industrie, weil eigene Kolonien unserem Volk fehlen."

(Krieger, H.: Handbuch des Geschichtsunterrichts, Bd. 5, S. 102)

A3 *Zähle stichwortartig die Argumente auf, die den Deutschen den Erwerb von Kolonien schmackhaft machen sollten.*

A4 *Konfrontiere diese Argumente mit den Realitäten. Beachte dabei, dass 1913 in den deutschen Kolonien rund 29 000 Deutsche ständig lebten und 1913 vom gesamten deutschen Export 0,5 % in die Kolonien gingen. Zu welchen Schlussfolgerungen kommst du?*

Ab 1884 musste Bismarck dem allgemeinen Drängen nach Kolonien nachgeben. Die von Kaufleuten und anderen erworbenen Gebiete wurden unter deutschen Schutz gestellt. Das war der Beginn des deutschen Kolonialreiches. Bald setzten nun im Kampf um die Kolonien große Differenzen mit den „alten" Kolonialmächten, England und Frankreich, ein.

Ein „Geschichtslehrpfad" zum Deutschen Kaiserreich

1. Erkundet Bauwerke, die in dieser Zeit (1871–1918) errichtet wurden. Dabei könnt ihr suchen nach:
• Wohnhäusern
• Öffentlichen Gebäuden (Rathäuser, Gerichtsgebäude, Postämter, Schulen, Kirchen, Kasernen)
• Verkehrsanlagen (Bahnhöfe, Kanäle, Brücken)
• Versorgungsanlagen (Wasser-, Gaswerke etc.)

2. Bei der Erkundung der Bauwerke kann man nach folgenden Fragen vorgehen:
• Um was für ein Bauwerk handelt es sich?
• Aus welcher Zeit stammt es?
• Wie wurde es gebaut (Baumaterial, Bauweise, Baustil)?
• Wozu wurde es errichtet?/Welchem Zweck diente es?
• Wie wird es heute genutzt?

3. Sucht nach weiteren Zeugnissen aus dieser Zeit, z. B.:
• Denkmäler (einschließlich Kriegerdenkmäler)
• Gedenktafeln
• Grabsteine auf Friedhöfen

Interpretiert diese Zeugnisse. Bildet euch eine Meinung zu den einzelnen Objekten aus heutiger Sicht.

4. Jetzt könnt ihr einen Geschichtslehrpfad anlegen. Stellt euch dabei vor, dass ihr in eurem Heimatort eine Ortsführung machen sollt. Ihr könnt dabei so vorgehen:
• Besorgt einen Ortsplan oder fertigt einen an.
• Legt eine abzuwandernde Route zu den einzelnen Objekten fest, die ihr erkundet habt.
• Stellt die Objekte auf einer Liste zusammen. Nummeriert sie und tragt die Nummern in den Stadtplan ein, und zwar in der Reihenfolge, wie sie abgelaufen werden sollen.
• Jetzt könnt ihr die von euch herausgefundenen Informationen zu den Objekten in einem Katalog für den „Lehrpfad" zusammenstellen.

Andere Klassen, Eltern und Geschwister haben sicherlich Interesse, auf eurem Lehrpfad auf den Spuren des Kaiserreiches zu wandern.

Die „Gründerjahre" brachten einen gewaltigen, aber kurzen Wirtschaftsaufschwung, der vielerorts architektonische Spuren hinterlassen hat. So wurden z. B. von Kriegsgewinnlern und erfolgreichen Unternehmern Villen errichtet, die sich durch einen besonders prunkvollen Stil auszeichneten.

A1 *Beschreibe den Baustil der Villa.*

A2 *Du hast erfahren, dass sich das Bürgertum im Kaiserreich in seinem Lebensstil am Adel orientierte. Wo siehst du in der Musterzeichnung Hinweise darauf?*

Musterzeichnung einer Berliner Villa aus der Gründerzeit

Kriegerdenkmäler sind interessante Zeitzeugen, die in fast jeder größeren Gemeinde zu finden sind. Je nachdem, aus welcher Zeit sie stammen, wer ihre Errichtung beauftragte und welcher Künstler sie schuf, entstanden ganz unterschiedliche Formen. Viele Kriegerdenkmäler verherrlichen den Krieg und verklären den Tod auf dem Schlachtfeld. Viele rechtfertigen den Tod der Soldaten als Opfer für die Nation. Andere drücken eher die Trauer um die Toten aus oder dokumentieren relativ nüchtern die Verluste.

Am Beispiel eines Kriegerdenkmals soll hier einmal gezeigt werden, wie ihr euch architektonischen Zeugnissen nähern könnt. Folgende Punkte sollen bei der historischen Einordnung helfen:

• Welche architektonische Form hat das Denkmal: auffällig (z. B. Säule, turmartig, groß) oder eher unauffällig (Gedenkstein, Gedenktafel etc.)?
• Wo befindet sich das Denkmal (z. B. zentraler Platz, Friedhof, in der Landschaft, an oder in Gebäuden, Kirchen)?
• Gibt es besondere Symbole, die die Aussage des Denkmals bestimmen oder unterstreichen (z. B. Reichsadler, Siegesgöttin, Wappen, Orden, Kriegsflaggen, Herrscherdarstellungen)?
• Gibt es Inschriften, die die Absicht des Gedenkens erläutern?
• Wird schriftlich auf die Gefallenen hingewiesen? Ganz allgemein oder in namentlicher Nennung? Wird zwischen Offizieren und Mannschaften unterschieden? Werden einzelne Personen (z. B. Kommandeure) hervorgehoben? Werden die Opfer des Gegners oder der Zivilbevölkerung erwähnt?
• Werden die Gefallenen bildlich dargestellt? Wie werden sie dargestellt (z. B. in „Heldenpose" oder als Sterbende)?
• Wurde das Denkmal später verändert (z. B. in der Zeit des Nationalsozialismus) oder ergänzt (z. B. um die Opfer des 2. Weltkriegs)?

Bald nach Bismarcks Entlassung und verstärkt nach seinem Tod setzte eine regelrechte Bismarck-Verehrung ein. Er galt vielen als der „Schmied" des Kaiserreiches und der deutschen Einheit. Ein noch heute sichtbares Zeichen dieses Kultes sind die zahlreichen Bismarcktürme, von Vereinen oder Gemeinden oft an landschaftlich besonders reizvollen Stellen errichtet.

A1 *Überlege, warum man Bismarck zu Ehren Türme baute?*

Ein typischer „Bismarckturm"

Dieses Kriegerdenkmal wurde nach dem Deutsch-Französischen Krieg 1870/71 in Bernau im Land Brandenburg errichtet.

GESCHICHTE IM ÜBERBLICK

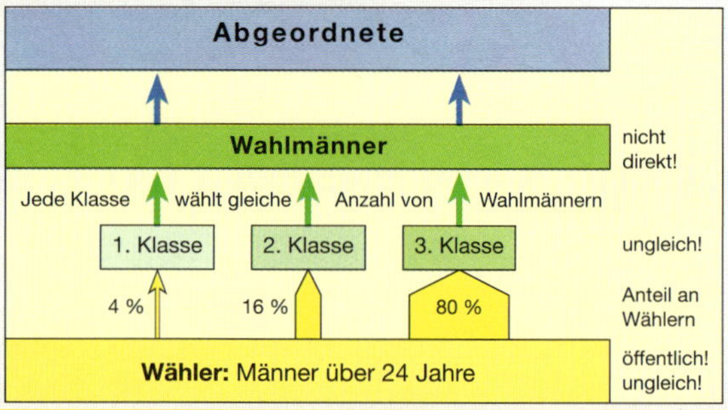

1849 | **1862** | **1866** | **1869** | **1870/71** | **1873**

1849: Revolution scheitert. Dreiklassenwahlrecht in Preußen

1862:

Bismarck preußischer Ministerpräsident

1866: Preußen besiegt Österreich. Norddeutscher Bund

1869:

Bebel gründet Sozialdemokratische Arbeiterpartei

1870/71:

Deutsch-Französischer Krieg. Gründung des Deutschen Kaiserreiches

1873:

Weltwirtschaftskrise beendet „Gründerjahre“

Zusammenfassung:

- Trotz des Scheiterns der Revolution 1848/49 treiben **Nationalismus** und **Industrialisierung** die Entwicklung zu einem **einheitlichen deutschen Staat** voran.
- In **Preußen** gilt das **Dreiklassenwahlrecht** (1849–1918), das die Begüterten massiv bevorteilt.
- Im Verfassungskonflikt um die Verstärkung des Heeres wird **Bismarck 1862 preußischer Ministerpräsident** und setzt sich gegen das Parlament durch.
- Im **Krieg gegen Österreich 1866** und mit der Gründung des **Norddeutschen Bundes** kündigt sich die Einigung Deutschlands unter Führung Preußens an: **„kleindeutsche Lösung“** von „oben“.
- Der siegreiche **Krieg gegen Frankreich (1870/71)** führt zur Gründung des **Deutschen Kaiserreiches** in Versailles (Kaiser: Wilhelm I., Kanzler: Bismarck). Frankreich muss Elsass-Lothringen abtreten.
- **Adel** und **Militär** sind bestimmend im Kaiserreich. Daran orientiert sich auch das **Bürgertum**, während sich die soziale Kluft zur schnell anwachsenden **Arbeiterschaft** (Proletariat) vergrößert.

Reichseinigung und Deutsches Kaiserreich

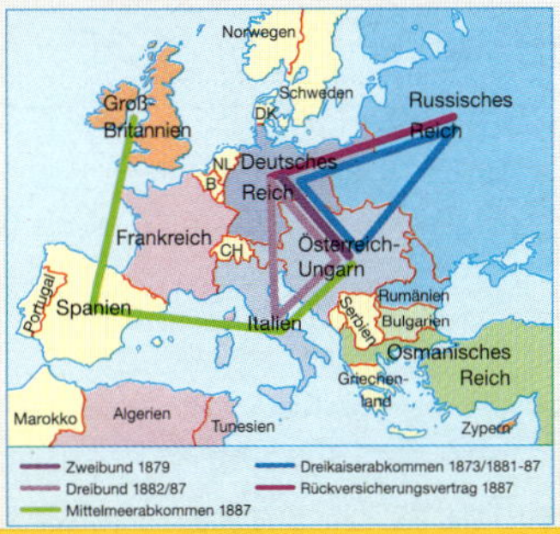

1878 | **1883** | **1884** | **1887** | **1890** | **1892**

Sozialistengesetz bekämpft Sozialdemokratie

Entstehung der Sozialversicherung

Ein deutsches Kolonialreich entsteht

Rückversicherungsvertrag mit Russland festigt Bismarcks Bündnissystem

Entlassung Bismarcks

Bismarcks Bündnissystem zerfällt

Adel und Militär sind bestimmend im Kaiserreich

- Wichtige parteipolitische Richtungen entstehen: **Konservative, Liberale, Zentrum, Sozialisten.**
- Im **Kulturkampf** (ab 1871) versucht Bismarck, den Einfluss der katholischen Kirche zurückzudrängen (Zivilehe, staatliche Schulaufsicht).
- 1869 gründet Bebel die **Sozialdemokratische Arbeiterpartei**. Auf deren Erstarken (ab 1875) reagiert Bismarck mit einer Doppelstrategie: Die **Sozialversicherung** (ab 1883) versucht, die Not zu lindern, die **Sozialistengesetze** (ab 1878) versuchen (vergeblich), die politische Organisation der Arbeiter zu unterdrücken.
- Bismarcks Außenpolitik zielt auf die **Isolierung Frankreichs**, um die Ergebnisse von 1870/71 zu sichern. 1892 zerbricht sein Bündnissystem.
- Ab 1884 entsteht ein **deutsches Kolonialreich**, vor allem in Afrika.

Acht (Reichsacht)
Im Mittelalter und beginnender Neuzeit Strafe bei schweren Vergehen: Vom König oder einem von ihm beauftragten Richter wurde die Acht verhängt. Der Geächtete war aus der Gemeinschaft ausgestoßen und durfte von jedem getötet werden (er war „vogelfrei"). Er verlor seinen Besitz. Wer ihm half, wurde selbst geächtet.

Adel
Durch Ansehen, Geburt und oft auch durch Besitz aus dem Volk herausgehobene Familien. Aus dem Adel stammten im Mittelalter Könige, Herzöge, Grafen und hohe Geistliche. In der Neuzeit kamen der Amtsadel, d. h. aufgrund bestimmter Funktionen im Staat geadelte Personen, und der Geldadel, dem große Vermögen den Kauf von Adelstiteln ermöglichten, hinzu. Der Aufstieg des Bürgertums und der Gleichheitsgedanke seit der Französischen Revolution führten zu einem Bedeutungsverlust des Adels im 19. und 20. Jh.

Allmende
In Mittelalter und früher Neuzeit der gemeinsame Besitz eines Dorfes (Wald, Wiesen, Gewässer). Die Allmende wurde von den Dorfbewohnern gemeinsam genutzt.

Anglikanische Kirche
Die englische Staatskirche (Oberhaupt ist der/die König/in), die sich wegen der Heiratspolitik Heinrichs VIII. von der katholischen Kirche trennte. Sie enthält katholische und protestantische Elemente.

Antisemitismus
Feindschaft gegenüber Juden. Während der ältere Antijudaismus vor allem von christlich-religiösen Vorurteilen ausging, unterstellte der moderne Antisemitismus seit dem späten 19. Jh., die Juden seien eine minderwertige „Rasse".

Aristokratie
Herrschaft des Adels.

Bann (Kirchenbann)
Ausschluss aus der Gemeinde der Gläubigen und damit schärfste Strafe der Kirche gegen einen Christen. Durch Buße konnte der Gebannte die Aufhebung des Banns erreichen.

Bürger
In den Städten der frühen Neuzeit war die Aufnahme als Bürger abhängig vom Besitz, der Dauer des Aufenthalts in der Stadt und von Steuerzahlungen. Nur männliche Bürger konnten in den Rat der Stadt gelangen und mitbestimmen. Angehörige der Unterschichten hatten kein Bürgerrecht.
Im 18. und 19. Jh. wurde das Bürgertum zur wirtschaftlich wichtigsten Schicht, die den Einfluss des Adels zurückdrängte und auch nach der politischen Macht griff. Typisch für das Bürgertum war die Verbindung von Besitz und Bildung. Man unterscheidet das Kleinbürgertum (kleine Händler und Angestellte), das seit dem 18. Jh. hervortretende Bildungsbürgertum (höhere Beamte, Ärzte, Gelehrte, Juristen) und das Großbürgertum (Bankiers, Großkaufleute, Unternehmer).

Commonwealth
Bezeichnung der englischen Republik von 1649 bis 1660.

Demagoge
Aufwiegler; Volksverführer. Seit den Karlsbader Beschlüssen 1819 verfolgten die Mächte der Restauration die Führer der nationalen und liberalen Bewegungen als „Demagogen".

Demokratie
Herrschaft des Volkes (griechischer Begriff). In der Demokratie sind die Bürger eines Staates an wichtigen politischen Entscheidungen (z. B. Gesetze, Steuern, Krieg usw.) beteiligt. Die Beteiligung erfolgt entweder direkt in einer Volksversammlung oder über gewählte Vertreter (Abgeordnete, die ein Parlament bilden). Ein Großteil der Bevölkerung (Frauen, z. T. Besitzlose) zählte z. T. bis ins 20. Jh. nicht zu den Bürgern und war daher von jeder Mitbestimmung ausgeschlossen.

Diskriminierung
Benachteiligung, rechtliche Zurücksetzung von Personen oder Gruppen, z. B. Berufsverbote für Juden etc.

Edikt
In Mittelalter und früher Neuzeit die Bezeichnung für Anordnungen des Herrschers.

Emanzipation
Befreiung aus rechtlicher, politischer und gesellschaftlicher Benachteiligung zu völliger Gleichberechtigung. Vor allem auf Juden und Frauen angewandter Begriff.

Emigration
Auswanderung, oft als Reaktion auf politische oder religiöse Verfolgungen (Gegensatz Immigration = Einwanderung).

Frondienst
Arbeiten, die der hörige (abhängige) Bauer ohne Bezahlung für seinen Grundherrn leisten musste.

Frühe Neuzeit
Die Periode von der Entdeckung Amerikas bis zum Beginn der Französischen Revolution.

Gesellschaft
Das geordnete und bewusst gestaltete Zusammenleben von Menschen.

Grundherrschaft
Grundherren herrschten über Land und zugleich über die Bauern, die es bewirtschafteten. Die Bauern mussten dem Grundherrn Abgaben entrichten und Dienste leisten, der Grundherr den Bauern seinen Schutz bieten.

Grundrechte
Grundlagen jedes demokratischen Rechtsstaates, die dem Einzelnen Sicherheit vor Übergriffen des Staates bieten. Wichtige Grundrechte sind: Gleichheit vor dem Gesetz, Presse- und Versammlungsfreiheit, Religions- und Gewissensfreiheit, freie Berufswahl, Schutz des Eigentums etc.

Heilige Allianz
Zusammenschluss 1815 der Monarchen von Russland, Preußen und Österreich zur Absicherung der Restauration und Niederhaltung liberaler und nationaler Bestrebungen.

Hörige
Die Bauern, die von einem Grundherrn abhängig waren und ihm Dienste und Abgaben leisten mussten. Sie konnten mit dem Land, das sie nicht verlassen durften, verkauft werden.

Ketzer
Wer von der Lehre der katholischen Kirche abwich, konnte im Mittelalter und bis in die Neuzeit als Ketzer verfolgt und hingerichtet werden.

Kolonisation
Die (friedliche oder gewaltsame) Siedlung in einem Gebiet außerhalb des eigenen Herrschaftsbereiches. Im engeren Sinne die Inbesitznahme der überseeischen Gebiete durch die Europäer ab dem 15. Jh.

Konfession
Die unterschiedlichen Bekenntnisse des christlichen Glaubens, z. B. evangelisch, römisch-katholisch, griechisch-orthodox usw.

Konkordat
Vertrag zwischen dem Papst und einem Staat.

Konservative
Im 19. Jh. Bezeichnung für jene politischen Kräfte bzw. Parteien, die den Ideen der Französischen Revolution entgegentraten und die „alten" Werte betonten. Adel und Großgrundbesitzer waren die wichtigsten Vertreter des Konservativismus.

Konvent
Von 1792–1795 Name für das französische Parlament.

Konzil
Eine Versammlung von hohen Geistlichen (Bischöfen), in der über Glaubensfragen beraten und entschieden wird.

Kultur
Menschen leben in Gruppen, die sich in ihrer Lebensweise unterscheiden. Sie haben z. B. unterschiedliche Sprache, Religion, Häuser, Kleidung, Kunstwerke, Musik, Lebensmittel usw. Sie leben also in unterschiedlichen Kulturen.

Landflucht
Die Abwanderung der ländlichen Bevölkerung (Bauern, Landarbeiter) in die Städte und seit dem 19. Jh. in die großen Industriezentren.

Liberalismus
Vom Bürgertum getragene, wichtige politische Grundströmung des 19. Jh.s. Liberale forderten vor allem die ungehinderte persönliche und wirtschaftliche Entfaltung des Einzelnen, traten für Verfassung, Abschaffung von Adelsprivilegien und Einziehung von Kirchengütern (Säkularisierung) ein.

Menschenrechte
Rechte, die jedem Menschen zustehen, unabhängig von seiner Stellung in Staat und Gesellschaft, seiner Religion oder Rasse (vgl. Grundrechte).

Missionar
Ein Geistlicher, der im Auftrag der Kirche bei Heiden (Nichtchristen) den christlichen Glauben verbreitet.

Monarchie
Die Herrschaft eines Königs. In der absoluten Monarchie herrscht der Monarch uneingeschränkt, in der konstitutionellen Monarchie ist er an eine Verfassung gebunden, in der parlamentarischen Monarchie hat ein vom Volk gewähltes Parlament die Macht und der Monarch ist nur noch repräsentatives Staatsoberhaupt.

Monopol
Ein Unternehmen hat ein Monopol, wenn es einen Markt völlig oder größtenteils beherrscht, d. h. den Wettbewerb mit Konkurrenzunternehmen ausschalten und die Preise diktieren kann.

Nationalismus
Politische Haltung, die den Wert und die Interessen des eigenen Volkes besonders hervorhebt, häufig auf Kosten anderer Völker.

Parlament
Im demokratischen Staat eine vom Volk auf Zeit gewählte Vertretung, die über Gesetze entscheidet und vor der sich die Regierung verantworten muss. Frühestes europäisches Parlament war die Ständevertretung in England seit dem 13. Jh.

Partei
In der Politik der organisierte Zusammenschluss von Menschen, die gemeinsame politische Ziele verfolgen. Politische Parteien entstanden erst im 19. Jh., Vorläufer waren z. B. die politischen Klubs (Jakobiner, Girondisten) während der Französischen Revolution.

Privilegien
Vorrechte, die Personen oder Gruppen eingeräumt werden, z. B. Steuerfreiheit für den Adel etc.

Proletarier
Im alten Rom die besitzlosen Bürger. Im 19. und 20. Jh. Bezeichnung für die mit der Industrialisierung neu entstandene Schicht der Arbeiter. Proletariat ist im Marxismus die Bezeichnung für die Arbeiterklasse.

Protestanten
Bezeichnung zunächst für die Anhänger Luthers, später für alle Anhänger der Reformation (z. B. auch für Calvinisten).

Puritaner
(wörtl. „die Reinen") Bezeichnung für jene Protestanten in England, die eine „Reinigung" des Gottesdienstes von allem katholischen Einfluss forderten. Sie gerieten später in Konflikt mit der anglikanischen Staatskirche, daher z. T. Auswanderung der Puritaner nach Nordamerika.

Reaktion
Bezeichnung für jene Kräfte, die im 19. Jh. die Ziele und Errungenschaften der Französischen Revolution bekämpften. Seitdem werden rückwärtsgewandte bzw. fortschrittsfeindliche Kräfte als „reaktionär" bezeichnet.

Reform
Gewaltfreie, planmäßige Umgestaltung der Gesellschaft oder einzelner Bereiche, z. B. Wirtschaftsreform.

Republik
Staatsform, in der eine vom Volk auf Zeit gewählte Regierung die Macht ausübt.

Republikaner
Im 19. Jh. Anhänger eines freiheitlichen, demokratischen Staates und damit Gegner der Monarchie. In den USA eine der beiden großen Parteien.

Restauration
Wiederherstellung des ursprünglichen Zustandes. Die Epoche zwischen dem Wiener Kongress und der Revolution 1848/49 ist nach diesem Begriff benannt.

Revolution
Grundlegende, oft gewaltsame Umwandlung der gesellschaftlichen Ordnung, meist durch benachteiligte Schichten der Bevölkerung.

Säkularisierung
Umwandlung von kirchlichem in weltlichen Besitz bzw. von kirchlicher in weltliche Herrschaft.

Sakrament
In den christlichen Glaubensgemeinschaften eine bestimmte Handlung, die göttliche Gnade vermitteln soll (z. B. die Taufe). Die Kirchen haben z. T. unterschiedliche Sakramente, um deren Bedeutung häufig gestritten wurde.

Salon
In großbürgerlichen und adligen Wohnungen ein Gesellschaftszimmer für Empfänge. Im weiteren Sinne die Gesellschaft, die sich zu Unterhaltung (Musik, Literatur) und Gedankenaustausch in diesen Salons meist vornehmer Damen traf.

Söldner
Soldat, der nicht aus Überzeugung kämpft, sondern gegen Bezahlung (Sold) für einen bestimmten Zeitraum angeworben wird. Bevor in der Französischen Revolution die Wehrpflicht aufkam, waren Söldnerheere der Regelfall.

Sozialismus
Mit der Industrialisierung schnell anwachsende politische Strömung, eng verknüpft mit Arbeiterbewegung und Gewerkschaften. Sozialisten wollten die Eigentums- und Herrschaftsverhältnisse im Sinne von Gleichheit und Gerechtigkeit verändern, beschritten aber schon am Ende des 19. Jh.s unterschiedliche Wege: Die Kommunisten hielten eine Revolution für notwendig, während die Sozialdemokraten überwiegend auf schrittweise Reformen im Rahmen einer parlamentarischen Demokratie setzten.

Staat
Das organisierte Zusammenleben von Menschen nach bestimmten Regeln. Im Staat bilden die Menschen eine Einheit (das Volk) und erkennen eine oberste Gewalt (z. B. König, gewählte Regierung usw.) an, die Regelungen für das Zusammenleben erlässt (z. B. Gesetze, Ämter, Strafen usw.).

Stand
Im Mittelalter und in der darauf folgenden frühen Neuzeit galten Menschen mit gleicher sozialer Herkunft als dem gleichen Stand angehörig. Den ersten Stand bildeten die Geistlichen, den zweiten der Adel, den dritten die Bauern. Mit Entstehung der Städte kam ein vierter Stand hinzu: die Bürger.

Verfassung
Ein Ausdruck für die Art und Weise, wie die Herrschaft in einem Staat geregelt ist (wer herrscht, wer mitbestimmt, wie Gesetze und Rechtsprechung zu Stande kommen usw.). Die wichtigsten Herrschaftsformen sind: Monarchie (Königsherrschaft); Aristokratie (Adelsherrschaft) und Demokratie (Volksherrschaft).

Vormärz
In Deutschland die Zeit zwischen dem Wiener Kongress und der (März-)Revolution von 1848/49.

Zensur
Überprüfung von Veröffentlichungen durch den Staat. Zensur ist mit der Pressefreiheit demokratischer Staaten unvereinbar.

Zensuswahlrecht
Wahlrecht, bei dem das Stimmrecht oder das Gewicht der einzelnen Stimme vom Vermögen oder Steueraufkommen des Wählers abhängig ist.

Zoll
Eine Steuer, die entrichtet werden muss, wenn bestimmte, zollpflichtige Waren über eine Grenze (Zollgrenze) gebracht werden.

Verzeichnis zitierter Literatur

Adams, Angela u. Willi P.: Die Amerikanische Revolution und die Verfassung, München 1987 (dtv)

Allergnädigster Vater. Die Verkrüppelung eines Charakters zu Wusterhausen. Dokumente aus der Jugendzeit Friedrichs II., Berlin (Ost) 1986 (Neues Leben)

Bäumer, G.: Gestalt und Wandel – Frauenbildnisse, Berlin 1955

Bebel, August: Die Frau und der Sozialismus, Bonn 1994 (Dietz)

Beimel, M./Mögenburg, H.: Industrialisierung – das deutsche Beispiel 1800 – 1914, Frankfurt a. M. 1987 (Diesterweg)

„Berliner Zeitung" vom 27.2.97

Bernoulli, Christoph: Handbuch der Dampfmaschinen-Lehre für Techniker und Freunde der Mechanik, Stuttgart 1843

Bertraud, Jean-Paul: Alltagsleben während der Französischen Revolution, Würzburg 1989 (Ploetz)

Bismarck, Otto v.: Die gesammelten Werke, Berlin 1928

Brakelmann, Günter: Die soziale Frage des 19. Jahrhunderts, Bielefeld 1979 (Luther V.)

Bubolz, Georg: Religionslexikon, Frankfurt a. M. 1990 (Skriptor)

Büchner, Georg: Werke und Briefe, München 1980

Chastel, A. (Hg.): Leonardo da Vinci. Sämtliche Gemälde und die Schriften zur Malerei, München 1990 (Schirner)

Cooke, Alistair: Amerika. Geschichte der Vereinigten Staaten, München 1977 (Heyne)

Cunningham, W.: The Growth of English Industry and Commerce in Modern Times, Bd. 2, Cambridge 1907, S. 786, Anm. 4 Zit. nach Köllmann, W.: Die Industrielle Revolution, Stuttgart 1987, S. 34 f. (Klett)

Der König Friedrich II. in seinen Briefen und Erlassen, Ebenhausen 1912

Die Memoiren des Herzogs von Saint-Simon, Bd. 2, Berlin 1985 (Ullstein)

Die Neuzeit, Frankfurt a. M. 1978 (Diesterweg)

Die Reise in die Vergangenheit, Bd. 3, Braunschweig 1991 (Westerm.)

Dingetagsprotokolle Zehlendorf, Brandenburgisches Landeshauptarchiv, Potsdam

Duroselle, Jean-Baptiste: Europa. Eine Geschichte seiner Völker, Gütersloh 1990 (Bertelsmann Lexikon V.)

Dyroff, H. D.: Der Wiener Kongress, München 1966 (dtv)

Engels, Friedrich: Die Lage der arbeitenden Klasse in England 1844/45, MEW Bd. 2

English historical documents, Bd. 8, hrsg. von David C. Douglas, London 1955 (Eyre & Spottiswoode)

Epochen und Strukturen, Bd. 2, Frankfurt a. M. 1996 (Diesterweg)

Fink, Humbert: Martin Luther, Esslingen 1994 (Bechtle)

Fischer, Peter: Reden der Französischen Revolution, München 1974 (dtv)

Franz, Günther: Quellen zur Geschichte des Bauernkrieges, Darmstadt 1963 (Wiss. Buchges.)

Friedrich der Große: Politische Korrespondenz, Berlin 1879

Friedrich II.: Schriften und Briefe, Leipzig 1985

Gaxotte, Pierre: Ludwig XIV. Übers. von H. Dühring, Berlin 1951 (Ullstein)

Geschichte – kennen und verstehen, Kl. 8, Donauwörth 1986 (Auer)

Geschichte für die Hauptschule 7, Donauwörth 1987 (Auer)

Geschichte lernen, Heft 46 (1995)

Geschichtliche Quellenhefte, Bd. 6/7, Frankfurt a. M. 1989 (Diesterweg)

Geschichtsbuch, Klasse 7, Berlin 1989 (Volk u. Wissen)

Grab, Walter (Hg.): Die Französische Revolution. Eine Dokumentation, Berg. Gladbach 1989 (Lübbe)

Grimmelshausen, H.J. Christoffel v.: Der abenteuerliche Simplicissimus, München 1956

Grün, Robert (Hg.): Christoph Columbus. Das Bordbuch 1492, Tübingen 1970 (Erdmann)

Guggenbühl, G./Huber, C.: Quellen zur Geschichte der neuesten Zeit, 4. Aufl., o. O. 1976

Hanauer Artikel, in: Franz, Günther: Quellen zur Geschichte des Bauernkrieges, Darmstadt 1963 (Wiss. Buchges.)

Harkort, Friedrich: Schriften und Reden zu Volksschule und Volksbildung, Paderborn 1969

Hartig, I. u. P.: Die Französische Revolution, Stuttgart 1978 (Klett)

Heine, Heinrich: Ein Lesebuch, Weimar 1960

Hennies, Astrid: Ehret die Frauen, Stuttgart 1994 (Klett)

Herkner, Heinrich: Die Arbeiterfrage, Bd. 1, Berlin 1921 (Gruyter)

Hexenprozesse in Kurhessen. Nach den Quellen dargestellt von K. H. Spielmann, Marburg 1932 (Elwert)

Historisch-politisches Quellenbuch, Bd. 1, Frankfurt a. M. 1973 (Diesterweg)

Hochhut, R./Koch, H. H. (Hg.): Die Kaiserzeit, München 1985 (Bertelsmann)

Huber, Ernst R. (Hg.): Dokumente zur deutschen Verfassungsgeschichte, Stuttgart, Berlin, Köln, o. J. (Kohlhammer)

Hühns, Erich u. Ingeborg: Bauer, Bürger, Edelmann, Berlin 1963 (Neues Leben)

Jacobeit, Sigrid u. Wolfgang: Illustrierte Alltagsgeschichte des deutschen Volkes 1810–1900, Köln 1988 (Pahl-Rugenst.)

Jansen, Max: Die Anfänge der Fugger (bis 1494), Leipzig 1907

Kampmann, Wanda: Deutsche und Juden, Frankfurt a. M. 1994 (Schneider)

„Karlsruher Zeitung" vom 3.8.1830

Kathe, Heinz: Der Sonnenkönig. Ludwig XIV., König von Frankreich, und seine Zeit, Berlin (Ost) 1981 (Akademie V.)

Klemm, F./Wissner, A. (Hg.): Fausto Veranzio, Machinae Novae, München 1965 (Heinz Moos Verlag)

Kleßmann, Eckart: Deutschland unter Napoleon in Augenzeugenberichten, Düsseldorf 1982 (Rauch)

Krieger, H.: Handbuch des Geschichtsunterrichts, Bd. 4, Frankfurt a. M. 1978 (Diesterweg)

Krieger, H.: Handbuch des Geschichtsunterrichts, Bd. 5, Frankfurt a. M. 1980 (Diesterweg)

Kuhn, Annette (Hg.): Chronik der Frauen, Dortmund 1992 (Chronik V.)

Lautemann, W./Schlenke, M. (Hg.): Geschichte in Quellen, Bd. 3, bearb. von F. Dickmann, München 1966 (bsv)

Lautemann, W./Schlenke, M. (Hg.): Geschichte in Quellen, Bd. 4, bearb. von W. Lautemann, München 1981 (bsv)

Lautemann, W./Schlenke, M. (Hg.): Geschichte in Quellen, Bd. 5, bearb. von G. Schönbrunn, München 1980 (bsv)

Liji: Das Buch der Sitte des älteren und jüngeren Dai. Übersetzt von R. Wilhelm, o. O. o. J.

Looß, Sigrid: Luther in Worms, in: Illustrierte hist. Hefte Nr. 31

Luther, Martin: Ausgewählte Schriften, Frankfurt a. M. 1955 (Fischer)

Mann, Golo: Friedrich von Gentz. Gegenspieler Napoleons. Vordenker Europas, Frankfurt a. M. 1995 (S. Fischer)

Markov, Walter/Soboul, Albert: 1789. Die Große Revolution der Franzosen, Köln 1989 (Pahl-Rugenstein)

Markov, Walter/Soboul, Albert: Die Sansculotten von Paris, Berlin 1957 (Akademie)

Materialien 1850–1945, Frankfurt a. M. 1978 (Diesterweg)

Moltmann, Günter: Die Vereinigten Staaten von Amerika von der Kolonialzeit bis 1917, in: Zeiten und Menschen, Ausg. Quellen, Paderborn 1980 (Schönigh)

Montesquieu, C. de: De l'esprit des lois, Stuttgart 1984 (Reclam)

Motive zu dem Entwurf einer Fabrikgewerksordnung, 1848, zit. nach: Geschichte lernen, Heft 46 (1995), S. 53

Mühle, Rainer: Ausgewählte frühneuzeitliche Quellen zur Geschichte der Bevölkerungs- und Siedlungspolitik, Rostock 1994 (unveröffentl. Manuskr.)

Müller, Ulrich F.: Lust an der Geschichte. Die Französische Revolution, München o. J. (Piper)

Nationalhymnen. Texte und Melodien. Hg. vom Inst. f. Auslandsbeziehungen Stuttgart, Stuttgart 1971 (Reclam)

Piltz, Georg: August der Starke. Träume und Taten eines deutschen Fürsten, Berlin (Ost) 1989

Praxis Geschichte, Heft 1/1996

Praxis Geschichte, Heft 4/1988

Quellenlesebuch, Bd. 2, Frankfurt a. M. 1980 (Diesterweg)

Ranke, Leopold v.: Briefwechsel zwischen Wilhelm IV. und Bunsen, 1873

Reinhard, Wolfgang: Geschichte der europäischen Expansion, Bd. 1, Stuttgart 1983 (Kohlhammer)

Rotteck, K. v.: Gesammelte Schriften, Bd. IV, Pforzheim 1843

Rousseau, J.-J.: Der Gesellschaftsvertrag, Leipzig 1988 (Reclam)

Rüdiger, W.: Die Welt der Renaissance, München 1970 (Desch)

Schama, Simon: Der zaudernde Citoyen, München 1989 (Kindler)

Scharf, C.: Katharina II., Deutschland und die Deutschen, Mainz 1996 (v. Zabern)

Schmidt-Linsenhoff, Victoria (Hg.): Sklavin oder Bürgerin. Französische Revolution und neue Weiblichkeit, Marburg 1989 (Jonas)

Schmitt, Eberhard/Verlinden, Charles (Hg.): Die mittelalterlichen Ursprünge der europäischen Expansion, München 1986 (Beck)

Schmitt, Eberhard: Die Anfänge der europäischen Expansion, Idstein 1991 (Schulz-Kirchner)

Schmitt, Eberhard: Die großen Entdeckungen, Dokumente zur Geschichte der europäischen Expansion, Bd. 2, München 1984 (Beck)

Sieburg, Friedrich: Im Licht und Schatten der Freiheit. Frankreich 1789-1848, Stuttgart 1961 (Dt. Verlags-Anstalt)

„Der Sozialdemokrat" vom 2.2.1882

Stadelmann, Rudolf: Geschichte der englischen Revolution, Wiesbaden 1954 (Limes V.)

Stein, Frhr. vom: Ausgewählte politische Briefe und Denkschriften, Stuttgart 1955

Taine, Hippolyte: Die Entstehung des modernen Frankreich, Bd. 1, Frankfurt 1954 (S. Fischer)

Tichy, Christiane/Tornow, Lutz: Französische Revolution. Menschenrechte, Machtkampf, Ideologie, Frankfurt a. M. 1989 (Diesterweg)

Tolstoi, Alexei: Peter I., Reinbek 1987 (Rowohlt)

Treue, W./Manegold, K. H.: Quellen zur Geschichte der industriellen Revolution, Göttingen 1979 (Musterschmidt)

„Der Volksfreund" vom 19.6.1832

Wauer, W.: Humoristische Rückblicke auf Berlins „gute alte Zeit", Berlin o. J.

Weder, H. (Hg.): Ulrich Bräkers Lesebuch, Basel 1973 (Birkhäuser)

Weigang, W.: Der Hof Ludwigs XIV., Düsseldorf o. J. (Rauch)

Wirth: Das Nationalfest der Deutschen zu Hambach, Neudruck 1981 (Topos Rugell)

Wittmütz, Volkmar: Die Französische Revolution, Frankfurt a. M. o. J. (Cornelsen)

Wittram, Reinhard: Peter I. Czar und Kaiser, Bd. 2, Göttingen 1964 (Vandenh. & R.)

Abbildungsnachweis

S. 3 o., 4 o.li., 16 li., 20, 21 u., 24, 29 o., 31, 34, 35 (2), 40, 45, 46, 55 u., 67 o., 70, 71, 75, 81, 89 (2), 90, 93, 99, 100 o., 101 o. (3), 125 u., 126, 129, 137 li., 139 (2), 146, 148, 149 (2), 152, 154, 158 u., 171, 172, 183, 191 li., 193 o., 200, 207, 208 (2), 209, 213, 214, 216, 220, 221 li., 223 o., 225 o., 227 o.li., u., 229, 237 u.: Archiv für Kunst und Geschichte, Berlin; S. 4 o. re.: UB Heidelberg; S. 4 Mi., 22 u.: Bibliothèque Nationale, Paris; S. 5, 74, 80, 85, 98, 164, 167 o., 170, 179 (2), 212 o., 217, 224 o., 227 o. re., 230, 231 o., 236: Bildarchiv Preuß. Kulturbesitz, Berlin; S. 15: aus „The Aztecs" by Tim Wood, by permission of Heinemann Educational Publishers, a division of Reed Educational & Professional Publishing Ltd. UK; S. 21 o., 22 o.: aus „Les Civilisations de l'Asie", p. 38/41, © Casterman S.A., Tournai; S. 25: Scala, Florenz; S. 26 o., 27 u.: Deutsches Museum, München; S. 29 u., 123: aus „La Renaissance", p. 8, © Casterman S.A., Tournai; S. 32: Herzog-Anton-Ulrich-Museum, Braunschweig, Foto: B.-P. Keiser; S. 33: Bavaria/LAM, Gauting; S. 53 o.: Staatl. Kunstsammlung, Kassel; S. 53 u.: Musée Cantonal des Beaux Arts, Lausanne; S. 54: Zentralbibliothek Zürich; S. 61: Kulturhist. Museum Magdeburg; S. 68, 125 o., 143: Bavaria/Giraudon, Gauting; S. 79: H. Roger-Viollet, Paris; S. 91, 94, 95: Stiftung Preuß. Schlösser und Gärten, Potsdam; S. 96: Georg Melchior Kraus (1737–1806): Die Schulstunde (um 1770), bezeichnet unten links: G.M. Kraus Pinx, Öl auf Holz, 34,3 x 45,4 cm, Freies Deutsches Hochstift, Frankfurter Goethe Museum, Inv.-Nr. IV-1950-9, Foto: © Ursula Edelmann, Frankfurt a. M.; S. 105: dpa/Backhaus, Frankfurt; S. 112: aus „Meyers großes Indianerlexikon", Bibliographisches Institut & F. A. Brockhaus AG, Mannheim, 1997; S. 118: Metropolitan Museum, New York; S. 122, 140, 143: Musée Carnavalet, Paris; S. 130: Bulloz, Paris; S. 158 o.: Artothek, Peißenberg; S. 167 o.: Histor. Museum der Stadt Wien; S. 167 u.: Heimatmuseum Neuruppin; S. 168: „Frau am Treibrad", Ausschnitt aus einem Aquarell von Ilse Ohnesorge (1866–1937), Sebnitzer Kunstblumen- und Heimatmuseum; S. 176 o.: Hist. Museum, Frankfurt; S. 178, 217: Deutsches Hist. Museum, Berlin; S. 185 u., 186/187, 191 re.o., 196: aus „See Through History – The Age of Industry", by permission of Heinemann Educational Publishers, a division of Reed Educational & Professional Publishing Ltd. UK; S. 193 u.: Kunstsammlungen zu Weimar; S. 201: terre des hommes/M. Roßmeißl, Osnabrück; S. 224, 226: Stadtmuseum Berlin; S. 228 o., 235: Ullstein Bilderdienst, Berlin; S. 228 u.: © Fackelträger-Verlag GmbH, Hannover 1991, aus Heinrich Zille, Zeichner der Großstadt, mit Genehmigung der Heinrich Zille-Erbengemeinschaft, Bremervörde; S. 231 o.: © VG Bild-Kunst, Bonn, 1998; S. 237 o.: W. Rieger

Karten und Grafiken:
diGraph, Brensbach

Zeichnungen:
S. 2/3, 101 Mi. u., 182/183: Hans Georg Schmaderer, Herne

987 654 321